河合隼雄著作集

第II期

物語と人間

7

岩波書店

序説　物語をものがたる

物語好き

子どもの頃から考えても、私はほんとうに物語好きであったと思う。好きが嵩じて、このような書物を書くほどになった、と言えるが、実のところは、物語について書くなどというのをはるかにこえて、私の人生のあらゆることに「物語」がからんできている、と言うべきである。私の職業を「物語屋」と呼んでもいいのではなかろうか。職業だけではない、仕事も趣味もひっくるめての「物語屋」である。

「物語をものがたる」という本稿のタイトルは、私の対談集のタイトルから取ったもので、それは『続』、『続々』と三巻まで続いている(いずれも小学館刊)。つまり、「物語」を種にして、いろいろな方と対談して書物にしたのだが、王朝物語はすべて取りあげたこともあって、この三巻で一応は終りの感じである。しかし、そのうちしばらくすると『またもや 物語をものがたる』などという書物を出すことになるかもしれない。それほど「かたり」というものは、つきないものなのである。

子どものころ、昔話を読むのが大好きであった。それも日本のものよりも西洋のものの方が好きであった。アルス社の『日本児童文庫』のなかにあった『グリム童話集』や、『世界童話集』の上中下三巻を、何度も読んだ。「丹波の篠山」という田舎の代名詞に使われるような田舎町に住んでいて、どういうわけか、私はヨーロッパの昔話にまったく心を奪われ、そこに描かれているさし絵から、その華やかな光景を想像し、文字どおり「憧れる」という感じに浸っていた。そのような世界に行けるかなどは問題にならず、そのような世界がこの世に存在している、ということさえ夢のようなことであった。

ただ、有難いことに、私の兄弟たちもすべて、それぞれの個性の違いはあるにしろ、ロマンチックなファンタジーの世界に心惹かれるという点を共有にもっていた。したがって、周囲の家とは孤立した形のなかで、兄弟で、そのようなファンタジーを共有する喜びをもつことはできたし、それを豊かにすることもできた。

私は六人の男兄弟の五番目だったが、兄たちは夜寝るときに、よく「つくり話」をしてくれた。それは永遠に終らない「読切連載」のようなもので、いつまでも続く類のものであったが、それがやたらに面白いのである。このあたりにヒントを得て、私は同級生によく「お話」をしたし、これはなかなか人気があった。子どものときから、私は「かたり」上手であった。

物語を読むだけではなく、私は大人たちのする世間話を聞くのが大好きであった。近所の人や親類の人たちのする世間話を、聞いていないような顔をして、よく聞いていた。そして、自分なりにいろいろと考えていた。大人の話はだいたい嘆きが多かったが、こんなに嘆いてばかりいるよりも、どうして解決策を考えようとしないのかと疑問に思うことがよくあった。たまりかねて思わず口出しして、聞いているとも思っていなかった子どもが、急に世間話に参加して意見を述べるので、ぎょっとされたり、「子どもは黙っていろ」と叱られたりした。

中学に入学したころより、私の「物語好き」を妨害するものが強くなった。その第一は、だんだんと軍の力が強くなり、ロマンチックな物語などというのは、もっとも忌避すべきものとなってきた。次は、中学生くらいになると、同級生にも教師にも「文学」好きが現われ、私の好きな「物語」は、文学のなかでは低級らしいとわかってきたのである。だからと言って、私は文学好きにはならなかった。相変らず物語好きは続いていたが、それはあまり公然と表明しない方が賢明と思うようになった。

終戦になって、一挙に西洋の文化が日本に流れこんできた。これは私の青年期と一致したために、私の物語好きは豊富な対象を得ることになった。映画は学生時代の楽しみの第一のものと言ってよかったが、私はやはり映画の映像の美よりも「物語」に関心があった。終戦後、大学入学までの三年間に見た映画で、一番印象に残っているのは、ジャン・コクトーの「美女と野獣」であった。この物語を心のなかで何度思い返したかわからない。

小説にしろ映画にしろ、私は友人たちの「芸術談義」にはついてゆけなかった。それらの「作品」の芸術性を論じることなどできず、私が一生懸命考えていたのは、そのなかの主人公が「幸福」になるためには、どうするべきだったか、などということであった。ただ有難いことに、私はそんなことを兄弟とは話し合うことができた。芸術のことなどあまり気にせずに話せたし、興味は一致していた。

物語とたましい

私の物語好きのわけが、相当な年月を経てやっとわかってきた。私がユング心理学を学ぶようになったのは、むしろ偶然と言っていいだろう。私が臨床心理学を学ぶためにフルブライト留学生としてアメリカの大学で学ぶことになったとき、そのころに熱中していたロールシャッハ・テストの大家として、ブルーノ・クロッパー教授を指導教官に選んだところ、彼がユング派の分析家だったのである。当時のアメリカで、心理学の正規の教授だったユング派の分析家はただ一人、クロッパーだけだったのではなかろうか。その導きによって、私はユング心理学を学ぶことになり、ユングの心理学こそは、「物語」を極めて重視する珍しい心理学だったのである。

スイスのユング研究所に学ぶことになり、そこでフォン・フランツの「昔話の心理学」を聴いたときの感激は、今も忘れることはできない。それはユング研究所のなかでも一番人気のある名講義だったが、私にとって、「昔話」を正面から学問として取り扱っているということ自体、嬉しくてたまらぬ上に、その内容は私が子ども時代からいろいろと考えてきた疑問にどんどん答えてくれるのだから、まさに胸をおどらせて聴講したのである。

ユング心理学を通じて、物語の重要さを知り、自分の日々の臨床経験を基にしてわかってきたことは、物語こそ「人間のたましい」に深くかかわるものだ、ということであった。「たましい」という言葉を用いることによって、物語に対する自分の強い関心の謎がとけたように思った。しかし、考えてみると、たましいこそ謎に満ちた言葉ではないか。

たましいについては、子どものころに「大和魂」という言葉をさんざんに聞かされ、嫌な思いをした上に、敗戦のときは、このような非合理なことを言うから戦争に負けたのだと思い、大和魂はもちろん、魂などという言葉には強い反撥を感じるのみであった。理科系の学問をして、大学は数学を専攻し、日本人にとって最も大切なものは、合理的精神であると思っていたが、この間も物語に関する興味を失ったわけではなかった。しかし、この時代でも、魂という語に対するアレルギーは強かった。

心理療法という仕事に専念することになってわかってきたことは、人間の生き方、人間の心を対象とする限り、常に不可知なXとでも言うべき存在に、心を開いていなければならない、ということであった。相談を受けたとき、私の知識や考えや、すべてのものを動員するにしても、「わかった」と思うときが最も危険であった。私なりに相当な了解がつくときでも、「わからない」という窓を常に開けておく必要があったし、多くはそこから解決が訪れてくるのであった。いくら頑張ってみても、人間が生きているということは、人間の理解を超えたXのはたらき、ということを無視するわけにはいかない。

いくら割り切って考えようとしても――実はそれは子どものころから好きだったのだが――割り切れずに残る

ものがある。どうせ大したことはないのだから、とそれを無視した途端に、それまでの割り切った考えがいかに見事に構築されていたとしても、それは生命力を失ってゆく。割り切りを許さず、生命力の源泉とも言えるのだが、そのもの自体を直接に把握することができないもの、それを「たましい」と呼んでみてはどうだろう。たましいのはたらきは、人間の生きている上に常に関連している。しかし、それ抜きで考えていても、普通はあまり困ることはない。ところが、そんなものはない、とあまりにも強く断定したため、困った状況に陥った人が、私のところに相談に来ることが多いのではなかろうか。そこで、私はその人と共に、たましいのはたらきを認められるようになるのを待つ仕事をしている、と言えそうである。

人間がたましいをもっている、というよりは、「たましい」のなかに人間が存在しているという方が適切か、と思うこともある。それを直接にとらえるなどということを、人間ができるはずはない。

たましいのことについて他人に伝えるのに「ものがたる」ことが一番適切なように思う。もちろん、非言語的に、絵画、音楽、踊り、などによっても伝えられる。しかし、言語を用いるときは「物語」がピッタリである。私が子どものころ、西洋の物語に心を奪われたのは、「たましい」というもののとらえ難い感じが、自分にはどうしても手の届かないこととして語られていることに、よく呼応していたからだと思う。この世のどこかにはあるのだが、自分が手に入れることのできないもの、という意味において、私の「たましい」に対する関心と適合していたのだろう。

もちろん、子どものころは、ここに述べた意味における「たましい」のことなど意識するはずもなかった。しかし、子どものころからずうっと意識している「死」の問題として、それは私の心のなかに位置づけられていたのだろう。己の死をどう受けとめるか、ということは私にとって常に大きい問題であった。いくら考えてもわかるようなことではなかったが、これは「たましい」と深く関係していることだ。私は「死」の問題を通して、ずうっとたましいのことを考え続けてきたことになる。

それにしては、数学などどうしてすることになったかと言われそうだが、数学もたましいの構造についての研究の一種と見なすことはできるようだ。あまり御門違いではなかったと思うが、私に才能がなかったのと、私があまりにも人間の生き死にや生活の具体的なことに対する関心が強すぎたので、こんな道を歩むことになった。大人たちの世間話に耳をそばだてていただけのことはあった。そして、心理療法の経験を積むにつれて、日常茶飯事についても、たましいが関連していることがだんだんと実感されるようになった。遠いヨーロッパの物語のみならず、日本の日々の生活のなかに「たましい」が関連する物語がたくさん生み出されていることが、わかってきたのである。

現代と王朝物語

「物語」に対する関心から、はじめに手がけたのは神話・伝説・昔話の類であった。もっとも、日本の心理学の「学界」から「非科学的」という烙印を押されることは明白だったので、スイスから帰国してから十年間ほど沈黙していたが、一九七七年に『昔話の深層』(福音館書店〔第I期著作集第五巻所収〕)を出版し、一九八二年には『昔話と日本人の心』(岩波書店〔第I期著作集第八巻所収〕)を出版した。神話については論文は発表したが、書物は今年(二〇〇三年)に出版されるだろう。

これらの物語のみならず、日本には『源氏物語』をはじめ、興味深い物語が平安時代に書かれているのは知っていたものの、何しろ中学生時代が戦争中だったことや、戦後はもっぱら理科系の学問をしたこともあって、国文学に関する己の無教養さを知るあまり、それらには一生手を出すことはないと思っていた。

しかし、明恵《みょうえ》の『夢記《ゆめのき》』を研究する上で、当時の男女の在り方を知る必要があり、その一助として『とりかへばや物語』を読んだ。これが実に興味津々で、私にとっては、まさに「たましい」のことを語っていると思われた。そこで、スイスのアスコナで開かれる国際会議のエラノス会議で、一九八八年に『とりかへばや物語』について発表した。これが非常に好評で、「ポストモダーンの物語だ」と言ってくれる人や、ヨーロッパの文学との比較について示唆される人などがあり、大変嬉しく思った。

ユングは夢分析の経験から、男性(女性)にとってその夢に出てくる女性(男性)は、「たましいのイメージ」(soul image)であると考え、ラテン語のたましいという語を用いて、アニマ(男性形はアニムス)像と呼んだ。確かに人間にとって、不可解で魅力を感じさせる異性の姿は、たましいの像としてふさわしいものと言えるし、だからこそ異性の結合としての結婚ということが象徴的に高い意味をもつ、と思われる。

しかし、これは西洋の長い歴史のなかで培われた、父権的意識の確立ということが前提となっており、男性と女性の区別が明確であり、それによってこそ異性が「たましいの像」となるのだが、どのような文化においてもそうだとは言い難い。男と女の区別というものは、これまで考えられていたほど明確なものではない。とすると、「たましい」は異性像以外となって顕現することもあるのではなかろうか。こんなことを考える上で、『とりかへばや物語』では、物語の特性を生かして、男と女の思い切った変換を行うわけだから、たましいのイメージという点でも、相当に思い切ったことが言える。こんなところで「ポストモダーン」という発言も出てくるのである。

『とりかへばや物語』があまりに面白いのと、外国での評判のよかったこともあって、それについて一書を書こうとした。しかし、そうなると、日本の他の物語も読まねばならないということになって、王朝時代の物語をつぎつぎと読むことにした。読んでみると、どれも実に面白く、これまで読まなかったことをほんとうに残念に思った。

ところが、ここに大きい障害があった。それは私が国文学と無関係に生きてきたので、今更いくら頑張ってみても、先行研究を追うことなど時間的に不可能であった。と言って、自分の考えたことが、これまで既に発表されていることであったり、これまでの研究とあまりにも矛盾するものであったりしては、安易に発表などしない方がよい。そこで重要な援助をしてくれたのが、当時発行されていた『季刊 創造の世界』(小学館)の編集者であった。つまり、日本のいろいろな物語について、国文学者や作家や、それについて深い学識をもつ人と対談をして、私の考えを確かめると共に、その物語についての知識や考えを伝授していただく、という企画を、一九八九年の『創造の世界』七二号より、同誌が休刊となる一九九九年十二月の一一二号に至るまで続けていただいたのである(これらの対談は、最初に述べた『物語をものがたる』のシリーズとして小学館より出版されている)。

これらのサポートを得ながら、自分の考えを発表してきた二冊の書物が本巻には収録されている。ここで大切なことは、これらの物語を読みとく上で、「現代に生きる」という視点をしっかりと定めておこうとしたことである。いわゆる国文学の研究ではなく、あくまで現代に生きる人間にとって重要なことを、特に「たましい」との関連を忘れることなく、論じようとした。現代人がつい忘れがちなたましいのことを語るのに、これらの物語は実に有効な素材を提供してくれるのである。

物語のなかに多くの「夢」が登場するのも、そのひとつの特徴である。夢こそは現代においてもたましいが人間の意識に対しておくってくるメッセージであり、それは「物語」の基礎である、と言える。そんな点で、ユング派では夢分析を極めて重要視している。これらの物語に語られる夢は、「たましいの言葉」として意義深いものである。それらについても本文中に多く言及している。『浜松中納言物語』と『更級日記』については、特にその夢についてのみ論じている。これらによって、夢が人生にとってもつ重要性——現代人にとっても同様である——を示すことができたのではないか、と思っている。

このなかで、『平中物語』について論じているが、周知のようにその中心は和歌である。私は和歌などにはまったく縁がない人間と思っていたが、本文中にあるように古橋信孝氏にうまく興味を引き出されて、一文を書くほどになった。ジョークとか洒落などは一般に低級なものと見なされがちであるが、それはあんがい「たましい」のはたらきと関係してくるのだ。たましいの軽いフットワークを見るようなところがある。審美的トリックスター、という言葉を提示したが、これは日本の物語のなかの、滑稽ということの本質とかかわるものだと思う。本文中にも論じているが、これだけの素晴らしい伝統をもちつつ、日本人が国際社会でジョークのわからぬ国民というレッテルを貼られがちなのは、残念なことである。なぜそうなのか、解決策はないのかなど、今後研究に値することではないだろうか。

『源氏物語』は長いのと、それに関するこれまでの研究があまりに多いのとで、読むのが後まわしになったが、本文中に述べているように、プリンストン大学に滞在中に、集中して読んだときの感激は今も忘れることができない。一人の女性の自己実現の過程が、これほどの昔にここまで描かれていたという事実は、まことに心を打つものがあった。これは現代人にとっても大いに参考になることである。

「ものがたる」意義

以上のような仕事を続けてきて思うことは、私は心理療法家として個対個の関係で人に会うのを本職としているが、その延長として「ものがたる」ことをよくして来たなということである。もちろん、心理療法の場面において、来談した人が「自分の物語」を見出してゆくのを助ける、という意味で、私の物語研究は大いに役立っているのだが、そのような場をこえて、あちこちで「ものがたる」ことをしてきたと思う。

一時は心理療法の仕事に差支えるので、できる限り講演はしないことに決めていた。時間をとられることもあるが、講演はやはり形にとらわれるし、一般的な聴衆の反応にはパターンがあるので、それにだんだんとハマることになってしまう。そうなると、講演が上手だという評判も立つのだが、それは、心理療法の本質から離れてゆくことになる。心理療法は、すぐれて個別的なもので、型にはまった考えは通用しない。それに対して、講演では自分のつくった型がどんどん成功してゆくので、心理療法の場でも、自分の考えや理論によって、おし進めたくなり失敗してしまう。

臨床心理学を専門にしていると、多くの具体例に接することになるし、いわゆる理論的・抽象的な講演をする人に比べると、一般にわかりやすく歓迎されやすい。というわけで、臨床心理学を専門にする人が、講演の機会が増え上手になってゆくにつれて、臨床家としての力が落ちてゆく、というのが悲しい事実である。このことがわかっているので、講演は引き受けないように努力した。と言っても、日本的人間関係で引き受けざるを得ないときがある。

そこで、私は講演に際して、出来る限り「ものがたる」ことにした。講演というより講義ともなると、自分が研究した内容を相手に伝えるのだが、そこで何よりも大切なのは、その内容であり、全体的構成である。したがって、時に「講義録」というのが出版されたりするのも当然で、言葉にしたことをそのまま活字にしてもいいであろう。ところが、「ものがたる」のはそれとは異なるのだ。「物語」は、多くのものを「つなぐ」はたらきをもっていると述べたことがあるが、それは、何よりも「たましい」とのつながりを大切にするのではなかろうか。語り手は「たましい」とつながっていなければならない。それは相当に自分の心を開いていないとできないことである。知識を伝えるのが眼目ではない。

ものがたる。そのときその場での「つながり」を大切にするので、それは最初からきまった話をするのではない。そのときの聴衆の質や反応によって変化するだろう。話し手は、大まかな点で話の内容を前もってきめているとしても、そのときの、自分の「たましい」のはたらきによって、それがどう展開するか明確にはわからない。したがって、話をしているうちに新しい発見をすることもあるはずである。このような次第だから、そのときの聴衆が大いに喜んだとしても、それを活字にして一般の人に読ませても、あまり意味がなかったり、誤解されるかもしれない。

「ものがたる」ためには、何といっても語り手の人間存在が、意識も無意識もこめてそれにかかわっていること、それと、表現のなかに象徴性や、メタファーなどが用いられること、そして、それが一種のパフォーマンスであることが必要になってくる。それは、極端に言えば、一回限りのものであり、同じことは二度と生じないのである。そのような意味では、それは心理療法の面接場面に近くなってくる。

以上に述べたような「ものがたる」ことをすれば、講演ズレがして心理療法ができなくなるような心配はなくなる。というわけで、最近は「講演」を、ここに述べたような「ものがたる」形ですることにしている。壇上に立つとき、どんな風に話がすすんでゆくのか、自分もわかっていないことがある。このようにすると、ときに新しい発見をすることがあって面白い。

このように考えてみると、本書に収録したのは「評論」というより、これ自体が「物語」だと言いたくなるようなところがある。「物語」だとは言えないにしても、「論じる」よりも「語っている」ところが多いとは言えるだろう。「たましい」のことを伝えようとすると、どうしても「かたり」になるのだ。

「事実」をひたすら大切と思う人は、このような論を無用のこととさえ感じるだろう。しかし、最近になって、「物語」を重視する動きがあちこちに出てきていると思う。まず注目したいのは、医療における、「物語を基礎とする医療」(Narrative Based Medicine)の主張である。これは、医療があまりにも近代医学の力に影響されすぎて、人体の患部に注目しすぎて人間存在ということを忘れがちである、という反省から生じてきたものである。「あなたは癌で、手遅れのため医学的には治療の方法はありません。余命は一カ月です」というのは「事実」かもしれない。しかし、医療として「処置なし」と言えるのかどうか、そのとき、その患者がどのような「物語」を生きているのか、生きようとするのかを、まったく不問にして医療と言えるのだろうか。このような反省から、患者の「病気」、身体の状態という「事実」のみではなく、患者の「物語」を考慮のなかに入れようとするのである。そして、「物語」を重視することによって、「事実」と思っていたことさえ変わる可能性さえあるのだ。

もうひとつ。最近読んだ、J・M・ロバーツ、青柳正規監訳『世界の歴史1』(創元社、二〇〇二年)によると、「さまざまな面で人間社会に影響を与えた「偉大な文明」の数々。こまごまとした事実の羅列は百科事典や歴史事典にまかせることにして、そうした文明を軸に歴史を「物語る」ことに主眼をおいた」と著者は述べている。

「物語る」ということが、自分の歴史に対する考えを知ってもらうための「鍵」になる、とも著者は言っている。ここにも「物語」の重視が見られる。本文中にもあるように、「日《に》本紀《ほんぎ》などは、ただ片《かた》そばぞかし」という言を書いた紫式部などは、そんなの当然のこと、何を今更と言うだろう。

しかし、現実には二十世紀には、「たましい」や「物語」は、むしろ軽視されたり、無視されたりしていたのだ。おそらく、二十一世紀は、自然科学のますますの発展と共に、「物語」の重視ということが、いろいろな領域に生じ、それによって、王朝物語の現代的意義も大いに認識されるようになるだろう。

河合隼雄著作集第Ⅱ期　第7巻　物語と人間　目次

Ⅱ

物語を生きる——今は昔、昔は今

I

紫マンダラ——源氏物語の構図

はじめに

国文学、国史学などの専門家ではなく、また知識もあまりない人間が、どうしてこのような『源氏物語』について の書物を書くことになったのか、そのことをはじめに述べておかねばならない。

恥ずかしいことであるが、私は長い間『源氏物語』を読んだことがなかった。若いときに、人並みに挑戦——と言っても現代語訳であるが——を試みたが、「須磨」に至るまでに挫折した。青年期にはロマンチックな恋愛《ラブ》に憧れていたので、それとまったく異なる男女関係の在り方が理解できなかったのである。それは端的に言って、「馬鹿くさい」と感じられたほどであった。つぎからつぎへと女性と関係をもつ光源氏の在り方には、腹立ちさえ覚えたのである。

おそらく『源氏物語』など一生読むことはないと思っていたが、日本人の生き方を考える上で読みはじめた王朝物語の面白さにとりつかれ、とうとう『源氏物語』を読むことになったのだ。これには相当な覚悟と時間が必要であるが、国際日本文化研究センターを定年退官し、まったく自由の身となった一九九五年の春、プリンストン大学に二カ月間、客員研究員として滞在した間、ひたすら『源氏物語』に没頭することができた。これは実に得難い体験であった。

これより以前に、王朝物語はいろいろ読んできた。『とりかへばや物語』については一書を上梓したほどである(『とりかへばや、男と女』新潮社、一九九一年〔第Ⅰ期著作集第一〇巻所収〕)。しかし、やはり『源氏物語』は群を抜いていた。物語というよりは小説として読める部分もあった。この時代によくぞこれだけのことが書けたものだと思った。しかし、読みすすんでいるうちに、小説の主人公とも言える光源氏その人の姿が、どうも捉えられない。というよりは、「影が薄い」という感じさえ受けるのである。どうしてかな、と思いつつ読んでいるうちに、これは光源氏の物語ではなく、紫式部の物語なのだと思うようになった。

宇治十帖になると、この確信はますます強くなり、読み終わったときは、千年も以前に、これだけ「個」ということを追求した一人の女性がいたという事実に興奮してしまって、しばらく眠ることができなかった。

私の専門は心理療法である。個々の人間がいかに自分の人生を生きるか、ということに直接かかわる仕事である。そのときに、私にとっては、現代の日本において生きる、ということが大きい課題である。現代人にとっては、西洋の近代ということは決して無視できない。西洋近代に生まれた科学とそれに結びついたテクノロジーの強さは、またたく間に全世界を席捲してしまうものがあった。現代人は好むと好まざるとにかかわらず、西洋近代の影響を受けている。しかし、私は西洋人ではない。日本的な生き方を知らず知らずに身につけている。

西洋の近代の考え方や生き方が絶対に正しいのなら、それを身につけるように努力しなくてはならない。一時はそれに近い考え方さえもったことがあったが、今はそうは思っていない。そこから学ぶべきことは多いにしろ、西洋近代を超える努力をするべきだと思う。これは現代の西洋においても行われつつある。そのときに、自分が日本人だということもあるが、日本の物語に語られている古い知恵が、あんがい役立つのではないか。そのような期待をもって読んでいるが、幸いにもその期待に応えるだけのものを日本の物語はもっている。かつて、『とりかへばや物語』についてスイスで発表したとき、「ポストモダーンの物語だ」と聴衆のなかの一人が言った。前近代が脱近代の知恵をもっている。

『源氏物語』は前述のような問題意識をもつ私にとって、まさに有難い作品であった。これを、紫式部という一人の女性の自己実現の物語として読むときに、現代人にとって役立つことは大いにあると思った。この物語全体の構図が、女性による「世界」の探求の結果として読みとれるのである。それは、実に見事であった。

ここに「女性による世界の探求」という表現を用いたが、それは「女性の目から見た世界観」という表現もできるであろう。西洋近代は、「男性の目から見た世界観」が徹底的に優位を誇った時代である。このため、現代の「学問」というものは、「男性の目」を基本にしている。もちろん、女性にとっても「男性の目」でものを見ることは可能なので、男女を問わず、そのような態度で学問をしてきた。『源氏物語』の鑑賞についてはともかくとして、一般に言う「研究」はだいたいにおいて「男性の目」によってされてきたと言っていいだろう。それは、もちろん多くの業績をあげてきている。それに対して、本書は『源氏物語』を「女性の目」によって見たものと言えるだろう。これも、新手の「研究」であろうと思うが、そんなのは認めないという人もあろう。それはどちらでも別に大したことはないが、これが有用であることは認めてほしいと思う。本書の副題を「源氏物語の構図」として「構造」としなかったのも、「女性の目」ということに関連している。男性の目は構造を明らかにするのに対し、女性の目は全体の構図を見るのである。

世界を「男性の目」だけではなく、「女性の目」で見ることが大切であるという主張が、近代を超えようとする欧米の学者のなかに認められるように思う。それらは本書のなかにも引用することになるが、特にユング派の女性の分析家によって書かれた、現代女性の生き方に関する論述は、私の『源氏物語』の見方に対して、大いに支持を与えてくれるものとなった。

私なりの考え方は、相当に形をなしてきたが、ここに大きい心配があった。まず、それはあまりに他とかけ離れた無意味なものではないか、というのと、こんなことは既に他の研究者によって指摘されていることで、今更何も発表することはないのではないか、という危惧があるからである。私は専門家ではないので、先行研究に関して知識がないし、これからそれを身につけることは、時間的に不可能である。かつて、『とりかへばや物語』や明恵の『夢記』について書物を書いたときは、長い時間をかけて先行研究をたどったが、それは文献が少なかったからできたことで、『源氏物語』となると、これはできない話であることは誰しも同感してくれるであろう。

そこでずるい方法ではあるが、対談などを通じて自分の考えを述べて、それについて意見や助言をいただくということを思いついた。もちろん、文献も少しは目を通したが、まったく恣意的なものである。プリンストン大学に滞在中に読んだ、アイリーン・ガッテンさんの英文の論文「『源氏物語』における死と救済」(1)が興味深かったので、好機を得て対談した(「源氏物語(I) 紫式部の女人マンダラ」『続・物語をものがたる 河合隼雄対談集』小学館、一九九七年、所収)。帰国後、瀬戸内寂聴さんの『女人源氏物語』(2)を読み、その根底に私の読みと通底するものがあると感じたので対談した(「源氏物語(II) 愛と苦悩の果ての出家物語」前掲書所収)。これらの方との対談で私の考えに対して支援をいただいたように感じた。

次に非常に有難かったのは、雑誌『源氏研究』の座談会に招かれ、源氏研究の専門家である、三田村雅子、河添房江、松井健児の三氏と話し合う機会に恵まれたことである。(3)対談中のみならず後の食事の時間まで、私は自分の『源氏物語』の読みについて述べたが、それは書いてみる価値がある、先行研究などについては援助すると励まされ、大いに勇気づけられて、一書を書こうと決心することができた。

そこで、私の考えのアウトラインを「紫マンダラ試案」としてまず発表し(『創造の世界』一〇九号、一九九九年)、これを素材として、前述の河添房江さんと対談し(『創造の世界』一一一号、一九九九年)、多くの参考になる意見を聞かせていただいた。これらの経験によって、本書を書く意味も感じられ、勇気づけられた。もちろん、このような事実を並べたてて、自分の誤りや知識不足を防衛するつもりはない。専門家から見て問題と思われるところは、どんどん指摘していただき、訂正すべきは訂正していきたいと思っている。自由な批判や意見を歓迎するものである。

なお対談などによって得た知見は本文中に、その旨を示して述べることになるであろう。ここにあらためて、前記の方々に感謝の気持を表したい（なお、本文中は敬称略で書くことをご了承くださるように）。

プリンストン大学で『源氏物語』を読んだ翌年、一九九五年五月に私は国際日本文化研究センターの所長になった。以後四年間の任期が終わり、続いて第二期の二年間も所長を続けることになったが、本書は私が「日本文化」の研究を行う施設の長として、第一期に行なった研究のひとつの結果として出版するものだと考えている。深層心理学を専門にする者の日本研究として、このようなものもあっていいのではなかろうか。これが「日本文化」に関するひとつの研究として認められ、現代に生きる日本人に対して少しでも役立つところがあれば、まことに幸いである。

（1） Aileen Gatten, "Death and Salvation in Genji Monogatari", *Michigan Monograph Series in Japan Studies*, No. 11, Center for Japanese Studies, Univ. Michigan, 1993.
（2） 瀬戸内寂聴『女人源氏物語』第一—五巻、集英社文庫、一九九二年。
（3） 河合隼雄・三田村雅子・河添房江・松井健児「源氏物語　こころからのアプローチ」『源氏研究』四号、翰林書房、一九九九年。

第一章　『源氏物語』を読む

『源氏物語』は光源氏の物語ではない。これは紫式部という女性の物語である。これが筆者が『源氏物語』を通読したときに抱いた印象である。

物語を読みすすんでいるうちに、光源氏という人物が、一人の人間としての存在感を感じさせないのに気がついた。心の中に、生きた一人の個人としてのイメージができあがってこない。これはどうしたことか、と少しいらだつような思いもあったが、そのうちに、これは「紫式部の物語なのだ」と思いはじめた。そして、全巻を読み終わったときには、光源氏の姿が消え、そこには一人の確固とした人間として存在している紫式部の姿があった。これは、実に深い感動をもたらすものであった。

このように感じた筆者の印象は非常に強いものがあった。物語に登場する女性群像が光源氏という主人公の姿を際立たせるためではなく、紫式部という女性の分身として見えてきたのである。紫式部という一人の女性が、彼女の「世界」をこのようにして描き切ったのだ、と思った。これが本書を書くことになった最初の動機である。

それでは、筆者はどのように、この物語を読んだのかについて、少し詳しく述べてみたい。

1　玉虫色の光源氏

『源氏物語』を読みながら、まず感じたことは、一応は主人公と目される光源氏という男性が、一人の生きた人間としてのイメージをもって現われてこない、ということであった。これは、実に不思議な存在である。しかし、他の研究書を読んだり、他人と話し合ったりすると、光源氏を「理想の男性」と感じる人もあるし、「まったくけしからん」と怒りの対象として感じる人もあることがわかってきた。彼は「玉虫色の光」をもって輝いているのである。

光源氏のイメージ

光源氏の姿はなかなか一筋縄でとらえにくい。したがって、読者の彼に対する感情も多様である。対談の際に瀬戸内寂聴に聞いたところでは、谷崎潤一郎は源氏が嫌いで、「源氏はうそつきで女たらしでけしからん」と言っていたとのこと。これに対して、円地文子は、「男は冠がないと魅力がない」というわけで、源氏が大好きだったと言う。『源氏物語』の現代訳に取り組んだ二人の作家が、このようにまったく相反する感情的反応を示しているのは、実に興味深い。

相反するイメージという点から言えば、アメリカの日本文学研究者、アイリーン・ガッテンと対談したとき、「とくに光源氏が十七歳、十八歳の若いころについては作者は褒めますね、「この人は立派な人よ」といつもいっている。私はちっとも「立派ではない」(笑)と思いますが」と彼女は言った。つまり、光源氏は立派であって、立派ではないのだ。物語に語られる源氏は確かに「立派」である。容貌、地位、趣味、財産、どれをとっても最高と言えるだろう。彼がいかに、書、画、音楽などに優れ、学識もあったか、ということは随所に語られている。それは「理想の男性」とも言えるだろう。

それでは、なぜ「立派ではない」のか。それは主として彼の女性関係にかかわってくる。彼は谷崎の言うとおり「うそつきで女たらし」である。筆者自身も若いときに、『源氏物語』に描かれる「浪漫的愛《ロマンチック・ラブ》」などというキャッチフレーズに惹かれて読みはじめ、すぐ嫌になったことを思い出す。

読みはじめてすぐ、「帚木《ははきぎ》」、「空蟬《うつせみ》」に語られる源氏の女性に対する態度が、どうして「浪漫的」なのか。人妻に恋するのはいいとしても、西洋の浪漫小説に描かれるように、一人の女性に対する永遠の愛を貫こうとするどころか、空蟬に逃げられ、軒端荻《のきばのおぎ》を人違いと知りつつ関係をもってしまう。それどころか、空蟬の弟の小君とも男色関係にあるらしい。そして、逃げられた空蟬に対して、どれほど思慕の念をつのらせるのかと思っていると、話は「夕顔」に移ってしまう。青年期の筆者にとっては、馬鹿らしいとしか感じようがなかったし、読み続けることもできなかった。光源氏は何も輝いてなどいない。

源氏の玉鬘《たまかずら》に対する態度も嫌に思う人は多い。前述のアイリーン・ガッテンは対談のときに、「なんかいやらしい四十代の男性が、かわいそうな二十歳の女性をつかまえたいような」と言い、「西洋の読者はとくにこのときの源氏は大嫌いです」と言っている。たしかに『源氏物語』が好きだというアメリカ人でも、光源氏は嫌いだという人が多い。そして、紫の上は好きだという。ガッテンによれば、ヘレン・マッカーラーは『源氏物語』の紫の上の物語の部分のみを翻訳しているとのことである。

「不誠実極まりない」男として、光源氏を責めるのもどうかと思われる。たとえば、「蓬生《よもぎう》」に語られる彼の姿はどうであろうか。須磨に退居している間に取り残されていた、末摘花が荒れた住居にいることに気づき、歌を贈り、手厚い援助をしている。そして、二年後には、彼女を二条東院に住まわせ、交際を続けている。花散里、明石の君に対しても、結局は六条院に住まわせ、生涯関係を保つのだから、誠実と言えば誠実である。

もちろん、一人の男性が多くの女性と関係をもつのはけしからんと言えば、それまでである。これに対して、当時は一夫多妻の制度だったのだから、と弁解する人もある。しかし、このような議論はあまり実りをもたらさないようだ。

『源氏物語』を読んでいるうちに筆者が感じたのは、源氏の周りに現われてくる女性たちが、すべて作者、紫式部の分身である、ということであった。彼女は自分の人生経験をふり返り、自己の内面を見つめているうちに、自分の内界に住む実に多様で、変化に富む女性の群像を見出した。ある女性は誠実で忍耐強い妻であったが、他の女性はコケティシュで、男性に甘言を投げかけるのを年老いてもやめることはなかった。ある女性は嫉妬の焔を燃やし、その焔は死後も消えることはなかった。「これが、これらすべてが私なのだ」と彼女は思った。この多様で豊かな「世界」を描くにあたって、彼女は一人の男性を必要とした。その男性との関係においてのみ、内界の女性たちを生きた姿で描くことができた。内界の女性は無数に近かった。しかし、それは紫式部という一人の女性のものであるという意味で、彼女たちは何らかの意味でひとつにまとまる必要があった。そのため、彼女たちすべての相手を務めるのは、一人の男性でなくてはならなかった。それが光源氏である。

紫式部は、自分の「世界」を記述するにあたって、彼女自身を中心とするのではなく、光源氏を中心とする方が適切に描けると感じたのである。

このように筆者は考えた。これによって、光源氏が通常の世界に存在している一人の男性としてのイメージに適合しにくいことが、納得された。彼は言うなれば「便利屋」的存在である。彼は、夕顔や朧月夜や、その他の魅力ある女性たちに、もっとも適切に対応する役割を担って、そのつど登場してくる。それぞれの場面においては、確実に役割を果たしているものの、全体を通して一貫した人格として見ることはほとんど不可能なのである。

このような点を端的に言うと、瀬戸内寂聴が対談のときに言ったように、『源氏物語』といいながら、源氏自身の影が非常に薄いですね。いくら読んでも光源氏の具体的なイメージが出てこないんです。(中略)源氏というのは狂言まわしですね、結局」ということになろう。

しかし、物語を読み返しているうちに、そうとばかりは言えない気もしてきた。光源氏は、よく言われるように作中人物が作者の意図に反して自由に動く、というような行動をしているところもある、と思われるのである。紫式部の意図を超え、あるいはそれに反逆して、光源氏が勝手に動き出す。こうなると、これは「物語」というよりは、小説に近くなる。そんなところもあるように思われる。この点については後に詳しく述べることになろうが、こんなわけで、光源氏の「光」は玉虫色に輝き、単純な色分けを拒否するようなところがある。おそらく、これも『源氏物語』の魅力の一因となっているのであろう。

人か神か

光源氏が嫌いだという人は、彼を一人の人間として見なしているし、現代の倫理観によって見ている。そのような人のなかには、彼をドン・ファンだと言う人もある。しかし、それは違うのではなかろうか。ドン・ファンはキリスト教文化圏に生まれてきた、アンチ・ヒーローである。唯一の神を戴く世界において、一夫一妻がよしとされ、恋愛においても、それは一人の男性と一人の女性の間にこそ生じるものとされるなかで、つぎつぎと異なる女性を口説き、だましていく。彼は「悪」の体現者であり、それにふさわしい終わりを迎える。しかし、源氏は別にアンチ・ヒーローではない。と言って、西洋の物語におけるヒーローでもない。なんとも不思議な存在である。

光源氏に相応する姿を西洋のなかに敢えて探し出そうとするなら、ゼウスがあんがいふさわしいのではなかろうか。これはギリシャ神話のなかの神であり、もちろん、キリスト教の物語とは言えない。しかし、ヨーロッパ文化はよく言われるように、ヘブライズムとヘレニズムとの混合によって生じてきている。ここで、ゼウスと源氏を比較して見ておくことは、西洋文明の影響を受けて生きている日本の現代人にとって、意味のあることであろう。

ゼウスは『ギリシア・ローマ神話辞典』(1)によると、「天」、「昼」、「光」を意味する語に由来していて、ここに「光」というのが光源氏と呼応していて興味深い。ゼウスは実に多くの神や人間の女性と関係があり、数えあげるときりがないほどである。そして、そこから多彩な子どもたちが誕生する。多くの存在の根源にゼウスがある、という発想であろう。ゼウスには、ヘーラーという正妻がいる。ヘーラーは正妻としての座に誇りをもっているのだが、ゼウスがあまりにも多くの女性と関係をもつので、嫉妬に狂うときがある。

ゼウスおよびその愛人や子どもたちが、ヘーラーの嫉妬に苦しめられる話は、枚挙にいとまがない。嫉妬深い妻の目を逃れて、女性のもとを訪れたり、妻の追及に耐えかねたりするゼウスの姿を見ると、光源氏の物語の神話版を読んでいるような気がする。たとえば、ゼウスの愛人イーオーの場合など、ゼウスはヘーラーの怒りを恐れて、彼女を若い牝牛に変えてしまうが、たちまち、ヘーラーに見破られ、彼女は牝牛を乞いうけて、百も目をもつ怪物アルゴスに番をさせる。しかし、ゼウスはこんなことで断念したりはしない。ヘルメースに命じてアルゴスを退治させる。ヘーラーもこれに対抗して、蛇を送ってイーオーの牝牛を苦しめる。結局のところ、イーオーは世界をさまよい、ヨーロッパ、アジアと渡り歩いて、とうとうエジプトで人間の姿にもどって、ゼウスと結ばれる。ヘーラーは彼女の子どもたちを苦しめるのだが、それは省略するとして、ゼウスとヘーラーの虚々実々の戦いは、なんとも凄まじいものがある。

これは一例のみであるが、ヘーラーの嫉妬も強烈だが、それに苦しみながらもつぎつぎと女性に迫っていくゼウスの方も大したものである。ところで、このようなギリシャ神話を読んで、ゼウスを「女たらし」として嫌いになる人はいるだろうか。あまりいないことだろう。それは神のこととして、多くの人が認めるのではなかろうか。

名前に「光」をいただく光源氏は、どこかでゼウスに似ていないだろうか。ゼウスがこの世の多くの存在を根づかせるルーツを与えるために、どうしても多くの女性と関係して子どもを生む役割を担わざるを得なかったように、源氏も、紫式部という女性の内界に住む多くの女性たちを根づかせる役割をもって登場している、と考えられる。つまり、ゼウスはこの世の日常のレベルを超えた存在なのであり、源氏もこの世のレベルを超えているのだ。紫式部の単なる日常の生活に関与するのではなく、その深層の世界の住人なのである。

源氏の書、画、和歌、音楽などの才の見事さの記述は人間業を超えたようなところがある。それに彼が最後に准太上天皇になったことなどは、実に上手な作者の工夫だと思う。源氏は普通の人間でないことをこれによって明らかにしている。それではなぜ天皇にならなかったのかと言われるかもしれないが、天皇になってしまうと、これは俗世界の頂点に立つ存在として、日常性がつきまといすぎる。したがって、源氏は天子と同等の格を有することを明らかにしつつ、俗世界の関係にあまり組み込まれないところに位置させているのだ。

とは言うものの、既に述べたとおり、源氏は自分勝手に動き出して、極めて人間くさい行動もする。この点が興味深いのだが、これについては後に論じるとして、ここでは、ともかく源氏を日常のレベルで——その上、現代人の感覚で——見るのは、あまり意味がないことだけを指摘しておきたい。

いかに読むのか

一般に言われているような意味での「主人公」として、光源氏を見ない。と言っても、彼を単なる便利屋と考えるわけでもない。彼が主人公などということではなく、この物語を全体として見ると、これが紫式部という一人の女性の自己主張の物語として読めてくる。それはどのような立場で、どのように読むことによって、そうなったのかを述べてみたい。

心理療法という仕事をしていると、人間の主観ということを大切にせざるを得ない。たとえば、母親を憎んでいる人に、あなたの母親は立派な人だとか、優しい人だとか、どれほど客観的に説明しても何の意味もないことが多い。その人が母親を憎んでいるのが、正しいかどうか、よいか悪いかなどという以前に、ともかくその人の主観の世界を大切に受けとめることからしか、ものごとは始まらない。と言って、それに同意するのでもない。同意してしまったら、二人で一緒に迷路に入りこんで抜き差しならなくなる。どちらともつかない、しかし、鋭敏なバランス感覚に支えられた態度をとっていると、それまで見えなかった構図が見えてくる。

対象を自己から分離して客観的な対象とし、それを一義的な要素に分解し、それらの要素間の関係を明らかにして、全体の構造を把握する、という研究方法がこれまでの学問の世界においては優勢であった。これが成功し、偉大な成果をあげたのが近代の自然科学である。これがあまりにも効果的であったため、社会科学や人文科学においても、この方法をできるだけ真似ようとする。この方法によっても成果があげられることは明らかであるが、そこから抜け落ちるものがある。それをどのようにして把握するかが課題になってくる。

そこで、先にあげた心理療法の場における両者の主観的かかわりの方を大切にし、ものの見方が必要になる。つまり、相手を客観的対象とはしない。むしろ、両者の主観的かかわりの方を大切にし、要素に分解するよりは、全体を全体のままで捉えようとする。このような態度を、かつて、ジークムント・フロイトは「平等に漂う注意力」と呼んだことがある。何かに焦点づけるのではなく、何に対しても平等に注意を漂わせるのである。これは、一見、ぼんやりしているようにも見えるが、そうではない。

対象に対する二つの見方を区別するために、一応、「男の目」、「女の目」という呼び方を既に「はじめに」のなかに示しておいた。これには異論をはさむ人もあろうから、少し説明しておきたい。ここに男女の区別をしたのは、歴史的に見て、だいたいにおいて、男の方が分析的、客観的な見方を得意として、女の方が全体的、主観的な見方を得意とすると考えられてきたからである。そして、特に近代ヨーロッパにおいては、この傾向が男性の優位性と結びついて強い力をもつようになった。社会的な活躍の場が、男性によってほとんど占められ、思考や世界観まで男性優位の状態になった。したがって、女性がそのなかに入りこむためには、「男性の目」をもつことが必要であった。

現代において、欧米の女性がそのような試みをしてみると、あんがいそれが可能であることがわかってきた。男も女も同等に「男の目」をもつことができる。ウーマン・リブの主張もこれによってなされてきた。このことによって、「男の目」によってものごとを見る傾向が一般にますます強くなってきたとき、最近になって、「女の目」でものごとを見ることは、「男の目」と同等の意味をもつ、という主張が出てきた。そして、伝統的に言って、「女の目」でものごとを見るのは、男よりも女の方が得意であるという主張が生まれてきた。これは、近代を超えようとする努力の一端であると考えられる。

これまで述べてきたことを要約すると、ものの見方を、「男の目」、「女の目」、という呼名で区別できるが、近代は「男の目」の優位の時代であり、それは男性に結びつくものと考えられてきたが、実は、男にも女にもそのような見方が可能であることがわかった。次に、ものごとを見るには「男の目」、「女の目」の両方が大切であり、現代においては「女の目」でものごとを見直す必要がある。後者は、女性の方が得意であるが、もちろん、男性にも可能である、ということになろう。そして、「研究」というスタイルをとるときは、特に「男の目」の優位性が感じられるが、これからは「女の目」による「研究」もあっていいのではないか、ということになる。

男女いずれも可能なら、男女の名を用いず、第一機能、第二機能などと名づけてもよさそうであるが、人間に男女の区別がある、ということの不思議さが、どこかでこの問題に関連していると思うのと、ものの見方の差を実感として感じやすいのではないかと思って、敢えて、「男の目、女の目」という表現を用いることにした。筆者自身は男性であるが、この書物は「女性の目」優位の立場で書かれている。そのような見方で『源氏物語』を読むと、これから論じるような全体的な構図が浮かんできたのである。

「女の目」で見ると言っても、見たことを文章によって表現し、しかも一冊の本としてまとめるとなると「男の目」も必要になることは、もちろんである。両者がどの程度のバランスをもつかということになるが、これまでのものと比較すれば、本書は「女の目」から見た点が多く語られている、ということになるだろう。

2　物語る女性

『源氏物語』は紫式部という女性によって、書かれている。書かれた年は、平安中期、十一世紀初めと推定されている。この事実は世界の精神史のなかでも稀有なことである。もちろん、あらゆる民族は固有の神話をもっている。そのような「物語」は人間にとって必要である。この点については後に述べる。しかし、そのように民族共通に、まさに神の時代のこととして語られ、特定の作者を見出せない物語に対して、このように明確な個人によってつくられた作品がこの時代に存在するのは、日本が世界に誇れることと言っていいだろう。では、それはなぜ、どのようにして成立したのかについて、私見を述べてみたい。

物語とは何か

すべての民族はそれぞれ固有の神話をもっている。フランスの神話学者、デュメジルは「神話をなくした民族は命をなくす(2)」と明言している。つまり、神話は民族の命なのだ。神話の意義について、神話学者のカール・ケレニイは「ものごとを基礎づける(begründen)ためにある(3)」と言った。人間というものは、あらゆる存在についてそのルーツを知りたがる。ものごとを根づかせることによって安心するのだ。日本という国の存在。これはどのようにして成立し、どうして今ここにあるのかについて神話は語ってくれる。それによって国民は日本という国のルーツがわかったと感じ安心する。「人はなぜ死ぬのか」、「どうして私の目の前に山が存在するのか」など考えはじめるときりがない。それらについてルーツを明らかにし、それらに基礎を与える役割を神話はもっている。

人間の集団がある神話を共有し、全員がその神話のなかに生きている限り、その集団は安泰であり、その集団の成員は安心して生きておられるし、とりたてて「私はなぜここに存在するか」などというような根源的な問いを発する必要もない。古代というのは、そういう時代であったことだろう。

しかし、そのような集団の神話を共有できなくなった個人はどうするのか、これが現代の問題であることは後述する。ともかく、その個人は自分で自分という存在の「基礎づけ」を行わねばならなくなる。極めて卑近な例をあげてみよう。飲み屋に行って酩酊してきたときに、いかに多くの人が「自分の物語」を語るのに熱中しているか。ある人は、自分の的確な判断によって会社の危機を救った話を語る。ある人は、自分の一言によって平素は威張っていた上司がぺちゃんこになった話を語る。つまり、これらの「物語」は、各人の存在の確かめを行なっているのだ。これは生きていく上で必要なことである。このような人に一年間、飲み屋に行くことを禁止したとすると、何らかの異常を示すか、どこかに自分の「物語」を語れる場を見出すことになるだろう。

現実を外的事実、内的事実に区別するのは安易とは思うが、このようなことを考える上で便利な方法である。自分の判断によって会社の危機を救った人の話を、クールに外的現実と内的現実とに分けて記述すると、彼の言う「判断」は別に彼個人の力によるものではなく、彼の属する課のうちの何人かの考えであるし、会社の重役にもそのように考えていた人もいた。彼らの判断が採用されて会社が有利になったことは事実であるが、会社の存亡にかかわるほどでもなかったということになる。しかし、彼の内的現実のなかでは、彼は一人の「英雄」なのである。集団の危機に一人で立ち向い、外敵を倒して全員を救う英雄像が活動している。この外的現実と内的現実を関連づけ、自分という存在の意義を確実にするものとして、彼は「物語る」ことを必要とする。

ここで、この人が彼の「物語」を外的事実と混同してしまうと、周囲の人々との摩擦を起こすことになるであろう。さりとて、外的現実のみに生きていると、彼の人生は味気ないものとなり、だんだん精気を失ってくることであろう。物語は彼という個人のなかで、「外的事実」と「内的事実」をどう関連づけるかという課題解決の結果として生じたものである。物語がその人の存在を確実にしてくれる。

ここに述べてきたような物語の意義を、紫式部はよく知っていたと言っても過言ではないであろう。「蛍」の巻において、源氏が玉鬘や紫の上を相手に「物語」について論じる、という形で紫式部が自分の「物語論」を展開しているのは、周知のことである。ここで、源氏は玉鬘が物語に熱中しているのを見て、「女こそものうるさがらず、人に欺《あざむ》かれむと生《む》まれたるものなれ」という言い方をして、物語など、ほんとうのことを語っているのは少ないだろうに、女というものはそれを好んで読んでだまされている、とばかり、物語と女性とを結びつけて、まず厳しい批判を述べる。しかし、その後で、そのような虚構のなかにかえって真実が語られるものだ、と重要な指摘をしている。「ひたぶるに、そらごとと言ひはてむも、事の心違《たが》ひてなむありける」と言っている。この物語論のなかにある「日本紀《にほんぎ》などは、ただ片《かた》そばぞかし」という源氏の言葉に、紫式部の物語に賭ける気概が感じられる。

王朝物語の発生

物語についての紫式部の卓越した論を紹介したが、彼女がここまで意識して物語を書いていたかと思うと、あらためてその偉大さに感嘆させられる。紫式部の『源氏物語』は、突発的に生まれてきたものではなく、多くの王朝物語のいわば頂点として存在している。平安時代において、物語が華を咲かせたのである。

ヨーロッパを見ると、どうであろうか。この時代は、個人が物語を書くことなど思いもよらなかったであろう。ボッカチオの『デカメロン』が、ヨーロッパにおける最初の個人による作品と言えようが、それは実に遅く、十四世紀になってからである。この事実と比較すると、日本の王朝物語の発生がいかに稀有なことであるかがよくわかる。

『源氏物語』のなかで「物語の出で来はじめの親」(「絵合」)と言われている『竹取物語』が書かれたのは、十世紀のはじめか、ひょっとして九世紀末とも言われている。これから約百年後に『源氏物語』が生まれてくるのだが、その中間に、『伊勢物語』、『平中物語』などの歌物語に続いて、『宇津保物語』、『落窪物語』のような物語の大作が出現していることも注目すべきことである。

それでは、他の文化圏において未だ個人の作者による物語が生まれていないのに、わが国において、どうしてこのような現象が生じたのかについて考えてみたい。既に述べたように、人間には「物語」が必要である。したがって、どのような文化でも神話をもっている。そして、おそらく、もっと単位の小さい地域においては「伝説」をいろいろともっている。それが特定の場所や人物などとは関係のない不特定の形になってくると「昔話」になるが、このような物語を古代の人たちは多くもっていたし、それは、われわれが今「物語」と呼んで感じるよりは、はるかに現実《リアリティ》として受けとめられていただろう。

隣の中国では「怪力乱神を語らず」で、「物語」を語らぬようにしながらも、それらはむしろ「歴史」の方に取り入れられていた、と考えられるだろう。中国では現実性を強調したいので「歴史」と呼ぶが、今日的な目で見れば、それは多分に「物語」性を含んでいるのである。しかし、この際も公的な歴史となると、ますますその「物語」は一般に共有されることになって、個人による物語は、なかなか生まれない。せめて「外史」という形をとることになる。

キリスト教文化圏においては、「物語」は『聖書』のなかに語られている。正統と異端という点について、極めて厳しい態度をもったこの宗教は、「物語」はすべて『聖書』に語られているので、ある人間が「物語」をつくるなどということは神に対する冒瀆とさえ考えられたのではないだろうか。すべての人間は神の与えた「物語」を生きるべきであって、ある一人の人間が「物語」をつくることなど考えられなかったのではなかろうか。

神の長い統制から少しは脱して、個人が敢えて物語をつくり得ること、それを人々が楽しめることを示した点で、ボッカチオの功績は大であるし、その物語の内容が勢い反キリスト教的にならざるを得なかったのも、よく理解できるのである。唯一の神の長い統制に抗して、物語をつくりはじめた西洋の文化は、それ以後、徐々に人間中心の文化へと変化していき、ボッカチオの『デカメロン』のような物語は、結局は現代の小説のような形へと変貌してきたのである。

ところで、わが国の場合を考えると、そこには一神教による統制がないという特性がまず考えられる。既に仏教の力は強くなっており、『源氏物語』においても仏教の影響は相当に感じられるが、仏教はキリスト教のように、スタンダードの物語を人々に与えるということはしない。しかも、このときの日本においては、まだまだ日本古来のアニミズム的な世界観も強く残っている。

ここで「物語」について、もうひとつ考えねばならないのは、ある時代の、あるいは、ある社会のもつ「一般的物語」というものがあることを忘れてはならないということである。これまでに述べてきたのは、人間存在の根源にかかわるようなものであるが、もっと日常的レベルにおいてもそれは存在している。たとえば、現在の日本であれば、一流大学を出て一流企業に就職し、平社員から係長、課長、部長などと上がっていき、最後は重役になって、などという出世の「物語」が相当多くの人に共有されており、この物語に沿って生きている人は、自分で物語をつくることなど、とうてい考えないであろう。他人のつくった物語や小説を読むことさえしないだろう。

このようなことを考えると、日本の平安時代には、「物語」がつくり出されるような環境が非常にうまく準備されていたことがわかる。つまり、他によってつくられた物語によらず、自分の物語をつくろうとする人間が現われる状況が準備されていた。そして、それは「女性」と関連が深かったと思われる。

女性の作者

平安時代の貴族たちの一般的な「物語」はどんなものであったろうか。当時はなんと言っても、身分が決定的要因であった。貴族と言っても、どの位の家に生まれるかによって話が異なる。そのなかで、アッパークラスの貴族にとっては、だんだんと位が上がり、右大臣、左大臣、太政大臣となっていく、このように位が上がることも大切だが、一番望ましいのは、自分の娘を内裏に入れ、彼女の生んだ子ども(多くの場合、息子)が天皇になる、ということであった。当時、実質的な意味において権力をもっているのは、天皇の外戚の祖父であった。天皇の母は国母であり、その国母の父親というので、一番の権力者になる。

貴族の男性は自分の地位がだんだんと上がっていくという「物語」と共に、いかにして、素晴らしい娘をもち、それを天皇のところに入内させ、男の子をもうけて天皇の外祖父となるか、という一連の長い「物語」を生きようと一生懸命になった。

女性の方は、これと同じく、いかにして内裏に入って、天皇の寵愛を受け、男の子を生んで、それが東宮となり、天皇となるのを待つという物語を生きることになる。と言っても、女性の場合は受身なので、親のアレンジに従って結婚するのだが、内裏に入ることになったときは、親たちと協力して前記のような筋道を生きようとするだろう。

ところで、紫式部のような女性は、身分上はじめからこのような「物語」を生きることは許されていなかった。そして、既に述べたように「物語」についての神の統制を受けることがなく、比較的自由であった。しかも、経済的にも比較的安定しており、中宮に仕える女性として、その才能を十分に発揮できる、あるいはそれを期待される立場にあった。宮廷においては、一人の天皇をめぐって、后や女御たちがいかにして魅力ある世界をつくりあげるかを競っていたので、それを取り巻く女性、つまり、紫式部や清少納言などは、その才能を最大限に伸ばすことが期待されたのである。

「個人」としての立場を相当にしっかりともち、その上、生きるべき「物語」が与えられていないとなると、勢い、その個人が「自分の物語」を書くことになる。と言っても、その人個人の物語が一般の人に読まれるものにするための文学的才能を必要とするが。

その上、このような状況を格段に高める事実として、日本における「仮名」の発明があった。これは「物語」創作に重要な役割を占めている。ヨーロッパにおいても『聖書』や公的な文書は長らくラテン語で書かれていたように、ある社会の秩序を保つのに必要な言語は日常語と区別され、それは「高い」位をもつとされる。これと同様に、日本でも、公的な文書は漢文で書かれていたし、文学作品にしても漢詩をつくるのは「男」のたしなみとされた。物語はそれと別個のものである。これは秩序づけられた公的な社会の裏側に存在する。したがって、物語の力が強くなれば、公的秩序はおびやかされる可能性がある。キリスト教文化圏における状況については既に述べたが、かつてソ連がその統制を厳しくしいていたとき、今はロシアから独立していった国々においては、伝説や小話などの類に対して、実に強い統制があったと聞いている。

ところで、公的な文書の漢文に対して、日常語がそのまま書きとめられる「仮名」の発達は、まさに「物語」を書くのにぴったりではないか。役所においては漢文によって事実が記録される。それに対して、物語は仮名でこそ表現される。もちろん、漢文によっても物語は書けるはずである。それは中国を見るとすぐわかる。しかし、当時の日本人にとっては、仮名の発明が物語の創作を促進したと考えられるのである。真名(漢字)に対して仮名とはいみじくも名づけたものだ。仮名は文字どおりフィクションの表現に適している。

以上述べたような要因が見事に重なって、平安時代に物語がつぎつぎと生み出された。男たちが、そこに築かれた体制のなかで、自分の地位が上がる「物語」を、あまり意識せずに生きているときに、そのような体制の外にあって、個人としての物語をつくりあげる。これを行うには、紫式部のような立場にいる女性が一番適していたのではなかろうか。したがって、『源氏物語』以外の作者未詳の多くの物語も、多くは女性によって書かれたのではないか、と筆者は思っていた。しかし、それは必ずしも断定できず、体制外にあって、「女性の目」をもって世界を見る才能のある男性であれば同様のことができるはずである。それにしても、『源氏物語』の作者が――異論もあるにしろ――紫式部という女性であることが明らかなのは有難いことである。

3 『源氏物語』と現代

『源氏物語』は偉大な作品として、いろいろな角度から読んだり、研究したりすることができる。筆者の場合は、既に述べたように、現代においていかに生きるか、という視点から読んでいると言えるだろう。その点においては、これまでのところに少しずつ触れてきたが、ここでは少しまとまった形で述べることにしよう。

現代と物語

まず、現代における物語の重要性について述べたい。すべての民族が神話をもっていること、そして、それによって、人々はその世界に根づかされたと感じることを明らかにした。しかし、それはすべてのことを「説明する」とは限らなかった。日常生活において不可解なことはよく起こった。人間はそれらを「了解」したり、できる限り統一的な世界観をもとうとしたりする傾向をもっている。そんな点で、神話はいつも有効とは限らなかった。

近代ヨーロッパに生まれてきた「近代科学」は、そのような点で実に優れており、有効であることがわかってきた。それがテクノロジーと結びつくとき、どれほど便利で有効な人間の道具となるかは、先進国の人間がすべて体験的に知っている。ただ、近代科学は対象となる現象を人間とまったく切断され、一義的に定義できるものとして構築されるので、対象と自分との関係を考慮に入れたり、対象が多義的な様相をもつときは適用することができない。このことについては、他にしばしば詳細に論じているので(4)、ここに繰り返すことはしないが、わかりやすい例としていつもあげていることをひとつ紹介しておく。

自分の最愛の恋人が自分の目の前で交通事故にあって死んだとき、「なぜ、あの人が……」とその人は問いを発するだろう。この際の自然科学の答えは明確で「出血多量」などと説明する。しかし、その人の訊きたいのは、そのような普遍的な答えではなく、その人との関係において、そのことを納得する答えがほしいのである。そこに物語の必要性がある。

その物語も、既に述べたように、その人の属する集団の信仰をその人が共有しており、「これも前世の因縁である」として、その人の前世の物語を聞き納得することもある。往時は多くの人が何らかの意味で、そのような物語を共有して生きてきたし、現在も、ある程度の数の人々がそのような物語の共有に支えられて生きている。しかし、そのような物語を共有できずにいる人も多いのではなかろうか。

人間の死というような根源的なことにかかわらないとしても、日常のレベルにおいても課題が生じてくる。既に述べたように、一流大学→一流企業→重役、社長、という一般的な物語を生きている人は、あまり迷いや苦しみを感じないだろう。しかし、これをはずれた人はどうなるのか。あるいは重役になって、物語が「完成」されたような気分になっていても、定年がきて、年老いて何もすることができない気持のまま、後二十年近くも生きるとすると、その人はどんな「物語」をもって生きることになるのか。

科学・技術の力によって、人間の可能性は無限に拡大していくように思われる。しかし、自分が年老いてすべての能力が衰え、死ぬことのみ明らかというときに、科学・技術は何を提供してくれるのか。「処置なし」という冷たい言葉だけではないか。そんなときに、自分と世界をどう関係づけるのかという物語をもつ人と、もたない人とでは、ずいぶんとその人生は異なってくるだろう。

物語を知的に武装せしめた形でのイデオロギーというものが、すべてを説明してくれると信じる(それらの人は信じているのではなく、正しい判断と思っているわけだが)単純な人もあった。これらの人は、ある意味では幸福であったが、自分の幸福を支えるために多くの他人を不幸にしていることに気づかないか、気づかないふりをしている人が多かった。

現在は、お仕着せの物語やイデオロギーの通用しない時代である。個人の自由ということを求めて人間が努力してきた結果このようになってきたのである。人間ひとりひとりが自由に「自分の物語」を創造できる。これは実に有難く、興味深いことではないか。筆者のように、五十数年以前、日本の国民全体に画一的な物語を押しつけようとされたときの経験をもつ者にとっては、自分の物語を創造できる有難さがよくわかるし、これほどの面白い時代はまずないだろうと思ったりする。しかし、これは単純に依存できる物語がないという不安と引きかえのことである。自分個人の物語などつくりたくないという人は、頼れる物語を探そうとするだろうが、簡単には見つからない。あるいは、日常的には一般に承認される物語に乗って生きているとしても、奥深くに存在する不安に悩まされることになる。

現代日本人の意識

現代日本人の意識を論じることは極めて困難である。日常の臨床場面でお会いする人々のことを考えると、その難しさが実感される。一般的に言って、日本人は相当に欧米化されているという点には同意されるだろうし、自分の意識は欧米人と何ら変わらないと思っている人も多いだろう。しかし、心理療法の場面においては、苦境にあっての各人のホンネを聴くことになるので、単純な結論が出しにくくなる。第一線の科学者が驚くほどの「迷信」を信じていたり、宗教家がまったく世俗的であったりしても驚くことはないのである。それはそれとして、ある程度の一般論を述べるなら、日本人の意識は表層的には欧米化しているとは言えるのだが、少し深くなると、まだまだ日本の古来からの伝統的なものを保持していることになる。

ここに「表層の」と述べたことは、本人が通常生活において意識していることである。しかし、人間はあんがい自分で意識せずにいろいろな行動をしているし、非日常的な場面においては、通常の意識とまったく異なる意識がはたらくものである。それらの意識を深い層の意識と考える。あるいは、意識的には自分は民主的に生きていて、そんな点でアメリカ人と変わらないと思っているが、アメリカ人から見ると、それは彼らの考えとは異質の「日本的民主主義」だったりする。つまり、日本人はアメリカ人と同じと思っていても、それの動因となる深層の意識のはたらきが異なるので、まったく異なる様相になってくる。

日本人は明治維新を機会に、西洋の考え方を大いに取り入れようとしたが、一時的に思いあがり、第二次世界大戦を起こし敗戦の憂き目にあった。このため、欧米、とくにアメリカにならえというので、意識改革を行なってきた。アメリカの民主主義、合理主義などを見ならってきたつもりであるが、事はそれほど簡単ではない。

日本人も欧米の影響を受けて、だんだんと個人主義的になってきた。個人ということを大切に考えるのだが、個人主義においては他人とどのようにつながるのかが重要な課題となる。これを不問にすると単なる利己主義になってしまう。個人主義はもともとキリスト教文化圏から生まれてきたものだが、個人主義が利己主義に陥らないように、キリスト教による厳しい倫理観がはたらいている。

日本の伝統的な考えは、「イエ」や「世間」というものが大切で、個人は二の次であった。戦後は無理矢理に「イエ」を破壊しようとしたが、日本人はその代替物として「会社」を見つけてきた。あるいは、国全体を「イエ」と感じるような生き方をしてきた。これがうまく機能している間に、日本は急激な経済成長を遂げたが、現在は長期の不況のなかで「第二の敗戦」を体験し、自信を喪失している。そこへ、グローバライゼーションという名のアメリカナイゼーションの波を強く受けて、それにどう対処するかに苦悩しているところである。

日本人が欧米流の個人主義に従うとしても、キリスト教抜きで安易に行うときは、単なる利己主義になってしまう。この弊害は既にあちこちに見られている。しかし、本家の欧米でもこのような傾向が認められているようだ。近代科学の力によって、キリスト教の信仰は弱められ、たとえば、アメリカにおいては、このような信仰をもたない個人主義の病理は極端な形で出てきている。青少年の犯罪やドラッグなどの問題は、日本とは比べものにならない。このような現象を見ていると、日本人が今更、欧米の真似をしようとしたり、あちらをモデルにして努力するのも意味がないと思われる。

個人主義の「個人」をどう考えるか、は世界の問題であると思う。個人の能力や欲望を伸ばすことを第一に大切なことと考える。それはいいとして、そのためには少なくとも二つの点に対する考慮が必要である。それは、他人との関係をどう考えるか、という点と、自分の死をどのように受けとめるか、という点である。キリスト教はこれに対して、隣人愛と、復活の信仰ということによって解決してきた。それはいいとして、キリスト教抜きで個人主義を考えるとどうなるのか。

キリスト教などは信じられない、近代科学こそ信じられるという人があったとしても、既に述べてきたことで明らかなように、「他人との関係」と「自分の死」ということに関しては、近代科学は答えをもっていないのだ。これらに答えるためには「物語」が必要である。

個人主義をとるのなら、各個人は自分の物語を創造する責任をもっている。と言っても、各人はすべて人間であるとか、何らかの文化や社会に属するということで、それなりに共通項をもっているだろう。それに、芸術的、宗教的天才と呼ばれた人たちが優れた物語を残している。各人が自分の物語を生きるにしろ、それは過去につくられた何らかの物語と親近性があったり、ほとんど同じということもあるだろう。

そんな点で、現代に生きる者が、過去の物語を以上述べたような観点から研究することは意義あることだろう。

近代を超える知恵を古代がもっていたりするのだ。『源氏物語』はその意味でも、実に豊富で卓越した話素に満ちていると思われる。

（1）　高津春繁『ギリシア・ローマ神話辞典』岩波書店、一九七二年。
（2）　大林太良・吉田敦彦『世界の神話をどう読むか』青土社、一九九八年、のなかで、吉田敦彦がその師デュメジルの言葉として語っている。
（3）　カール・ケレニイ／カール・ユング、杉浦忠雄訳『神話学入門』晶文社、一九七五年。
（4）　拙著『物語と人間の科学』岩波書店、一九九三年〔第Ⅰ期著作集第一二巻所収〕。

第二章　女性の物語

前章において、「女性の目」の重要性を指摘した。近代というのは、特に「女性の目」を低く評価し、排除しようとさえした時代であると言える。そこで、「女性の目」を復活し、複眼の物語を構築することが、現代の課題とも言えるのだが、そんな目で『源氏物語』を見ていくのに際し、まず、女性が歴史的にどのような物語を生きてきたのかを検討する必要がある。

王朝物語には、男女の関係について語られることが多い。しかし、だからと言って、すぐ「ロマン」とか「男女の愛」とかのキャッチフレーズを用いると、相当な誤解が生じるのではなかろうか。何も知らぬ女性のところに男性が侵入し、顔も見えない、どんな人物かもわからないときに、まず性的関係ができてしまう。そんなことを、ロマンチックとか愛とか呼んでいいのだろうか。たとえば、『とはずがたり』の後深草院二条のように、そこにあるのは怒りと悲しみだけではないのだろうか。これを「女の目」で見たとき、何と呼び、どう考えるのか。これらのことに対してどのような共感をもって、われわれ現代人は読みすすんでいけるのだろうか。

『源氏物語』の本文を読む以前に、「女性の物語」について、われわれは相当な予備知識を必要とすると思われる。

1　母権の時代

　わが国の原始時代の家族形態がどのようであったかは、確実に言うことはできないが、おそらく母権制であったろうと推察されている。これは世界中の農耕民族と同じく、地母神信仰に支えられているところが大きいと思われる。大地が植物(食物となるもの)を生み育てることと、母親が子どもを生み育てる現象とが結びついて、大地を偉大なる母として祀る。縄文の土偶には地母神と思われる土偶が多く出土している。このような地母神に支えられ、母権制は長らく続いたことと思われる。

　この問題を考える上で、筆者は、(1)母権制、(2)母系制、(3)母性心理、を一応区別して考えておくと便利であると思う。これらは微妙にからみ合ってくるのだが、まず、母権制は母親が権力をもつこと、母系制は母—娘の系列によって家族を継承していくことである。三番目は特に説明を要するが、人間のものの考え方として、父性原理と母性原理とに分け、母性原理の優位な心の在り方を、母性心理と呼んでいる。この考えはこれまでしばしば他に論じているので(1)、それを参照されたいが、本書を読んでいる間にも明らかになっていくであろう。キリスト教文化圏と比較するとき、わが国は母権から父権、父系の制度へと変わってきながら、現在に至るまで母性心理を保持しているところに特徴をもっている、と筆者は考えている。

母・娘の世界

　完全な母権の時代は、母権、母系、母性心理は一体となって機能していた。ここでは、今日で言う、個人とか人格などという概念はなかった。と言っても皆が同じというわけではない。しかし、なんと言っても全体としての種族保存ということが第一義であった。

まず大切なのは偉大な母であり、それがすべてでもあった。それの顕現が原始時代に見られる地母神の土偶であり、神話時代となると、シュメールにおける女神イナンナ(セム語によるイシュタール)がそうであろう。わが国のイザナミも国土のすべてのものを生み出す点でこれに近いが、彼女の死亡後に夫のイザナキから三貴子が生まれるという点で、少し父権への移行が認められる。

偉大なる大地と同様に、偉大なる母さえあればすべてが完結しているという考えは、人間の実際に生きている姿を見ているうちに、母、娘への分離へと向かう。生命ある人間として見る限り、母は必ず死ぬ。しかし、その後は娘が成長して受けつぐ。偉大なる母は不変ながら、人間としては母→娘という継承がなければならない。彼女たちは別々であるが、一体でもある。ここで母娘一体感が強調されると、そこには変化というものがない。世代はつぎつぎ交代するが、母さえいれば大丈夫であり安泰である。

人間は不思議な生物である。あまり安泰を好まない。どこかで変化(近代は「進歩」という概念によってこれに高い評価を与えた)を望んでいる。母娘一体感を破らないと、変化は生じない。そこでだんだんと家族制度が変わり、「文明」というものが生まれてくる。男という存在が徐々に前面に出てくるのである。そのためにいろいろと制度を定め、それなりの「秩序」をつくるということによって母娘一体感を壊していく。

この点、古来より「文明」から離れて安泰な生活を続けてきた部族に、現代まで母権、あるいは母系の家族を続けてきているところがあるのは興味深い。最近、筆者は中国の雲南省に行き、母系家族の家などを見て印象深かった。

わが国ももちろん父権制へと移行し、第二次大戦前は強い父権制のもとにあった。これはアメリカによって壊されたが、そうなると昔から続いていた母性心理がにわかに強くなり、母娘結合の様相が顕在化してきた。強い母娘結合のなかで居場所を失ってうろうろしている父親。往時は父権的家族制度によって防止していたが、自由になったために、結婚後も実家に入りびたる女性などが生じてきた。実はキリスト教文化圏においては父性心理が確立されているので、あまりこのようなことは生じないのだが、欧米でも少し病理的な状況になると、母娘一体感の世界への希求がいかに強いかを痛感させられることも、あんがい多く起こっている。人間存在の根源にあるこの傾向を、現代人もよく認識しておく必要があると思う。

母娘は互いに「個」を意識すると、強烈な反撥を起こすこともある。基礎にある一体感があまりにも強いので、個を主張するためにはそれに相応する反撥力を必要とするからである。いわゆる自立的な女性で母親に対して否定的感情をもつ人が多いのも、このようなことが関連している。基礎にある一体感によりかかりながら、母と娘が些細なことで争いを繰り返し、仲が悪いのかと思っていると、事と次第によっては(多くの場合、対男性のこと)にわかに鉄壁の一体性を示したりすることもある。

平安時代においては、日本は中国の影響をある程度受けて、それなりの父権的な家族制度をつくりあげてきているので、王朝物語には、母娘結合の話はあまり語られないのが特徴的である。もっとも、母娘結合の世界は文学以前の状態と言うこともできるので、あまり語られることもないと言っていいだろう。

聖娼——女性のイニシエーション

母娘は分離しなくてはならない。そこで、母娘結合を破る者として、男性が登場してくる。この典型的な話がギリシャ神話におけるデーメーテールとコレーの物語である。これは実に興味のつきない物語であるが、ここにごく簡単に要約を示す。地母神デーメーテールの娘コレー(娘を意味する語)が野原で花を摘んでいるとき、冥界の王ハーデース(プルートンとも呼ばれる)が突如として地下から現われ、彼女を強奪して帰る。デーメーテールは娘の突然の失踪を嘆き悲しんだので、大地は枯れ果てて実らず人々は困る。これを見て、ゼウスはハーデースにコレー(ペルセポネーとも呼ばれる)を母のもとに返すように命じる。しかし、ペルセポネーはハーデースのたくらみによって柘榴《ざくろ》の実を四粒食べる。冥界で食事をした者は地上に帰れないという掟があり、ペルセポネーは困るが、ゼウスの調停によって、一年のうち四カ月はハーデースと暮らし、後の八カ月は母のもとで暮らすことになる。このため、彼女が地下に留まる四カ月は冬になり、彼女が帰ってくるときに春が来て、八カ月は植物は生き生きと育つことになる。これは春の祭典と結びつく神話である。

ここでは、母娘結合を破る男性ハーデース、調停に乗り出すゼウスなどの名が見えて、既に母権から父権への移行を示しているのだが、もっとそれ以前、母権の強い時代においては、娘が母になるための儀式としての聖娼という制度があった(図1)。ここでは、男性は個人としてではなく、無名の「男」としての役割をもって登場する。

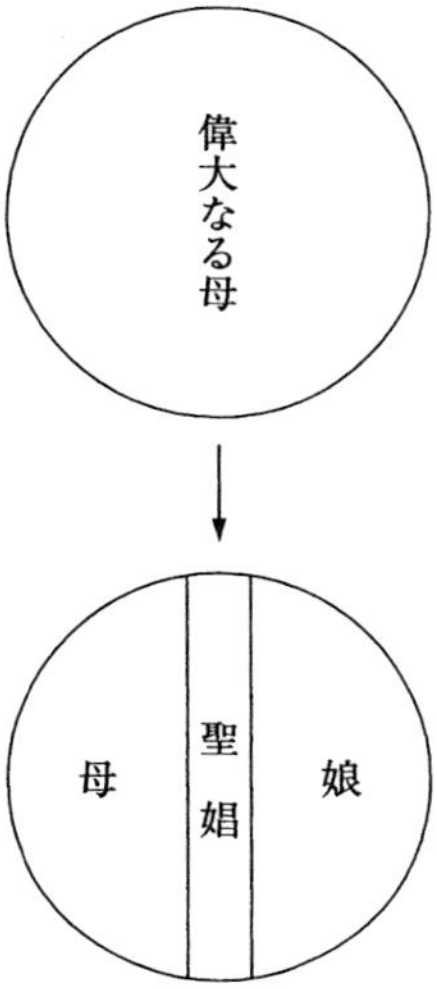

図1　母権時代の女性

「聖娼」について語るにはまず「聖婚」のことを述べねばならない。母権社会のシュメールにおいては、大女神イナンナと彼女の夫、ドゥムジの結婚、すなわち聖婚を讃えることから発して、人間にとって、大女神イナンナとの一体化ということが極めて重要な儀式となってくる。この間の詳細は略すとして、その中核的なところを述べると、女性はイナンナと同一化し、女神から流れ出てくる女性的な霊の力を受容するために、女神の神殿における巫女であり、聖娼であるという役割を果たす。そこに訪ねてくるまったく未知の男性に対して、女神の化身として身をまかせるのである。

ここで非常に大切なことは、この文化において霊性《スピリチュアリティ》と性《セクシュアリティ》がまったく分離しておらず、聖娼としての女性は、自分という身体のなかの美と情熱に気づき、霊と性との共存する歓喜を味わうのである。ここで、男性はまったく未知の旅人であることが必要であり、男女の関係は個人的な愛を超えた結合の神秘として体験される。

聖娼のイメージが現代人にとっていかに重要であるかを論じた、クォールズ‐コルベットは、聖娼の非個人性について次のように述べている。(2)

「彼女は自分のところへ来た男から称賛や献身を得るために、愛の行為をしたわけではない。なぜなら、聖娼はしばしばヴェールを被ったままで、名前も知れなかったからである。彼女は自分自身のアイデンティティの感覚を与えてもらうために男を必要としたのではない。むしろ、この行為は彼女自身が女性であることそのものに根ざしていた。」

このようなわけで、聖娼は神殿の聖域外の売春とは明確に区別されていた。聖娼は酒屋を開くことも禁じられ、禁を犯したときは死刑になった。おそらく、そのことによって、聖娼と通常の売春が混同されることを厳しく排除しようとしたのであろう。

ここで聖娼の体験を、娘が母になるためのイニシエーションとして考えるとよく了解できる。このような神秘体験を通じ、霊性と性の一致を体験知としてもって、はじめて女性は大人になる。そのとき、男性は非個人な無名の存在としてのみ意味をもつので、その後に、夫とか父とかの名によって女性の生活に関与してこない。女性はそれ自身で女神の法則を体現して生きている。

このような社会は「自然」のままに生きている、と言っていいだろう。そこには人間のつくる「法律」とか「秩序」などというものは必要としない。母―娘の循環の繰り返しによって時は経過していくので、男は無名の人として、聖娼の儀式に参加する以外は、特定の役割をもっていない。それはいわば原始林のようなものである。そのなかでは、枯れたり、種子から育ったり、いろいろと死と再生が生じ、森の様相は時と共に変わるにしろ、ともかく森そのものは常に存在し続けるのである。

母の兄

前述したように、中国の雲南省の母系社会の家を見てきたが、その部屋のなかは、中央に祭壇があり、向かって左に祖母と母、その右に祖母の兄、母の兄の席、その右側に客人の席があり、手前の空間は子どもたちのものとなっていた。母系社会においても男の役割分担が生じてくることを、これは示している。しかし、それは母の兄によって担われるのだ。

完全な母権社会においては、男性は周辺に追いやられると述べた。しかし、それはその家族や社会が何事もなく過ごしているときである。天変地異が起こって力仕事が必要になるとき、あるいは家族と家族、部族と部族の間に争いが生じたときは、どうしても男性の力が必要になる。「自然」のままでは暮らすことができない。人間と人間の争い、取り決めなどに関して、男が前面に出てくるが、これは母の兄の役割である。母権、母系の社会において、母親の兄が家族のなかで重要な役割を占めるようになるし、部族のなかで強い家族のなかの、その男性が部族全体に対しても、重い役割をもつようになる。

母権から父権への移行状態の間には、以上のような考えから、兄と妹、姉と弟、の結婚関係も相当にあったのではと推察される。神話の世界においては、イザナキ、イザナミのような例は極めて多い。血のつながりを非常に大切にすると、血のつながらない者との結婚はある程度の危険性が入る。つまり異分子が混入してくることになる。したがって、きょうだい婚の考えが出てくるが、遺伝的に問題であることを体験的に知ったためか、これは時代と共にタブーになる。もっともエジプト王朝においては、王はきょうだい婚であった。

実際にはタブーとなったが、心理的には現在もはたらいていて、きょうだい相婚の夢を見るのは珍しくはない。あるいは結婚しても、夫よりも兄や弟の方を頼りにしている女性は現在でもいる。

『源氏物語』には、きょうだい婚の話は出てこない。ただ「総角《あげまき》」の巻で、匂宮が姉の女一の宮の美しさに触れて、姉弟なので枕を交わそうとは思わないが、悩ましい心地がするという歌を贈るところがある。これより以前の『宇津保物語』においては、絶世の美人、貴宮《あてみや》に兄の仲澄が恋心を抱き苦しむところが語られている。結局は貴宮は東宮に嫁ぎ、仲澄は苦しみに耐えきれず死んでしまう。これは「道ならぬ恋」として描かれているので、既にきょうだい婚はタブーであったことがわかるが、このような物語が語られるだけの現実が当時にはあったろうと思われる。

母系から父系への移行を示すものと考えられる話が『常陸国風土記』に記載されている。要約を示す。努賀毗《ぬかび》古《こ》、努賀毗咩《ぬかびめ》という兄妹がいた。妹のところに求婚《よば》いしてくる男があり、妹は妊娠し、子どもを生んだが、それは小さい蛇だった。その蛇が急激に大きくなるので、神の子だと思い、母親は「父のところへ行くように」と子ども(蛇)に言う。子どもは一人では行けぬので、誰かを供につけてほしいと言う。母親が自分と子どもの伯父

（努賀毗古）しかいないので誰もついていけないと答えると、子どもは怒って伯父を殺して天に昇ろうとする（父親は雷神らしい）。母親がお盆を子どもに投げ当てると、子どもは天に昇ることができず、峰に留まった。

なかなか面白い話であるが、他の点には触れないことにして、ここで注目したいのは、母の兄と息子との葛藤という点である。息子は伯父を殺して父親のところに行こうとした。この際は、母親の力でそれを止めたのだが、要するに母の兄よりも父親の方が大切であることを、息子が示そうとしたと考えると、これは母系から父系への移行である。

母権社会のなかで、男がだんだんと力をもってくる。しかし、それは母の兄（時には弟）という形で、その力を示していたのだが、『常陸国風土記』の話に見られるように、父親の方に力が移ってくる。こうなると、明らかに大変革である。これは単に家族関係の変化というよりは、世界観、人生観の変革に結びつく。既に述べてきた表現を用いるなら、「女の目」で見ていた世界を「男の目」をもって見ようとすることになる。とは言っても、もちろん、そんなに急激な変化が短期間に起こるものではなく、両者の混同した形が続くと考えられる。

2　母権から父権へ

母権から父権への移行は、それほど簡単なことではない。現代においても、母権社会のままである部族が存在することは既に述べた。この変革を極めてドラスティックに行なったのが、ユダヤ・キリスト教文化圏であろう。そこから生まれてきた文明が、現在の世界において支配的な力をもっているので、われわれもそのことを不問にはできない。しかし、一時言われたように、このような変化の過程を、単純な「進歩」あるいは「進化」として受けとめることはしたくない。現在はむしろ父権的意識の強烈さによってもたらされている害も大きいと思われる。そのような点も念頭に置きつつ論をすすめたい。

父権社会の男女

長い母権社会の後に父権社会が出現してくる。あらゆる点における女性(母性)優位の状態のなかで、男性が徐々に力を現わしてくるのだが、なんと言っても「自然」に基づく限り母性の優位は動かぬので、何らかの意味での反自然的な動きを重視することと、父権とが結びついてくる。前述した『聖娼』のなかに、次のようなW・トンプソンの引用文がある。

「父権は法を作り、母権は慣習を作る。父権は軍事力を生み、母権は宗教的権威を生む。そして父権は個々の戦士の士気を高め、母権は集団の因習に縛られた凝集力を高める。」

父権社会が出現してくるきっかけとして、戦いということは大きい要因である。武力ということには男性の方が優位である。それを効果的に行うには、武器の製作とか集団の規律とか、ともかく反自然のことが多くなる。ここで、母権には軍事に対する宗教を結びつけているが、宗教も父権的となるとどうなるであろう。それは極端に強力なものになってくる。そして旧約聖書に語られているように、女性は男性の骨からつくられることになる。女性が男性を生み出したのではなく、最初の女性は男性の一部なのである!

こうなると、大女神がすべてを包みこむように、母がすべての根源という考えや、母娘結合の周辺に男性が存在するなどという図式ではなく、男が中心となり、女性は男との関係において、自分の在り方を規定されるようになる。つまり、女性は、男性に対して、その母、娘、妻、娼のいずれであるかによってその位置が定まるのである。

興味深いことに、ユダヤ教は聖娼の制度を徹底的に破壊した。父権社会はその存在を許さない。父権社会においては、性がまったく霊性から切り離されてしまった。精神と肉体も分離させせられることになる。性はまったく価値の低いものとしておとしめられることになった。聖娼の制度は破壊されたが、売春は社会の影の存在として継続されることになる。

母権社会においては、そのメンバーが母なる神に包まれているという一体感をもち、慣習によって互いの関係をつくりあげて生きてきたが、父権社会は、それよりももっと拡大され、なんと言っても「力」の価値が前面に出されて、力の強い者による全体的な統制ということが大切となってきた。このためには法律をつくる必要があるし、政治的、軍事的な職業を必要とするし、いろいろな職業の分化が行われた。このとき、ほとんどの職業を男性が担当し、それによって、その男性のアイデンティティが形成されることになった。そして、女性はそのような男との関係の在り方によって、図2に示したように、母、娘、妻、娼であることによって、自分のアイデンティティを形成するようにされた。

図2　父権社会の男女

このような傾向はごく最近まで続いていることでもあった。たとえば、一九七〇年代でも、小学校で子どもに父親、母親についての作文や絵画の制作をさせると、母親の場合はどの子どもにとっても、いわゆる「お母さん」像というのが似通って存在し、変化に乏しくなる。それに比して、父親の方は職業もいろいろであるし、家庭における行動も個性的に記述されることが多かったと言う。最新の情報については知らないので何とも言えないが、おそらくこれは相当に変わっていることだろう。このことは、「個性的」に生きようとする女性が、「母性」ということに強い反撥を感じることにも関連してくる。

母権社会において、中心に母娘の連合があり、男は没個性的に周辺に存在したのと同様に、父権社会においては、男が中心に存在して、社会や家族の主要な部分を担い、女性はその周辺部に没個性的存在として追いやられる。父系の系図の場合、女性の名前が記載されないなどはその例である。

しかし、そのようにして、女性を端的に言えば「人間扱いをしない」ために、かえって女性が神のような存在として感じられるようなこともある。女性が崇拝の対象になる。その典型的な例としては、『竹取物語』におけるかぐや姫をあげることができる。多くの貴族、そして最後には天皇まで求婚したのだが、彼女はそれを拒んで月の世界に帰っていった。つまり、彼女はこの世ならぬ存在であった。いかなる男性も彼女と人間としては会うことができない。このような貴種に属する女性のイメージは王朝物語のあちこちに出現してくる。

女性を対等の人間として見られない傾向は反転すると、女性を極めて低い存在、ときには魔女などとして見ることになる。あるいは、男性は自分の強い性欲をもてあまして、その力を女性像に投影し、男を強く誘惑し陥れる女性像を思い描く。それを「娼」の世界へと押し込め、低い存在として見ようとする。ただ、その魅力に抗し難いのが困ったことではあるが。

キリスト教においては、天なる父の神をもったため、極端に「性」をおとしめた。『聖書』のなかには、聖パウロの言葉として、「男は女に触れないほうがよい。しかし、淫らな行いを避けるために、男はめいめい自分の妻をもちなさい」と書かれている。彼は独身で通すのが理想だと述べている。すべての男性が理想を達成すると人類がどうなるかについては論じていないが、肉欲に勝てないほど弱い場合は、「自分を抑制できなければ結婚しなさい。情欲に身を焦がすよりは、結婚したほうがましだからだ」とも言っている。聖パウロに従うと、キリスト教文化圏においては、二千年来、意志の弱い男の遺伝子のみ保存されてきたことになる。

母と息子、父と娘

母権から父権への移行は、制度としてはどこかの時点で確定的に行われることになったにしろ、心情的な方に注目すると、それほど単純ではない。男と女の関係、その地位などについて考えるとき、心理的な面にも注目すると、相当に複雑になる。ユダヤ・キリスト教文化圏の場合は、天なる父を唯一の神として戴くので、後述するように、この移行が相当に明確であるが、他の文化圏の場合はそれほどではない。

たとえば日本の戦前の状態を考えてみよう。当時は日本も父権社会だったとは言えるが、心理的な面に注目すると、母のもつ力の強さをどうしても否定できない。つまり、心理的には母性優位を保持してきているので、母息子の一体感が強く、その息子が成人して制度上は一家の長となったとしても、心理的には、彼は母の意志に従属するようになる。表向きはともかくとして、実際的な権力者は家長である男の母である、ということが生じる。これは純然たる父権ではない。心理的な方に着目すると母権に近いかもしれない。

母娘結合はもっとも根源的な強力なものなので、「文化」をつくりあげる上において、これを壊そうとする力も強くはたらき、戦前の日本においては、「他家にやった娘は、もはやうちの子どもではない」という考えを強く打ち出し、結婚式も実は葬式と相通じるものが多い(たとえば花嫁の着物の白無垢)のは、娘はそこで死んで、他家の嫁になるということを示すためであった。そのようにして、母娘結合は制度的に破っても、母息子の方はそのまま温存され、しかも「孝」という道徳によっても裏打ちされるために、制度的に父系、父権になっても母の強さはなかなか打ち破れない。

このような傾向は、現代の日本の家族においても、まったくそのまま保存されていると言ってもいいほどであろう。母と息子の場合は「異性」としての魅力も潜在的にはたらくので、この結合は複雑な様相を示すこともある。『源氏物語』においては、源氏の藤壺に対する思慕の情に、このような傾向が見られるので、この関係は実に根深いものになっている。源氏の失われた母に対する感情が重ね合わされてくるので、簡単には思い切れぬ強い気持になって現われてくるのである。

父と娘の間の関係も、父権と母権の間にあって揺れ動く。完全に父権の社会であれば、娘は父のもとを離れて、他の男性のところに行かねばならない。しかし、父と娘は、母と息子の場合と同様に、血のつながりと共に異性としての魅力を潜在させているので、この関係も強固なものである。特に、父親がその横の関係である夫婦関係に満足を見出していないときは、父娘の関係が強くなり、父親は娘が他に男性関係をもつのを、意識的、無意識的に妨害するようになる。

父権的価値観の強いところでは、父娘結合の強さは、父の娘が息子になる願望に示され、娘も息子として生きようとする。娘はこのために父権社会において「成功」するが、それは情緒の未発達という犠牲を払わされることにもなる。あるいは、ギリシャ神話のアテネやアルテミスのように、男たちを自分の「従者」にしてしまう場合もある。

父娘の問題は現代のアメリカにおいて、大きい社会問題として現われている。その第一は、父娘姦の多発である。特にアメリカにおいては、離婚が多いため、父娘と言っても血のつながりのないことが多い。そこで、しばしば父が娘を犯すことになる。これは強い父権社会において、強い男性として生きることの辛さに耐えかね、感情的一体感による憩いを求めるものの、妻も父権社会の一員として生きているため、それを簡単には求められず、そのための安易な行動――と言っても、それは娘にとっては極めて恐ろしいこと――に走ってしまうと思われる。

次に、アメリカのような父権社会において、女性が活躍していこうとすると、無意識のうちに、それは「父の物語」を生きていることになる。『神話にみる女性のイニシエーション』の著者、シルヴィア・ペレラはその本の冒頭に「社会的に成功を収めた女性である私たちは、通例「父の娘 daughters of the father」――つまり、男性本位の社会にうまく適応している女性――であり、私たちのものであった豊かな女性性の本能やエネルギー・パターンを拒絶してきました」と述べている。(3) それでは女性性の根源をいかにして回復するかについて同書は論じているのだが、本論においても大いに参考になるところが多く、後に触れることになろう。

平安時代の男女

平安時代はいったい母権社会だったのか、父権社会だったのか。おそらく割り切った答えはできないであろう。この時代には女帝はいないし、王権とそれをめぐる政治、官僚の世界は男性が独占しているという点では父権的であるが、招婿婚が行われているのは母系制の名残をもっている。かと言って、すべてが招婿婚の形に従っているわけでもない。光源氏にしても、最初の妻、葵の上の場合は招婿婚で、その子どもの夕霧も母方で育てられている。しかし、紫の上をはじめ、女三の宮にしても、源氏の住居にいると言っていいだろう。つまり、形式は一定していない。

特に心理的な面に目を向けると、母性的な強さが明らかに認められる。これは既に述べたような父権制の特性としてあげたもののなかで、「軍事」ということが、当時の王権の場合、ほとんど重視されていない、ということに大きくかかわってくる。これは、この時代の世界中を見渡しても極めて特異なことではなかろうか。『源氏物語』のなかにも、政治が大いに語られる。光源氏も一時失脚して須磨に住んだり、後に中央へと返り咲いたりする。しかし、それらの話と武力——腕力でさえ——はまったく関係しない。『宇津保物語』には、王権争いの物語が詳細に語られていて興味深いのだが、そこには武力の行使などは毛頭考えられない。軍事力のない父権社会というのは、ほとんど考えられないことである。ここに、平安時代の特異性がある。

王朝物語の主なものには一応目を通したと思うが、その際、殺人というのが一件も語られていないということに深い感銘を受けた。物語を組み立てる上で、殺人というのは構成を容易に、あるいは劇的にする要因ではなかろうか。シェイクスピアの多くの劇作から、殺人を取り去ったらどんな物語になるかを想像してみるとよい。平安時代の日本人はこれほど多くの素晴らしい物語を、殺人のプロットなしで組み立てたのだ。切り棄てるよりも包みこむ母性心理の優位性が認められるのではなかろうか。

殺人はないにしても、「もののけ」はどうなのだろう。六条御息所のもののけは、殺人をしてはいないのか。たしかにそれは恐ろしい破壊性、攻撃性をもっている。しかし、それは六条御息所の直接的、意図的なものではない。これは明確に殺人の物語と異なるところである。もののけについては、次章に考察するであろう。

この時代の男女関係はどうであろうか。家族制度史の研究者、福尾猛市郎が言うように、(4)「女性の実際的地位については史料が乏しいけれども、法制の示す程には女性を軽んじておらず、江戸時代のような徹底した男尊女卑でなかったことは明らかである」というのが妥当なところであろう。彼の言う日本の古来からの「素朴的男女平等」の考えが、相当に生き続けていると見ていいであろう。

男女の結婚も、自由恋愛風のもの、親のアレンジに従うものなども、それほど明確に確定していなかったのではないか。ここで注目すべきことは、国文学者の藤井貞和が、当時の物語に語られる、女性の少女期における結婚に注目し、これを「聖婚」に結びつけていることである。(5) 少女との結婚は、「聖なる少女の期間にはいるかはいらないかの、一種タブーを犯すようなふんいきのある結婚であるということになろう。とは、ただちに聖婚ということばを想起する。聖婚とは、神と人との通婚である。神=王権把持者にゆるされた聖域とのたわむれが、ここにあるのかもしれない。少女を犯すことが罪であるとすれば、それは神=王権把持者によってのみ犯されるべきタブーであった」と藤井は述べている。

たしかに聖婚のはじまりは、王と女神との交わりであった。それが既に述べたように「聖娼」としての制度となるとき、女神の守りのなかで、処女と旅人《ストレンジャー》が交わることによって、それは王以外の一般人にも行われ、そこにおいて、娘はその社会に参入するためのイニシエーションを体験する。この図式によると、平安時代に、男性が女性の世界に侵入する話が多く語られるが、それは聖娼制度と大いに重なるものとも思われる。つまり男たちは、母権時代と同じく、ストレンジャーとして、娘が母になる儀式に、無名の存在として一役を買っているのである。

父権と母権の入りまじった平安時代においては、この現象は実に微妙な様相を呈してくる。もし、母権的要素が強く、それを平安時代のゆるい父権的構造とバランスをとっている場合は、娘のところにストレンジャー(実は親も許し、娘も承知している婿)が侵入し、顔も見ないままで結ばれる。こうして聖婚によるイニシエーションを経過して、娘が大人となった三日後に「ところあらわし」という式が行われると考えられる。

ところが、父権意識の方に少し偏りが生じてくると、男性は無人格のストレンジャーではなく、女性を「わがもの」にしようとしてそこに侵入していく。そしてその後は結婚の式にまで至ることなく、棄て去ってしまうということが生じる。また、女性の方も父権の意識をもつようになれば、親たちのアレンジによって行われる男性の侵入を、怒りと悲しみによって受けとめることになって、それはシュメールの聖娼の儀式に語られる、歓びの感情とは逆のものになってしまう。

おそらく、これらの諸形態の入りまじった様相をもって、平安時代の男女の関係が生じていたのであろう。したがって、これは次節に述べるような西洋のロマンチック・ラブとはまったく異なると言っていいだろう。そこに生じる男女関係の種々相を、自らも体験し、また他人のそれを多く見つめているなかから、『源氏物語』のような物語が生まれてきた、と考えられる。

性はキリスト教文化圏のように、おとしめられたものではなかったであろう。霊性と性との分裂はない。男女の関係を高める工夫として、日本の場合は美的感覚が重視されるのが特徴である。倫理的《エシカル》な評価よりも、美的《エスセティック》な評価の方が優先すると言っていいだろう。したがって、男女の間に交わされる和歌、その筆蹟、用いる紙、それを運ぶ者、それらすべてについて美的な洗練を必要とした。この道に、美的感覚の鈍い者は、それだけで評価が低くなってしまう。

それにしても、極端な場合は、男性の侵入による性関係——しかも暗闇のなかで——が男女の関係のはじまりであることもあるのだから、男女関係そのものに対する受けとめ方も現在とは相当に異なっていたものと思われる。筆者の考えでは、それはある種の「死」の体験として受けとめられたのではないかと推察される。男女の合一は本来的には偉大なる女神との一体化である。それは「土にかえる」体験にもつながったであろうし、エクスタシーの言葉が「外に立つ」ことを意味するように、この世の外に立つことだったのではなかろうか。実際、女性のイニシエーションの聖娼の体験は、娘が死んで成人の女性として再生する、死と再生の体験だったのである。

このような意味で、それに参加するものとしての「色好み」ということも高い評価を受けていたのであろう。ともかく今日の常識で平安時代の男女関係を見ると誤ることが多く、われわれは相当なイマジネーションを必要とすると思われる。

3 近代自我と男女

ここで話を一足とびに近代に移し、西洋近代における「自我確立」について考えてみたい。なぜそんなことを、と言われそうだが、母権から父権へ移行した後、ここにおいて父権的意識の頂点を迎えたと言えるし、このような強烈な意識が、ともかく地球全体を一応制覇したのであり、われわれ日本人もこの問題を避けて通ることができないと思うので、取りあげることにした。

男性の英雄物語

ヨーロッパ近代に確立された父権意識は極めて強烈であり、科学技術という武装によって、全世界を席捲した。そのような意識の頂点に立つアメリカは、グローバライゼーションの名のもとに、地球全体に対して自分の考えが正しく、普遍的であることを認めさせようとしている。父権意識の確立は、「自我の確立」という標語によっても示される。他から自立し、主体性と統合性をそなえた自我が、他との競争によってますます鍛えられ強くなっていく。そして、世界を自分のコントロールによって動かしていくと考える。

西洋近代の自我を、「物語」に結びつけて考えるならば、どうしても、ユング派の分析家エーリッヒ・ノイマンの英雄物語の説を紹介しなくてはならない。これは他の著書にもしばしば述べていることだが、(6)重要なことなので、繰り返しになるが、ごく簡単に要約を示す。

ノイマンは西洋における近代自我の発生は、世界の精神史においても極めて特異なことだと指摘している。西洋における自我確立の過程をもっとも適切に物語るものとして、彼は「英雄神話」をあげる。英雄神話の根本的な骨組は、英雄の誕生、怪物(竜)退治、女性(宝物)の獲得ということになるが、ノイマンはこれらを自我確立の過程を物語るものとして理解する。

英雄の誕生は、自我の誕生である。これがいかに特異なことであるかは、英雄誕生の特異性として語られる。たとえば、ギリシャ神話の英雄たちは、ギリシャの主神ゼウスと人間の女性の間にできた子として語られる。わが国で言えば、桃太郎のように非人間的なものから生まれるということもある。あるいは、子どもが生まれるや否や、特異な言動によってその能力を示すという話もある。釈迦の誕生などもその類であろう。

その英雄が怪物退治を行うが、西洋においてはその怪物はしばしば竜で表わされる。これをフロイト派の分析家は、息子による父親の殺害と考え、周知のようにエディプス・コンプレックスへと還元して解釈する。ユングは神話をこのような個人的な肉親関係に還元することに反対し、怪物を、母なるもの、父なるものとも呼ぶべき超個人的な存在の象徴として理解しようとした。ノイマンもこの線に沿って考え、怪物退治は個人的な父や母ではなく、自分の内界に存在する元型的な、母なるもの、父なるものの殺害であると解釈した。

ここに行われる「母親殺し」は、自我を呑みこもうとする母なるものとの戦いであり、自我が無意識の力に抗して自立性を獲得するための行為であると考える。このような象徴的な母親殺しが行われてはじめて、自我は相当な自立性を確立できる。さらに、「父親殺し」とは、文化的社会的規範との戦いである。自我が真に自立するためには、無意識からだけではなく、その文化的な一般概念や規範からも自由になるべきである、と考える。

このような危険な戦いに勝ち抜いてこそ、自我が確立されるが、それはまったく孤独な姿である。しかし、その英雄が怪物退治の結果として、怪物に捕えられていた女性を救い結婚するということによって、世界との「関係」を回復する。これによって英雄神話による自我確立の物語が完結する。この過程において、まず母親殺し、父親殺しの結果、自らを世界から切り離すことによって自立性を獲得した自我が、一人の女性を媒介として世界と再び関係を結ぶところが特徴的である。

これはまさに、近代自我確立の過程にぴったりの物語である。したがって、これと同工異曲の物語や小説、映画や演劇が近代において、どれほどもてはやされたかわからない。次に述べるロマンチック・ラブは、この物語と深く関係するものだ。しかし、これは「男性の物語」である。このような物語に登場する女性は限りなく美しく、魅力に溢れる女性ということになるが、見方によっては「人形」に等しくなる。それはほんとうに生きた女性と言えるだろうか。

ノイマンは、自我の確立は「男女にかかわらず」大切であって、その自我の像は、男にとっても、女にとっても「男性の英雄像」で表される、と述べている。「近代自我」を考える限り確かにそうであろう。しかし、近代自我の確立が果たしてすべての人間にとっての理想であろうか。もっといろいろな自我があっていいのではなかろうか。かつて、この物語に示されるような自我を確立することに努力した女性が、「私が一番欲しいのは、奥さんだ」と言ったことがある。もちろん、このような人が幸いにも男性の奥さんと結婚できることもあるし、それも悪くはない。しかし、それがすべての人にとっての理想というわけにはいかない。

おそらく、すべての人に通じる物語などあるはずもないだろうが、この物語にほとんどの人が縛られるのもどうかと思う。それに、女性がこの物語に従うとすると、どこかに無理が生じてくるとも考えられる。あるいは、近代を超えるためには、もう少し他の物語を見出してもいいと思われる。

男女の関係

聖パウロの「男は女に触れない方がよい」という考えと比べると、ノイマンの男女の関係に対する評価はまるで異なるものになっている。キリスト教の初期の時代においては、個々の人間と神との関係が大切だったので、男と女の関係は低く評価された。特に、性《セツクス》に対しては拒否感に強いものがあったので、男女関係はなおさら低いものと考えられた。

ところが、神に対して人間がだんだんと強くなってくると、人間は神との結びつきよりも、生身の人間との関係、特に異性との関係の方に重点を置きはじめる。と言っても、そこにはキリスト教的な名残も認められるわけで、十二世紀ごろ、ロマンチック・ラブのはじまった頃は、(1)恋愛している騎士と貴婦人は性関係をもってはならない。(2)もちろん、二人の結婚は禁じられる。(3)恋人たちは常に情熱の焔に焼かれ、お互い同士を求め合う欲望に苦しまねばならない、とされていた。つまり、性から分離された精神的な愛、それを高めることが、ロマンチック・ラブとされたのである。

時代が変わると共にロマンチック・ラブも変化する。それはもっと現実化、あるいは俗化してきて、ロマンチック・ラブが結婚に結びついてくる。これは、キリスト教が俗化してくるのと軌を一にしているし、キリスト教のあまりにも父権的な在り方を補償するものとして、女性の価値が見直されてきたとも言うことができる。つまり、あくまで女性は男性に対して隷属すると考えられていた父権社会において、女性の愛によってこそ男性の精神が高められると考えられるようになった。あるいは、ノイマンが示したように男性の英雄の孤独は、女性の力によって世界とのつながりを回復し癒されると考えられる。ここに、神が登場しないところが大切である。つまり、ロマンチック・ラブは宗教性と関連しているのだが、そこには神の姿を直接的に見るのではなく、人間と人間の関係として見ているのである。

このような状態になり、キリスト教文化圏における人と神との関係が弱くなってくるに従って、ロマンチック・ラブは重要な役割をもって、社会のなかに位置づけられてくる。ユング派の分析家、ロバート・ジョンソンは、「私たち西洋の文化においては、ロマンチック・ラブは今や宗教に代わるものとして、男性も女性もそのなかに意味を求め、超越を求め、完全と歓喜とを求めています」と述べている。(7) ロマンチック・ラブは「宗教に代わるもの」、あるいはイデオロギーとして絶大な力をもつようになった。

わが国に対しても、この影響は実に強力であった。すべての若者が、男も女も恋愛に憧れ、恋愛は結婚と直結し、もちろん、それには性の関係が生じ、子どもが生まれ、幸福な家庭を築く、という路線に従おうとした。それは立派であるだけでなく、甘美でもあった。ロマンチック・ラブの大切な要因である苦しみということがだんだんと忘れられていき、それは甘いものになっていった。

ところが、実際に行なってみると、それがいかに難しいかがわかってきた。ロマンチック・ラブの図式に単純に従おうとすると、女性はまるで人形のようでなければならなかった。女性は救われ、助けられることによって男性を救う役割を担わされているので、いつも受身でなくてはならなかった。いつも美しく、いつも受身でいることなど耐えられない。女性が自分の意志をもって行動しようとすると、それだけで関係が破れそうであった。あるいは、男性は常に強く、常に戦いに勝ち抜き、女性を守り抜かねばならないのだが、それも長く続いてくると疲れが生じる。

ロマンチック・ラブのみを夫婦の支えと考える限り、夫婦はそのうちに離婚するより仕方なくなってくる。あるいは、あきらめることによって、外面的な関係を維持する。極端な場合は、家庭内離婚ということになってくる。アメリカでは前者が多いし、日本では後者が多いと言えるだろう。もちろん、どちらがいいとか悪いとか言えるものではない。しかし、ロマンチック・ラブの物語のみによるのではなく、その他の物語をもつことの必要性は認められるだろう。夫婦の愛はもっと広く深いものになるだろう。

ロマンチック・ラブがイデオロギー化し、それをあまり疑うこともなく乗せられているうちは、若者は恋愛をし、結婚をしたが、実際、前述したように多くの困難があることがわかると、どうしても結婚に抵抗を感じたり、それが理想どおりにいかぬので、途中で嫌気がさしてきたりして、未婚の人間が増えてくる。このことは特に女性の方に言えそうに思う。適切な物語が見つからないのである。現在日本における少子化の要因のひとつになっているのではなかろうか。

近代自我の病

近代自我の最大の病は孤独ということであろう。自立したと思っているうちに、それが孤独であることに気づくのである。自立と孤独とはどう異なるのか。前者は自主性や主体性を保持しつつ、他の人々とのつながりももっている。もちろん、それは単純なことではなく、主体性と他とのつながりは、時に矛盾したり、対立したりするだろう。しかし、それをしっかりと引き受けて、自らの責任において遂行することによってこそ、人生の味が出てくるものだ。

しかし、既に述べたように、ノイマンの図式に従って言うなら、父親殺し、母親殺しを達成した後に、「つながり」ということを女性の役割であるように考えるとするならば、女性の自主性はどこにあると言えるのか、あるいは、ロマンチック・ラブを放棄するとすれば、どんな物語があるというのであろうか。これはなかなか深刻なことである。

孤立化した自我がなんとか「関係」を回復しようとするとき、性《セックス》ということが浮かびあがってくる。性は身体と身体との「関係」である。それは文字どおり「裸の関係」であるという意味で、根源的なものであるが、キリスト教の影響を脱し切れない近代自我は、それを精神と反するものとして低い評価しか与えることができない。したがって、関係の回復の仕事が自己卑下や、後味の悪さを伴いながらなされることになって、かえって逆効果を生み出してくる。

あるいは、近代自我は男性にも女性にも、「男性の英雄」のイメージを押しつけてくるので、男性と女性の関係にも戦いの要素が入りこみすぎてくる。したがって、男性の役割、女性の役割をはっきりと意識してなされる同性愛の方が、かえって関係を密に感じられることにもなる。関係をつくりあげる上で大切と思われる優しさということが、同性愛の方に感じられやすいという傾向が生じる。もっとも同性愛の場合は、それが安定した関係であれば、別に問題にする必要はないわけであるが、これがあまりにも多くなると、種族保存という点では問題になる。

孤独から逃れる方法として、ドラッグも用いられる。いつもは他から切り離して自立している自我がドラッグの力によって他と共に溶解し、不思議なつながり、一体感を体験する。それは癒しのようにも思えるが、自分のものにはならず一時的に終わってしまう。このためにどうしても繰り返さねばならなくなるし、量も多くなる。

それがあまりにも増えてくると、自我の方まで溶解してきて、「自立」などと言っておられなくなる。アメリカはこの害に悩まされている。

近代自我は唯一の神を背後にもっているだけに、「一」ということが好きである。「私」という人間が有史以来、唯一の存在であることを信じて疑わない(輪廻転生を考えない)。そして一夫一妻を固く守る。これは立派なことは事実であるが、窮屈であることも確かである。このような極端な「一」に耐えられないときに、多重人格の症状が起こるとも考えられる。「私」という存在が単一でなくなるのである。多重人格というのは、一人の人間がいろいろな人間に変化し、名前まで異なるのだが、一般に言う二重人格、多重人格というのと違って、それぞれがはっきりと一人の「人格」として主張し、他の人格とは独立であるところが特徴的である。

アメリカにおいて最近、急速に増加し、十六重人格などセンセーショナルなケースが発表され、邦訳も出版されている。これは幼少時代に大変な外傷体験をもち、それをそのまま受けいれると命も危うくなるので、他の人格をつくり出して、その痛みや苦しみを回避する、というメカニズムによって生じる場合が多い。一人の人間のなかに強い葛藤や対立を存在させることができないので、人格を分離させることによって生き延びるのである。これが、もし「一」ということにあまりきつくこだわらないとしたら、一のなかに多を共存させるようにして、ルーズなまとまりをもって、かえって一人の人間として存続できるのではないかと思う。厳しい「一」にこだわって、多くの「一」に分散してしまうのが多重人格である。

多重人格は、アメリカにおいて圧倒的に多く報告され、文化差によるものと思われたが、最近は日本においても生じてきた。もちろん、数はアメリカに比してまだまだ少ない。文化差を論じるには、もう少し状況の推移を見届けてゆきたいと思っている。ただ、このような現象が近代自我のもたらすものであるとは、言えそうである。

4　現代女性と物語

現代に生きる女性は、どのような物語を生きようとするのか。これはなかなか簡単に答えられない問いである。近代になって、自我が確立され、それが科学技術を武器として世界に対していくとき、実に多くのことが可能となった。生活は極めて便利になり豊かになった。人間は神抜きで、この世の楽しさを十分に謳歌できると思われた。ところが現実は、そのとおりにいかない。便利で豊かな生活を維持するために人々は極端に忙しくなり、なんとなく常にいらいらとして生きている。何か誰かに対して怒りを爆発させたい——事実、それをやってしまう者もいる——という状況になってきた。

女性の場合、特に欧米においては、長く続いた父権制のなかで、現代に生きようとする女性たちが、女性も「父権の意識」を獲得し、男性と同等に仕事を遂行できることを主張し、また実行してきた。しかし、むしろそのような点で「成功」を収めた女性たちは、もう一歩深く踏みこんで考えるようになった。ユング派の分析家、シルヴィア・ペレラは、「社会的に成功を収めた女性である私たちは、通例「父の娘 daughters of the father」——つまり、男性本位の社会にうまく適応している女性——であり、私たちのものであった豊かな女性の本能やエネルギー・パターンを拒絶してきました。ちょうど同じように、文化もこれをことごとくもぎ取り、傷つけてきました」と述べている(8)。

とすると、現代の女性は、「女性の物語」を見出さねばならない。それを見出すことによって、現代のなんだかギスギスしている生活に潤いをもたらすことができるのではなかろうか。そう考えると、ノイマンの提示した男性の英雄の神話が、近代の男にとっても女にとっても意味をもったように、女性の物語は、近代を超えようとする女性にとっても男性にとっても意味をもつものと思われる。

父の娘

シルヴィア・ペレラは現代女性が「父の娘」となる危険性を指摘していた。ところで、この「父の娘」というのは何を意味するのだろう。父の影響を強く受けている、父親に特別に可愛がられる娘という意味だとすると、紫式部などその典型かもしれない。『紫式部日記』によれば、彼女が幼いとき、父が彼女の兄に漢籍を教えているのを傍らで聴いて、兄よりもよい理解を示し、父親に「口惜しう、男子《をのこご》にて持たらぬこそ、幸《さいはひ》なかりけれ」と嘆かせたのは、よく知られていることである。このような例は、現代の日本においてもあると思われる。

しかし、ペレラの言う「父の娘」は、個人的な親子関係を超えて、「父権制の娘」とでも言うべき意味をもっている。つまり、アメリカのように、父権的である社会において、そのなかで成功していく女性、という意味で述べている。彼女の言う「父の娘」は社会的成功者であるが、それはマリリン・モンローのように、そのような社会の男たちに愛される女として成功するのではなく、男たちと互角に戦って成功する女性のことなのである。

「父権制の娘は、母との関係が薄い」とペレラは言う。彼女たちは、母とか母性というものに対して、嫌悪や拒否の感情をもつ。母性にうっかり近づくと、男たちに奉仕する役割にはめこまれそうになったり、自分の「個性」が壊されたりしそうに思うからである。したがって、あくまで母からは自立した人間として生きているつもりであるが、ふと気がつくと、父や夫のもつ価値観にまったく縛られていて、「父権」を生きさせられていて、「本来の私」というのは何なのかがわからない、という強烈な不安に襲われることになる。

これは別にすべての「父の娘」のたどる道というのではない。人間には実にいろいろな道があって、どれがよいとか悪いとかはあまり言えない気もする。現代でも母娘結合の物語のなかに生きている人もあるし、一生、「父の娘」として幸福に暮らす人がいてもおかしくはない。しかし、できれば自分はどんな物語を生きているのか、それは他とどれほど異なるのかを自覚している方が、面白くもあるし、近所迷惑も少ないのではないだろうか。たくさんある物語のなかのどれを自分は生きようとしているのかを自覚していない人は、しばしば、自分の生きている物語だけが「正しい」と確信しているようである。そうなると、その人の幸福度が高まるにつれ、周りの者は苦労させられると思う。

話を元に戻すと、ペレラたちの主張は、女性が現代において極めて自立的に行動し、成功したと思っていても、ふと気がつくと、自分たちは「父」に隷属し、女性としての根源的な存在と切れていることの不安や苛立ちに苦しめられているのではないか、ということである。ギリシャ神話のアテネのように、それは輝かしい存在であっても、要はゼウスという父親の考えによって動かされているのではないかと考える。アテネは文字どおり「父の娘」である。と言うのも、彼女は父親から生まれているのである。ゼウスの頭から鎧兜に身を固めて雄叫びをあげて、彼女は生まれてきたと言われている。

「父の娘」と言うときに、「父」を社会的規範の体現者としてみれば、父の娘は、社会の規範や期待に応えて生きる女性というようにも考えられる。フロイトの言う超自我《スーパー・エゴ》の極めて強い人である。このような女性にとっていい加減な生き方をしている男性は、立腹のもとになる。そして、時には彼女の父親自身もそのような男の一人として攻撃の対象となったりする。「父の娘」というときの「父」は彼女にとって、生物的な父ではなく、精神的な父なのである。

現代の日本においては、社会的規範や期待そのものが変化したり、タテマエとホンネの使い分けがあったりするので、「父の娘」も「父」の姿を捉えかねて苦労することもある。たとえば、ある女性は勉強がよくできたので、父親の期待に応えて一流大学に合格。喜んでいたが、大学院に進んで研究者になろうとした途端に父親の強い反対にあって当惑する。彼女はこれまでの経過から見て、当然、父親も喜んで後押ししてくれると思っていたからである。ところが、彼女の予想に反して、父親は「大学院などに行ったら、お嫁に行くところがない」と猛反対をする。彼女はどうしていいかわからなくなる。「お嫁さん」になるのを、最も大切な規範と考えるのなら、どうして、自分が学問をするのを喜び、一流大学の合格を人生の目標であるかのように言ったのか。もし、父親の規範が「お嫁に行く」ことを第一としているのなら、自分はこんな馬鹿げた「勉強」などまったくしなかっただろうに、というのが彼女の言い分である。

演劇をたとえに使うなら、彼女は怪物退治の英雄として登場すべく準備を十分にしてきたのに、本番になって急に「あなたの役割は怪物に捕えられて英雄に救われるのを待つ美女の役割です」と言われたようなものである。「話が違う」と彼女は怒鳴りたいであろう。「父の娘」と言っても、父の方針がぐらつくとたまったものではない。

父権と母権の両立

これまでに示してきたように、世界の傾向は、母権から父権へという方向が見られ、それを強力に推し進めた欧米の文化が世界を主導しているのが現状である。しかし、現在の父権の意識は行きつくところまで行った感じがあり、そのマイナスの面が露呈されてきた。それについては、既に「近代自我の病」として論じてきた。このあたりで、そろそろ方向転換をはかり、父権と母権の両立という困難なことを考えねばならないのではないか、と筆者は考えている。

とは言っても、世界の現状を見ると「強力」な地位を占めているのは、父権の意識であるという事実は認めざるを得ない。しかし、これは当然と言えば当然で、父権の意識が武器としている、機械化、政治化、軍事化という力は、人間界においては圧倒的に強いものだ。その線に入りこんで成功したり出世したりしている人は、それをよしとしたり幸福に感じたりしている。ただ、それがどれほどの犠牲の上に立っているかに気がついていないだけである。

男性で成功している人は、何も気がつかないかもしれない。しかし、シルヴィア・ペレラが言うように、「成功した女性」は、どうもこれはおかしいということを自らの問題として気づきはじめたのである。彼女たちの存在そのものが、父権的意識の一面性に対して反応を起こしはじめた。そして、古代において消え去ったと思われていた母権的なものを、現代に生かすことの重要性を認めたわけである。父権と母権の両立をどう考えるか。このために既に紹介したように、アメリカの女性の分析家が古代のバビロニア、シュメールなどの神話や聖娼のイメージなどに関心をもつようになったと考えられる。あるいは、アメリカにおいて現在急激に高まりつつある、仏教への関心も、その動きのひとつとして考えていいであろう。

これに対して、日本ではどのように考えるといいであろうか。日本の事情は単純ではないので、欧米のモデルに従って語ることができないことを、まず、われわれは知っておかねばならない。日本は欧米のように明確な父権の意識をもっておらず、父権と母権が複雑に絡み合っている状況にある。この点をよくわきまえていないと、誤った結論に導かれることになる。社会の重要なポストを占めているのがほとんど男だという意味では、「男社会」であるが、その男性たちは欧米のような厳しい父性原理ではなく、母性原理に従って生きているので、問題が複雑になるのである。

個人よりは「場」が優先するという意味で、日本はまだまだ母権的意識の強い社会である。たとえば、自然科学の研究をしている学者でも、その研究をするときは、もちろん父権的意識によって行なっていても、学者たちの集団の人間関係の方は、母権的意識によって行われていることが多い。このために、特に能力の高い個人の才能が存分に発揮できないことになり、欧米から、日本の学者は創造性が低いと非難される要因になっている。個性の尊重ということが、最近にわかに強調されはじめたが、実態はなかなか変わらない。

このような男社会の母性的集団を支えるのが、女性の役割であったので、大変と言えば実に大変であった。しかし、このシステムは「母」の絶対的と言っていいほどの優位性ということによって、男女のバランスがとられていた。男は家庭においても「家長」として一応威張ってはいたが、彼も母にはすべての点で譲らねばならなかった。実際的権限は母にあり、母は家庭のなかの女性たちの立場を常に念頭に置いていた。このような実態がわからないと、アメリカ人が、日本は徹底した男性優位の国のように思ったりする誤解が生じてくる。

日本の伝統的システムがそれなりの男女バランスをもっているとは言っても、これを西洋の父権意識に基づく個人の確立という点から見れば、女性はまったく差別されていることになる。日本の女性で「父の娘」である女性は、男性よりも強く「父権的意識」をもつので、それを社会のなかで主張する。論理的には「正しい」ので、それを推し進めようとするが、母権的な男性集団の抵抗にあって潰されそうになる。「正しい」ことが曲げられると思うと、ますます熱心になる。そうすると、それに従って男性の抵抗も強く、正しいことの通らぬ日本社会を嫌になってしまう。あるいは、日本の社会で男性に伍して成功していくために、母権意識をある程度、身につけることになる。

父権の意識も母権の意識も一長一短で、実のところどちらが正しいということもない。問題は両立し難い両者を、一人の人間のなかにいかに両立させるかという点にある。

自分自身の物語

両立し難いものをひとつに両立させるためには「物語」が必要である。論理的整合性のあることは、別に物語ることもなく、そのまま記述すればよいし、数学的記述がそのもっとも典型的な例であろう。あるいは、ひとつのイデオロギーによってすべてを説明し切る場合は、物語を必要としない。むしろ、敵対的とさえ感じられるだろう。近代は近代科学とイデオロギーの栄えた時代であり、したがって、物語の価値が極端におとしめられた。「××神話」というのは、まことしやかな虚偽であることを意味し、神話を信じる人は端的に言えば、知能や知識の貧困な人である、と考えられた。

父権的意識が強くなると、自分の力によって世界を操作し利用することは上手になるが、「世界の中に」関係あるものとして生きることは難しくなる。世界を対象化してしまうのではなく、自分と世界との関係ということになると、どうしても物語が必要なのである。物語は、いろいろな点において「つなぐ」役割を果たす。矛盾することも物語によって、ああそうなのか、と納得のいく形で収まる。そんなわけで、「関係」ということを意識した場合、科学も物語を必要とすると筆者は考えているが、それはここでは触れずにおく。

父権的意識の確立の過程を、既に紹介したようにノイマンが物語として提示したのは、彼が強い父権は母権の助けなしには存続しないという相矛盾するものの両立を主張しようとしたためである。したがって、「科学的」心理学は、自我の確立を考えるにしろ、ノイマンの物語など問題にしない。その点は、ともかくとして、ノイマンの物語によるにしても、ここで、女性を中心として考えると不備が残ることは指摘したとおりである。

ここで、現代における「女性の物語」の必要性が浮かびあがってくる。女性による女性の物語として、現代に生きるわれわれにヒントを与えてくれるもの、そのような視座から『源氏物語』を読むことは可能なのではないか。それは前章において述べたように、相当に古い時代ではあるが、紫式部の置かれていた時代の特性が、そのようなことを可能にしていると思われる。この時代の日本においては、父権と母権がいろいろな面において錯綜し、共存していた。そして、ある種の女性、紫式部のような女性は経済的にも自立していたし、時代の潮流に対しても距離を置くことができた。このように考えると、『源氏物語』が現代に生きる者に対して、貴重なヒントを与えてくれるのもうなずけるのである。

もちろん、現代は各人が自分の物語を各自に見出していくことを要請するものであるが、ある既存の物語が、その上で役に立つことは十分に考えられる。『源氏物語』はそれだけの価値をもっているものと思う。

アメリカにおいて、女性の物語を見出そうと試みた女性のユンギアンが、「個としての女性(one-in-herself)」の重要性を強調するのは、「関係」を断つことにならないかと思う人があるだろう。物語は「つなぐ」ためにあるといいながら、それでは矛盾することになってしまう。しかし、西洋における物語が、多くは「男性の目」から見たものであり、そのなかに登場する女性は、男性との関係においてアイデンティティを決められるものとなりがちである。対等の男性と女性が互いに愛し合うことを目指しているように見えるロマンチック・ラブにおいても、そのような点は避けられないことが明らかになってきた。そこで、女性の物語として「個としての女性」というイメージが生じてくる。

この際、その女性像は、竜殺しを行なった男性の英雄のように孤立したものではない。それは一人でありながら関係性を内包した存在なのである。それは別に男性との関係によって自分のアイデンティティを決定するのではなく、自分自身の存在自体によってアイデンティティをもっているが、必要なときに、必要な相手と、仲間として生きる関係性をもっている存在なのである。

(1) 拙著『母性社会日本の病理』中央公論社、一九七六年。
(2) ナンシー・クォールズ－コルベット、菅野信夫・高石恭子訳『聖娼――永遠なる女性の姿』日本評論社、一九九八年。
(3) シルヴィア・B・ペレラ、山中康裕監修、杉岡津岐子他訳『神話にみる女性のイニシエーション』創元社、一九九八年。
(4) 福尾猛市郎『日本家族制度史概説』吉川弘文館、一九七二年。
(5) 藤井貞和『物語の結婚』創樹社、一九八五年。
(6) この点については筆者が常に問題にしてきたことで、注1にあげた拙著に詳しく論じている。
(7) ロバート・A・ジョンソン、長田光展訳『現代人と愛――ユング心理学からみた『トリスタンとイゾルデ』物語』新水社、一九八九年。
(8) 注3前掲書。

第三章　分身としての女性群像

平安時代は第一章に論じたように、いろいろな条件がうまく重なって、「個」を確立し、その内面を表現し得る女性たちを輩出した時代であった。そのなかでも、紫式部は恵まれた才能と、その生涯にわたる多様な体験とが相まって、世界に誇れるような大作を生み出すことになった。

既に述べたように、『源氏物語』を一人の女性の「世界」を物語るものとして読み解く前に、作者の紫式部その人について少し論じることが必要であろう。と言っても、紫式部について、これまでのところ、それほど詳しいことがわかっているのではない。生没年も定かではない。彼女自身による『紫式部日記』が残されているが、これは今日の常識で考える日記とはおよそ異なるものである上、期間も短い。それにしても、千年前に生きていた身分もそれほど高くない一人の女性、と考えると、いろいろなことがよくわかっていると喜ぶべきかもしれない。

1　紫式部の生涯

『源氏物語』には、紫式部という女性が自分の世界を探究してゆくことによって、自己実現の過程を見出していくことが描かれていると考えられる。そこで、『源氏物語』の全体にわたる構図を明らかにしていくことになるが、その前に彼女の生涯について簡単に述べておくことにする。彼女の外界の現実が『源氏物語』のどこに、どのように対応しているかなどと考えるのは、ナンセンスなことであるが、一応は彼女の実生活についても知っておく必要はあるだろう。国文学研究者による解説(1)などに頼りつつ、本書の意図と関連づけて、紫式部について少し触れておく。

内向の人

紫式部の生涯について知ると、まず感じることは、「父の娘」というのと「内向の人」ということである。「父の娘」については既に少し触れた。彼女のことを理解するには、彼女の父親についてまず知らねばならない。父親の藤原為時は越後守正五位下に任ぜられていて、受領《ずりよう》であり、高位の貴族ではない。生真面目で「清貧の学者・文人」という類の人間であった。紫式部はこの父親から文人としての才能と知識を受けついでいる、という点で「父の娘」であると共に、どうも母親との縁が薄かったらしいことも注目すべきことである。

紫式部の家集(『紫式部集』)にも、日記にも、母親のことは一言も書かれていない。彼女の幼い頃に死別したのではないかと推察されている。母親との縁の薄い女性は、自立への道を歩みやすい。それが少しはずれて孤立の方向になってしまうこともあるが、彼女はそうではなかったようだ。父の愛情によって相当にカバーされたのであろう。彼女の兄に、父親が漢籍を教えているのを、彼女の方が先に覚えてしまったことは既に紹介した。彼女がここで漢字・漢文を学んだことは、彼女の自立心を育てる上でも役立ったことであろう。男性的な思考力、ものの見方などを彼女が身につけたと考えていいだろう。

彼女の結婚は実に特徴的である。彼女は推定年齢二十六歳のときに、父親と同年齢ほどの男性、藤原宣孝（推定、四十五歳前後）と結婚している。当時は、女性は十四、五歳で結婚するのが通例だから、晩婚にしても相当なものである。もっとも、これが初婚かどうかはわからないが、「父の娘」がなかなか結婚せず、父親代理のような男性と結婚するようになるのは、よくあることである。彼女は宣孝との間に一人の娘をもうけて、この娘は後に大弐三位《だいにのさんみ》と呼ばれるようになる。

彼女の結婚は遅いが、それまでに男性との関係が皆無とは言えないようだ。それがどの程度のものかは不明であるが。ひとつ注目すべきこととして、家集の歌のなかに次のような贈答の歌がある。

方違《かたたが》へに渡りたる人の、なまおぼおぼしきことありて帰りにけるつとめて、朝顔の花をやるとて、

おぼつかなそれかあらぬか明けぐれのそらおぼれする朝顔の花

返し、手を見わかぬにやありけん、

いづれぞと色わくほどに朝顔のあるかなきかになるぞわびしき

この詞書のなかの「なまおぼおぼしき」という言葉は、まさに捉えどころのないものだが、この方違えに来た

人と紫式部との間にどんな関係があったのか。もっとも相手が女性ということもあろうが、こんなのを見ると、ともかく紫式部が、結婚するまではまったく男性を寄せつけぬ堅物ではなかったのだろうと思われる。

宣孝との結婚生活は浮いたものではなかったにしろ、順当なものであった。娘も生まれたしと思っていたのに、宣孝が結婚後三年のときに死亡する。幼い子をかかえて寡居の身となって、紫式部はずいぶんと辛い生活をしたのではなかろうか。しかし、この不幸な体験は彼女が「物語」を書く上に大いに役立ったと思われる。事実、『源氏物語』を書き出したのは、この頃と推定されている。

しばらくたって、彼女の生活は一変する。彼女は藤原道長の娘の中宮彰子のもとに宮仕えに出る。一挙に華やかな世界に入ったのだが、彼女がそれに浮かれたのではない。出仕したときの気持を次のように歌っている。

身のうさは心のうちにしたひ来ていま九重に思ひみだるる

彼女にとって「身のうさ」は、そう簡単になくなるものではなかったろう。彼女はまさに「内向の人」なのであった。これは、結婚生活においても同様であったろう。外に華やいでいくのではなく、常に想いを内にこらしていたのだ。

内向の核

紫式部の宮仕えは、藤原道長の意志によると言われている。彼の娘、中宮彰子の局を魅力あるものにするために、道長に認められて宮仕えをすることになったが、彼女は宮廷の生活を冷静に眺め、自分自身の考えと判断に従って、自分なりの「世界」の構築を進めていたのである。

ところで『尊卑分脈』によると、紫式部の項の注に「御堂関白道長妾云々」とある。これはどの程度に信じていいことなのだろう。あるいは、『紫式部日記』の終わりの方に、道長との間の贈答歌が記されている。道長が『源氏物語』にかこつけて、梅の枝に敷いた紙に、

すきものと名にし立てれば見る人の折らで過ぐるはあらじとぞ思ふ

と書いてからかったのに対して、

人にまだ折られぬものをたれかこのすきものぞとは口ならしけむ

と式部は答えている。

梅の酸《す》いのと好きとをかけて、二人でふざけ合っているが、ここで紫式部は「人にまだ折られぬものを」と自分のことをきつく表現している。ところでこれには続きがあって、その夜、道長は彼女を訪ねてくる。

渡殿《わたどの》に寝たる夜、戸をたたく人ありと聞けど、おそろしさに、音《おと》もせで明かしたるつとめて、

夜もすがら水鶏《くひな》よりけになくなくぞまきの戸ぐちにたたきわびつる

かへし、

ただならじとばかりたたく水鶏ゆゑあけてはいかにくやしからまし

これらのエピソードから道長と式部との関係が実際にどうだったかについては、諸説があるようだが、ともかく心理的には彼女にとって「娼」の体験があったと言えるだろう。妻としてではない男性との関係のなかに生じる、甘さ、華やかさと同時に味わう危うさなどの機微を彼女は体験したことであろう。繰り返しになるが、これはあくまで心理的体験としての娼であり、彼女が文字どおりの娼婦となったなどと言っているのではない。

第二章の図2(四三頁)に示したことを思い起こしてみると、紫式部はこの図に示した、娘、母、妻、娼の体験をすべてなしたと言うことができる。もっとも、彼女は娘を持ったが息子を持たなかったので、息子に対する母としての体験は持たなかった点が少し欠けている。娘の賢子《かたぶこ》は大弐三位と呼ばれ、三位となって母よりも出世したわけだから、このあたりのところで、紫式部は少しは息子の出世を願うような体験をしたかもしれない。それに、夫の死後は幼子をかかえて経済的にも苦労しただろうし、その後、彰子のお気に入りとなって宮廷の華やかさを体験しただろうし、いろいろと多種多様な生き方をしたものと言える。

ところで、「内向の人」である式部は、自分の体験を外在する人たちとの関係として見るよりも、むしろ、自分自身の内界の多様性として受けとめたと思われる。そして、それは自分がいろいろな性格とか、側面をもっているというよりは、自分の内界にいろいろな人物がいるとして意識されたのではなかろうか。内向の深度が深くなると、誰しもそのように感じると言っていいだろう。礼儀正しく品行方正に生きている女性が、自分にもあんがい淫らなところがあるようだと思うのと、自分のなかに娼婦が住んでいると感じるのとでは、その現実感がまったく異なってくる。そのような内界のリアリティを生き生きと感じるには、男性との関係ということが生じてくるが、そのとき、内界に住む一人の男性を相手に、自分の内界の多くの分身たちが関係すると感じるのが一般的である。

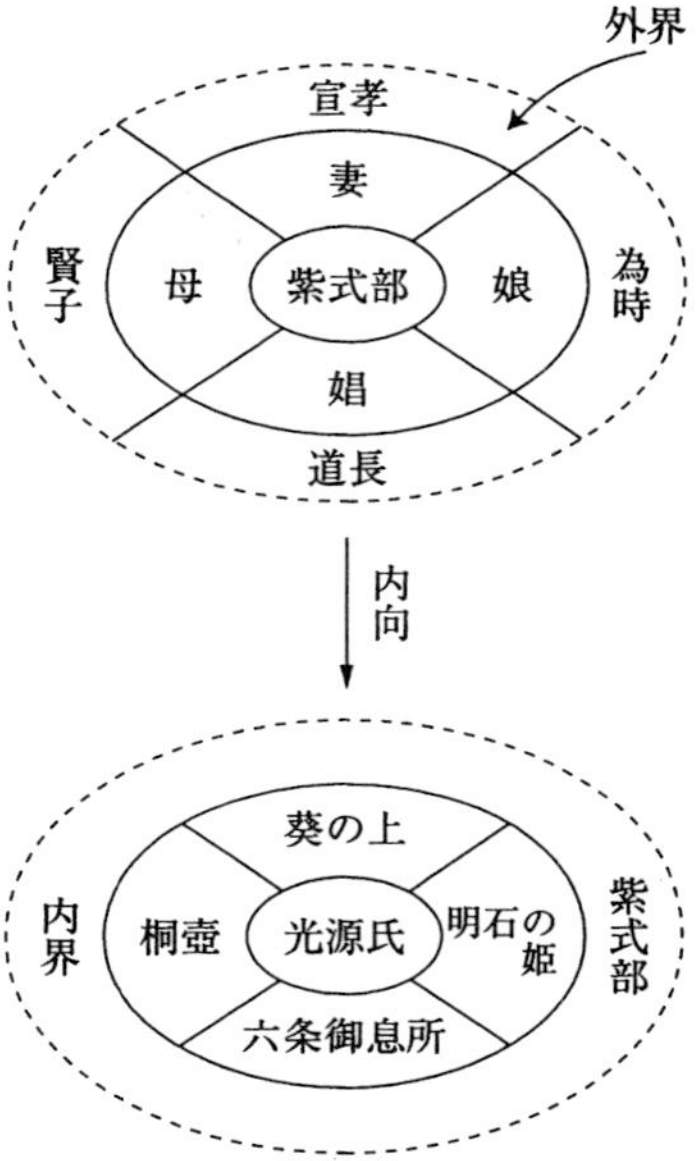

図3　紫式部の内向体験

ある女性が自分の内界のリアリティを確実にするために、一人の男性像が必要となる。あるいは、一人の男性像を核として、自分の内界が多様でありつつ、ひとつのものとして結晶してくると言ってもいい。紫式部の、父親藤原為時の娘としての体験、夫宣孝の妻としての体験、賢子の母としての体験、道長の娼としての体験は、彼女にとって外的なことであり、それらを、あくまで彼女自身のこととして内在させていき、内界の現実として体験する、それは「物語」として語る他はなく、その中核に、光源氏という男性が登場してくるのである。

藤原為時と紫式部という個人的な事実は、光源氏と明石の姫という父娘関係として物語られるとき、それは個人的体験を超えて、普遍的な女性の体験へと接近していく。他の関係もすべて同様である。光源氏という内向の核となる男性像の出現によって、彼女の体験が、他の多くの人々――現代人まで――につながってくるのである。女性が自分の内界に多くの女性群像の存在を実感しつつも、それが多くの男性ではなく、一人の男性との関係として体験しようとする傾向は、相当に一般的と言ってもいいように思う。したがって、『源氏物語』が紫式部の物語であるからと言って、それが彼女の個人史であることなどを意味していない。歴史のつまらなさを彼女は「蛍」の巻で光源氏の口を借りて述べさせている。「物語」というものは、個人の経験した事柄を、普遍性へと接近させる。

ここに述べたような観点に立って『源氏物語』を読むと、そこに現れてくる多くの女性が紫式部の内界に住む人々として見えてくる(図3)。彼女はそれらを、まずはじめに、光源氏という一人の男性との関係において述べるのだが、それに続いて、彼女自身の存在を語るのに、もはや男性との関係において述べる必要がない、というところまで徐々に変化していく過程を『源氏物語』のなかに読みとくことができるだろう。以後、それを順次述べていくことにしよう。

2　母

女性の内界を語るのに、「母」を最初にとりあげるのは、まず妥当であろう。第二章に論じたように、母のイメージというのは人類共通に極めて強烈なものだからである。しかし、紫式部は実母とは縁の浅い人であった。またそのことが、彼女が作家としてこれほどの偉業を成し遂げた要因のひとつだったとも言える。女性が徹底的に母と同一化してしまうと、どっしりと安定してしまって、このような仕事をする気など起こらないであろう。

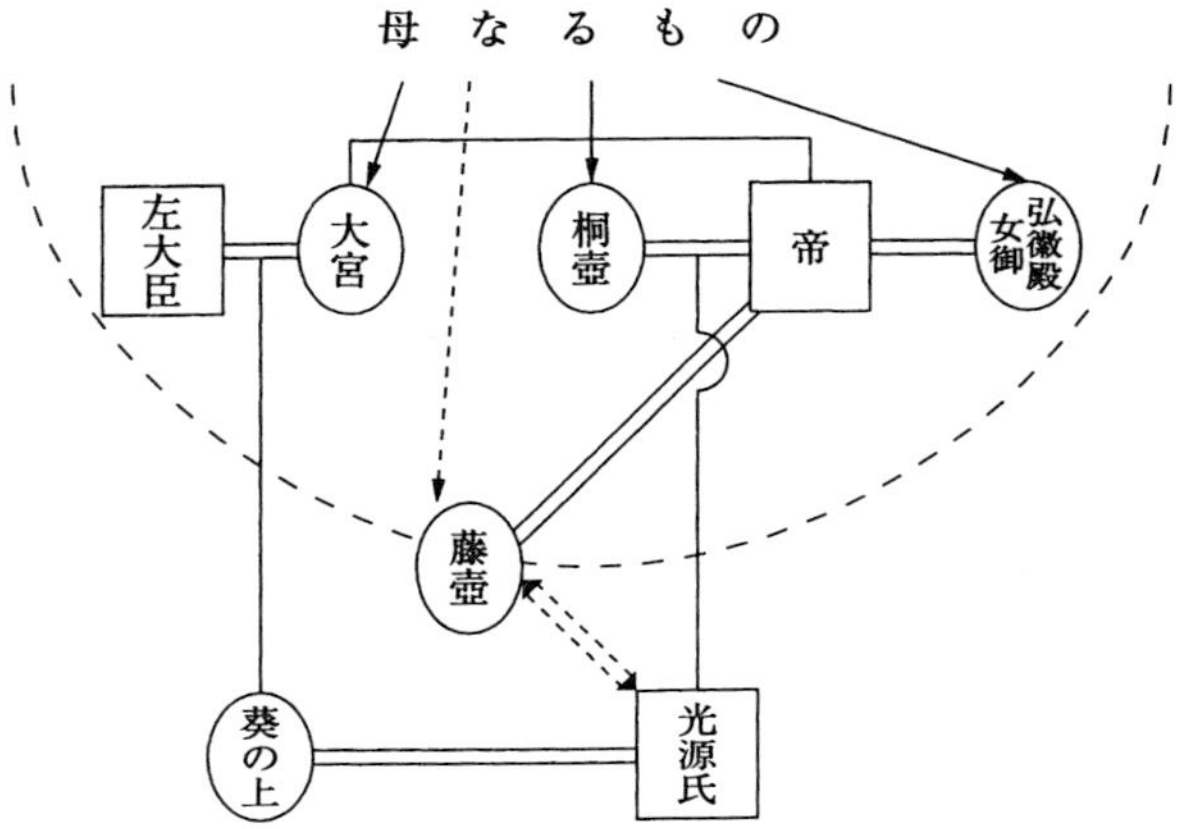

図4　光源氏と母なるもの

実母との関係は薄いし、自分も母として息子を育てていないので、紫式部の母体験はそれほど多様ではなかったろう。しかし、内界の深部にまで目を通すとき、彼女はそこに母なるもののいろいろな姿を目にしたに違いない。それは必ずしも血のつながった実母とは限らない。母なるものはいろいろな姿をとって顕現してくるのだ。

光源氏にとって「母なるもの」はどのような姿で顕れてきたのか。それにふさわしいキャラクターをそなえた女性は物語の冒頭の「桐壺」の巻に、すべてが顔をそろえて登場している。このあたりの構成は実に見事という他はない。これを図示すると、図4のようになるであろう。ここに示された人物はすべて「桐壺」の巻に名前があげられている。

桐壺は源氏の母親であるから、文句なしに母なるものの顕れと見ることができる。しかし、桐壺の死はすぐに第一巻において語られる。実母はすぐに死亡したが、『源氏物語』を通じて、優しい母として源氏に接する女性は、彼の妻の母——つまり義母——である大宮である。これに対して、恐母とでも呼ぶべき存在は、弘徽殿女御《こきでんのにょうご》であろう。彼女は帝——つまり源氏の父親——の妻であるが、源氏にとっては、あまり「母」という意識はなかったかもしれない。しかし、物語全体を通してみると、わが子を呑みこんで息の根を止めようとする恐母のはたらきを、常に源氏に対してなすのが弘徽殿女御であることがわかる。いうなれば、実母をはさんで慈母と恐母が存在しているのである。

ここで微妙な役割を演じるのが藤壺である。彼女は光源氏の父親である帝の女であるという意味では、母なるものの世界に属しているようだが、源氏にとっては忘れ難い恋人としてのイメージが強烈である。したがって彼女の位置は、半分、母なるものの世界からずれている。以上述べてきたような考えによって、「母なるもの」の在り様を、詳しく検討してみることにしよう。

桐壺から藤壺へ

桐壺は光源氏の母である。とは言っても、彼女はほとんど「母」としての人生を生きていないと言うべきであろう。物語のなかで語られる彼女は、ひたすら帝の寵愛を受ける更衣として、他から多くの嫉妬を受けて苦しむ女としての姿は描かれているが、母親としての彼女のことは何も語られていない。

光源氏が三歳のときに桐壺は亡くなるが、そのときも、わが子の将来について嘆いたとか、言葉を残したということもない。ただ、死亡した後に、彼女のことについて、心ある人たちは、その姿や顔立ちの美しさ、気だての優しさなどを思い起こしたことが語られていて、これによって桐壺の性格がわかる程度である。まさに「佳人薄命」というとおりの人生である。

紫式部の内界の女性群像のトップバッターとして、桐壺という薄命の佳人が現れてきたのは、さもありなんと感じさせられる。多くの女性が自分の内界に住む、あるいは、住んで欲しい女性像として、美しく優しいが薄命の女というのをはじめにあげるのではないだろうか。たくましい女性や淫らな女性などがいるとしても、その存在に気づくのは後のことになるだろう。それは薄命である故にすぐに姿を消してしまう。しかし、その影響力は実に強い。物語の進展に伴って現れてくる重要な女性たちに、桐壺が何らかの影を落としていると感じられるのである。

桐壺の影をもろに受けているのが藤壺である。桐壺のことを忘れられぬ帝が、彼女に似た女性として見つけてきたのであるが、光源氏にしてみると、「母にして恋人」である典型的な女性が現れたことになる。多くの男性は、まず自分の母に愛人の姿を見出すのだが、母親から分離していくときに、何らかの意味で母親と類似性を感じさせる女性を恋人として選ぶことが多い。三歳で母と死別した源氏は、母の姿をほとんど覚えていなかっただろうが、恋しい想いはふくらんでいって、理想の女性のようなイメージとなったことだろう。そのときに、母親とよく似た美しい女性、しかもそれは自分の父親の女であるために、高嶺の花であるので、思慕の念はますます強められたことであろう。源氏にとっては、藤壺は、母であり、妻、娼であり、すべてであったとさえ言えるだろう。源氏にとって極めて大切な女性となる紫の上も、実は藤壺の面影が濃く影を投げかけている。

藤壺にとっても源氏は何ものにも代え難い存在であったろう。彼女にとって、源氏は愛人であると共に、可愛がってやらねばならぬ息子であったり、頼りになる父親であったりしたのではないか。紫式部は薄命の佳人の延長上に、それよりは強い、しかし思いのままに生きるには運命によって縛られすぎている女性を置いたのだ。

源氏の藤壺への想いはつのるばかりで、とうとう命婦《みょうぶ》の手引きで、源氏は藤壺と結ばれる。その上、藤壺は身ごもってしまうのだ。両者ともこれには深く悩むが、帝は自分の子どもと確信している。子どもを生んだ後、藤壺は帝と源氏という二人の男性の間にあって、実に悩みの多い人生を歩まねばならない。

天皇の子どもを生み、その子が次の天皇になって、自分自身は「国母」となる、というのが、当時の高貴な貴族の女性にとっての「最高の物語」であった。それを果たすかに見えつつ果たさずに去った桐壺の後を受けて、藤壺はそれを達成した。しかし、彼女は幸福とは言えなかった。彼女の心は源氏と結ばれていた。しかし、その後の源氏の強引とも思える接近を彼女は拒み通す。それは、子どもの幸福のために、そして源氏の——ひいては自分の——破滅から守るためにも必要であった。藤壺の一生は、幸福どころか苦悩の連続と言ってもよいのではなかろうか。

紫式部は、スタンダードの幸福物語を生きることが必ずしも幸福ではないことを知っていた。人生はそれほど単層にはできていない。表面的な幸福と秘められた苦悩のはざまのなかで、藤壺は出家する。天皇と源氏という二人の男性のはざまのなかで、出家したということもできるであろう。ここに示される藤壺の行為は、物語の最終段階において重要な役割を果たすことになる浮舟の先駆としての意味をもつものと思われる。

紫式部の藤壺に対する同一化は相当に強かったのではなかろうか。藤壺の死後に語られる彼女の性格も、「世のためにもあまねくあはれにおはしまして」（「薄雲」）とあって、高い身分になっても権勢に溺れず、誰に対しても優しかったことが語られる。仏事にしても華美にわたることはなく、心のこもった供養をした。紫式部の彼女に対する想いの厚さを知るひとつの指標として、アイリーン・ガッテンが指摘しているように、(2)『源氏物語』全編を通じて、臨終の場が語られる女性は三人しかいないのだが、藤壺がその一人であるという事実（他は、紫の上、大君）をあげることができる。

臨終の場には光源氏がいて、藤壺が彼に向かい「故院の遺言どおりに、冷泉帝の後見をしてくださって」とお礼を述べる。他人の耳があるので、源氏も礼儀正しく答えているものの、実のところ、二人はその愛の結晶とも言うべき、自分たちの子どものことについて話し合っている。源氏が公式的なもの言いのなかに万感こめて語っているなかで、彼女は「燈火《ともしび》などの消え入るやうにてはてたまひぬれば」(「薄雲」)ということになる。

藤壺は国母という地位にあがるし、彼女の性格には母性的な側面のあることがうかがわれるが、光源氏との関係で位置づけるなら、母に極めて近い「娼」のところに置くことになろう。一般的な意味で「母」を感じさせる女性としては他の人物を探さねばならない。

慈母としての大宮

光源氏の実母、桐壺は彼に対して「母」としての役割をほとんど果たさなかった。桐壺の影をひいている藤壺も、むしろ母としてよりは、母のイメージより生み出されてくるアニマ像(3)としての意味の方が強かった。結局のところ、源氏に対してある程度の「母」を感じさせたのは、彼の妻、葵の上の母である大宮であったと思われる。大宮もあまり幸福な女性とは言えない。天皇(桐壺帝)の妹として左大臣と結婚し、娘は光源氏と結婚、息子(一般に頭の中将と呼ばれる)はだんだんと出世して太政大臣にまでなると言えば幸福な生活だが、なにしろ、その娘が子どもを生んですぐ亡くなったのだから、その悲しみは常に彼女の心のなかにあったと言っていいだろう。それにしても、彼女の娘(葵の上)と娘婿(源氏)に対する気持は常に細やかで優しい。源氏との間にはたびたび和歌の贈答があり、互いに感情をわけあっている。情の通う母子関係を感じさせる。

源氏が失意のうちに須磨に下るとき、紫の上と別れを惜しむのは当然であるが、彼は大宮のところを訪ねて惜別の和歌を交換している。大宮のところには、源氏の息子の夕霧がいるので、息子に別れを告げようとして訪ねていったとも言えるが、大宮と源氏の歌のやりとりには、母子に近いほどの気持が通っている。

大宮の母性性が発揮されたのは、源氏に対してというより、彼女の孫である夕霧と雲居雁の恋愛より結婚に至るまでの過程においてであろう。この事件における大宮の位置をわかりやすく示してみよう(図5)。夕霧と雲居雁の恋愛については、第五章に詳しく述べるが、彼らは相思相愛でありながら、結婚できない。それを妨害している張本人は、雲居雁の父親の頭の中将(当時は内大臣になっている)である。この結婚話の経過のなかでは、源氏と頭の中将の意地の張り合いのようなことが関係して、それも話を円滑にする妨げとなっている。

ところが、大宮は直接的には手を下さないにしろ、二人の孫の結婚をバックアップし、息子の頭の中将と娘婿の源氏との間の緊張感をほぐすことに、やんわりと役立っている。まさに「太母」的な役割をもって、現象全体の背後に存在している。紫式部は自分のなかに、このような慈母的な人物の存在を感じるとともに、それとまったく対立する、否定的な母親像の存在も感じとっていたようである。それが、弘徽殿の女御である。

恐母　弘徽殿の女御

弘徽殿の女御というのは弘徽殿に住んでいる女御のことを指すのだから、もちろん固有名詞ではない。そんなわけで、『源氏物語』には、もう一人「弘徽殿の女御」が出てくるのだが、後の方は頭の中将の娘で、冷泉帝の女御となった。この女性と区別するために、弘徽殿の大后と呼ばれたりするが、彼女は桐壺帝の女御で、生んだ息子が桐壺帝の跡をついで朱雀帝となった。彼女はまさに恐母と呼ぶのにふさわしい感じで、光源氏を死の世界に追いやろうとする。彼女と桐壺、大宮との関係は、図4(七六頁参照)に示したが、紫式部が、見事に「母なるもの」の側面を代表する女性たちを配

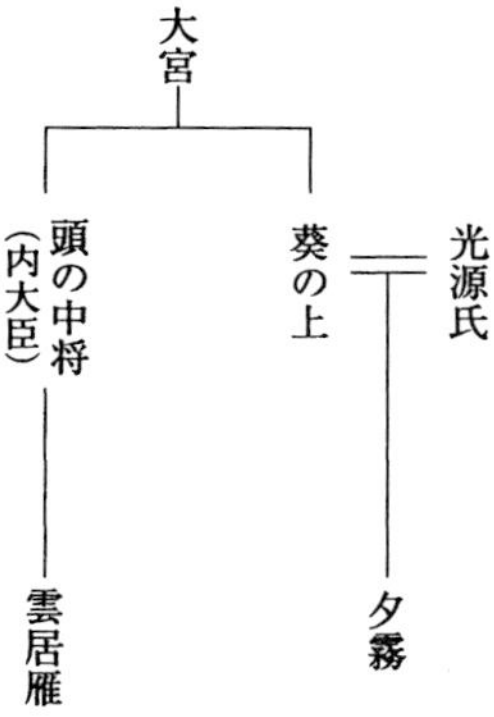

図5　大宮の母性

しているのに感心させられる。先に述べた大宮を慈母とすると、弘徽殿の女御は、それと対立する恐母である。

弘徽殿の女御の一番愛しているのは、もちろん自分の実子(東宮、後に朱雀帝)であり、その地位を脅かしそうな光源氏は憎しみの対象となる。源氏がまだ若く中将の身分のとき、先帝の前で青海波を舞うが、その試楽を見て、この世のものとも思えぬ美しさで一同感嘆する。しかし、弘徽殿の女御のみは、「神など、空《そら》にめでつべき容貌《かたち》かな。うたてゆゆし」と言って、周囲の若い女房たちは、「心うし、と耳とどめけり」、情けないことだと聞きとがめたという(「紅葉賀」)。ここに彼女の言った「神など、空にめでつべき」という表現は興味深い。このことは、「うたてゆゆし」と否定的なことになるのだが、それでも光源氏のこの世ならぬ魅力は、やはり認めているのであろう。

弘徽殿の女御の源氏に対する憎しみは、彼女の妹、朧月夜が源氏と密会していることを知ったときに爆発する(「賢木《さかき》」)。これを罪として彼を陥れようと、いろいろ画策するが、源氏は先手を打って須磨に退居する。彼女はやれやれと思ったことだろうが、源氏が須磨でけっこう風流な生活をしていることが聞こえてきて、かんかんに怒る。彼女の怒りの強さに皆が遠慮して、多くの人が源氏に便りをするのも控えた、というのだから、恐母の怒りの凄さがよくわかる(「須磨」)。

紫式部は「母」という存在の気持の在り様を、ほんとうによく知っていたと思われる。そのプラスとマイナスの様相を、源氏の実母、桐壺の両側に配した、大宮と弘徽殿の女御という人物像によって示している。なお弘徽殿の女御は自分の実子、朱雀帝に対しても、何やかやと差し出がましくふるまい、息子としてはどうも抗し難いというところも、なかなかうまく描写している。老いるにつれて、口やかましくなり、息子を困らせる姿も描かれている(「少女《おとめ》」)。

ところで、このような恐母はどのような終わりを迎えるのであろうか。世界の昔話に登場する多くの恐母の運命を思い出してみると、たとえば、白雪姫の母、赤頭巾のおばあさんに扮した狼などは、無惨な最期を迎えている。しかし、『源氏物語』においては、恐母に対する反抗や対立は、まったく語られない。まして罰を受けるなどということもない。彼女の死はむしろ間接に、さりげなく語られるのである(「若菜上」)。これも恐母の最期を語るひとつの方法であろう。紫式部の知恵——あるいは、当時の日本人女性一般の知恵——に触れる思いがする。

3 妻

妻と言っても現在のように一夫一妻制でないと、その地位はなかなか微妙である。一夫多妻が認められていて、その上、夫が妻の家に通うことが多いのだから、「結婚」したと思っていても、夫が通ってこなくなると、まったく名目のみになってしまうし、そのうち夫が他の人を見つけてそちらの関係のみ、ということになると、もはや「妻」とは言っておれなくなる。

本書では一応、妻と娼などという区別を立てているが、これは当時に、そのような明確な区別があったのでもない。むしろ光源氏の心理的なことに重点を置きながら、一応の区別をしたのである。たとえば、葵の上を「妻」に、夕顔を「娼」の方に位置づけても、それほど異論はないだろうが、他の女性の場合は人によって分類も異なることだろう。また、簡単には区別し難いところに、その女性の特徴があると言えるのもある。たとえば、末摘花などは、本人は妻であると思いこんでいるのだが、源氏の心のなかではそれほどの重みをもっていなかったと言える。また、そのすれ違いの面白みを紫式部は描こうとしたように思われる。

そこで、勝手な分類ではあるが、多くの女性を妻と娼に分類して、光源氏の周囲に位置づけていくことにする。妻の第一として葵の上を置くことには、誰もあまり反対しないことだろう。それでは、紫の上についてどう考えるか、という疑問が生じるが、彼女については敢えて、この二分法に従わせることなく、次章の最後に論じることにしよう。

悲しい誇り

葵の上は誇り高い妻である。そして、彼女ほど妻であることの悲しみを味わった女性はないことであろう。彼女の父は左大臣、母は当時の天皇の妹(大宮)である。東宮に入内をと望まれていたし、美貌であった。光源氏の妻として何から言っても不足がない。と言いたいところだが、彼女は自分の方が源氏より年上であることを「似げなく恥づかし」と思う。彼女は強い自意識に縛られる女性である。

源氏と葵の上との心のすれ違いの様相は、実に巧みに記述されている。「若紫」には、源氏がしばらく病気がちで――と言っても、この間に、紫の上に初対面しているのだが――、やつれた姿で参内し、それを見て、葵の上の父親の左大臣が源氏をわが家へと連れて帰る。そこで、夫婦は久しぶりの対面をするのだが、どうもしっくりといかない。せっかく源氏が来ているのに、すぐに会いたがるわけでもない、父親にせかされて会うが、「ただ絵に描《か》きたるものの姫君のやうに、しすゑられて、うちみじろぎたまふこともかたく」という有様なので、源氏もすぐに寄りつけない。「美しい」とは思うが心が打ちとけない。「普通の夫婦のように」して欲しいと願うが、会話はどんどんすれ違い、源氏が寝所に入っても、葵の上がすぐについてくるのでもないので、源氏はため息をついている。

こんな調子だから、葵の上というと気位ばかり高くて親しみのない女性、というイメージをもたれがちだが、果たしてそうであろうか。ある意味で言うと、葵の上は源氏を一番強く愛した——愛したいと願った——人と言えるのではなかろうか。彼女は源氏をはじめて見たときに、その美しさにまったく心を奪われてしまう。当時の常識で言えば、皇女を母に持ち、父は高位高官、宮中に入内するのこそふさわしいのに、敢えて臣下の源氏と結婚しなくてもという考えもあろうが、彼女にとってはそんなことはどうでもよかった。むしろ、自分が年上であることを恥ずかしいと思った。彼女は全身全霊で、一対一のみの関係で源氏を愛そうとしたのではなかったろうか。

　そのように彼女がはじめて源氏と接したとき、彼の魂は既に他所にあること——藤壺への強い想い——を直感するのは、むしろ当然ではなかろうか。「若紫」に語られる場面にしても、源氏はその直前に、紫の上の幼姿をはじめて見て、藤壺の姿に似ている彼女に心をとらえられている。久しぶりに現れた夫の心は、既に他所に置き忘れられている。こんなとき、葵の上に「普通の夫婦」のように嬉しそうにせよ、などというのは無理ではなかろうか。もちろん、彼女はそれらの事実をまったく知らない。しかし、彼女の勘はすべてを感じとっていたはずだ。

　実際、源氏は寝所に入り、葵の上が続いて入ってこないと、ため息をついていたが、想いはすぐに紫の上に移るのだ。どんなふうに育っていくのだろう、年齢的には自分にはまだ不似合いだが、あっさりと自分の邸に引き取ってしまえば……などと想いは続く。源氏と葵の上のやりとり、そして、一人寝の源氏のため息の描写にすぐ続けて、彼の想いを書く。紫式部というのは凄い女性だと思う。

　葵の上は源氏が好きでたまらない。しかし、こんな源氏を愛することができるだろうか。顔を見て自分の想いを伝えようとする以前に、身体の方がこわばってしまう。当時の男女関係の在り方のなかでは、葵の上の求める愛は、この世で成就することはない、と言っていいのではなかろうか。瀬戸内寂聴『女人源氏物語』は、登場する女性たちの立場に立って、この物語を見ようとするもので、本書の論と重なり合うところが多く、自分の考えの支えを得たように感じた。そのなかで、「葵の上のかたる　葵」は葵の上の独白の形で、彼女の源氏に対する想いが語られているのだが、そこに述べられている彼女の気持は、筆者が感じとっているところと極めて類似している。死に際になって、葵の上の独白は次の言葉で終わる。

「ではさようなら、あなた。この世で誰よりも愛しているあなた、さようなら。」

さまざまの補助線

中学生の頃、幾何の問題を解くときに、補助線というのがあった。与えられた問題を図形で示した後、うまく補助線を引くと、それによって問題解決の手がかりが得られる。わずか線一本によって、図形がまったく異なって見え、解決策が見出されるのだから、実に素晴らしい。補助線を見出したときの快感を忘れられない、という人は多いことだろう。

物語を読み解くときも、補助線によって助けられる。何かと何かを結びつける線を引いてみることによって、物語の構図が異なって見えてくる。既に「紫マンダラ」などという表現で、『源氏物語』の全体的構図が示されると述べたが、そのマンダラの構成要素間には、いろいろな関係やダイナミズムがはたらいているわけで、それらを明らかにしていくために補助線を引いてみるのである。紫式部は、筆者の推察するような全体的な見とおしによって物語を展開していったのだろうから、そこに登場する人物たちには、微妙な関係をあちこちに仕組んでいる。したがって、補助線を引いてみようと思うと、さまざまに引くことができるので、物語を読んでいても大いに興味をそそられるわけである。

妻として第一に葵の上をあげたが、これに対応する娼として誰をあげるか。多くの人が六条御息所をあげるのではないだろうか。彼女と葵の上の従者たちが、新斎院御禊《ごけい》の際に、車の立所を争ったのは周知のことである。それに、六条御息所の生霊が葵の上にとりつき、そのために後者は結局は命を失ってしまった。両者の対立は明らかで、別に補助線などと大げさなことを言わずとも、二人の関係は明白に見えている。しかし、両者の関係をもう少し詳しく見てみるとどうなるだろう。

まず、生霊である。生霊とはいったい何なのだろう。当時の人はその存在を信じただろうが、現代人のわれわれはそれほど簡単には信じられない。生霊の存在を信じるかどうかは別として、物語に語られる事実を事実として受けとめてみよう。「物の怪」に苦しめられている葵の上を源氏が見舞い、几帳の帷子《かたびら》を引き上げて彼女の姿を見る。源氏は今更のように彼女の美しさに心打たれ慰めの言葉をかけるが、彼女の声や感じがにわかに変わり、

なげきわび空に乱るるわが魂《たま》を結びとどめよしたがひのつま

と言う姿は六条御息所そのままなので、源氏も驚きあきれる。空に迷っている私の魂を、着物の下前の褄《つま》を結んで、もとの身体に返して欲しいと、御息所の生霊が訴えている。

ここで、もし生霊の存在を信じないとすると、「空に迷っている魂」は、葵の上のものではないかと考えられる。つまり、六条御息所の生霊が取りついたのではなく、葵の上の魂が、六条御息所の生霊という形をとって訴

えていると考えてはどうであろう。深層心理学の表現を用いると、葵の上の無意識内の心的内容は、御息所の生霊という表現形態によって、もっとも適切に表現されている、ということになる。つまり、葵の上は無意識においては、六条御息所が源氏に対して感じたような恨みや怒りを強く感じていたのだが、彼女の誇り高さによって、それらを表面的に表わすことはなかった。それが今、御息所の生霊という形で顕在化してきていると考えるのである。

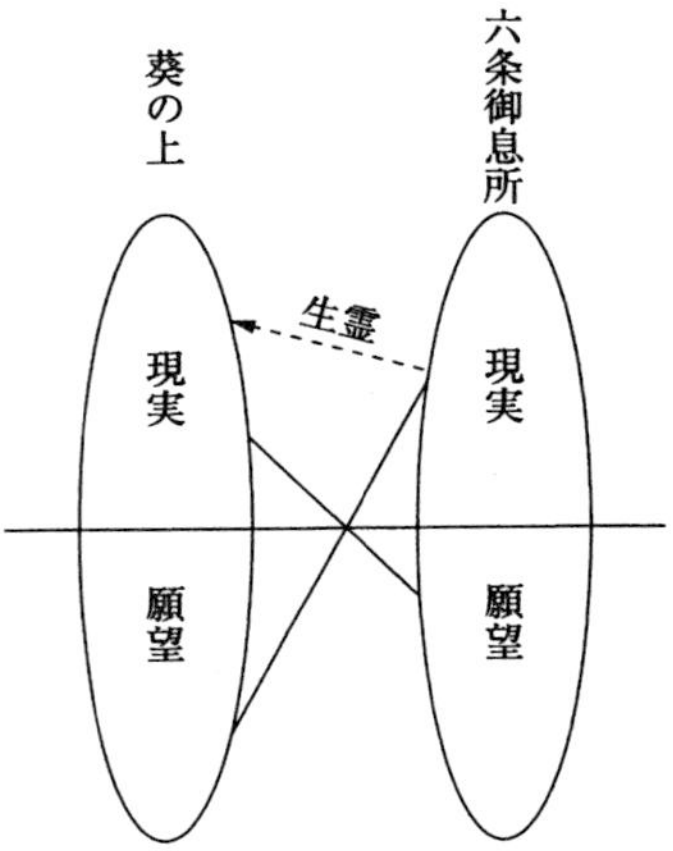

図6　葵の上と六条御息所

ここで興味深いのは、葵の上の死後、六条御息所が源氏の正妻になるという噂が立つ事実がある(「賢木」)。つまり、六条御息所は、その身分から言っても源氏の妻となり得る人だった。ただ彼女は源氏より七歳も年上である。葵の上が源氏より四歳年長であることにこだわったのと比較すると、六条御息所は、そんなことにこだわらずに妻になる可能性を考えたのかもしれない。

このように考えてきて両者の関係を見ると、六条御息所の源氏の妻でありたいという願望は葵の上の現実に具現されている(図6)。これはわかりやすい。葵の上の願望は、彼女も知らぬ深いところで、源氏に対する恨みの感情に満ち、殺してやりたいほどのものとなっている。しかし、彼女は嫉妬の感情などは意識したかもしれないが、そこまで強い気持はおさえつけていたに違いない。しかし、そのような強い感情を六条御息所が生きているように、彼女には思えたことだろう。したがって、それは御息所の生霊という形をとって彼女に迫ってくるのだ。葵の上と六条御息所を一本の線で結ぶよりは、二本の補助線で結ぶ方が全体像が見えてくるように思う。二つの補助線が非対称的なところに味がある。

葵の上と六条御息所を結ぶ線で考えてみたが、葵の上と彼女の侍女である中納言の君との間に補助線を引いてみると、葵の上の苦悩がより深く共感できる。後者の場合を考えてみよう。よく知られている「雨夜の品定め」の翌日、源氏は左大臣邸を訪れる。つまり、そこで葵の上に会う。前日の話し合いに刺激されて妻を訪ねた源氏は、葵の上が「おほかたの気色、人のけはひも、けざやかに気《け》高く、乱れたるところまじらず」と、いささかの崩れも見せず気品の高い姿に接するが、あまりの端正さに打ちとけがたく、傍らにいる中納言の君などの女房たちとふざけたやりとりをする（「帚木《ははきぎ》」）。結局、源氏はこの中納言の君とも性関係をもつ。葵の上の侍女で、中将の君と呼ばれる女性も同様であった。つまり、近づき難い女性の影に存在する近づきやすい女性としての役割を、彼女たちは担っているのだ。

葵の上と中納言の君とを合わせて一人の女性にすると、源氏にとって望ましい女性ができあがってくるのだが、それは不可能である。誇り高い妻として葵の上は、妻としての誇りと悲しみのなかで、一人の息子を生むと同時にこの世を去っていく。

妻か娼か

娼と言えば、先にあげた中納言の君や中将の君たちこそ、そうであると言うべきだろう。彼女たちは当時の厳しい身分観のため、決して源氏の妻にはなり得ないのだ。このような女性は他にもいたことだろうが、無名に近く、やはり紫式部が関心をもつのは、妻なのか娼なのか判明しない、ともかく事と次第によっては妻になり得たかもしれぬ女性に対する源氏の関係なのである。そんなわけで、妻か娼か分類に困る女性がいるのだが、その典型は末摘花であろう。

「末摘花」の冒頭には、源氏がまだ夕顔のことを忘れずにいることが語られる。それにうまく逃げられた空蟬のこともある。無聊《ぶりよう》をかこっているところへ、大輔命婦《たゆうのみようぶ》という「いといたう色好める若人《わかうど》」である女性が、故常陸親王が大切に育てた姫君が、淋しく住んでいて、琴《きん》を話し相手としている、という。色好みの女性らしい話に源氏はすぐに乗って、彼女の手引きで、この姫君の琴の音を聴く。

「ほのかに掻《か》き鳴らしたまふ。をかしう聞こゆ。なにばかり深き手ならねど、物の音《ね》がらの筋《すぢ》ことなるものなれば、聞きにくくも思《おぼ》されず」という描写もなかなかゆきとどいている。かすかに聞こえてくる琴の音がうつくしい。と言っても、それほど上手というわけでもない。聞けないものでもない、というのは源氏のこの女性に対する気持をよく示している。捨て難い気もするが、何が何でもというのでもない。

源氏がこの家からそっと立ち去ろうとすると、そこに頭の中将がいたので驚いてしまう。頭の中将が尾行してきていたのだ。この点については、もう少し後になって考察するとして、源氏は末摘花を二人で競い合っているような気になってくる。このために、源氏は気持以上に行動は熱心になり、何度も手紙を出すが彼女からは返事がない。とうとういらだちのあまり、強引に家に入りこんでゆき、末摘花と結ばれてしまう。

末摘花はまったく予期しないことだし、恥ずかしくて身のちぢむ思いのするばかり。源氏は強引に接近しながらも、気持が冷えたのか、後朝《きぬぎぬ》の文を出すのも遅れるし、続けて訪れるのも怠ってしまう。これは相手が「姫君」であることを考えると、ずいぶんと身勝手で失礼なことなのだが、源氏はその後もともかく会いに行く。そして、夜に姿の見えないままに接するのではなく、いつか姿を見たいものと思っていた念願を果たすが、そのときに強いショックを受ける。彼女があまりにも醜いと言っても、その鼻が「普賢菩薩《ふげんぼさつ》の乗物《のりもの》」つまり象の鼻のように長く、先が赤いのだ。それに気の毒なことに、貧しいために着ているものも、由緒あるものだが古めかしくて仰々しい。源氏はすっかり興ざめする。

　ところで、ここからが大切なところなのだが、年の暮に末摘花から源氏へと衣裳箱に入れた源氏の元旦の晴着が贈られてくる。このことは、末摘花は——そしてその侍女たちも——彼女が源氏のれっきとした妻のなかの一人として考えていることを示している。実のところ、源氏は贈物につけられてきた歌の下手なことや、装束の古めかしいのに辟易する。それでも、彼女に歌や装束などを礼儀正しく贈り返すのが源氏の特徴である。源氏の贈物も歌も末摘花のそれと比較すると、すべて段違いと言えるものなのだが、末摘花に仕える古女房たちは、自分たちの方から贈ったものも見劣りはしないし、歌にしても姫のつくったものの方が上手だなどと評判する。落ちぶれたものの、古い格式のなかに生きる人たちの誇りがそこに示される。

　ここで、妻と娼の間の補助線を引くとするならば、末摘花自身の姿がこの二つの間に分裂していることがわかる(図7)。源氏の彼女に対するイメージは「娼」であるのに、彼女の自分自身にもつイメージは明らかに「妻」である。宮家の姫としての矜持《きょうじ》がそこにある。とは言っても、彼女の家の貧しさ、それに容貌もある。このイメージのすれ違いがもたらす滑稽さを描く、紫式部の筆は残酷な感じを与えるほどである。

図7　末摘花の姿

　このようなすれ違いは、当時も実際にちょいちょいあって、口さがない女房たちの噂話の種となったのではなかろうか。「普賢菩薩《ふげんぼさつ》の乗物《のりもの》」などと、そっと囁《ささや》いて笑うようなことをやっていたのではなかろうか。紫式部もおそらく、そのようなかに入って、思わず辛辣な皮肉など言って、皆を笑わせているうちに、ふと、末摘花のような存在が自分のなかに生きていると気づき、愕然としたのではなかろうか。他人を笑ってばかりいていいのだろうか。

そのような自覚の上に立って、紫式部は末摘花の像を描いていく際に、どこかで自虐的とも言えるような快感を感じ、ややあって、これは少しあくどすぎると思ったのであろう。その反省に従って、「蓬生《よもぎう》」では、源氏が忘れ去られていた彼女との関係を戻すことが語られる。さりとて、源氏も、彼女を娼から妻へと一挙に変更するほどのことはなかったのであろう。源氏は他の女性たちと住んだ六条院ではなく、二条東院の方に彼女を迎え入れている。妻と娼との間の折合いをつけたような形とも見ることができる。

家刀自

『源氏物語』より少し以前に書かれたと言われる『平中物語』の「十八　たよれぬ文使い」には、最後のところで「家刀自」という表現が見られる。これはある男が上達部《かんだちめ》クラスと思われる人の娘に仲介人を介して、せっせと求婚の歌を贈る話である。ところが、この人間が「たよれぬ文使い」である上に、娘の方も上手に歌も詠めぬ状態で、この話は立ち消えになってしまう。その終わりの文が、「のちに聞きければ、いたつきもなく、人の家刀自《いへとうじ》にぞなりにける」というのである。「いたつき(苦労)もなく」というのは、恋の綾など経験することもなく、という意味らしいが、「家刀自」になったという表現が、いかにも一家の主婦に収まったという感じを与える。これはまさに「色好み」の生き方の逆を言うのであろう。

『源氏物語』においても、光源氏に対して「家刀自」的な役割をとる女性が出現してくる。その役割を一番重く担ったのは、紫の上であろうが、彼女は後に述べるように、「家刀自」という表現のみで理解するには多彩すぎる感じがする。「家刀自」のイメージが固定して感じられるのは、やはり花散里ではないだろうか。それと少し華やいだ感じはあるが、明石の君も、考えられる。

花散里は桐壺帝の女御（麗景殿の女御）の妹である。源氏は例の如くそれほど熱心ということもないが、なんとなく関係を保っていたが、彼女との関係にはどこか気の安まるところがあったのだろう、須磨に退居する前に訪れている。須磨より帰京後は、桐壺院の遺産の二条東院を改築し、そこに花散里——その他の女性も——を住まわせる。そこで源氏も暇なときは彼女のところに立ち寄ったりするが、「夜《よる》たちとまりなどやうにわざとは見えたまはず」、つまり、男女の関係は絶えているのである。しかし、花散里はそれを思い悩むのではなく、鷹揚に暮らしており、「かばかりの宿世なりける身にこそあらめと思ひなしつつ」、つまり自分の運命を見極めて、のどかな日を送っている。これはこれで、なかなか大したものと源氏も思うのだろう、紫の上に劣らぬ待遇をするので、誰も彼女を軽んじるようなことをしない（「薄雲」）。

源氏の花散里に対する信頼はますます厚くなり、息子の夕霧の養育を託すようになる。源氏が六条院を完成したときは、紫の上も共にそこに移り（末摘花は二条東院に留まる）、夏の町に住むことになる。そして、興味深いのは、紫の上と花散里は何かにつけて、一緒に仕事をしていることである。両者間にはあまり嫉妬は湧かないようである。これは、花散里が「宿世なりける身」を悟り、家刀自としての役割に徹して、「女」として紫の上と張り合おうとしたりしないからであろう。賢い女性ということもできる。彼女は夕霧の養母役を引き受けるが、心理的に見ると、源氏に対しても母親の役割を果たしているとも言うことができる。

平安の父の娘

次に、明石の君はどうであろうか。源氏が須磨に退居したとき、かねてから一人娘である彼女に自家の繁栄の夢を託していた父親（明石の入道）の意志で、源氏と結婚する。しかし、これは一直線に事が運んだのではなく、父親の強い希望にもかかわらず、明石の君は、自分の身の程を考えて思い悩む。結局のところ、源氏が明石の君を訪れ、二人は結ばれるが、彼女の「身分不相応」という悩みは、あとあとまで尾を引くことになる。

源氏は京都に残してきた紫の上とたびたび手紙を交わし、気持を分けあっているものの、一方で、明石の君との関係が生じてもいるので、このことが風の便りにでも紫の上に達しては、と気に病んでいる。これまでも源氏の女性関係のことで紫の上を苦しませたことなど思い返し、明石の君のことをほのめかす手紙を紫の上に出す。これは源氏の心苦しい弁解の感じがよく出ているので、引用しておこう。

まことや、我ながら心より外《ほか》なるなほざりごとにて、疎《うと》まれたてまつりしふしぶしを、思ひ出づるさへ胸いたきに、またあやしうものはかなき夢をこそ見はべりしか。かう聞こゆる問はず語りに、隔てなき心のほどは思しあはせよ。誓《ちか》ひしことも（「明石」）

かつて紫の上に疎まれたこと——女性関係——を思い出すのさえ胸が痛いのに、「あやしうものはかなき夢」を見たようだ、と告白し、こうして隠さずにいう自分の心の深さをわかってくださいというのだから、虫のよい話である。最後の「誓《ちか》ひしことも」は、古歌を引き合いに出して、紫の上への気持の変わらぬことを強く表そうとしている。しかし、この手紙を京都にいて読んだ、紫の上の気持はどうだっただろう。

花散里の場合と異なり、紫の上は明石の君に対して嫉妬を感じているし、源氏に対しても恨みを感じている。しかし、急転直下、源氏に対して赦免の宣旨《せんじ》が下り、源氏は帰京することになる。次は明石の君の苦悩がはじまる。もちろん、源氏も心をこめて別れの悲しみを分かち合おうとするが、それが何の慰めになるだろうか。明石の、父と娘の悲しみはどれほど大きかったろう。

明石の父娘にとってまことに幸いだったのは、明石の君が源氏の子を宿し、それが女の子であったということである。当時の高位の貴族にとっての一番の願いは立派な娘をもつことであり、その娘が天皇と結ばれて皇太子を生むということであった(実は、このことが後に実現される)。この間に、明石の父娘にとっては源氏との身分の差を感じさせることも多々あったが、とうとう思い切って、明石の君の母娘は京都に出てきて、大堰《おおい》に邸を構えて住む。すべては明石の入道(明石の君の父)の意志の実現にかかわることであるが、明石の君は恐れと不安を感じつつも、その線に乗っていく。

妻としての役割はいろいろとある。源氏の妻として中心に存在しているのは、やはり紫の上と言えるだろうが、源氏の「妻」は一人だけではない。その「家刀自」的役割を担う人として花散里があった。次に、子どもを生むということを明石の君が分担している。ここで、明石の君は、子どもを生み源氏と共にそれを育てたのではなかった。彼は、その娘を紫の上の養女として育てることを提案し、明石の君は母親として手放し難いので苦しむが、娘の将来の幸福を願って同意する。

明石の君の選択はある意味では正しかった。というのも、彼女の娘、明石の姫は後に中宮になるからである。しかし、これは考えてみると、すべて彼女の父、明石の入道の思い描いた筋道どおりのことではなかったろうか。

彼女は、源氏の妻ではあるが、「妻」としてよりは、「父の娘」としての役割を生きた女性と言うべきであろう。紫式部がいかに、ひとりひとりの女性の特性を分けて描いているかがよくわかる。源氏の妻と言っても、それぞれの特性がはっきりと異なるのである。

ここに「父の娘」として表現したことは、第二章において論じたように(六〇―六二頁参照)、いろいろなニュアンスをもっているが、明石の君の場合は、父の願いを体現している娘という意味で述べている。これは平安時代の「父の娘」であり、その行為の内容は現代アメリカのそれとまったく異なっている。明石の君の場合、実際に父の願いはどんどん具現化し、彼女の娘は望みどおり、男の子を出産する。まだこのときは、東宮との間に明石の女御として若宮を生んだのだが、将来の明石一族の繁栄は絶対確実と言っていいだろう。このときに当って、明石の入道は心を定めて家を離れ入山する。俗世界とのかかわりを一切断つことにしたのである。

これが老人の知恵というものである。すべてが順調に運ぶとき、明石の入道が俗世界に留まり、たとえば、京都へでも出てくればどんなことになったろう。彼はこのことをよく知っていた。すべて、彼の意志で事が運んだとも言えるが、見方を変えると、娘(明石の君)の幸福のために、父親が犠牲になったとも言うことができる。明石の女御が若宮を伴って東宮へと戻り、明石の君は源氏といろいろ語り合い、紫の上の配慮などもありがたく思い、身分の低い自分がここまで幸福を得たとは、と感慨にふける。その後に、「ただ、かの絶え籠《こも》りにたる山住《やまず》みを思ひやるのみぞあはれにおぼつかなき」(「若菜上」)とつけ加えられているところに、味わいがある。何もかも幸福ということはあり得ない、と紫式部は言いたかったのであろう。

源氏の「妻」として、極めて大切な、紫の上と女三の宮については、後に詳しく論じることになるであろう。

その前に、「娼」について述べることにする。

4　娼

娼の多様性

『源氏物語』の時代にも、もちろん遊女たちはいた。「澪標《みおつくし》」には、源氏が住吉に詣でた帰路、逍遥遊びなどして、「遊女《あそび》どもの集ひ参れる」ことが述べられている。もっとも、源氏はその軽薄さをうとましく感じたとのこと。ここに取りあげるのは、そのような遊女ではなく、源氏と関係はあったが、「妻」として遇することのなかった女性たちのことである。

ここで少し触れておくべき女性たちは、葵の上や紫の上の侍女で、源氏が格別に親しく感じていた者たちである。たとえば、中将の君と呼ばれる、葵の上の侍女と源氏とは性的な関係があり、物語の端々に顔を出す。彼女は源氏の須磨退居の際に、紫の上の侍女となっているし、源氏が帰京したときに、それなりの関係が復活している。中納言の君と呼ばれる葵の上の侍女も、前者と同様の役割を演じている。これらの女性は身分の差のために、決して源氏とは対等の男女関係にならないことを前提として、源氏との関係を受けいれている。

物語のなかで困るのは、中将の君、中納言の君と呼ばれる女性は他にもあって、果たして同一人物なのか判断しにくいことがあることである。紫の上が亡くなった後で、源氏が格別の気持をもっていた侍女たちと、紫の上のことを偲んでしんみりと語り合うところがある(「幻」)。ここに中将の君、中納言の君などが登場するが、中将の君は前述の中将の君と同一らしいが、中納言の君は同一かどうか判然としないようである。

これらの女性は「娼」の分類にいれられると思うが、後に論じるような「個人」であることの判然としている女性たちとは分けて考えるべきだろう。それにしても、源氏の周囲にこのような類の女性たちがいたという事実は大切である。これらの女性と区別すると、後に述べる女性たちは、一応「妻」になる資格をもっていたのだと考えてもいいだろう。末摘花の場合、彼女自身の意識では、れっきとした「妻」であると確信していたことは、既に述べた。六条御息所も「妻」になれると思っていたのではなかろうか。

藤壺に関しては既に論じた。身分から言えば「妻」になり得たかもしれぬが、源氏の父、桐壺帝の女御として、彼女は源氏の妻になることは不可能である。それを前提としつつ、源氏は彼女に心惹かれているし、性関係をもつに至る。しかし、彼女の場合は、他の女性たちに比して、ずいぶんと異なる「娼」ということになる。彼女の姿は、後に「娘」のところで論じることになる女三の宮と対比すると、その意味が明らかになるであろう。この二人の女性は、源氏との関係を示すマンダラで対極的なところに位置することになる。

これらの女性に対して、空蟬、夕顔、朧月夜などを列べてみると、同じ「娼」と言っても、それぞれの特性や源氏との関係において、ひとりひとりが異なっていることがわかる。紫式部が、自分の内界の女性群像をそれぞれうまく描いていることに感心させられる。これらの女性については、順次もう少し詳しく論じることになろう。

個々の女性について述べる前に、既に触れた侍女たちのことについて、もう少しつけ加えておきたい。先にあげた二人の侍女以外に、中務《なかつかさ》という侍女もいる。これも葵の上の侍女で、源氏の戯れ相手として登場するが、源氏の侍女で後に紫の上の侍女となる「中務」と別人か同一人か定かではない。ともかく、これらの侍女は、源氏から対等の扱いを受けていないが、対等でないための気安さがあって、かえって源氏の感情が自然に表現されやすい関係にある、と言える。当時の貴族の男性は妻に対しては、どこかで格式ばるところがあり、これらの侍女たちに対して、アットホームな感情を抱いたのではなかろうか。とすると、これらの女性は、現在における母や妻の役割を兼ねたような存在でもあった、と考えられる。

誰が空洞か

源氏が関係をもつ多くの女性たち、ここでは「娼」として分類している女性のなかで「空蟬」が最初に登場するのは、極めて象徴的に感じられる。空蟬とは蟬の抜けがらである。皮だけがあって中が空洞だ。しかし、空蟬と名づけられる女性の生きざまを見ると、彼女は決して「空洞」などではなく、むしろ、一個の女性としての存在感をしっかりともった人間であると感じられる。とすると、誰が空洞だったのか、ということになるが、それは彼女の相手となった源氏その人のことだったのではなかろうか。これ以後、源氏は多くの女性と関係をもつが、彼の本質は空洞性であることは既に指摘しておいた。そのことを最初にまず明らかにするために、彼女が登場したと思えるのである。

源氏は有名な「雨夜の品定め」を聞いているうちに、自分もひとつ冒険がしたいと思ったのに違いない。左馬《さまの》頭《かみ》の言った「さて世にありと人に知られず、さびしくあばれたらむ葎《むぐら》の門《かど》に、思ひの外《ほか》にらうたげならん人の閉ぢられたらんこそ限《かぎ》りなくめづらしくはおぼえめ」（「帚木」）という言葉は、すべての男性の心にある、ある種の期待感を表している。源氏もなんとなく、そのような期待感を抱いていたことだろう。

源氏は方違えのために紀伊守の別邸を訪れたが、そこには紀伊守の父親、伊予介が後妻に迎えた若い女性（空蟬）が来合わせていた。彼女は衛門督《えもんのかみ》の娘で、宮仕えの話もあったほどなのだが、父親が死んだのでそれを果たせず、伊予介の後妻になったのである。侍女たちの噂話が源氏の耳に達するほど近くに女性がいることを知り、彼はこころみに襖の掛金を引き開けてみると、あちらからは掛金をしていなかった。これに乗じて源氏は忍びこみ、空蟬と契ることになる。

このときに、掛金をはずしていたのか、掛け忘れたのか、誰がそのようなことをしたのだろう。源氏にしてみると、なんとなく空蟬という女性のガードの甘さを示しているようで、気安く彼女に接近していくが、思いのほかに彼女はつつましく思慮深い感じを受けた。心惹かれた源氏は再度会いたいと思うが、連絡のつけようもなく難しい。紀伊守に、空蟬の弟の小君を世話したいと申し入れ、小君を媒介にして空蟬に会おうとする。しかし、空蟬は自分の身のほどを考えて会おうとしない。

拒絶されると男の気持はますます強くなる。源氏は小君を使って強引に乗りこんでいくが、空蟬はそれを察して薄衣を脱ぎ棄てて逃げ去る。それと知らぬ源氏は空蟬と寝所を共にしていた継娘――と言っても同年輩ほどだが――の軒端荻と契りを交わす。源氏は人違いと気がつき空蟬の脱ぎ棄てた薄衣を持って帰る。

ここで大切なことは空蟬は源氏の魅力に一方では惹かれながらも、それに溺れこむことの危険を感じとって源氏から逃れるところである。単に逃げ出したのではなく、葛藤のなかのことである。彼女が残していった薄衣はそれを象徴している。だからこそ源氏はそれを持ち帰ったのだ。あるいは、源氏と契った後に彼の再訪を期待する軒端荻は、空蟬の隠された反面を表しているとも考えられる。それにしても、心惹かれつつ源氏を拒否した空蟬は、実にしっかりとした芯のとおった人物である。「空蟬」という名とは逆の存在である。

このような空蟬に対して、源氏は「つれなくねたきものの、忘れがたきに思す」(「夕顔」)、にくいと思いながらも忘れ難い気持でいる。このことは源氏が六条御息所を久しぶりに訪ねたり、ふと関係が生まれてくる夕顔のことを意識しはじめたりした間に述べられるので、源氏の空蟬に対する忘れ難い気持がよく伝わってくる。そして、次に述べる夕顔の事件の後、源氏が病気になったことを知ると、空蟬は見舞いの歌を贈り源氏もそれに応える。続いて、夫、伊予介が任国に下るのに同行する空蟬に対し、手厚い餞別を贈ると共に、例の小袿《こうちぎ》も返す。これはなかなか象徴的な行為で、源氏は空蟬に対する自分の気持がなんとかふっきれたことを示すとともに、今後も何らかの関係を保っていきたいことを表明している。

「あやしう人に似ぬ心強《づよ》さにてもふり離れぬるかな」(「夕顔」)という空蟬に対する源氏の言葉は、たわむれに目下の女性に手を出す心が、むしろ尊敬心へと変わっていくのを自覚したから生じたのではなかろうか。こんなわけだから、二人の関係はここで途絶えるのではない。「関屋」は短いものであるが、わざわざ一巻を割いて空蟬のことを語っている。ここでも、もっぱら自分の分別による空蟬らしい行為が語られる。すなわち、夫の任が果てて上京する途中、空蟬は逢坂山で源氏と遭遇するが、歌の贈答あるのみである。次に夫が死に、継子から言い寄られるが、それを避けて出家する。いつも、はっきりと自分の身を処している。源氏はこれに感ずるところがあったのだろう、尼となった空蟬を二条東院に引き取るのである。

空蟬は物語としては重要ではないが、既に述べたように人物としては重要であり、彼女との間に補助線を引いて考えられる女性は多い。まず、対比すべきは末摘花であろう。既に示したように(図7参照、九一頁)、末摘花自身は自分を「妻」の位置に置いているのに、源氏の心のなかでは、彼女は「娼」に位置づけられ、そのギャップから生ずるおかしさがあった。これに対して、空蟬ははっきりと自分の分を知り、妻になれぬことを前提として常に行動した。もちろん受領の妻という身分があり、源氏は彼女を妻にできないことは知っているが、だんだんと心のなかでは、尊敬すべき対等の存在として評価しようとしたのではなかろうか(図8)。この二人が共に二条東院に住んでいるのも非常に興味深い。

「分を知る」生き方という点で、空蝉と同じなのは明石の君である。ただ、明石の君は父入道の財政的援助および娘を生んだということなどが重なり、マンダラ図上では、妻と娼としての対称点に位置することにもなる。両者の類似性を示す工夫として、住吉参詣中の源氏を見る彼女、および、逢坂山で源氏と歌を交わす空蝉の話が語られている。おそらく「分別を弁えた」女性であったろう紫式部が、このような二人の分身を描き出したと思うと非常に興味深い。

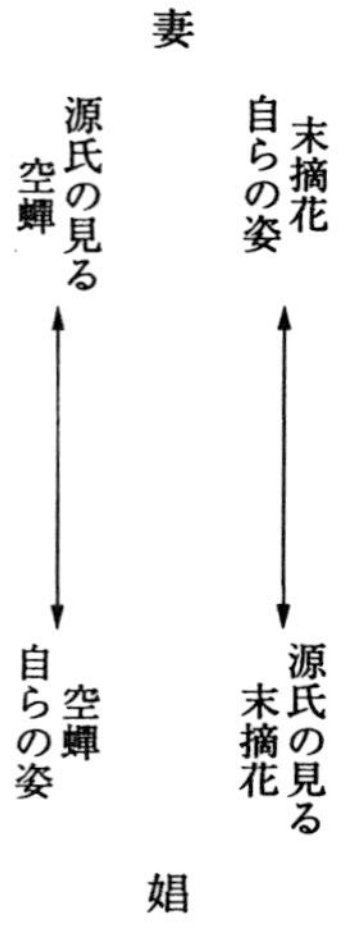

図8　末摘花と空蝉

異界の女性

空蝉との間に補助線が引けるという点では、身分が低く、源氏との関係は束の間ながら彼に与えたインパクトは強い、という点で同じではあるが、性格的には大いに異なる存在として、夕顔がある。前記の点は共通だが、空蝉は名に反してしっかりと芯の強い女性なのに対して、夕顔はその名のように弱々しく、はかない。

源氏は自分の乳母の病気見舞いに行き、隣家との垣根に咲く夕顔の花に心惹かれ、随身《ずいしん》に花を取りにいかせる。すると隣家の童が扇に花をのせて献じてくれた。源氏が乳母を見舞った後に、扇を見ると、

心あてにそれかとぞ見る白露の光そへたる夕顔の花

と歌が書かれていた。古歌を踏まえて、しかも光源氏であると察しての面白い歌で、源氏も興味をそそられる。家来の惟光の話によると宮仕えをしている女性らしい。「したり顔にもの馴《な》れて言へるかなと、めざましかるべき際《きは》にやあらんと、思《おぼ》せど」(「夕顔」)、分も弁えずなれなれしく言ってきたものだという源氏の気持は、おそらく空蟬のことを意識してのことだろう。しかし、結局は源氏は身分を隠して夕顔を訪れ、その関係に溺れこんでいく。

夕顔の方も空蟬とはまったく逆に、この関係を受けいれていく、と言っても積極的にというのではなく、あくまで受動的で、どこか弱々しい美しさがあり、いじらしい感じがする。源氏はこの女性にますます心を奪われ、朝別れてきても、夜会いに行くまでの昼の間も気になって仕方がないという状態になる。いっそのこと自分の邸に引き取ってしまおうかとさえ思う。

源氏は夕顔との濃密な時を楽しもうと、とある廃院に彼女を伴う。ここで、はじめて源氏は自分の姿を露わにするが、女性の方は身分を明かさない。そのうちに「物の怪」が出現し、はかなく夕顔は死んでしまう。嘆きのなかにも源氏は惟光に助けられながら現実処理をして、自分に迷惑のかかるのを防ぐことができる。実にはかない逢瀬ではあったが、夕顔のイメージは源氏のなかに強く残されることになる。

夕顔の性格が内気で弱いのに、最初に彼女の方から積極的に歌を贈ったのはどうしてだろうか。これは「内向の思い切り」とでも名づけるべき行動で、内向的な人は、平素は控え目で優柔不断であるが、自分の内なる動きを察して行動に出るときは、周囲の人を驚かせるような思い切ったことをするものである。これは空蟬と比較するとよくわかる。空蟬は自分の「分別」に従って強く行動するが、夕顔は「分別」を取り払ったところで強く行動するのだ。このときだけを見ると、極めて積極的に見えるが、その後ではまったく受身の姿勢になってしまう。

空蟬ははじめはやむなく受身になるが、後に積極的な拒否に変化する。

源氏が自分の姿を露呈した後に悲劇が起こる。これは日本の昔話の「鶴女房(夕鶴)」などで、女性がその本性を見顕わされた後に悲劇が起こるのと類似のパターンである。夕顔のような女性は、彼女の積極的な呼びかけに示されているように、運命的なものが背後に動いており、日常的世界とは相容れない世界に住んでいる。そこは、身分などという日常的常識はまったく通用しない場所である。ところが、男の方は彼女とのつき合いが濃くなるにつれて、彼女をこちらの世界に連れてきたくなる。もし、それを実行すれば、もっと大きい悲劇、源氏自身の破滅が生じたのではなかろうか。しかし、源氏はそれに気づかず、彼の意識は夕顔を日常の世界に入れこむ方に傾いていく。

紫式部の筆の冴えは「夕顔」の巻に見事に発揮されている。この巻は「夕顔」と題しながら、そのなかに源氏と空蟬、六条御息所との関係が、夕顔との話の進行中にエピソード式に語られ、源氏が夕顔を二条院に引き取ることを思ったり、六条御息所と彼女を心のなかで比較したりするところを描く。つまり、源氏は心のなかで夕顔をこちらの世界とだんだん接触させていく。そして、最後に、彼は彼の日常の姿を見せてしまう。このプロセスは実にうまく描かれている。

次に起こる大きい悲劇から逃れるには、夕顔の死しかない。彼女はあくまで異界に留まらねばならない人だ。彼女の死をもたらしたもののけは、源氏と夕顔の意識を超え、彼らの世界を日常世界に対して守ろうとして出現したXということになるだろう。紫式部は巧妙に、このXに現実の女性を当てはめることがないように、謎は謎のままに残して話を終わっている。

あくまで「この世」に留まることを生き抜いた空蟬——と言っても、彼女は最後には出家するが——、あくまで「異界」に留まる生き方を貫いた夕顔——彼女はこのために命を失うが——、この二人を六条御息所を中心にして左右に列べると、「娼」のもつ多様性がよく示される。これは「母」の際に、桐壺を中心にして大宮と弘徽殿の女御を配したのと同様の手法である。ただ、これら三人の娼の女性たちには、ある種の暗さを感じさせられるが、「娼」のなかには明るい女性たちもいることを、紫式部は見落としていない。それについて次に述べることにしよう。

明るい娼たち

源氏との関係を楽しみつつ、源氏の妻となる気をもっていない女性たちがいる。それは源典侍《げんのないしのすけ》と朧月夜である。この二人は、ひたすら分別を守った空蟬と好対照をなしているが、両者は両者で対照的である。年齢は、源典侍は老で、朧月夜は若、身分は後者は高く、前者はそれに比して低い。朧月夜はその気になれば、源氏の妻となり得た人である。この二人のことを書くときは、紫式部の筆も軽くなっているような気がする。

まず、源典侍について述べる。彼女は年はとっている(五十七、八歳か)が、「人もやむごとなく心ばせあり、あてにおぼえ高く」(「紅葉賀」)と記述されているから、才気があって上品で、人々の信望も高い人物なのだが、色好みで軽々しい。源氏は宮中の女性たちにはあまりちょっかいを出さないのだが、彼女が年寄りにしては色好みなので、つい好奇心をそそられて、言い寄ってみる。彼女は大喜びで、早速に歌を贈る。わずらわしいと思いつつ相手をしているのを、あいにく朱雀帝に覗き見される。こんなことから風評が立つと棄てておけないのが頭の中将で、彼はすぐさま源典侍に近づいていく。

末摘花のときもそうであったが、この場合も頭の中将が入りこんできて、一人の女性を二人が奪い合うのではなく、共存するような形になるのは興味深いことである。この点については次章に論じるとして、この際の頭の中将のふるまいはなかなか思い切ったものである。源氏が典侍といるところへ、頭の中将が侵入してきて、御丁寧に刀まで抜きはなつ。源氏は驚き、典侍は頭の中将に向かって手を合わせて、お助けをと願う。吹き出しそうになるのをこらえて中将はおどすが、源氏はすぐに誰か気づいて、手をつねったので、後は二人の悪ふざけの乱闘。袖を千切るほどのあばれ方である。

『源氏物語』全巻を通じて、刀を抜くシーンと言えば、ここのところと、源氏が夕顔のところに現れたもののけに対するときと、二カ所だけではないだろうか。それにしてもなんと「争い」の少ない物語かと感心するが、またそれだけに、ここの頭の中将のふざけ方は並大抵ではないと言えるだろう。紫式部もこのあたりは大いに楽しんでいる感じがする。年老いた女性の色好みに対して、当代を代表する二人の若い貴公子が相争っている。もちろん、ふざけではあるが、紫式部の分身のなかの、老いてなお若い娼のイメージが、大いにふくらんだのではなかろうか。

源典侍はこの後もちょいちょい登場し、源氏はむしろ疎ましいと思ったりするが、そのあたりのことは省略しておこう。

次に、朧月夜である。彼女もなかなか自由に生きている女性である。彼女は右大臣の第六女で、例の弘徽殿の大后の妹である。将来は中宮になって、ついには国母になるという、当時の一般的物語の路線に乗ろうと思えば乗れる境遇にあったが、それに従うには彼女の性格が許さなかった。彼女は自由に自分の物語を生きたかったと思われる。

朧月夜の登場の仕方も颯爽としたものである。宮中の花の宴の後に、夜が更けて多くの人が退散していくが、源氏はひょっとして意中の人、藤壺と接触ができるかも、とうろうろしている。そのうち、弘徽殿の細殿が開いていたので、なんとなく入りこんでいくと、「いと若うをかしげなる声」(「花宴」)が聞こえてきて、「朧《おぼろ》月夜に似るものぞなき」と口ずさみながら来る女性がある。浮いた気持の源氏は彼女をとらえ、彼女は驚き恐れるが、相手が源氏とわかって少しは安心する。酔い心地の源氏はこのまま別れるのは残念と思うし、「女も若うたをやぎて、強き心も知らぬなるべし」というわけで、二人はここで結ばれる。源氏はこれからどうして連絡を取ろうかというが、女性は後の迷惑を恐れて名乗らない。

これは朧月夜にとっては大変なことである。なにしろ彼女の父の右大臣、姉の弘徽殿の大后は、彼女を東宮の女御に考えていたのだから、このことによって、彼女の「出世物語」は挫折してしまったことになるからである。しかし、彼女はそんなことに構ってはいなかった。彼女はその後もずっと、源氏に対する想いを貫き、折に触れて——大変な危険を冒してまで——源氏との逢瀬を重ねる。それでは、彼女はいっそのこと源氏の妻になればよかったのではなかろうか。もちろん、そのことをちらっと考えた右大臣に対して、弘徽殿の大后が反対するが、おそらく、朧月夜自身がその考えには乗らなかったろうと思う。

彼女はこの世ならぬ恋をこの世で成就したい人である。そして、それをやり抜くだけの強さと能力とをもっていた。ここが夕顔とまったく異なる。夕顔はそんな強さをもっていない。これとまったくタイプは異なるが、葵の上も、この世ならぬ恋を源氏と共有したかった人であろう。しかし、それを行うには、彼女は「結婚」という社会のしがらみのなかにはまりこみすぎていたし、それを乗り越える手段を知らなかった。葵の上はただ早く「この世」を去ること以外、何もできなかった。こう考えると、朧月夜が源氏との結婚を望まなかったことがよくわかる。彼女は尚侍《ないしのかみ》となって、帝の寵を受けながら、源氏との内密な関係を保つという離れ業をやってのける。

ここで非常に興味深いのは、朱雀帝が朧月夜と源氏の関係を気づきながら、「似げなかるまじき人のあはひなりかし」(「賢木」)、つまり、源氏も朧月夜もすぐれた者同士なので似合っているのだし、と無理をして自分の心に言いきかせて、その関係を容認していることである。帝に遠慮させるのだから、二人とも大したものである。彼らの「この世ならぬ恋」は、この世の権威者、帝によって黙認されている。とは言うものの、このあたりで二人の間に驕りが生じたのではなかろうか。心の隙が生じてしまう。

源氏と朧月夜が密会しているところを、彼女の父、右大臣に見咎められ、激怒した大臣が弘徽殿の大后に言ったから、もうたまらない。源氏が嫌いでたまらない大后は源氏の追い落としを考え、それを察した源氏は自ら須磨へ身を退けることになる。源氏の生涯における最大の危機状況である。

朧月夜にとっても大変な状態で、気も沈むが、これによって敗れてしまわないのが彼女の特徴である。源氏が須磨に行く前も、滞在中も消息を交わしている。その上、尚侍としてカムバックし、相変わらず帝の寵を受ける身となるのだから、相当な人物である。

源氏が宮中に復帰してからの細かいエピソードは省略するとして、朱雀帝が退位後に出家し、朧月夜がまた出家するまでの間に、源氏がまたもや彼女を訪れているのは、注目に値する。二人の関係はどうしても切れぬものがあったのだ。源氏がひそかに彼女を訪れていったときの有様は、「若菜上」にきめ細かく書かれている。「もういまさら」と言いつつも、源氏に心惹かれていることを隠せない彼女の姿が実に生き生きと描かれている。そのときの源氏の歌、

沈みしも忘れぬものをこりずまに身もなげつべきやどのふぢ波

は彼の気持をよく表している。一度は須磨の逆境に沈んだことを忘れはしないのだが、またもや恋という淵に身を投げようとする。紫の上、朱雀院、脳裏に浮かぶ人の姿は重みがある。にもかかわらず、二人は淵に敢えて身を投げる。しかし、今度は以前のような危険は生じない。二人の態度には驕りがないからである。

朧月夜はほどなく出家する。出家するときも二人の間に消息のやりとりがある。それにしても、見事な一生であったと言うべきであろう。危険と隣り合わせの人生でない限り、彼女にとっては、あまり生き甲斐がなかったのであろう。そのことが、彼女をして敢えて「娼」の位置を取らせたことになるだろう。したがって、彼女の人生は危険に満ちつつも、明るく楽しいのである。このようなことを可能にしたのは、彼女が常に適切な対人距離を、源氏や朱雀帝などとの間に保ち得た、現実感覚と強さであったろう。

紫式部は「娼」としてさまざまの分身を描きつつ、朧月夜のときは自ら楽しむところもあったであろう。

（1） 池田亀鑑・秋山虔「解説」『枕草子・紫式部日記』日本古典文学大系19、岩波書店、一九七四年。
（2） 「はじめに」注1前掲書。
（3） アニマ像とは、C・G・ユングの心理学の考えによるもので、男性の「魂のイメージ」であり、女性像によって表わされることが多い。拙著『ユング心理学入門』培風館、一九六七年、参照。

第四章　光の衰芒

前章においては、光源氏を取り巻く女性の群像を、結局は作者、紫式部の分身を示すものとして読みといてきた。「母」、「妻」、「娼」と順番に述べてきて、後は「娘」を残すだけであり、それを描くことによって、紫式部の内界のマンダラが一応の完成を見るはずであった。しかし、紫式部が物語を書きすすめているうちに、作者の思いもかけないことが生じてきたように思われる。作中人物の源氏がある程度の自律性をもって、自ら動きはじめたのである。彼は、紫式部が思いのままに動かすことができなくなってきた。源氏が勝手に動くとは言っても、紫式部はもちろん彼女なりの意図をもっているわけだから、物語の進展は単純にはいかなくなってしまった。このために、作品としての『源氏物語』そのものは、ますます興味深いものになったのである。したがって、物語を単層的な構造によって示すことなど、不可能になってきた。そして、不思議なことに源氏が自律的に行動する間に、その「光」は徐々に衰芒へと向かってゆくのである。以後は、そのような点を考慮しつつ考えていくことにしたい。

1　個人としての光源氏

既に述べたように、紫式部が『源氏物語』を書きはじめたとき、一番関心があったのは彼女の内界であり、光源氏はむしろ、一個の個人としての人格性をもっていなかったのではなかろうかと思う。

『源氏物語』は、紫式部がそれより以前に書かれた『伊勢物語』や『平中物語』のように、一人の「男」を登場せしめて、多くの短い物語をオムニバス式にまとめたかったのかもしれないとさえ推察される。『伊勢物語』において、極端に言うと「男」は業平でもよかったし、業平でなくてもよかった。歴史的に実在する一人の個人の姿を描写するための物語ではなく、ある一人の「男」を中心として物語ることによって、それが何らかの一貫性やまとまりをもつにしろ、一人の「個人」を描こうとしたのではなく、そこに全体として感じられる「色好み」ということを書こうとした。これと同様に、『源氏物語』は光源氏という個人のことを書こうとしたのではなく、本居宣長によれば、「もののあはれ」を書こうとした、ということになる。つまり、ここでも彼は、主人公としての光源氏という考えを否定しているのである。

筆者も既に述べたように、主人公としての光源氏を否定し、紫式部はむしろ彼女の内界を語るために、彼の存在を必要としたと考えた。つまり、『伊勢物語』などと同様に、「男ありけり」でもよかったのだが、それに一応、光源氏という名を与えたのである。『源氏物語』のはじめの方の巻、たとえば、「空蟬」、「夕顔」、「若紫」、「末摘花」などを読んでくると、そのような気持がまさにぴったりではなかろうか。ここに登場する光源氏は一人の人間としての立体的な像をもっていない。しかし、それが進んでくると、特に「須磨」あたりになると、その様相が変化してくるのである。

恐れを知らぬ男

この物語の「須磨」以前に出てくる光源氏は、それを一人の男性と見るならば、文字どおり恐れを知らぬ男、と言えるのではなかろうか。彼のやっていることは、あまりにも無茶苦茶である。一夫多妻が制度上許されているにしても、やっぱり、あまりのことと言いたくなる。もちろん、これに対しては、既に述べてきたように、光源氏を一人の人格として描かないための手法だった、と考えることによって納得がいくのだが、ここで彼を一人の人物として見ていくと、恐れを知らぬ男という感じがしてくるのである。

空蟬に接近する強引さ、空蟬とは人違いと知りつつ軒端荻と関係し、空蟬に近づく手段として、その弟の小君とも男色関係があったのではないか。夕顔と接する間にも、六条御息所を訪ねたり、空蟬のことを想ったり。夕顔の死によって大いに悲しむが、すぐに紫の上の幼い姿に惹かれ、藤壺との密会も果たしてしまう。

これに続いて、末摘花が現れ、源典侍との戯れも生じる。そして、朧月夜との接触が生じるが、このとき光源氏は印象的な言葉を発している。弘徽殿の細殿で源氏にふいに袖をつかまえられた朧月夜は、「あなむくつけ。こは誰《た》そ」と言うのに対して、源氏は、恐ろしいことはないよ、と歌を贈り、細殿に抱き降ろして戸を閉めてしまう。恐さにふるえている朧月夜に対して、源氏の言う言葉が印象的である。

まろは、皆人《みなひと》にゆるされたれば、召し寄せたりとも、なむでふことかあらん。ただ忍びてこそ(「花宴」)

ここで、源氏は、自分は「誰からも許されている」と言い放っている。したがって、人を呼んでも何もならないというわけである。しかし、「誰からも許されている」というのは、あまりにも傲慢ではなかろうか。恐れを知らぬ男も傲慢の極に達したとき、最大の危険を迎えることになる。「誰からも許されている」という彼の驕りは、彼を許さない人――つまり弘徽殿大后――の存在を忘れてしまっていることを意味している。実際、彼と朧月夜との密会は、右大臣に見られ、弘徽殿大后に伝えられ、源氏の生涯における、最大の危機を迎えることになる。ここにきてはじめて、光源氏は恐れを知る人間になるのだ。

恐れを知らず、多数の女性との関係を結ぶ男となると、西洋人なら――あるいは、西洋人ならずとも――思い起こすのは、ドン・ファンであろう。彼は関係した女性の名をカタログにするほど多くの女性を知っているし、彼女たちを不幸に陥れても、まったく平気である。ドン・ファンと源氏の共通点は、恐れを知らぬことと、罪の意識の欠如であり、傲慢の極が転落のきっかけとなることである。ドン・ファンはまさか石像が歩き出すことはあるまいと思い、彼を晩餐に招待する。ところがなんと、石像が動いたのだ。源氏は誰もが自分を許すと思っていたのに、許さない人がいたのだ。

かくて、ドン・ファンは地獄へと陥ち、源氏は須磨に退くことを余儀なくされる。しかし、源氏は地獄に陥ちたのではなかった。須磨は明石に通じ、そこで明石の君に会ったばかりか、後には許され京都に帰ってくる。そして、まさに栄誉の極に達するのだ。西洋人のなかには、この点を強く不満に感じる人がいる。ドン・ファンをモデルにする限り、源氏の物語は完結していないのだ。あるいは、はじめに紹介したように、日本人でも光源氏嫌いな人もいる。しかし、ドン・ファンの物語と『源氏物語』とでは、その狙いがまったく異なっているし、作者の作品に対する姿勢も、次に述べるように微妙なところがあるので、両者を単純に比較することはできない。そして、光源氏を罪の意識のない男と非難したり、『源氏物語』を女性を馬鹿にしているなどと言ってみたりしても、あまり意味がないと思う。

ここに述べるのは筆者のまったくの推察である。

作者と作中人物

紫式部は物語を書きはじめたときは、『伊勢物語』や『平中物語』と同様のものを書きたかったのではなかろうか。そのときは、あるいは「桐壺」の巻はなかったかもしれない。「名のみことごとし」い光源氏という男が各巻に登場するが、それは「むかし、男ありけり」の「男」とそれほど異なる存在ではなかった。全巻を通じて一人の男が出てくると考えてもよいが、必ずしも「同一人物」である必要もなかった。ひとつひとつの物語は大切であるが、全巻を通じて、一人の人物像を造形するなどという意志はなかった。

「むかし、男ありけり」という表現は、「むかし、むかし」という昔話の話形を思い起こさせる。「物語」というものの基礎に昔話があることは誰しも認めるであろうし、それが人間にとってどれほど必要なものであるかも認識されていると思う。昔話をもたない文化などというのはないであろう。人間は「おはなし」なしでは生きてゆけない。毎日経験することを心のなかに折合いをつけて入れこんでゆくためには「おはなし」が必要である。それらの「おはなし」のなかで、人々の心にひろくかかわるものは、「昔話」として生きながらえていくが、そこには作者はいない。民衆の心が作者の役割をしている。昔話の内容は、外的に言えば不可能なことや荒唐無稽なことに満ちているが、その内的普遍性の故に、長年月を生き残る価値をもっている。

昔話の特徴のひとつとして、登場人物の感情があまり語られないことがある。たとえば、「手無し娘」という西洋にも日本にもある昔話で、娘が手を切り落とされたとき、娘が痛がったとか悲しんだなどと語られることはない。近代小説のように登場してくる人物のひとりひとりを「個人」として見ているのではなく、心の深層から生じてくる話では、そこに登場する人間は人間の心の深層のある側面や傾向の記述として出現してきている。したがって、その人間の個人的感情などにお構いなく話は進行する。これも近代小説をモデルに考えている人は、話が平板とか単調とか言うが、それは間違いである。昔話の話も全体として見ると、人間の深層をうまく語っていると思うことが多い。したがって、筆者もこれまで、もっぱら昔話についての論を発表し続けてきた。

口承の昔話に対して、文字によって残された「物語」となると、やはりニュアンスは異なってくる。しかし、これは近代小説と同じではない。「物語」は昔話に比して文学的な配慮が認められるし、登場人物も昔話のように感情抜きではなく、肉づけを与えられる。それでも、登場する人物をひとりひとり造形していくような意図は認められない。したがって、文字によって書かれた物語は、昔話と近代小説の中間に存在するような感じになってくる。登場人物は昔話ほど平板ではないが、ある程度の類型化は否めない。そして、登場する個々の人物の造形がどうの、などと言うのではなく、全体として見るときに、その物語の伝えんとすることがわかってくる。

近代小説においては、作者という「個人」がまず存在する。作者がフィクションの世界を構築する過程において、登場人物が何らかの自律性をもって行動しはじめる。このことも経験しなかったら、その作品は真に創造的な作品とは言えない。作者の意図どおりに話が展開して終わってしまったら、「つくり話」とでも言うべきで文学作品にはならない。自律的に動く作中人物と作者の意図とがからみ合って、意味深い作品ができあがる。

紫式部は既に述べたように、彼女の内界というか「女の世界」を物語ろうとし、そのために光源氏という「男」を設定してみた。それはずっとうまくすすんできたのだが、彼女の天才の故に、近代小説と似たようなことが起こり、「男」であるはずの光源氏が一人の人間として自律的に動き出したのである。こうなると他の登場人物も同様の動きをはじめるし、紫式部としては当初の思惑どおりに事が運びにくくなってきた。それでもなんとか物語を完結できたのだが、このようなダイナミズムのお蔭で、『源氏物語』は他の王朝物語に比して、群を抜く奥深さをもつことになった。文学として傑出したものになったのである。

それでは、光源氏はどのあたりから「人間」として行動しはじめたのだろうか。私はそれを「須磨」以後のことと思っている。須磨、明石における、後に述べるような危機の体験が契機になると言えるが、その前に、なんと言っても、紫の上の登場のもつ意味が大きい。本章の最後に論じるが、数多くの女性が登場するなかで、紫の上はそのなかでも特別な位置を占めている。物語のはじめに登場する女性たちと源氏との関係は、後になって復活することがあるにしろ、話の眼目は短期間の逢瀬にある。これに比して、紫の上との関係は長く続き、その間に源氏の彼女に対する気持もずっと持続している。持続する人間関係を描こうとすると、どうしても、それぞれの人間が「人格」をもったものとして現れてくる。面白い表現をすると、便利屋として登場した光源氏をパーソンとして育てたのは、紫の上だ、ということになる。

「明石」で、源氏が明石の君を訪れるとき、それはこれまでどおりの「男ありき」という形で話がはじまったと言える。しかし、源氏は明石の君を訪れた後で、紫の上のことが気になってくる。「二条の君の、風の伝《つ》てにも漏り聞きたまはむことは、戯《たはぶ》れにても心の隔てありけると思ひうとまれたてまつらんは、心苦しう恥づかしう」(「明石」)思うので、なんとか前もって知らせておこうと、いつもよりもながながと手紙を書き、最後のところにさりげない弁明を入れる。この手紙は既に引用した(九四頁)が、ここに源氏の人間らしい感情が示されている。

源氏は「恐れを知らぬ」男としての浮気の数々を思い起こし、紫の上に嫌われたときのことを思うと胸が痛む、と言っている。つまり、彼はもはや「恐れを知らぬ男」ではなくなっているのだ。と言っておきながら、すぐに「あやしうものはかなき夢」を見たと告白しているところが彼らしいが、このように隠し立てしない自分の心の深さを知って欲しい、などと弁解をしている。つまり、源氏はここで、心に葛藤や痛みを感じる、生身の人間となっている。もはや、彼は作者の思いどおりに動く操り人形ではなくなったのである。もちろん、そこには作者の意図がはたらくのであるが、作者と作中人物との間のダイナミズムによって、以後の物語はより深いものになっていく。

中年の危機

光源氏を一人の人物として見るとき、「須磨」の体験は、彼の人生の転機をなすものであった。うっかりすれば、彼の人生はここで破滅を迎えたかもしれない。しかし、いろいろと好運も作用して、彼は以前よりも一層、この世の栄華を極める生涯を送ることになる。もっとも、「物語」の焦点は、あまり彼の地位の上昇の方には置かれないのだが。

人生における中年の重要性は、つとにスイスの分析心理学者、カール・ユングによって指摘されていた。彼が最初注目したのは、地位、財産、能力などにおいて申し分のない人間が、人生の頂点に立って、人は「どこから来て、どこへ行くのか」などという根源的な問題に直面することによって、深刻な危機を迎える、という状況であった。端的に言えば、それまでは「いかに生きるか」に焦点があったが、「いかに死ぬか」の方に焦点を移さねばならぬのである。中年の危機は、事故や病気などの外的契機によってもたらされるように見えても、それは先に述べた内的状況と呼応している場合が多い。中年の危機については、これまで他に多く論じているので[1]省略して、このような観点で、源氏の須磨の体験を見てみよう。

源氏が須磨に退居したのが二十六歳。それじゃ青年ではないかと言われそうだが、十二歳で結婚し、大将の地位にあることを考え、当時のライフスパンで考えると、まさに中年と呼んでいいと思う。このままでいけば、彼が高位を極めることを間違いなし、財産はもちろんある。理想の妻とも言える紫の上とも仲良くしている。その上、多くの女性も意のままになるし、すべて言うことなしであった。そんなときに、中年の危機は襲いかかってくるものである。「まろは、皆人《みなひと》にゆるされたれば」という思いあがりが危機を招くことになったのは既に述べた。しかし、ここで源氏の取った態度は極めて適切であった。闘ったり、弁解したりするよりも、さっと身を退く方を選んだのである。

須磨退居に際し、源氏が別れを惜しんで会いにいった人、須磨退居後に消息を交わした人などを見てみると興味深い。源氏との心のつながりの深さがよくわかる。人は逆境に立ったとき、はじめて世の真実に接する想いのすることがある。これまで、世界が外へ外へとひろがる生き方をしていた源氏が、自分の世界へ内向することの意義をここで味わうのだ、と考えると、彼の「須磨体験」の重要さがよく了解される。

源氏がこれまでと打って変わって、「御前にいと人少《ずく》なにて」という様子で、須磨の憂愁の日々を過ごしたことが、紫式部の筆で見事に語られている。誰もが寝静まっているなかで、源氏はひとり目を覚まし、風や波の音を聞きつつ涙を流す。そして、唯一人で琴《きん》をかきならしたり、歌をつくったりする。中年にデプレッションを体験した人は、このあたりの状況を大いに共感して読むに違いない。ここで、注目すべきことは、源氏がたくさんの絵を描いていることである。おそらく、彼の心情は言語のみでは表すことができず、絵画によってこそ表現できる点も多かったであろう。また、「釈迦牟尼仏弟子《さかむにぶつのでし》」と名乗って、お経を唱えることもしている。京都で華やかな生活を送っているときと異なり、ここでは仏の教えも相当に身にしみたことであろう。これらすべてのことは、中年の危機を克服していく上で、現代においても意味あることである。このような彼の態度が、次の思いがけない展開への準備となっているのである。

須磨退居の間の出来事で、特筆すべきことのひとつに、頭の中将(このときは宰相中将になっていた)の訪問がある。誰もが弘徽殿の大后や右大臣の咎め立てをおそれて、源氏と接しないようにしているときに、「事の聞こえありて罪に当るともいかがはせむ」と考えて、わざわざ須磨にやってくる。これは、彼ら二人がライバルであるとともに、深い友人関係にあることを如実に示している。後にも述べるように、頭の中将は何かと源氏と張り合うのだが、その友情は根本的には信頼の深いものであることが、この危険を省みない訪問によく描かれている。

源氏にとって大変な失意の時であったが、この間に、彼は明石の君に会い、結局は以後の彼の人生にとって重要な、娘を得ることになるし、短期間の間に、彼は許されて帰京することになり、とんとん拍子に運命は好転していく。この「明石」の巻に、夢やその類似の話が多いのが特徴的である。少しそれを抜き出してみよう。

まず、源氏が父親の夢を見て、故桐壺帝が夢に現れ、「住吉の神の導きに従って、この浦を立ち去れ」と言う。次に、明石の入道も夢を見て、何か異様な者が「十三日に、船の準備をととのえて、(源氏のいる)浦に漕ぎ寄せよ」と言った。一方、朱雀帝は夢に桐壺帝を見、そのとき桐壺帝に睨まれて、目を合わせたので、眼病になる。この夢によって、朱雀帝は源氏を許す決意をする。つまり、源氏が明石の君と会うことと、彼が許されて帰京するという大切なことは、共に夢によってアレンジされているのである。

現代の合理主義者は、こんな話を馬鹿げていると思ったり、紫式部が勝手に都合よく夢を利用して物語の転回を図った、と思うかもしれない。しかし、筆者のように「中年の危機」にある人に数多く会っている者としては、誰もが難しいと思っている危機が乗り越えられるとき、本人の努力によるよりは、このような偶然、あるいは奇縁と思われるようなことによる場合の方が多いことをよく知っているので、紫式部の洞察には感嘆を覚える。もちろん、夢も重要な役割を演じる。運命と闘うのではなく、運命をそのまま受け入れて、意識的努力を棄て、絵を描いたりしていると、「とき」の訪れとともに、意味のある偶然が生じ、世界が開けてくる。このような様相は昔も今も変わらないと思う。ただ、現代人はこのような現象に気づかずにいることが多いだけである。

王朝物語では、夢が大きい役割を演じるときがある。『浜松中納言物語』など、夢によって話が展開すると言ってよいほどである。それに比して、『源氏物語』は、夢のもつ役割は少ない方だと言える。そのなかで、この「明石」の巻に、予示的な夢が集中して出てくるのは注目すべきことである。これから見ても、紫式部は、夢のはたらきについて、よく知っていたのではないかと思われる。また、朱雀帝が父院の夢を見て恐れ、その夜、雷が鳴ったり雨風の烈しかったことを思い合わせ、これを父院よりの意志の表れと考えたとき、弘徽殿の大后が「雨など降り、空乱れたる夜は、思ひなしなる事はさぞはべる。軽々《かろがろ》しきやうに、思し驚くまじきこと」と言って、気のせいだから、軽率なことをしないようにと戒めている、合理的判断に対しても、紫式部の心は開かれているのである。その上で、この「中年の危機」が克服されているところに意味深い夢の現象を集中させているのは、さすがだと思う。

中年の危機克服の過程において、将来の思いがけない展望の兆しが見られることが多い。源氏はここで明石の君と結ばれ、彼女は懐妊し、それが後に中宮となる娘を出産して、源氏の政治的立場は確固としたものとなるのだ。紫の上が源氏をパーソンとして育てたと言ったが、源氏が自分の娘を持ったことも、それ以後、パーソンとして行動していくための原動力となったであろう。

明石の君のことは、「妻」のところである程度述べたので、ここでは省略する。源氏はこの中年の危機の間に、明石の君と紫の上の間での葛藤を経験し、明石の君とも悲しみを残しつつ別れ、帰京する。というわけで、彼の京都での生活がまたはじまるが、彼の人間としての在り方が、これまでとは相当に異なってきていることに、われわれは注意しなくてはならない。

2 娘

紫式部が自分の分身としての女性像を描いてくるなかで、「母」、「妻」、「娼」とすすみ、最後に、「娘」を描くことによって、彼女のマンダラが一応完成することになる。紫式部は、ここで、おそらく、六条御息所の娘の前斎宮(秋好中宮)、および、明石の姫君について語ることによって、話を終わらせるつもりだったのではなかろうか。作者の意図はそんなものだったのではないか、と推測される。それにもし、玉鬘が出現してくるとしても、秋好中宮と似たような話になっていくはずだったと思われる。しかし、既に述べたように、源氏は作者の意図を超えて、自律的に行動しはじめている。このため、思いがけない、源氏と玉鬘の関係が生じてきて、物語はダイナミックな様相を帯びてきた。源氏は作者のコントロールを超えようとするし、作者は自分の意図を通そうとする。このようなことは、女三の宮のときにも、ある程度生じたのではなかろうか。したがって、「玉鬘」から「若菜下」に至る間は、物語というよりは、近代小説のような面白さが感じられるように思う。ともあれ、ここでは、源氏の「娘」たちについて、順番に見てゆくことにしよう。

娘の幸福

父親が自分の娘の幸福を願う。これは当然と言えば当然だが、そのなかに、自分自身の幸福ということも混じってくる。当時は、「孝」ということが重んじられたろうから、娘が父親の幸福のためにつくすのは当然という考え方が強かったかもしれない。明石の姫君を東宮に、という源氏の考えは、娘の幸福ということもあったろうが、何よりも自分自身の政治的な権力の確立ということが第一であったことだろう。それでは、六条御息所の娘、秋好中宮に対する源氏の気持はどうだったであろうか。一応、義理の娘と呼ぶ関係にあるのだが、彼女に対しては、源氏の心はあやしく揺らぐのである。まず、秋好中宮の場合について見てみよう。

源氏が須磨から京都へ帰った翌年、朱雀帝は冷泉帝に皇位を譲る。源氏が宮廷で力をふるう時期が近づいたことを誰もが実感したであろう。こんなときに、伊勢の斎宮が交代し、六条御息所とその娘の前斎宮(秋好中宮)が帰京してくる。源氏はお見舞いを贈ったり、気持の切れていないことを示すが、六条御息所と以前のような関係になるのもどうかと思っている。ところが、六条御息所が病となり、突然に出家し、源氏は驚き、残念に思いつつ、彼女の六条の邸を訪ねる。

源氏はともかく熱心に自分の気持の変わらぬことを伝え、御息所はそれに感謝しつつ、自分の娘の将来のことを源氏に依頼する。しかし、源氏に対して自分の娘を男女関係の対象として見ないように、と釘をさすのも忘れない。これに対して、源氏は「年ごろによろづ思うたまへ知りにたるものを、昔のすき心のなごりあり顔にのたまひなすも本意《ほい》なくなむ」(「澪標」)と言う。どうも思いがけないことを言われてはたまらない、という感じである。この年になって万事分別がついて、と言っているのは、やはり、須磨退居の経験のことなども暗示しているのだろうか。苦労してきて今は分別もある、昔のような浮気心はない、と言い切っているところに、これ以後語られる、秋好中宮や玉鬘との話の展開の伏線を感じさせる。人間が勢いこんで言い切るときは、だいたいそれと逆の心情が動いているときである。

これに続く文のなかに、既に源氏の心の揺れが語られる。御息所と話し合いながらでも、源氏は娘(前斎宮)の姿を見たいと思い、それでも母親の御息所があれほどに言っていたのだからと思い返す。数日後に御息所は死に、源氏は法事の指図などをちゃんとして誠意をつくす。そして、娘に対して消息を交わしたりしているうちに、「今は心にかけてともかくも聞こえ寄りぬべきぞかし」と思う。つまり、今となっては、何とでも言い寄ることができるのだと思ったりする。しかし、御息所の言葉を思い返して自制する。結局は、源氏は藤壺と話し合いをして、前斎宮は冷泉帝の中宮になる。

娘の側からこれらのことを見れば、どうなるであろうか。ここで、娘としては自分の意志によってほとんど行動できない。すべては、「父」の源氏の手中に握られているということが特徴的である。たとえば、源氏の好き心が強くなり「ともかくも聞こえ寄りぬべきぞかし」とばかりに言い寄ってきた場合、彼女にどんな道が残されていただろうか。結局は、「父」の自制と判断、その政治力などに依存して、彼女は中宮という地位を得、娘としての幸福を獲得したのである。幸福になるもならぬも「父」次第という「娘」の姿を、紫式部は分身として描いたのだ。

娘を後見する父の努力は、「絵合」の巻に至って頂点を迎える。これまでいろいろな場面でライバルとなった、源氏と頭の中将(このとき、権中納言)は、ここでも娘を後見する父として張り合うことになる。冷泉帝の寵を二分する弘徽殿の女御(権中納言の娘)と秋好中宮は、冷泉帝が絵を好むこともあって、絵合わせの争いをする。甲乙つけ難い有様だったが、源氏が須磨、明石退居中に描いた絵日記が決定的なものとなって、秋好中宮が勝利する。ここでも、「娘」は父に助けられたわけであるが、その助けとなった絵は、父の失意中に描かれたものである。ことの因果というものはどうからみ合ってくるのか、計り知れぬところがある。

「父」によって運命が握られていると言えば、源氏の実の娘である明石の姫君の場合の方が、もっとはっきりとしている。彼女は父に対してまず反抗できない。源氏の意図のままに動く娘として彼女は行動し、幸福を手に入れる。ある意味では典型的な上流貴族の「娘」として彼女は描かれている。そこには、迷いや不安などはほとんどない。父の路線に安心して乗っていけばいいのだ。このような「娘」像も、紫式部は分身の一人としてもっていたのだ。

彼女は「父」の意図のままに、東宮に入内し、十三歳で若宮を生んでいる。その若宮は彼女の夫が帝位を継いだときに東宮に立っている。中宮となってからしばらくして、義母の紫の上の死ぬときは、それに立ち会っているし、源氏の死後には、亡き源氏と紫の上の追善のために法華八講を主催している(「蜻蛉」)。つまり、彼女は娘としての務めを十分に果たしたのだ。すべて父の意を体しつつ、自分も幸福になり、父の幸福にもつくしている。非の打ちどころがない。

彼女の生涯に苦しみがあるとすれば、三歳のときに紫の上の養女となったことだろう。「薄雲」に語られるところでは、彼女はわけも知らずに母親から離されて車に乗せられるが、途中で寝てしまって泣きもしない。目が覚めてからは、母親を探してしくしく泣いたとのこと。その後も、ときどきは自分を育ててくれた人たちを求めて泣いたりしたが、結局は、紫の上になつき、その生活になじんでいく。下手をすれば不幸につながったかもしれぬ、養女の件も彼女の人柄と周囲の人の配慮によって幸福に転ずることになった。

何もかも幸福ずくめの明石の姫君であるが、幸福な人の影には、必ずその代価を払う人がいるもので、彼女の母、明石の君にとって、娘を手放すのは辛かったであろうし、他の女性が夫との間に生んだ娘を育てねばならなかった紫の上も苦悩が深かったに違いない。ただ、この点については、後に紫の上のことについて述べるときに触れるとして、ここは「幸福な娘」の像について語るだけにしておきたい。

朝顔と夕顔

朝顔を「娘」に分類するのには抵抗を感じる人も多いと思う。朝顔の年齢は定かではないが、そもそも「帚木」のなかで、源氏が朝顔の花と共に歌を贈ったという噂話がちらっと語られるのだから、源氏とはそれほども年は違わないだろうと思われる。それをわざわざ「娘」のところにもってきたのは、彼女が源氏のたびたびの求愛に対して、「娘」であることを貫きとおしたためである。そして、彼女の在り方が、次に示すことになる玉鬘の生き方へとつながってくる、と思うからである。先に「物語」のなかの娘の典型とも言えるような、明石の姫君について述べ、それとは類似性をもちつつ異なる点をもつ、秋好中宮についても述べた。そして、源氏にとって——あるいは紫式部にとって——重要な役割をもつことになる玉鬘に至る前に、その中間点としての、朝顔が「娘」の像のひとつとして必要となるのである。おそらく、そのためだろうが、「朝顔」の巻は、秋好中宮と玉鬘のことが語られる間に位置づけられている。

朝顔という名は、もちろん夕顔を意識して名づけられていると思う。疾風迅雷のような光源氏の愛を受け、雷に打たれたようにはかなく逝ってしまった夕顔に対して、源氏の烈しい求愛を拒みとおす強さをもった女性、朝顔が描かれる。それにしても、紫式部は「帚木」に朝顔の名をちらりと出したときに、その後の展開として第二十巻に「朝顔」を書く構想をもっていたのだろうか。筆者はおそらくそんなことはないと思う。どこかで朝顔について語るにしても、「空蟬」「夕顔」「末摘花」と続く系列のなかのひとつとして語るつもりだったかもしれない。しかし、既に述べたように、須磨以来、源氏の性格が変わってきており、その変化に対応して「朝顔」の巻が出現してきた、と思うのである。

もちろん、このあたりのことは専門家の意見に耳を傾けるべきと思うが、筆者が心理的な観点から類推するところでは、本書に示すように『源氏物語』は全体として見事な「構図」をもっているのだが、これは紫式部が最初から現代人の考えるような「構想」をもって書いたのではなく、彼女の人生の過程と、「物語」のもつ一種の自律性とのからみのなかで、おのずから生まれてきたものを書いたのではないかと思われる。それだからこそさらに、結果的に立派な構図ができあがったのではなかろうか。

「朝顔」の巻もそのような経過のなかで生まれてきたと思うと興味深い。最初は紫式部のいろいろな分身の相手役として、無人格的に登場した源氏であったが、須磨を機縁として、人格をもちはじめた。その源氏の特徴として既に述べたとおり、悩みや葛藤をもつようになるのだが、他方、彼は秋好中宮や玉鬘などの、自分の「娘」たちに恋するようになる。娘ほど年の異なる女三の宮との結婚も、その話の延長上にあり、朝顔は、おそらく初恋とまでいかぬにしても、自分の若い日と結びつく恋人である。それを、従一位の内大臣になってから、もう一度思い返して恋を仕掛けようとする。それに重要なことは、秋好中宮、朝顔、玉鬘と、すべて源氏の恋は成就しないのである。女三の宮とは結婚したが、それは源氏にとって決定的な悲劇に通じていくのだ。

どうして、源氏はこのような女性にばかり心を惹かれるのだろう。源氏のこのときの地位と財力をもってすれば、須磨以前のような調子でいろいろな女性のところを訪れると、多くの女性は彼の意のままになったことだろう。自由意志をもった源氏が、意にそわぬ女性ばかりを選ぶという点に、人生のパラドックスを見る感じがする。あるいは、物語のなかで、源氏が一個の人間として作者の意に反してでも行動しはじめるにつれて、物語のなかの女性たちも、しっかりとした意志をもつようになってきたと言うべきであろうか。

ここにあげた強い意志をもった女性たちの先駆者はいる。それは、空蟬や藤壺などである。強い意志をもって源氏の接近を拒み続けるが、一度は関係を許容している。それに対して、玉鬘たちは常に関係を拒否するのである。言うなれば、作中人物の源氏が自律的に行動するのに従って、作者の紫式部もそれに鍛えられて自律的になってきた、ということになろう。人間の自己実現の過程の面白さが、よく示されていると思う。自分の内界の人物との関係によって、事がすすむのである。

さて、ここで源氏と朝顔との間にどんなことがあったのかを少し見ることにしよう。朝顔のことが詳しく語られるのは、第二十巻「朝顔」であるが、彼女については、「帚木」(第二巻)、「葵」(第九巻)、「賢木」(第十巻)などに、ちらほらと語られ、源氏にとっては常に気になる存在であることが示されている。ところが、彼女は六条御息所の様子を見ていて、その二の舞はすまい、と心に固く決心しているので、源氏の誘いに乗らないのである。しかし、源氏が歌を贈ると返歌をしたりはしている。源氏が大した人物であることは認めているのだが、色恋沙汰は御免と決めている。彼女は朱雀院の斎院になる(「賢木」)ので、男女関係は断たれるのだが、源氏は消息を交わしたりしている。弘徽殿の大后とその父の右大臣が朧月夜の件を知って、源氏の失脚をはかるとき、斎院である朝顔と源氏の間に消息を交わした事実も知っていて、「斎院をもなほ聞こえ犯しつつ、忍びに御文通はしなどして」と憤慨する(「賢木」)。現在なら、文通だけぐらいなら、と言いそうなところだが、「聞こえ犯しつつ」というのは、きつい言葉と感じられる。

朝顔は斎院を退いた後に、叔母の女五の宮(桐壺帝や、葵の上の母の大宮などのきょうだい)と桃園の宮の邸に住むことになる。ここから「朝顔」の巻の話がはじまる。源氏は女五の宮の見舞いにかこつけて朝顔を訪ねる。女五の宮は源氏びいきで、朝顔との結婚をほのめかすほどだが、源氏がいかに熱心に口説いても、朝顔は動かない。

ここで、例の源典侍が尼となって桃園の邸に住んでいて、ちらりと顔を出すのは、よく考えられたエピソードだと思う。幕間狂言的に出てくるのだが、これはやはり源氏が「もう若くはない」ことを悟るべきとの意味をもたせている。それでも、源氏は意地もあって頑張るのだが、朝顔ははっきりと拒み、源氏はそれを認めざるをえない。この頃、世間の噂を通じて源氏の浮気心を知った紫の上は、思い悩む。それを知って、源氏はそんなに心配はいらぬと嘘まじりの弁明をし、いろいろ話をしているうちに、このとき既に亡くなっていた藤壺のことを思い出して、その素晴らしさをほめ、「世にまたさばかりのたぐひありなむや」と、あれほどの人は他にいないとまで言う。源氏はもちろん、藤壺とのことは誰にもひた隠しにしているが、こんな言葉を聞いて紫の上はどう思ったことだろう。

その夜、源氏の夢に藤壺が現れ、自分たちのことは誰にも漏らさないと言っていたのに、となじる。源氏は驚きつつも、藤壺のことを思い出す。

「朝顔」の巻を、この話で終わるのは、さすがにと思わされる。中年を越えると共に、妙に若返った源氏は、若やいだ恋を仕掛けることで、かえって自分の年齢を意識させられたのではないか。そんなときに、人は気持が弱くなり、心の拠りどころを探そうとして、思いがけない失敗もしたりする。源氏はやはり頼りになるのは紫の上、心の支えは藤壺というような気持になり、気のゆるみから言うべきでない話——と言っても表面的には一般論だけを言っているともとれるが——を紫の上にしてしまう。源氏の光はこのようにして、少しずつ弱まっていくのである。ただ、地位の方はますます上昇するのだが。

強い娘

六条御息所の娘を、源氏は「娘」として遇し、中宮に立てることに成功する。しかし、この娘に対して、源氏は色好みの気持を棄て切れずにいたことは既に述べた。ところが、源氏にとってもっと強い葛藤を感じさせる「娘」が、まったく思いがけなく出現してくる。それが玉鬘である。

「玉鬘」の巻の冒頭は次のようにはじまる。

　年月隔《へだ》たりぬれど、飽《あ》かざりし夕顔《ゆふがほ》を、つゆ忘れたまはず、心々なる人のありさまどもを、見たまひ重《かさ》ぬるにつけても、あらましかばと、あはれに口惜しくのみ思し出づ。

いくら年月を経ても、夕顔は忘れることができない。源氏はさまざまの女性を見てきたのだが、やはり夕顔が生きていてくれたら、と残念に思うのだ。夕顔は束の間に去っていったが、彼女のたましいは源氏のなかに生き続けている。その姿を体現するものとして、夕顔の娘、玉鬘が現れたのだから、源氏が平静でいられるはずはない。

頭の中将と夕顔の間に生まれた玉鬘は、夕顔の突然の死によって、幼いときに乳母に従って筑紫に住みつくことになる。成人して肥後の土豪に求婚され危ういところを、乳母たちの機転で逃れ京都に帰ってくる。夕顔の乳母の娘で、夕顔の死後、源氏のはからいで紫の上に仕えていた右近が、長谷観音の導きで彼らと会う。夕顔の娘に会ったという右近の報告を聞き、源氏は直ちに玉鬘を引き取る。右近にもかねてから、源氏は夕顔の娘が見出されたら、自分は子どもが少なくて淋しいから、自分の実子を探し出したように人に思わせて育てたいと言っていたので、事はすんなりと運んでしまった。本来なら、玉鬘は実父である頭の中将(このときは、内大臣)のところに引き取られるべきだったのだが、源氏が育てることになって、話が錯綜してくる。

ここからは筆者の推測というより空想に近くなるが、紫式部はひょっとして、ここに玉鬘を出現させることによって、源氏が多少の葛藤を経験するにせよ、これまで語ってきた、源氏を取り巻く、「妻」、「母」、「娼」、「娘」のマンダラを完成させるはずだったのではなかろうか。ところが、作中人物の源氏が頑固に自分の意志を通しはじめ、玉鬘への想いを断ち切れないので、とうとう自分の加勢に、源氏とは対照的な性格をもつ夕霧を登場させて、やっと話を収めることになった。というわけで、いわゆる玉鬘十帖は、近代小説に近い様相を示し、なかなか興味深いものになった、と考えられる。

ここに加勢役として夕霧が登場したことも、話に厚みを与えることに大いに役立っている。玉鬘十帖の前に「少女」の巻があることは意義深い。次章に論じることになるが、夕霧と雲居雁との恋愛は、源氏と玉鬘との間に生じる関係と対照的で、玉鬘の物語が進行する間、ずっと夕霧の恋が底流に流れている。このため、この物語においては、父・娘の軸のダイナミズムの上に、父・息子のダイナミズムが作用し、それに加えて、源氏と頭の中将、紫の上と玉鬘のライバル関係までが作用してきて、近代小説さながらの人間模様が描かれるのである。

ここで少し物語の方を見てみよう。右近の報告を聞いて玉鬘を引き取ることに決めた源氏は、彼女を六条院の花散里にあずけることにした。源氏に頼まれて花散里はこだわりなく引き受ける。なかなか上手な人選である。

花散里は「家刀自」役になり切っている。

源氏は玉鬘に会って、その美しさに心を打たれる。源氏は玉鬘の美しさを紫の上に告げ、彼女を住まわせていると好色者《すきもの》が集まってくるだろうし、その様子を見たいものだと言う。その上、紫の上に会った頃に、今のような気持だったら紫の上もそのように扱っただろうに、自分の妻にしてしまって芸のないことをした、と言う。彼女は、自分が美人であることを露骨に言われ、恥ずかしさと嬉しさで顔を赤らめるが、この源氏の言葉は語るに落ちるというか、「玉鬘も紫の上のようにしてみたい」という気持が知らず知らず示されているとも感じられる。そして、事実、源氏の気持はそちらの方に傾いてゆくのである。

玉鬘に会っているうちに、源氏は彼女が夕顔の面影を残しつつ、性格的には異なるところがあるのに気づき、それを紫の上に語ったりする。夕顔に比べると玉鬘の方が晴れやかで、危なげないように見えると。これは当然のことである。玉鬘は父親の頭の中将の血を受けているのであり、彼は異界とは縁の薄い、現実感覚がしっかりし過ぎるほどの人間なので、彼女は夕顔とはまるで逆のようなところも持ち合わせている。源氏に会うや否や身も心も吸いよせられていくような夕顔に対して、玉鬘はどこかで現実に根ざして踏みとどまる力を持っている。このため、彼女は源氏の思惑にやすやすとは乗っていかないのだ。玉鬘の父親として頭の中将を選んだところは、紫式部の才能の素晴らしさを示している。

源氏は玉鬘に自分の想いを告げるが、反応はない。というよりは拒否的と言っていいだろう。源氏はなんとか説得しようとして、深く思っている親子の情愛に別の思いまで加わるのだから、こんなのは世間にまたとあるまい、などと強引な論理をふりまわす。ここで実に興味深いのは、このような源氏のくどきの言葉の後に、「いとさかしらなる御親心なりかし」(胡蝶)と作者のコメントが入れてあることである。源氏が作者の意図を離れて勝手に行動しようとするのを、作者がなんとか引きとめようとしているとも感じられるのである。

源氏は「もて離れ知らぬ人だに、世のことわりにて、みなゆるすわざなめるを」と、相手をまったく知らぬときでも、世間の道理というもので、女はみな身を許すらしいのに、とさえ言うのだが、最後は思いとどまって帰っていく。

源氏は玉鬘への想いを断ち切れないのに、兵部卿宮から玉鬘への手紙が来ると、それに返事を出した方がいいと言ったりする。玉鬘にとっては、この源氏のあいまいさが耐えられないのである。物語のはじまりの頃の源氏は、あいまいでもいい加減でも、ともかく彼の望みどおりに女性たちと関係を結ぶことができた。ところが、源氏が一個の人間として自分の意志を通そうとしはじめたこのあたりになると、女性の方も一人の人格としての源氏を期待するので、こんなあいまいなことでは、源氏の意図をやすやすとは引き受けない玉鬘のような女性が現れてくる。

有名な「蛍」のエピソードも、源氏のやるせない葛藤から生み出されてきた行為とも読みとれる。文字どおりに解すると、源氏は自分の美しい女性を見せびらかして、それに心を奪われる兵部卿宮を見て楽しんでいることになるのだが、どこかその底では、どうせ玉鬘は自分のものにならないだろう、というあきらめもあるように感じられる。

源氏のひたすらに迷う心に対して、明確な形をとらせるために、夕霧が登場するところが実に興味深い。夕霧については後に詳しく論じるが、源氏からすれば、文字どおりの子どもとして、あまり念頭に置いていなかったのに、知らぬ間に大人になり、父親と相向かうようになってきたのだ。

夕霧と雲居雁との関係は『源氏物語』全巻を通じても特異な恋と言いたいほど、幼なじみの純愛物語である。

これに対して、源氏の玉鬘への恋は、大人の臭いの強い複雑で、単純には受け入れ難いものである。両者の対比を際立たせる効果としては、この二人が共に頭の中将の娘という事実がある(図9)。したがって、玉鬘をめぐる話のなかで、源氏と頭の中将、源氏と夕霧との間の、父・息子、友人間のライバル意識と、親子の情、友情などが微妙にからまっているところが、物語に深い奥行きを与えている。

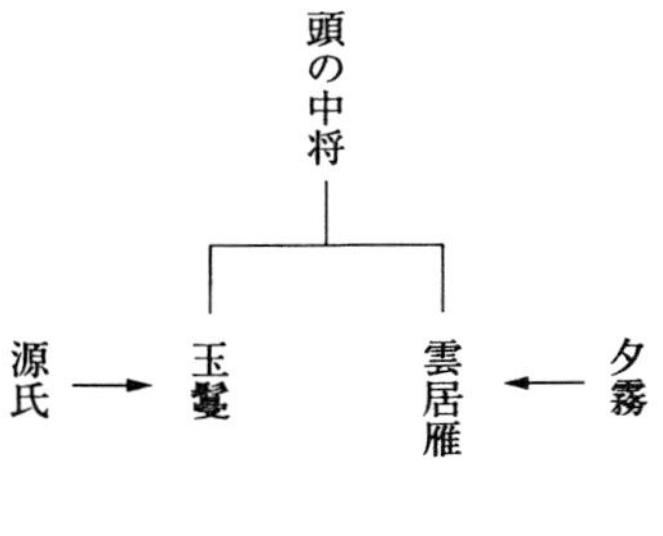

図9　源氏と夕霧

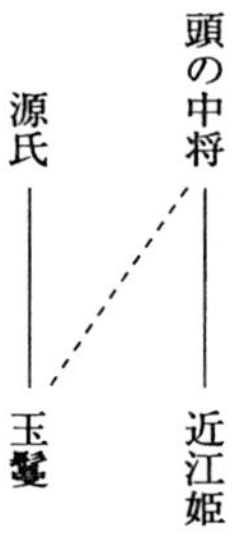

図10　源氏と頭の中将

この対比だけでは、頭の中将があまりにも源氏に対して有利と見たのか、近江姫という漫画的なキャラクターを導入して、バランスをとっている。玉鬘も頭の中将の娘なのだが、心理的な文脈では、源氏―玉鬘に対して、頭の中将―近江姫という対比になっている(図10)。玉鬘の引き立て役としての近江姫の様相は、あまりに明白で、ここにわざわざ論じることもないであろう。

さて、夕霧の成長ぶりであるが、「野分《のわき》」はそれについて詳しく述べている。まず、彼は紫の上をかいま見る。続いて彼は源氏が玉鬘に対してなれなれしく抱き寄せているのをかいま見る。このときの夕霧の気持は、「いであなうたて」、「あなうとまし」と嫌悪感がはっきりと表されている。雲居雁に対する彼の気持からして当然であろう。

「藤袴」の巻には、夕霧が源氏を問いつめるところが語られている。はじめのうちは、源氏は夕霧の質問をはぐらかして、相変わらずの子ども扱いだが、夕霧は負けてはいない。玉鬘を尚侍にして宮仕えをさせ、自分で手もとにおいて一人占めしようとしているのではないか、と内大臣(頭の中将)が言っているとまで具体的に問いつめてゆくので、源氏としても、そんな気持はないと明確に答えざるを得ない。玉鬘に対する恋と、自制心との間で揺れに揺れた源氏の気持も、息子の正面切った問いかけによって、玉鬘を手放すことに心を固めざるを得なかったのである。

玉鬘は思いがけず鬚黒《ひげくろ》大将と結婚するが、そのいきさつについては何も語られない。物語としては、玉鬘と源氏との関係があくまで大切であり、彼女の結婚のいきさつは語る必要がなかったと考えられる。

娘妻

男性が老いを迎えはじめたとき、自分の娘くらいの年輩の女性に恋心を感じることがあるし、実際に結婚することもある。そろそろ死に向かいつつあるという予感のために、生命力に満ちた対象を求めようとするのであろう。アメリカでは、いわゆる糟糠《そうこう》の妻と共に努力してきて、出世したり財産を築いたりすると、その妻と別れ、娘のような美しい女性と再婚するケースがわりとあり、トロフィ・ワイフと俗称されている。勝利のトロフィとして新妻を獲得したという意味であろう。もっとも、トロフィと思っていたのが、いつの間にか自分の上に載せる墓石として役立つこともままあるようで、それほど羨ましがることもないようであるが。

源氏と女三の宮の関係は、現代アメリカのトロフィ・ワイフの話を先取りしているようにさえ感じられる。源氏は多くの女性に取り囲まれている。それを、一応、源氏を取り巻く女性マンダラとして、妻・母・娼・娘という順に記述してきた。娘に当たる——と言っても心理的なものであり、実子は明石の姫のみであるが——秋好中宮、朝顔、玉鬘について考えてみると、多くの女性と関係のある源氏もこの三人に対しては、源氏の意志にもかかわらず、肉体関係を持つことはできなかった。やはり、「娘」とは性関係のないままにマンダラは完結するのかと思われた最後になって、突如として、女三の宮が出現し、源氏は彼女と結婚する。女三の宮は、位人臣を極めた源氏の晩年に現れたトロフィかと思われたが、彼女は、まさに源氏の光が消え去るための重要な布石として登場してきたのである（「若菜上」）。

朱雀院は出家しようとするが、娘の女三の宮の将来が気になって仕方がない。よい後見人を見出して安心したいと思う。そこで源氏のことが思い浮かんでくる。彼は准太上天皇など、これ以上の位は望むべくもない高さにあるが、なにしろ年齢が三十九歳である。それに対して女三の宮は十三歳。あまりにも年が離れすぎている。娘と言うより、孫と言ってもいいほどである。

そこで朱雀院としては、源氏の息子、夕霧のことも一応考える。彼なら年齢相応だし、将来性もある。ただ、彼は雲居雁との結婚に成功し、二人は相思相愛の関係にあるので、そこに女三の宮を押しつけてもうまくゆかないだろう、と朱雀院は考える。「野分」の巻あたりから、源氏と夕霧の関係が、いろいろなところに作用してきて面白い。玉鬘のところで既に述べたが、夕霧の一途の恋は、源氏の色好みと常に対照されている。夕霧は雲居雁との関係に満足しているので、今更、女三の宮のことについて思い迷うこともないのだが、やはり少しは心動かされるところがあり、自分以外の誰かのところに決まるのもどうか、と思ったりする。堅物の夕霧のこのような心の動きをさりげなく書く作者は、さすがに男心をよく知っているし、これは夕霧がもっと後になって、柏木の妻に心惹かれることになる布石にもなっている。

朱雀院は出家し、源氏ははじめのうち分別くさく、結婚という形ではなく後見するなどと言っていたのに、女三の宮との結婚を承知してしまう。年をとっても、彼の色好みの傾向は弱まっていなかった。この結婚によって、一番ショックを受けたのは、紫の上であった。源氏の周囲には多くの女性がいたが、紫の上にとっては、自分がそれらのなかで特別の位置を占めているという自負があった。また、源氏も紫の上に対しては、言いにくい話も努めて打ち明け、つねづね大切な人として接してきた。そんなわけで、源氏の年齢から考えても、二人の関係が揺らぐことなど考えられなかった。ところが、思いがけない、女三の宮との結婚である。これはもちろん、源氏が最初から意図したことではないのだが、なんと言っても身分第一の当時のことだから、形式としては、女三の宮が正式の妻の座を占めることには抗する術がない。紫の上は、晩年になって突然に妻の座を追いやられることになった。

賢い紫の上はこのことで取り乱したりせず、表面は平静を保ち、源氏に対して、もう少し女三の宮の方に泊りに行っては、などと忠告するほどである。しかし、実際は平静でいられるはずもなく、源氏が女三の宮の方に行って、一人寝をするときはなかなか眠れず、源氏の明石退居のときのことを思い出したりする。

源氏は紫の上と女三の宮の間に立って、どちらにも気を遣いながら生活しているのだが、若かった頃の朧月夜のことが忘れられず、朱雀院の出家に続いて、自分も出家をと考えている朧月夜を訪ね、会うのを拒んでいた彼女と会い、関係を復活させる。源氏はこのことも紫の上には秘密にしておけず、彼女は、源氏が急に若返り、女三の宮に加えて朧月夜にまで手を出して、自分は「中空《なかぞら》なる身のため苦しく」(「若菜下」)と涙ぐむ。源氏こそを頼りと思っていたのに自分は見離されて、宙に浮いてしまったと嘆くのである。作者がもっとも自分と同一視しているかに見えた紫の上は、ここで癒し難い悲しみを経験する。

ここでまた作者、紫式部の意図について推測してみよう。非人格的存在としての源氏の周囲に、自分の分身を配して女性マンダラをつくる紫式部の意図は、玉鬘で完成するはずだったかもしれない。ところが、作中人物の源氏が自律的に動きはじめ、玉鬘との関係に深入りしてくる。しかし、これはなんとか切り抜けたのだが、その間に、源氏と紫の上との関係がますます深くなり、それまでの一対多関係から、一対一関係となって安定するような様相を見せはじめた。紫式部としては、紫の上と源氏との一対一の構図が全体に取って代わるほどになってきたので、これをもとに返そうとしているうちに、むしろ、男性との関係において女性の姿を描くというのではなく、女性を女性として、男性の存在を前提とせずに描くという方向に心が動きはじめたのではなかろうか。つまり、光源氏はもはや必要でなくなってきたのである。それとともに、紫の上と源氏との一対一関係の構図も解消することになり、もう一度そのために朧月夜を登場させたりした。

そして、源氏を取り巻く女性像のマンダラは一応完成するとともに、それは決して真の完成ではなく、もっと深化させてゆく必要があることが自覚されるようになった。このことを可能にする者として、女三の宮は登場したのである。紫マンダラの構築の上において、彼女の果たす役割は実に重要である。その役割の中核に存在するのが、彼女と柏木との密通であった。

3　密　通

源氏は秋好中宮、玉鬘と「娘」に恋いこがれながら、彼女たちと関係を結ぶことはなかった。しかし、思いがけない話の運びから、娘に相当する年齢の、しかも高貴な身分である女三の宮を自分のものとすることができた。位は准太上天皇に昇りつめるし、この世のことはすべて思うがままという有様にあったが、この女三の宮の密通という事件によって、源氏の光は一挙に薄れ去るのである。

後に詳しく述べるように、これは、そもそも源氏と藤壺の間の密通のエコーとも感じられ、この物語における

「密通」ということの重要さを思い知らされる。それは物語全体をおしすすめてゆく起爆剤のような役割をもっている。

密通の意義について強い印象を受けたのは、『我身にたどる姫君』の物語である。[2] この物語の重要なテーマのひとつは、対立している天皇家と藤原家がいかに和解してゆくかにあるのだが、その過程が徐々にすすんでゆく上での、焦点となるところに密通が生じているのだ。これについては、また稿を改めて他に論じるつもりであるが、これと対応する物語として筆者が取りあげてみたいと思ったのは、シェイクスピアの『リチャード三世』である。この物語に至るまでには多くの他の作品があり、それはすべて、ランカスター家とヨークシャー家の対立を基礎にもっている。それが『リチャード三世』において和解に至るのだが、この物語において、和解へのステップとなる重要な事件は「暗殺」である。

『我身にたどる姫君』と『リチャード三世』の対比はなかなか興味深いが、暗殺と密通の共通点は裏切りであり、隠れた行為である。「密通」からは思いがけない新しいものが生まれるし、「暗殺」は、ある秩序を壊し、新しいものが生じる状況を準備する。したがって、それらの繰り返しのなかから、対立が和解へと向かうのである。もちろん、すべての密通や暗殺が和解と結びつくのではない。まったく逆のこともある。しかし、それのもつ破壊力と共に新しいものを準備する特性については理解されたと思う。わが王朝物語は、そのすべてにおいて殺人がまったく語られない、という特異性をもつが、それ故に、どうしても密通ということが重要なモチーフとして、多くの物語に語られる理由がわかるように思うのである。

密通の再現

頭の中将(このときは太政大臣)の息子、柏木と女三の宮との密通は極めて重要な事柄なので、周到に物語られている。その道筋をしばらくたどることにしよう。

源氏はせっかく若い妻を得たのだが、女三の宮はまだ幼いと言ってもいいほどで、朱雀院の手前もあって疎略に扱うことはしないものの、やはり心は紫の上の方に傾いている。夕霧は女三の宮との間にちらりと話が出かかったりした上に、六条院ではすぐ傍に住んでいるわけだから、何となく女三の宮のことが気になる。見ていると「女房なども、おとなおとなしきは少なく、若やかなる容貌人《かたちびと》のひたぶるにうち華やぎざればめるはいと多く、数知らぬまで集《つど》ひさぶらひつつ」という有様で、派手で美しい女性が集っているが、どこか隙のありそうな感じがする。この状況は、後の柏木のかいま見の伏線である。夕霧はこんな状況を見て、いつかかいま見た紫の上のことを想うが、それでも女三の宮の姿も少しでもかいま見る機会があれば、と思う。やはりこれも年齢のせいであろう。

年齢と言えば、夕霧と同年輩の柏木の方はもっと積極的な気持をもっていた。源氏と女三の宮の年齢の不釣合いさを考えると、自分こそふさわしい相手だったのにと思わざるを得ない。彼は女二の宮と結婚しているのだが、どうしても女三の宮の方に心惹かれるのである。六条院で夕霧らと蹴鞠《けまり》に興じているときも、なんとかかいま見の機会がないかと伺っていた。

そのときに異変が起きた。小さい唐猫が大きい猫に追われて逃げるとき、綱が引っかかって簾があがってしまった。例の派手好きで気配りの薄い女房たちでは、こんなときにすぐ対応できない。このため、柏木は女三の宮の姿をしっかりと心に刻み込んだのである。柏木はこれ以後、女三の宮への慕情に苦しみ、伝手をたどって文を贈るが、もちろん駄目である。柏木は工夫して、例の猫を手に入れ、猫かわいがりにかわいがることで気持をまぎらわせている。

　それからしばらく経って、紫の上が急病になる。なかなか快方に向かわず、源氏も必死に看病する。何か効果があればと紫の上を二条院に移し、源氏もそちらに行ききりになる。この隙をついて、柏木はかねてから依頼していた、女三の宮の乳母子《めのとご》の小侍従の手引で強引に女三の宮に会う。自分の気持を述べて、「あはれ、とだにのたまはせば、それを承《うけたまは》りてまかでなむ」と、一言を聞いて帰るつもりだったのに、女三の宮が予想していたほど、厳しく近寄れぬ感じがしなかったこともあって、とうとう自分を制し切れなくなる。

　柏木は女三の宮に添い寝していて、ふとまどろむ間に夢を見る。例の猫がかわいらしい姿で鳴きながら近寄ってきたのを見て、彼女にさしあげようとして自分が連れてきたのだと思う。しかし、何のためにさしあげたのだろうと考えようとするうちに目が覚めた。柏木が猫と経験した愛情を、女三の宮にささげようとしたのであろう。

　この一連の猫の話は実によくできている。源氏の女三の宮に対する気持は、朱雀院に対する配慮とか、若い女性に対する好奇心などから生じてきていて、自然さを欠いている。これに対して、柏木のそれは一途で、身も心も、と表現するのにふさわしい自然さがある。猫はそれらを象徴するのにもってこいである。おまけに何やら不可解さや恐ろしさもある。猫に導かれた愛は、まず成功するが、後はその恐ろしさにおののかねばならない。

　紫の上が危篤に陥り、死亡の誤報まで伝わって大騒ぎになるが、なんとか恢復し、源氏は女三の宮を訪れるが、この時に彼女におくられた柏木の手紙を発見し、すべてを悟る。しかも、彼女は既に懐妊していた。女三の宮をはじめ、彼女の女房たちの幼稚でしまりのない生き方のために、大変なことが露見してしまった。源氏の嘆きと怒り。いろいろ思いつのるうちに、彼は自分と藤壺との一件に思い至る。「故院の上《うへ》も、かく、御心には知ろしめしてや、知らず顔をつくらせたまひけむ。思へば、その世の事こそは、いと恐ろしくあるまじき過《あやま》ちなりけれ」と、桐壺帝も今の自分と同じように苦しんだのだろうか、そして知らぬふりをしていたのだろうか、それにしても、自分の犯した過ちは恐ろしいことだったと、源氏はあらためて感じさせられる。源氏は単純に怒ってばかりいることもできないのだ。

源氏と藤壺、柏木と女三の宮、恐ろしい密通が繰り返された。人生にはこのように類似のことが反復されることが多い。そして、前者の間からは冷泉帝が、後者からは薫という、どちらも類稀な男性が生まれている。世間一般は誰もその事実を知らず、冷泉帝はさすがに桐壺帝の息子、薫はさすがに源氏の息子として評価されている。しかし、実は異なる血が混じってこそ、稀な人物が生まれたのかもしれない。ここで、注目すべきことは、薫には女三の宮という皇族の血と、頭の中将側の藤原の血が混じっているという事実である。夕霧の雲居雁に対する恋を、頭の中将が許さない点について、源氏が心外だと思って玉鬘に語っているところで、頭の中将は藤原一族だけの混じり気のない血筋を誇りにしているので、自分の方は皇族でも古風と思っているのだろうかというところがある(「常夏」)。このような対立意識はどこかではたらいているのだが、『我身にたどる姫君』の例にあったように、密通によって両者は知らぬ間に混合していくのだ。宇治十帖に語られる薫の性格を、こんな点から見ても面白いであろう。

父と息子

柏木の密通事件の背後には、父—息子という軸上のダイナミズムが強く関係している。フロイトはエディプス・コンプレックスを最重要視するほど、父と息子の対立関係を人間理解の中核に据えた。しかし、これはあくまで父権のみならず、心理的にも父性原理の強さが明確に認められる社会でのことであり、他の社会では異なっ

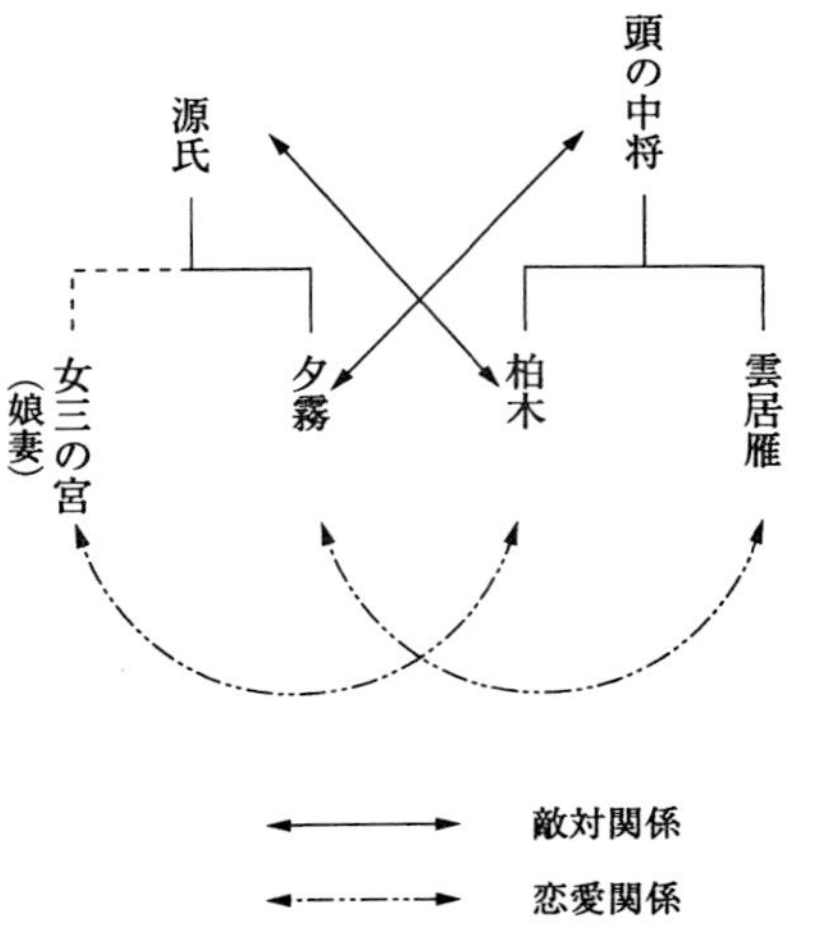

図11　二組の父と息子

てくることは文化人類学者の指摘しているとおりである。平安時代のように双系と言ってもいい、父性原理が極めて弱い社会では、父と息子の対立など、ほとんど問題ではなかった。源氏にしても、娘の明石中宮のことに関しては、いろいろと気を遣っているが、息子の夕霧については、それほどの関心がなかったと言っていいだろう。

しかし、夕霧が成長してくるにつれて、それなりの父子葛藤が認められる。「野分」に語られる、夕霧の紫の上のかいま見がそのはじまりである。玉鬘の件に関しては、源氏に後ろめたい気持があったため、むしろ夕霧の方が優位に立っている。これらの経験を踏まえて、父・息子の正面からの対決へ、とすすんでゆかないところが日本の物語の特徴である。正面からの対決は日本人の好むところではない。

このために大変興味深いことが生じる。図11を見てもわかるとおり、夕霧と頭の中将、柏木と源氏との間に対立が生じてくる(これも対決とまでは呼びにくい)のである。夕霧と柏木がそれぞれ互いの代理戦争をして、父との対決を行なっているとも思われる。しかし、一応、対照的に図示するため、このような図にしたが、女三の宮は「娘妻」とは言っても、れっきとした妻であるので、柏木の方が悲劇に追い込まれることになる。やはり、源氏と真っ向から対決するのは難しいのだ。

源氏と頭の中将の関係は、徹頭徹尾興味深いものである。二人は友情とライバル感情との両方を感じつつ、時には対立し、時には同一視する。競争しているかと思うと、協調している。源氏が、既に述べたように非人格的存在として導入されているので、彼に人間的な味を与えねばならぬときは、頭の中将がうまくからんできて、源氏の姿に陰影をつける役割を担うことになる。この場合も、その典型と見ることもできる。この二組の父と息子の物語を一組の父と息子の物語として見る方が、父・息子関係の現実に近くなる、と言うこともできるし、直接対決を避ける日本では、こんなことも起こり得る、と見ることもできる。

夕霧と雲居雁の関係を知ったとき、雲居雁の父親、頭の中将は激怒するが、これは、二人の「密通」を知ったのと同様と言えるほどの怒りであった。父親からすれば、これは決してあってはならない関係であったのだ。両者の恋については次章に論じるとして、ここで、夕霧と頭の中将の対立が生じることを、まず認識しておこう。これは、次に生じる、もっと決定的な柏木と源氏の対立の先取りであった。

夕霧と頭の中将の対立については、既に述べたように、皇族と藤原家の対立を背景にもっており、夕霧の父、源氏はむしろ夕霧に加担する。ここに見られる父・息子の対立は、したがってマイルドなものであり、時と共に解消され、夕霧は雲居雁と晴れて結婚する。

これに対して、柏木の場合は、対立は決定的であった。と言うのは、彼の相手、女三の宮は源氏の妻だったからである。そして、既に述べたように、源氏は柏木と女三の宮の密通の事実を知り、そのことを柏木は小侍従より知らされて愕然とする。なす術を知らぬ柏木は、対決どころではなくおろおろするだけである。それでも急に六条院への出入りをやめてしまうのも不自然であるので、朱雀院の五十の賀の試楽に源氏から呼ばれた機会に、思い切って出かけてくる。

舞いや音楽を楽しみ、宴もたけなわというところで、源氏は柏木に一矢を報いる。と言っても、言葉どおりに受けとめる限り、それは「対決」などというものではない。源氏は、年を取ると酔えば涙が出るのが抑えられないものだが、「衛門督(柏木)心とどめてほほ笑《ゑ》まるる、いと心恥づかしや」と、わざわざ柏木を名指しして、そうは言っても若さに驕っているのも今しばらくのことで、老いるということは人間は免れることができない、と語りかける。周囲の人にとっては、源氏が冗談半分の愚痴を言っているように聞こえるとしても、柏木にとっては胸をえぐられるような皮肉だ。その上、柏木は気分が悪くなって、酒を飲むふりをしてごまかそうとするのを見咎めて、源氏は無理にでも柏木に飲ますので、柏木はますますたまらなくなる。

老人の一撃は若者に致命傷を与えた。柏木はその後、病みついてしまう。女三の宮は苦しみに耐えられなくなって出家し、それを知った柏木の病は一層重くなる。夕霧が見舞いに行くと、柏木は、何かの行き違いから源氏が自分を憎んでいるようだが、自分の方は一切悪い気持をもっていないので、なんとか取りなしてくれるようにと言う。夕霧は不可解な気持を残しつつ別れるが、ほどなく柏木は死亡する。息子連合軍はあえなく、父に敗れ去ったのである。

日本の王朝物語では、エディプスの出番はなかったのだろうか。どうも、そう簡単には断定できないようである。この事件以後、源氏の周囲に新しい女性の出現はなく、続いて生じるのは、紫の上の死、そして源氏の死である。源氏と女三の宮の結婚は、紫の上を死に至らしめ、女三の宮と柏木の密通は、柏木と源氏の刺し違えをもたらしたのではなかろうか。王朝物語には殺人は語られない。しかし、それと同等の恐ろしいことは語られている、と考えていいであろう。

二等辺三角関係

女三の宮をめぐっての、源氏と柏木の三角関係は大変な悲劇に終わった。男女間の三角関係というものは、何らかの悲劇に終わることが多い。男二人対女一人、女二人対男一人、いずれの場合にしろ、これはなかなか調和することの難しい構造である。とは言っても、それは常にそうだとは言えない。たとえば、源氏、紫の上、明石の君、の場合などどうであろうか。紫の上と明石の君は、終わりの方では仲良くつき合っている、と思われる。もちろん、この二人の間に嫉妬の感情がはたらかなかったのではない。しかし、物語のなかに語られるような二人の女性の賢さのために、安定した三角関係が維持できているのである。この二人は、ずっと辛抱し続けたのだろうか。そうとばかりもいえないようである。この点について少し考えてみよう。

三角関係のひとつの在り方について、白洲正子が示唆に富む例をあげている。(3) 中原中也の恋人の長谷川泰子(佐規、佐規子と呼ばれていた)を、小林秀雄が奪ったことに関して、「中原中也の恋人を奪ったのも、ほんとうは小林さんが彼を愛していたからで、お佐規さんは偶然そこに居合せたにすぎまい」と述べている。「男が男に惚れるのは「精神」なのであり、精神だけでは成立たないから相手の女(肉体)がほしくなる」とも。

これはなかなかの卓見で、精神と肉体の分離などほとんどなかったとも言える王朝時代には、ますますこのようなことが生じたものと思われる。源氏が源典侍といるところに、頭の中将が刀を持って入りこんでくるのなどは、その典型で、要は、頭の中将は限りなく源氏に接近したいわけである(図12)。源氏が夕顔に心惹かれるときにも、このような気持は背後に動いていたかもしれない。もちろん、嫉妬や鞘当ての気持も動くのだが、時には本人も気づかぬところで、このような心のはたらきが認められるのである。

柏木の女三の宮との密通事件においても、潜在的には、柏木、夕霧間の友情ということが背後に動いていると感じられる(図13)。この二人が仲の良いことはよく語られているし、二人とも偉大な父親を持つ苦しさ、とい

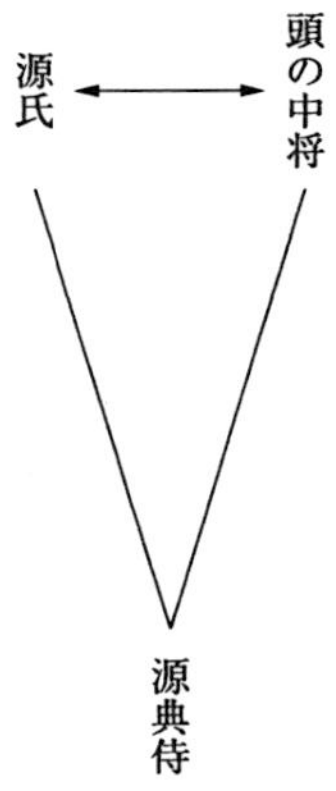

図 12　二等辺三角関係
（源氏と頭の中将）

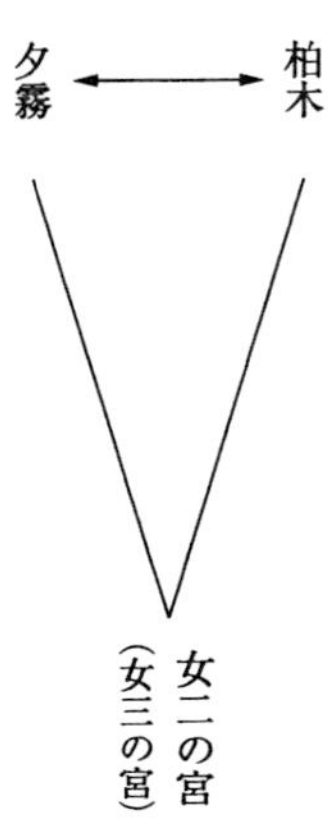

図 13　二等辺三角関係
（夕霧と柏木）

う点も共通している。父親に対する反抗、ということからすれば、夕霧と女三の宮との間に生じるべき密通事件が柏木と女三の宮の間に生じてしまう。このことは柏木の死後も続き、夕霧は柏木の妻、女二の宮（落葉の宮）に惹かれるようになる。常識的に考えると、夕霧の女二の宮への接近は、彼と柏木の友情を裏切るかに見えるが、そうとばかりも言えないと思われる。このようなことがよく生じるために、平安時代の男女関係は相当に錯綜したものになったのであろう。

それでは、女性二人と男性一人の場合の関係においても、このようなことが生じるだろうか。この場合は、先に述べた例よりも難しいようである。どうしても、女性二人の間の反撥が強いために平衡状態になり難い。しかし、女性がある程度の意志の強さをもつときには可能となるが、先の場合とは、少しその状態は異なるものと考えられる。紫の上と明石の君の場合はどうであろうか。両者間に嫉妬があったのは、むしろ当然であろう。しかし、心理的には紫の上の方が源氏に近い、それに対して、娘を生んだという点は明石の君が絶対に優位、という条件のなかで、明石の君の生んだ娘を紫の上の養女にするということを両者が受け入れ、明石の姫の幸福を願って行動しつつある間に、二人の間に友情が生まれてくる。それに対して、源氏が両者に対して適当な距離を常に保つことを心がけているので、三者の極めて慎重な生き方をベースに、二等辺三角関係が成立している。紫の上も明石の君も、源氏への距

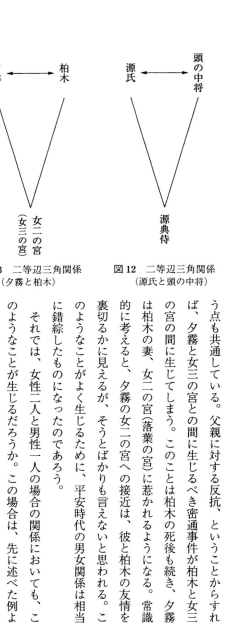

離を自分の方だけ縮めたいのはやまやまであるが、自制心を発揮して平衡を保っているのである。

花散里にしても同様の想いはあったことであろう。夕霧や玉鬘の世話をまかされたり、家刀自的な役割を分担してゆくことで、自分の位置を定め、安定していたと思われる。二条東院に住む末摘花や空蟬は、源氏との距離が遠くはなるものの、それなりに自分たちの位置を確かに感じていたことであろう。

このような二等辺三角関係的安定を絶対に拒否するタイプの女性として、葵の上と六条御息所が存在していた。しかし、この二人とも死亡してしまって、源氏の生活を脅かさなかったが、御息所の生霊や死霊は、いつまでも源氏と源氏の周辺を悩ませたのであった。

出家する女性たち

女三の宮は男の子(薫)を生んだ後、強く出家を願う。源氏はなんとか思いとどまらせようとするが、女三の宮を見舞った父親の朱雀院は、委細はわからないにしろ、何か感じるところがあったのであろう、娘の出家の願いを承諾する。源氏はそれでも、まだ女三の宮を思いとどまらせようとするが、徒労に終わり、女三の宮は二十二、三歳の若さで出家してしまう。このときも、六条御息所のもののけが突如として現れ、人々を脅かす。ともかく、源氏が他の女性と関係をもつことに対して、徹底的に嫉妬する役割を担って、このもののけは登場する。男と女の一対一関係信奉の権化である。

女三の宮の出家は源氏にとっても、朱雀院にとっても辛いことであったろう。しかし、ひょっとすると、父親の朱雀院としては、娘がわがもとに帰ってくる、ひそかな喜びを感じたかもしれない。彼女の出家について、源氏よりは朱雀院の方が抵抗が少なかったのも、このためとも考えられる。ここにも、潜在的な父・娘結合の強さ

表1　出家する女性たち

源氏との関係	人物名	出家	早死	密通
母	桐壺		○	
	弘徽殿大后			
	大宮	○		
妻	葵の上		○	
	紫の上	△		
	花散里			
	明石の君			
娘	秋好中宮	△		
	明石中宮			
	朝顔	○		
	玉鬘	△		
	女三の宮	○		○
娼	空蝉	○		○
	六条御息所	○		
	夕顔		○	
	末摘花			
	藤壺	○		○
	朧月夜	○		○

△出家への強い意志

が認められるとも言えるだろう。

出家後の女三の宮に対して、源氏はなおも未練を語るが、彼女が応じるはずはない。彼女の出家は、続いて紫の上の強い出家の意志と、それに続く死、そして源氏自身の死へと物語が流れてゆくための強力な布石となった。出家ということの意味の深さを痛感させられる。ここで振り返ってみると、源氏を取り巻く女性として順番に論じてきた女性たちの、実に多くが出家していることに気づく。出家したことは語られないが、出家の意志を強くもった女性たちもいる。それら全体を通してみるために、簡単な表をつくってみた(表1)。

この表を見るだけで、それぞれの女性の性質や役割がある程度わかる気さえする。ここでまず気のつくことは、出家と密通の関係の深さである。密通をした、女三の宮、空蟬、朧月夜、藤壺はすべて出家をしている。六条御息所は密通はしていないが、源氏との関係をそれに近いものとして意識していたかとも思われる。藤井貞和は密通とも関連させて、「出家とは、今生になにかの罪が犯されたので、後生のために、すこしでも罪を軽くするために行われるものである」との仮説を立てている(藤井貞和『物語の結婚』創樹社、一九八五年)。注目すべき考えであるが、そうとばかりは言えないようにも思う。

大宮、朝顔は密通していないが出家しているし、紫の上、秋好中宮、玉鬘は密通をしていないが出家の強い意志を表明している。ただ、源氏にとめられたり、子どもたちにとめられたりして出家はしていないが(もっとも朝顔は斎院であったのを罪として出家している)。そして、若死にした女性たちは別として、密通とも出家とも関係のない、弘徽殿の大后、花散里、明石の君、明石中宮、末摘花と列べてみると、いずれも外的現実との結びつきの濃い人物と感じられる。このように見てくると、既に述べたが、出家した大宮というのが、源氏を支えるために大きい役割をしていたことがよくわかる。この世のこととかかわりつつ、死後の世界ともつながっている人としての重みをもっていたと考えられる。

出家をしようとしても、それを思いとどまらせようとする力がある。それを絆《ほだし》と当時の人は言った。この言葉は『源氏物語』をはじめ王朝物語のあちこちに見える。もともと馬の足などをつなぎ、歩けぬようにする縄のことであったが、自由を束縛するという意味をもっている。この漢字を見ると興味深く感じるのは、現代では、むしろ子どもが非行に走るのを防ぐための、親子の絆《きずな》と言って肯定的に用いられることが多いのに対し、平安時代では、出家の意志を妨げるものとして絆《ほだし》(必ずしも否定的とばかりは言えないが)として用いられているという事実である。人間関係というものの微妙さがよく感じられる。現代でも、子どもを守るための絆《きずな》と親は考えていても、それは子どもの自立を妨げる絆《ほだし》になっていることもあろう。

出家をするためには絆《ほだし》を断たねばならない。断つ方も辛いが断たれる方も辛い。源氏が紫の上の出家をなんとしても思いとどまらせようとするのは、このためである。超越的な世界に入るためとは言え、やはり出家する者から残された者は、「捨てられた」とも感じることであろう。その点で、空蟬、朧月夜、藤壺、六条御息所などが出家するときは、それ相応の決心があったことだろうし、源氏にしても、そのつど、感慨があったことと思う。もっとも、最初の頃は、光源氏はあまり人格性をもたないので、各々の女性たちの人生の軌跡としての出家という意味の方が強く、源氏の心理の方はあまり問題にされていない。

これらに比して、女三の宮の出家はいろいろな点で異なるものがある。他の女性たちは源氏を相手にしての密通であったが、女三の宮は源氏を裏切っての密通であり、それを契機としての出家である。この点については、節を新たにして考察しなくてはならない。

4 マンダラのダイナミズム

マンダラ(曼荼羅)という用語も、ずいぶんと一般に知られるようになった。中村元『佛教語大辞典』[4]によると、「①壇。②神聖な壇(領域)に仏・菩薩を配置した図絵で宇宙の真理を表わしたもの」とあり、解説を述べた後に「密教象徴主義の極地を示すものである」と結ばれている。

このような密教の用語が、現代において、ひろく世界的と言っていいほどに広がった要因のひとつとして、C・G・ユングの貢献がある。[5] 詳細は他に譲るとして、ユングは自らの体験を基にして、精神の病に陥った者が恢復してくるときに、自分という存在の統合性や安心感を確かめる手段として、円や正方形などを基調とする図像が心に浮かんできて、それを描くことが非常に有効であることを見出した。彼にとっては大切なことと思われたが、西洋の学会では報告されることのない事実なので、ずっと沈黙を守っていた。一九二〇年代の終わり頃、東洋のマンダラのことを知り、彼が経験していたことが、それと類比できることであると考えた。そこで、彼は現代人にとってのマンダラ図形の重要性を主張したのだが、当時はあまり注目されなかった。

一九七〇年代になって、ヨーロッパ・キリスト教中心の世界観を絶対視することが崩れ、現代人が強い不安に直面することが増加するにつれて、ユングの言うマンダラに注目する人が増えてきた。それと同時に、中国を追われたチベット仏教僧が欧米に移住して、その考えを広めることに努力したこともあり、にわかに、マンダラが一般の人にも知られるようになった。人間の世界観や人間観などが、統合的なものとして図像によって表され、それを観想の対象としたり、礼拝したりする。それは密教と結びついた宗教的伝統によるものであるが、広義に解釈すると、ある個人が自分の世界観、人生観として表現する図像もマンダラと考えられる。

したがって、ここに「紫マンダラ」として提示しようとするものは、紫式部が『源氏物語』のなかに展開した人間観、世界観を筆者なりに構図化したものである。それはもちろん紫式部のものであるが、言語によって語られた物語を図像によって表現するのだから、そこに筆者の解釈が入るわけであり、『源氏物語』から、これと異なるマンダラ構造を読みとる人があっても、別に反対するものではない。

マンダラの深化

図14に示すように、『源氏物語』の「藤裏葉」までは、多くの女性像が光源氏の周りを取り巻き、それがマンダラを構成するような筋書きであった。紫式部という女性が、自分の内界に住む多くの分身を語りつつ、全体として一人の女性存在を表そうとするとき、その中心に、言わば無人格的な光源氏という男性を据えることにしたと考えられる。それを、これまで述べてきたことをまとめる形で、妻、母、娼、娘という四分割の円上に配して

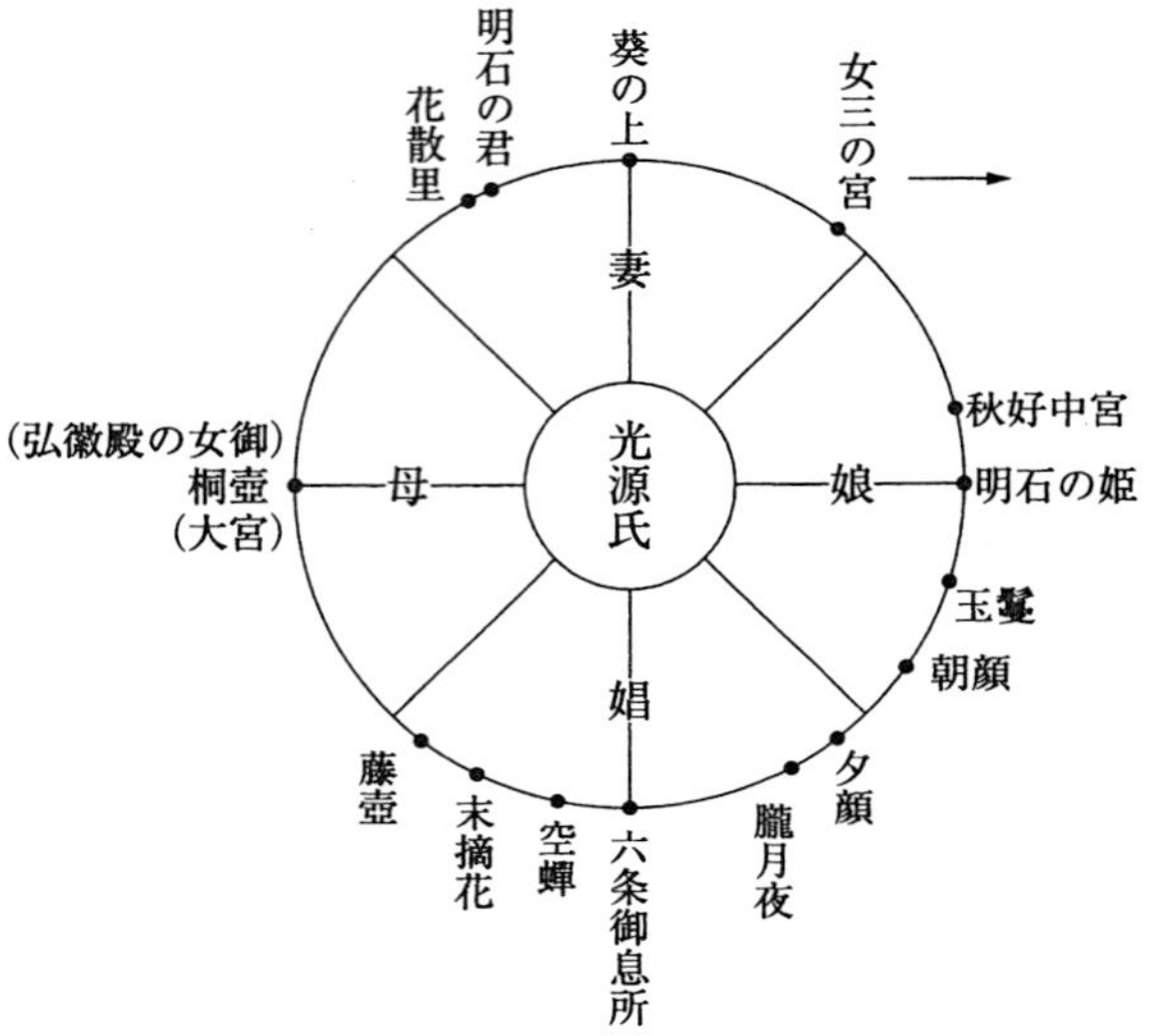

図14　女性マンダラ

みると、図14のようになるであろう(紫の上は、次節に述べるので除外してある)。

これを見ると、それぞれが異なる性格をもちつつ、対立や類似があり、これまでにいろいろな「補助線」を引いて示してきたような関連性をもちつつ、全体としての統合性をもって表現されていることがわかる。このような統一のなかの多様性を見事に示した紫式部の人間としての豊かさが偲ばれるのである。

これまで述べてきたことを思い出しつつ、この図を見ていると、女性の姿の多様性がよくわかってくる。これを一人の女性の内界の在り様としてみると、そのダイナミズムが少しは理解されるようにも思う。源氏がこれらの女性を順次に訪ねていったり、それぞれの女性の性格について述べたり、時には比較までするところは、この全体をひとつのマンダラとして観じ、そのなかのダイナミズムを紫式部が味わっているようにも感じられる。

このなかで印象的な対立や類比について少し述べると、既に述べたことの繰り返しになるが、まず葵の上と六条御息所を結ぶ線は強烈である。この二人は、このようなマンダラではなく、男女一対一の関係を望んでいた人物であることが特徴的で、そのような姿をマンダラの中心を貫徹する軸として置いているところが意味深い。社会的に婚姻の規則としては、一夫一妻以外にいろいろな場合があるが、内面的に見ると、一対多となるのではなかろうか。しかし、その多数のなかに、強力に一対一を主張する存在があるところが面白いのである。葵の上は、そのような態度の頑さを、若い源氏に理解されないまま若死にしてしまうし、六条御息所は、そのような主張をもったもののけとして、源氏とかかわる他の女性を苦しめるのである。

ここで、もののけという現象を現代的な観点から少し考えてみよう。当時のように、われわれはその存在をそのまま信じるわけにはいかない。とすると、たとえば、夕顔にもののけがついたと言うのは、源氏と夕顔の無意識の動きが突発的に外に現れたとしか解釈のしようがない。源氏も葵の上と結婚している上で、夕顔と逢瀬を重ねることを、それほど悪いとは思っていなかっただろう。夕顔も頭の中将との間に娘を持つ身で源氏と会うことに良心の呵責を感じることもなかったであろう。しかし、両者の無意識内には強力に一対一関係のみを望む傾向があったとは考えられないだろうか。それは、もののけの出てくる最良の条件である。

源氏は多くの女性と関係をもち、ある面では、それらと調和的に共存しているのではあるが、時に烈しく一対一の男女関係こそ最善と思ったり、自分の行為に強い悔恨の念をもたざるを得なかった。それがもののけとして出てきていると思うと、興味深い。ただ、その役割はもっぱら六条御息所によって担われ、葵の上の出番はないようである。これは少なくとも葵の上が正夫人の位置についていたためとも思われる。彼女はその地位によって、少しは心の安定を得ていたのだろう。

朧月夜は一夫一妻の人生観から、まったく自由に生きることを楽しんだ人と思えるが、その対極に花散里の姿を見ると、ひょっとして花散里は心ひそかに源氏との関係を、一対一関係と信じて暮らしていた人かなと思ったりする。他の女性たちの姿は、彼女の眼中にはなかったかもしれない。

朝顔と夕顔の対比、夕顔と玉鬘の対比などは既に述べたことなので省略する。この図で対極的位置を占める、藤壺と女三の宮に注目してみよう。両者はいずれも密通し、出家する点で共通しているが、藤壺は母のイメージに近い娼の位置に、女三の宮は娘のイメージに近い妻の位置に存在している点で対極をなしている。出家は既にこの世を去るわけだから、源氏から遠ざかるのであるが、藤壺の場合は源氏との密通の後の出家であるが、女三の宮は源氏の妻でありながら、柏木と密通したのが露見して後の出家であるから、その意味はずいぶん異なってくる。彼女は明らかに、このマンダラから離脱したのである。つまり、このマンダラは完成しなかったのだ。

マンダラは必ずしも二次元の図像とは限らない。チベットの仏僧は三次元のマンダラをつくるし、金剛界曼荼羅と胎蔵界曼荼羅にしても、それが向かいあって壁にかけられる中央に座して、両者のダイナミズムのなかで観想するという考えもある。二次元のマンダラを深化させてゆく工夫がこのようにして認められる。紫式部の女性マンダラも、最初はこのような二次元マンダラの完成を狙ったのかもしれないが、女三の宮の存在が、それを完全に打ち破り、マンダラを完成させるためには、新たな工夫が必要であることを示したのである。

女三の宮は明らかに源氏から離れていく。それまでに出家した女性たち、あるいは、源氏との性的関係を拒否した女性たちにも、その傾向は既に見られた。つまり、光源氏という異性との関係において自己を規定することに反撥が生じてきたのである。男性との関係において、自分は妻か母か娼か娘か、などと考えることなく、女性であること、を求めて紫式部はそのマンダラを深化させることを余儀なくされたのである。

紫の上の軌跡

マンダラの深化は最終章に語るとして、それまでに、もう少し二次元の女性マンダラについて語ることにしよう。前節の図から除外した紫の上は、実に、この図の四つの領域をすべて経験した女性とも言うことができる。そのため、『源氏物語』に登場する数ある女性のなかで、彼女は特異な位置を占めている。彼女自身もそう感じていたし、源氏も彼女だけは特別扱いをしていたとも言える。ここで簡単に彼女の軌跡をなぞることにしよう(図15)。

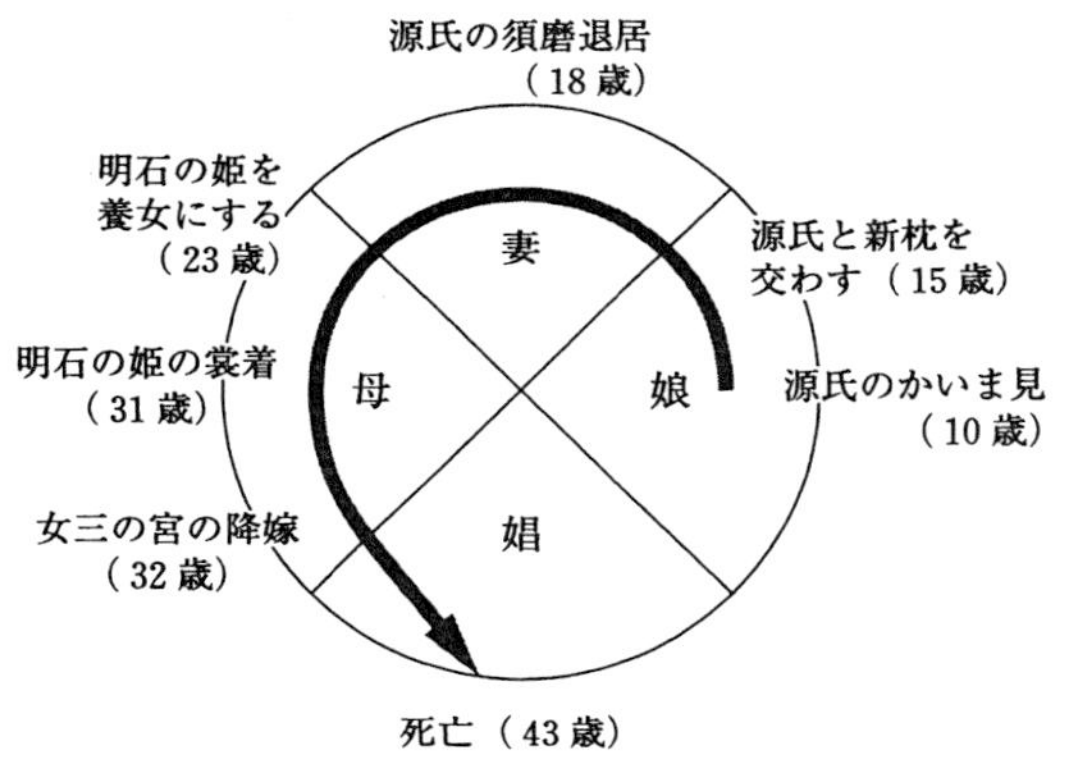

図15　紫の上の軌跡

源氏がはじめて紫の上をかいま見るのは、源氏十八歳、紫の上十歳のときである。紫の上は少女。しかし、源氏は十二歳で結婚し、このときまでに、空蟬、夕顔、六条御息所などとの逢瀬をもっている。紫の上の父は兵部卿宮(式部卿宮)、母親は按察大納言の娘であるが、紫の上の幼いときに亡くなっている。彼女もある種の父の娘なのである。彼女は後になって、源氏が須磨に退居している間、二条院の一切をまかされて管理をしたり、子どもが生まれなかったことなどから考えて、父性的な要素も相当に強かったことが伺われる。彼女は藤壺の姪であり、源氏が彼女をかいま見たときも、藤壺に似ていると感じて落涙している。源氏にとって、両性具有的な永遠の女性のイメージをもって登場していることが感じられる。

源氏は紫の上の父親が彼女を引き取ろうとしているのを知って、いち早く彼女を自分の住む二条院の西の対に迎え取る。と言っても、これは父親からの強奪に等しい。そして、源氏はしばらくは紫の上を懐に抱いたりして、「娘」として可愛がる。源氏は彼女に琴を教えたりして、その成長ぶりに満足しているし、紫の上も娘であることを信じて疑わなかったのではなかろうか。

葵の上の死後、源氏が紫の上と新枕を交わしたことは、紫の上にとって大きいショックであったことだろう。三日夜《みかよ》の餅を供したり、源氏としては「結婚」の形にして誠意を見せたのであるが、彼女のショックは簡単には収まらなかったであろう。娘から妻への変化は、内的な死の体験を必要とする。このとき、紫の上は十五歳である。

擬似的な父・娘の関係は危ないものである。現代のオフィス・ラブにおいても、最初は父・娘の関係と信じて男、女が接近することがわりにあるのではないか。それを「私は父親が娘に対するような純粋な気持で彼女に接していた」などと表現する男性がいて苦笑させられる。このような人は男女の性関係はすべて不純と考えているようであるが、そんな単純なものではないだろう。不純な父・娘関係もたくさんあるだろうし、ともかく、そのような安易さからは、破滅が生じるだけである。

源氏と紫の上の場合は破滅は生じなかった。一時は当然のことながら源氏をうとましく感じた紫の上も、だんだんと源氏の妻として成長してくる。彼らは睦まじく接する夫婦として関係をつくりあげてくるが、そのときに、源氏の須磨退居事件が起こる。うまくゆきはじめると何か事が起こるのが、紫の上の人生だとも言える。紫の上はその後いろいろな経験を重ねるが、三十七歳のときに、己の人生を振り返って、源氏に向かって、「ものはかなき身には過ぎにたるよそのおぼえはあらめど、心にたへぬもの嘆かしさのみうち添ふや、さはみづからの祈りなりける」（「若菜下」）と言う。他から見れば過分の人生とも見えようが、心に耐えられない嘆かわしさばかりがついてまわった、というのは彼女の実感であろう。「さはみづからの祈りなりける」というところに、彼女の人生に対する姿勢が感じとられる。

須磨退居の件は、それでも紫の上にとって、それほど大きいショックではなかっただろう。もちろん、源氏と別れて暮らさねばならないし、源氏の失脚も辛いことではあるが、かえって源氏の彼女への信頼の厚さが確信できるようになったところがあった。源氏は自分の使い慣れた鏡を預けたり、財産管理をまかせたりするし、須磨退居後も両者の間には手紙のやりとりがある。彼女は源氏の愛に確信が持てると思っていた。そのときに、源氏から明石の君の件をほのめかす手紙がきたのだ。どれほど何気ない風に書いてあっても、紫の上は直観的に源氏の心の動きを悟ってしまう。彼女の苦悩は深いものがあった。

源氏の京都への帰還は嬉しいことであった。しかし、ほどなく紫の上は明石の君が娘を生んだことを知らされる。当時の高級な貴族では、息子よりも娘の方がよほど大切なことは既に述べた。紫の上は妻の座を奪われるほどのショックを受けたのに違いない。このとき紫の上は二十歳なのだから、いかに現在とは年齢感覚が異なっているとは言え、彼女の苦しみは想像を超えるものがある。その上、彼女はいざとなれば泣いて帰ってゆく家もなかったのだ。時には深い憎しみも感じたであろうが、源氏と共にいるより仕方なかった。

紫の上は苦しい妻の座を守ることに耐え、源氏の才覚と明石の君の譲歩によって、明石の姫を養女にする件が成立する。互いに激しい嫉妬の焔を燃やしたに相違ない二人の女性の賢さに救われて、ここに、既に述べたような二等辺三角関係が安定した形としてできあがってくる。このとき、紫の上は子どもは生まなかったものの、「母」の体験をすることになった。このとき紫の上は二十三歳である。彼女の心理的成長の度合いの早いのには、驚かされる。彼女はもちろん明石の姫の母となったのであって、源氏の母となったわけではない。しかし、その後の物語の展開を見ると、彼女は心理的には源氏の母になったような心境も経験したのではなかろうか。相も変わらず、源氏は朝顔や玉鬘に心を奪われるが、これらのことも、紫の上はどこかで源氏の母のような気持で見ていたのではないか、と思われる。妻・母としての彼女の安泰な座は、揺ぎようがないように思われた。

紫の上の人生の苦悩は終わるところがなかった。降って湧いたように女三の宮の降嫁が決定された。源氏の女性関係で苦しむことは多かったが、紫の上の妻の座は確固としていた。その自信の故に、六条院に他の女性たちが住むことも許容できたのだ。ところが、心理的にはともかく、当時の身分感覚で言えば、女三の宮は本妻であることは確定的であり、これは、紫の上を娼の位置におとしめることを意味している。娘、妻、母という領域の経験の後で、彼女は娼の経験を、晩年に味わうことになる。これは彼女にとって耐え難いことであったろうが、明石の君のことを知ったときのようには、彼女はたじろがなかった。むしろ、それを少なくとも外面的には平気で受けた。紫の上は、源氏が女三の宮を訪ねてゆくように、と心配りをしたりさえした。

紫の上の心は女三の宮の降嫁を知ったときに決まっていた。彼女は娼の世界に入るというよりは、もうこの世を離れていたのだ。娼の世界はしばしば聖なる世界に通じるものである。彼女はその世界に一人で入っていった。これまではなんと言っても源氏が拠りどころであった。しかし、長い経験の後に、いかに秀れているとは言え、一人の男性を拠りどころにして生きることの無意味さを彼女は感じたのに違いない。彼女は彼女一人であちらの世界に行くことを決意したのだ。だからこそ、彼女は、明石の姫の入内、その後の出産、源氏が准太上天皇へと昇りつめてゆくことなどを受け入れ、他の女性たちとも仲睦まじく暮らすことができたのである。

頃合をはかって、紫の上は源氏に出家の意志を伝える。「この世はかばかりと、見はてつる心地する齢《よはひ》にもなりにけり。さりぬべきさまに思しゆるしてよ」(「若菜下」)と言う彼女の言葉には実感がこもっている。女性のマンダラの四領域をすべて経験してきた。このあたりで出家するのを許して欲しいと彼女は訴えるが、源氏はとんでもないことだと聞き入れない。自分の方こそ出家したいのに、紫の上が淋しかろうと考えて延ばしているのだから、というのが彼の言い分である。源氏のほんとうに言いたいのは、あなたに出家されたら自分はどうしていいかわからない、ということである。紫の上が、もうこの男に依りかからずに自分の道を歩めるとわかった頃、源氏こそが彼女に依りかかって生きていることが明らかになってきたのだ。

この後、紫の上は病となり、ほとんど息を引き取ったかとさえ思われる。このときも六条御息所のもののけが現れ、源氏と紫の上の間にも、潜在的には一夫一妻への強い希求のあったことが明らかになる。それはあくまで潜在的なものであり、意識的にはその後、病から癒えた紫の上は、前にも増して六条院に住む女性たちと調和的な生活を繰り広げていく。そして、四十三歳になったとき、死期を感じたのか、二条院を明石中宮の息子、匂宮に譲ることを遺言し、源氏と明石中宮に見守られるなかで、静かに息を引き取る。

この間にも紫の上は出家の願いを口に出すが、源氏は最後まで許すことができず、紫の上の死後、夕霧に命じて落飾させるのがやっとであった。ここに男性との絆《ほだし》を切って一人で生きようとする女性と、女性なしには生きておれない男性の姿が明瞭に示されている。

女性マンダラの世界をすべてにわたって経験して生きた紫の上に、作者の紫式部は強い同一視を行なっていたのは当然である。作者はこのあたりで、男性によって規定されない女性像を描くことが、次の課題であることを意識したものと思われる。

紫の上の死はすなわち光源氏の死へとつながってゆくが、源氏の死を論じる前に、もうひとつのマンダラ表現として触れておかねばならないことがある。それは源氏の住居の六条院である。彼は二条に居を構えていたが、六条御息所の所有していた土地を含めて四町の土地を手に入れ、四つに区劃される壮大な住居、六条院をつくる。東南が紫の上と源氏、西南が秋好中宮、東北が花散里、西北が明石の君の住むところである。末摘花と空蟬は二条東院に住む。

このような四分割の住居構造について、「はじめに」に述べた、三田村雅子、河添房江、松井健児の三氏との座談会(6)において、「箱庭療法」との関連を指摘されて驚いてしまった。箱庭療法は筆者が心理療法家としてよく用いているもので、砂箱のなかにその人の好む作品をつくってもらうことによって治療を行うものである。そこには空間象徴という考えがあり、箱庭空間のどこをどのように使用するかによって、その象徴的意味をいろいろと考察するのである。箱庭の作品には、時に見事なマンダラ図形の表現が見られることもある。また、最近目にした、高橋文二『源氏物語の時空と想像力』(7)にも、「「箱庭療法」と「六条院」」という一節があり、これら国文学者たちの目配りの広さに驚き感心した。実はこの節も、これらの人の諸説に刺激されて設けることにしたものである。それらに述べられた考えを参考にしつつ、筆者の考えを示してみたい。

六条院の特徴は、四分割の各々の屋敷を春夏秋冬の季節によって性格づけを行なっているところにある。「南の東《ひむがし》は山高く、春の花の木、数を尽くして植ゑ、池のさまおもしろくすぐれて、御前《おまへ》近き前栽《せんざい》、五葉《ごえふ》、紅梅、桜、藤、山吹、岩躑躅《いはつつじ》などやうの、春のもてあそびをわざとは植ゑで、秋の前栽《せんざい》をばむらむらほのかにまぜたり」

（「少女」）というようにして、これに続いて四つの区劃のそれぞれの景観が描かれる。東南の屋敷は「春」で、春の花が主体になっているが、秋の草木もさりげなく混ぜられている。西南の屋敷は「秋」で、紅葉する木を主として、遣水《やりみず》の音が冴えるように滝を落としたりしてある。東北の住まいは「夏」で、夏の木陰を主として造られている。卯の花の垣根もある。西北は「冬」で、雪景色を賞美するのに好都合な松の木、初冬に朝霜のむすぶ菊の籬《まがき》などが工夫されている。

この四つの屋敷のそれぞれに、東南は紫の上、西南は秋好中宮、東北は花散里、西北は明石の君が住んでいる。そして、源氏は東南の屋敷に住み、時によって他の三つの住まいの女性を訪ねる。花散里のところには、玉鬘や夕霧があずけられている。明石の君は娘を生むが、既に述べたように、娘を紫の上の養女としたので、明石の姫は東南の「春」の屋敷に住むことになる。秋好中宮は中宮なので御所にいるが、ここに里下りしてくるわけである。このような、一種の住みわけができているところに女三の宮の降嫁があり、東南の屋敷に住むことになるのだから、紫の上のショックがいかに大きかったかが推察される。

ところで、この住居マンダラをいかに考えるかが課題であるが、住居と春夏秋冬の結びつきは中国に起源があるようだ。中国の影響を明らかに受けている「浦島太郎」における御伽草子の竜宮城の叙述では、東の窓からは春の景色、南には夏、西には秋、北には冬の景色が見えたと述べられている。これは四季が同時共存しているわけで、竜宮城が時間の法則を超えた全体性を有することを示している。六条院では四季が超時間的に共存したりはせず、四季おりおりに季節を楽しむのであるが、六条院すべてを見れば、一種の全体性が見られることは事実である。しかし、両者とも四季を用いながら、その用い方に微妙な差が認められる。

竜宮城では、東南西北の順に春夏秋冬が対応し、東からはじまり時計方向に一回転する順に語られる。これに

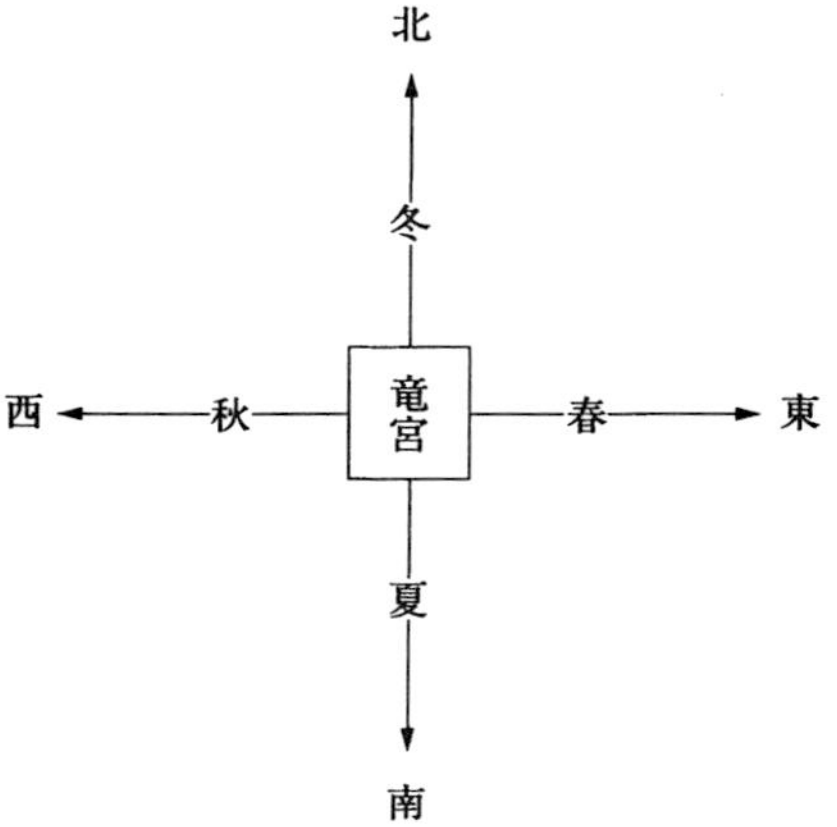

図16　四季マンダラA

対して六条院は、春秋夏冬の順に語られ、それの位置も四季の循環と対応していない。これはどうしてなのだろう。まず言えることは、両者の構造はまったく異なっており、竜宮では、それを中心として四季の庭が取り囲んでいるのに対して、六条院は、言うならば中心がなく、それぞれの季節によって四分割されている。それと、もうひとつ、方角に対する感覚も異なっているようだ。中国では東南西北と言うが、日本では東西南北と言う。このことも関係していないだろうか。竜宮の四季は東南西北の順で中心を一周している。これは竜宮城を中心とする四季共存マンダラである(図16　四季マンダラA)。これに対して、六条院は中心が存在していないマンダラと言っていいのではなかろうか(図17　四季マンダラB)。ここが非常に面白いところである。

次に方角の問題であるが、中国では北南の軸が重要で、北を上とした縦軸が通り、それに東西の横軸が交叉すると考える。これは、北極星を大切にし、それを天子のイメージと重ね合わせるためである。日本は中国のこのような文化を輸入し、平城京、平安京などは、これに従って造られるのだが、もともと日本では、日出ずる国という考えから、東を重視する伝統をもっている。天皇は北極星より太陽に結びつくことが多い。このときは、東西の軸を縦軸として重視し、南北はそれに対する横軸になる。このため、平安時代の日本人は、空間象徴の点で混乱をきたしていたのではなかろうか。

池浩三は「『源氏物語』の住まい」を論じたなかで、[8] 中国の殿舎は軸線は南北を貫いているが、「儒教はそもそも専制君主・父系制社会の思想であるから、婿取婚《むことりこん》（招婿婚《しょうせいこん》）が行われていた平安前・中期の母系制貴族社会には、その中国の住宅形式も儀礼もそのままではなじまないものであった」と指摘している。そこで寝殿造では、日本の制度に合うように、「東西の大門・中門という東西軸を折衷した。それが寝殿造成立の理由だと考えられる」と述べている。

そこで、六条院マンダラを考える際に、図17に示したように東を上にして、東西の軸を優先する形で示してみた。そうすると、南側には、紫の上と秋好中宮という華やかな女性が位置どり、北側は、それを支えるように、花散里、明石の君という地味なタイプが置かれている、と見ることができる。そして、季節としても、あくまで春と秋が大切であり——春秋の優劣は遊び心も交えて論じられている——、夏と冬はあくまで従なのである。『源氏物語』の記述の順番も、春秋夏冬となっており、その屋敷に住む女性たちの転居の順もこれに従っている。明石の君は皆に遅れてひっそりと移ってくる。

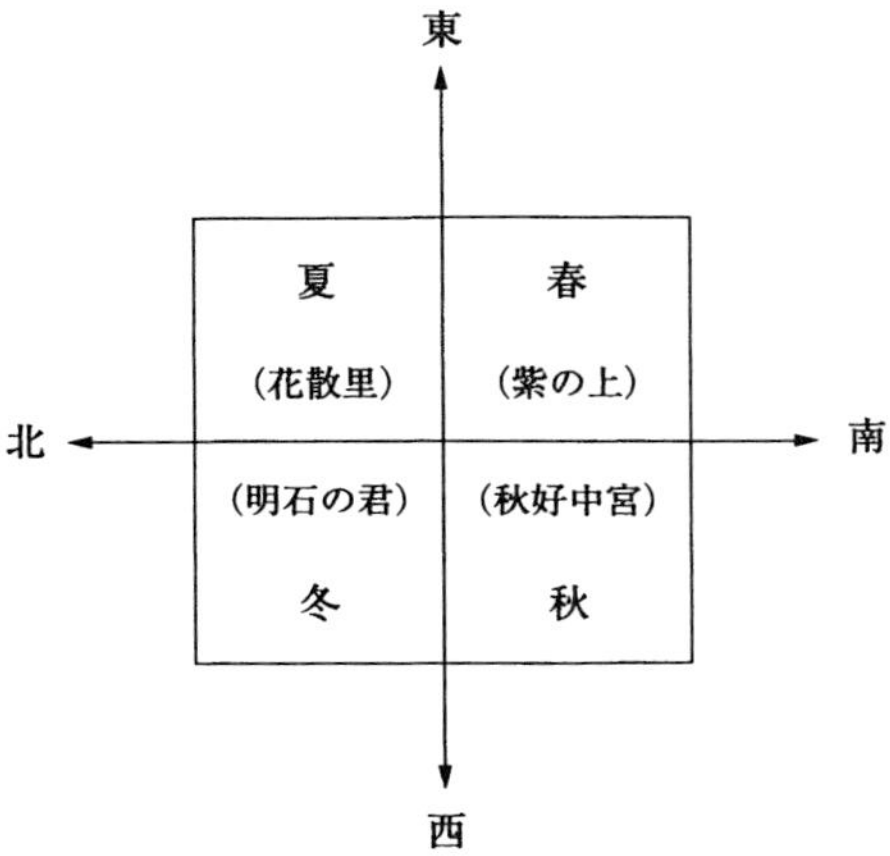

図17　四季マンダラＢ

この六条院マンダラを見ても、中心をもたない女性マンダラ（この際は四人）構造であり、光源氏は重要であるともないとも言える存在なのである。この住居に住むのは要するに紫式部の典型的な分身四人であり、それが調和的に全体を形づくると考えられたのであった。光源氏がそれぞれの女性を訪れる物語が示すように、これらの女性は一人の男性の存在を前提として、その姿を確立していたわけだが、この調和的マンダラは女三の宮の突然の侵入によって破られ、したがって、光源氏の存在価値も失われるのである。

消え去る光源氏

紫の上の死んだ後の源氏は、まったくの脱殻のような存在である。まったく個人的な人間関係は保持されているが、公的な人と会うことはすべて避けている。そして、何かにつけて思い出されるのは、紫の上のことであり、それが涙を誘うのであった。

源氏はこれまでなじみの深かった女房の中将の君と親しく語り合ったり、女三の宮を訪ね、明石の君も訪ねる。しかし、結局のところは、自分の心は紫の上と結びついていたことを、あらためて認識することになるばかりである。季節の移り変わりも、すべてが亡き人の思い出につながり、涙するのを恥じて、源氏は人前に姿を見せない。ついには須磨退居時代に紫の上と交わした手紙なども破り、焼かせてしまう。源氏の出家の決意はいよいよ固いものとなる。

そして、「雲隠」の章は、周知のように、源氏の死を暗示するが、何も書かれていない。後は源氏の死後八年の話が展開していく。源氏の死の状況はまったく語られなかった。紫の上の死はあれほど詳細に描かれたのにもかかわらずである。

本章の最初に述べたように、紫式部が自分の分身たちの中央に据えておいた光源氏は、だんだんと自律性をもって、一人の人間として動きはじめた。それとともに、源氏は秋好中宮、朝顔、玉鬘などに接近してゆき、玉鬘に対してはことに執拗につきまとうが、結局のところ、この三人とは男女の関係をもつことはできなかった。物語のはじめの頃の、源氏の男女関係の在り方とはまったく変わってきている。この頃から、源氏と紫の上の関係が個人的なこまやかな関係になってくる。そして、非常に興味深いのは、源氏が彼の周囲の女性たちのことを紫の上に語ることである。そこでは他には語っていない秘密も語っているし、相当はっきりと性格の比較や論評までしている。

源氏が作者の意図を超えて勝手に動きはじめ、紫式部はそれと葛藤しているうちに、おかしな言い方だが、最初に彼に与えた役割のことも忘れ、彼を愛しはじめたのではなかろうか。そこで、紫式部の代理の紫の上が活躍しはじめ、作者の己の分身に対する批評を、源氏の口を借りて紫の上に語るというパターンが生まれてきたのではなかろうか。両者の関係はますます緊密になり、紫式部が最初に描いていた構想も変化していくか、と思うときに、女三の宮の降嫁、彼女と柏木の密通という急激な話の展開が生じる。つまり、源氏と紫の上との一対一関係によって話は終わらなかったのである。

紫の上は、どれほど素晴らしい男性であっても、それに自分のすべてを託すべきでないことを知る。そして、自分は自分の道を歩もうとするとき、実は男性の方こそ自分に依りかかっていたのだとわかる。紫式部自身が、おそらくこのような体験をしたのではなかろうか。もちろん史的事実は知りようもない。ただ、物語としては、依りかかることのない女性の生き方を語るには、ここまでの関係になった紫の上と源氏では不可能である。それには新たな主人公を必要とする。

既に明らかにしたように、二次元平面に展開する女性のマンダラは一応のまとまりをもつにしろ、完成とは言えなかった。この世界を十分に生きた紫の上は、この世を去った。とすると、光源氏の存在意義はなくなってしまう。彼の最初の出現が非人格的であったように、その終わりも同様のことになる。したがって、彼は消え去っていくが、その個人として死の様相は語ることはできない。「雲隠」などという章を立てることを、おそらく紫式部はしなかったのではなかろうか。気がついたら彼はいなくなっていた、というのが作者の意図ではなかろうか。彼の役割は紫の上の死とともに終わっていたのだ。

と言っても、何度も繰り返し述べているように、源氏の姿は複雑である。もともと非存在のようでもあるし、時には魅力ある一人の男性でもある。知らぬ間に消え去ったのでは残念すぎる。本章は「光の衰芒」と題したが、実のところ、衰芒などという語はない。筆者の造語である。はじめは「光の衰退」としたのだが、やはり、光源氏には衰退の語はふさわしくない。そこで、光芒という語から借りてきて、衰芒という語をつくった。源氏の光は衰えても、なおその残光は長く尾を引いていると考えたいのである。事実、次章に活躍する人物たちに、光源氏の残像を見ることができる。

紫式部も同じような想いがあったのか、人前に姿を見せなかった源氏が、年末行事の仏名の日に、人々の前に現れたときの姿を「その日ぞ出でゐたまへる。御容貌《かたち》、昔の御光にもまた多く添ひて、あり難《がた》くめでたく見えたまふ」(「幻」)と述べている。これまでよりも、なお光輝く姿であったのだ。蠟燭の火の消える時の一瞬の輝きにも似たものであったろう。

(1) 拙著『中年クライシス』朝日新聞社、一九九三年、には日本の文学作品を取りあげ、中年の危機について論じている(本著作集第九巻所収)。
(2) この点については次の対談に述べている。三田村雅子・河合隼雄「我身にたどる姫君」『創造の世界』一一一号、小学館、一九九九年。
(3) 白洲正子『いまなぜ青山二郎なのか』新潮社、一九九一年。

(4) 中村元『佛教語大辞典』東京書籍、一九八一年。

(5) ユングのマンダラ体験に関しては、彼自らが『自伝』のなかで語っている。アニエラ・ヤッフェ編、河合隼雄他訳『ユング自伝』1、みすず書房、一九七三年。

(6) 「はじめに」注3前掲書。

(7) 高橋文二『源氏物語の時空と想像力』翰林書房、一九九九年。

(8) 池浩三「『源氏物語』の住まい」、五島邦治監修『源氏物語 六條院の生活』青幻舎、一九九九年。

第五章　個としての女性

女性としての自分の在り方を考えるうちに、その多様性、多面性を意識し、紫式部はそれらを一人の男性像、光源氏を中心とするマンダラとして表現しようとした。しかし、それに満足することができず、より深化する必要を感じるようになった。男性に依って、その存在の在り方を規定するのではなく、女性が個としての存在をそのままに感じとることが次の課題となってきたが、それはもはや光源氏の物語としては語ることを得ず、彼の死を待って、新たな物語を書き起こすことが必要になった。それが宇治十帖であると考えられる。したがって、宇治十帖はそれまでの物語とは著しい変化を示すものである。おそらく、この間に紫式部も人間として大いに変化したことだろうと思われる。

源氏の死後の物語の展開として、紫式部が最初から宇治十帖の全体構想をもっていたのかどうかわからない。ただ、「雲隠」以後の三巻は、ともかく源氏は消え去ったものの、次に話をどのように組立てていいかわからないままに語られているような感じを受ける。それが「宇治」という場所に住む姫たちというテーマが確定してからは、物語がつぎつぎと発展していった。後にも述べるが、舞台を宇治に移す発想を得て、物語は新たな展開へのダイナミズムをもち得たようである。

宇治十帖が本章の対象となるが、紫式部が女性の新しい生き方を追求しているなかで、光源氏という男性像が、薫と匂宮という二人に分裂するのが興味深い。ここでは、それに至るまでに、話を少し前に戻して、夕霧という男性について論じておきたい。彼は光源氏の息子であるが、父親とはずいぶんと異なる女性関係をもつ。これは新しい女性像の誕生の前触れを示していると考えられる。

1 新しい男女関係

平安時代の貴族の男女関係は、現代から考えると極めて特殊である。正式の結婚の場合でも決定するのは親なので、女性の方は相手の顔を見たことがないのが普通である。もちろん結婚までには歌の贈答があるので、それによって、ある程度は相手の教養や趣味について知ることはできる。これにしても、代筆などのこともあったろう。ともかく親の同意によって、婿となる男性が女性のもとに通ってくるが、夜のことだから顔は見えない。三日目になってやっと、「ところあらわし」として互いに顔を見合い、餅を配ったりして結婚が成立する。こんな具合だから、当日になって相手の顔を見て、こんな人だったのかと驚くこともある。

男が女性をかいま見て憧れ、熱心に通ってくることもある。しかし、女性はこの場合も男性を見ていない。というわけだから、西洋の中世の貴族の間に生じたロマンチック・ラブは、王朝物語のなかにまず認めることはない。ここに描かれる男女の愛はロマンチック・ラブとは別種のものである。

源氏の女性関係で、女性の方も源氏の姿を先に見ているのは、夕顔と藤壺である。しかし、二人ともそれまでに男性経験のある女性であり、二人の愛が結婚に至ることは、まず考えられない状況である。実際に、この二人と源氏の関係は悲劇的な結末を迎えている。源氏以外の男性の場合でも、『源氏物語』のなかで、男女が互いに相手の顔を見知っており、しかも、女性が貴族の娘であるという場合は、これから触れることになる、夕霧と雲居雁の関係以外にはないのである。

これを見ても、『源氏物語』のなかで、この二人の恋が語られているのは、大いに注目すべきことと思われる。これは当時としては極めて珍しい例であり、この話を語った紫式部は、やはり群を抜いた作者であると言わねばならない。

夕霧の恋

夕霧は源氏と葵の上との間に生まれたが、葵の上と暮らし、彼女の死後はその家、つまり彼女の父親(左大臣、のちに太政大臣)のところで育てられた。子どもが母方の家で育てられるのは、当時としては珍しいことではない。太政大臣の死後は、葵の上の母親つまり夕霧の祖母、大宮に育てられている。

ところで、大宮の家ではもう一人、彼女の孫娘が育てられている。彼女の息子の頭の中将(と言っても、この話のはじまる頃は右大将)の娘、雲居雁である。頭の中将は子どもが多いが、雲居雁は北の方との間の子どもではなく、頭の中将との関係が切れた後に、按察《あぜち》大納言の北の方になっている女性との間にできた娘である。継父と共に住むのは辛かろうと、祖母のところにあずけたわけである。

当時は、親族でも男女が顔を合わすことのないように心がけるが、夕霧と雲居雁は幼かったので比較的自由に行動し、共に遊んだりしていた。そのうちに、もの心がついてくると夕霧に恋心が目覚め、雲居雁もこれに応じる。幼ない感じを残しつつ文のやりとりなどがある。彼らに近い乳母たちは、このことを知っているが黙認している。

そのうちに、十二歳で夕霧は元服する。父親の源氏は内大臣でもあるし、四位につけてもおかしくはないのだが、源氏は息子を厳しく教育すべきと考え、敢えて六位にし、大学寮に入れて学問をさせることにした。夕霧は不満であったが父の言いつけに従い、大学寮では優秀な成績をあげる。この間、もっぱら学問に励むようにと、夕霧は源氏の邸の一部屋を当てがわれ、そこに住むが、ときどき大宮の邸を訪ね、雲居雁との関係も続いている。

そのころ、源氏は太政大臣、頭の中将は内大臣へと昇進し、共に権勢を誇ることになる。源氏の須磨退居のときの頭の中将の訪問に示されるように、二人の仲は緊密ではあるが、やはり男としてのライバル意識も生じてくる。頭の中将の娘、弘徽殿の女御は早くから入内していたのに、源氏が親がわりを務める秋好中宮が帝寵を受け、先に立后してしまった。頭の中将の腹は収まらぬので、雲居雁を東宮へと思っていたところ、大宮のところを訪れたときに、乳母たちが夕霧と雲居雁の仲を噂しているのを立ち聞きしてしまった。

烈火の如く怒った頭の中将は、大宮の娘の監督が悪いと文句をつけるほどで、秋好中宮の立后の腹いせに、強引に弘徽殿の女御を里下りさせ、彼女の話し相手にという名目で、雲居雁を自邸に引き取ろうとする。源氏に対するライバル意識が燃えあがったのである。こうなると、雲居雁としては父親の命に従う他はない。

この雲居雁の父親の決定に対する女性たちの反応が実に興味深い。雲居雁の乳母はこれに全面的賛成で、夕霧がいくら立派だと言っても「六位ふぜいとのご縁」などは、お姫様にふさわしくないと思う。やはり、皇室との関係が第一なのだ。ところが、夕霧の乳母はかんかんに腹を立てて、夕霧ほど立派な男性をないがしろにすると内大臣に対して怒っている。と言っても、これを直接には言えないので、大宮に向かって言うのだが。

ここで、大宮の取った態度は、いかにも優しい祖母の役割そのものである。頭の中将にわからないようにして、そっと夕霧と雲居雁を引き合わせる。夕霧は内大臣の仕打ちが恨めしいと言い、これまで二人で会う隙もあったのに、なぜそうしなかったのかと言う。これに対して雲居雁は、自分もそう思うと答えるので、夕霧は「「恋しとは思しなんや」とのたまへば、すこしうなづきたまふさまも幼《をさな》げなり」（「少女」）と二人は語り合うが、内大臣の迎えは迫っている。先に示したような、雲居雁の乳母が夕霧をおとしめる言葉も聞こえてくる。これを聞いて、夕霧は歌を詠む。

くれなゐの涙にふかき袖の色をあさみどりにやいひしをるべき

六位の者の衣が浅緑であることにかけて、自分の紅涙を流す気持も知らずに言う、雲居雁の乳母の言葉に反撥している。雲居雁はこれに応えて、

いろいろに身のうきほどの知らるるはいかに染めける中の衣ぞ

と詠むが、あわただしく二人の仲はへだてられてしまう。夕霧は一人残って嘆き悲しむのみである。

ここに語られる男女関係は、当時としては、実に「新しい」ものではなかったろうか。若い男女がはっきりとお互いの姿を見合って愛を語り合っている。このような恋愛関係を、他ならぬ源氏の息子の夕霧のこととして語るところに、紫式部の文才が光っている。夕霧と雲居雁の恋は、西洋におけるロマンチック・ラブに極めて近いものではないだろうか。そして社会的通念（その体現者が頭の中将）による強力な妨害が入るところも、非常によく似通っている。

しかし、それ以後の展開はロマンチック・ラブとまったく異なっている。雲居雁は父の命に従って易々として引き取られていくし、夕霧もただ耐えるのみで、何ら積極的行動をしない。ロマンチック・ラブという語のもつ、もうひとつの重要な要素である闘い――内的にしろ、外的にしろ――ということを欠いているのだ。後にも述べるが、夕霧は、この後ですぐに惟光の娘に対して恋文をおくったりしている。ロマンチック・ラブとしては、なんとも筋の通らぬ話である。

それにしても、源氏とのさまざまの男女関係を描いた後に、ここに一対一関係としての男女の姿を紫式部が提示したことは、特筆すべきと思われる。男女の新しい在り方を探し出そうとする彼女の努力が、ここに示されているのだ。

横笛

「新しい」ものが探索される上での、父と息子の関係は何らかの緊張をはらむものである。

夕霧は新しい男女関係の構築ということによって、父源氏の生き方に挑戦しようとする。ところが、父子対立の軸は、夕霧と頭の中将との方に移行し、源氏と夕霧、頭の中将と柏木という二組の父子関係の錯綜した人間模様に発展していくことは、すでに前章の「父と息子」の節に述べたとおりである。

この二組の父子模様を織りなす綾のひとつとして、横笛がある。当時、横笛は男性が奏する楽器で、女性は吹いてはならなかった。この故もあって、父・息子の関係や、男女関係における男性の在り方を象徴するものとして、横笛は王朝時代の多くの物語に登場する。『源氏物語』においても同様である。

まず、「少女」の巻に語られる頭の中将と夕霧の場合を見てみよう。既に述べたように、夕霧と雲居雁は恋仲にあるが、頭の中将はそれを知らない。夕霧は元服して父親源氏の住居の一室に住み、学問に専念しているが、幼いときから住んでいた大宮のところへはよく訪ねてくる。もちろん、そこにいる雲居雁に会うのも目的のひとつである。そんなことを知らぬ頭の中将がある日、母親の大宮を訪ねてくる。そこで、娘の雲居雁に琴《こと》を弾かせ、大宮も琵琶をかきならしたりする。頭の中将もこれに和して和琴《わごん》を弾いたりしながら、なごやかな家族の語らいをしているときに、夕霧がやってきた。頭の中将にとって夕霧は甥に当るわけであるし、源氏との関係もあって親しみもある。彼は夕霧に向かって、学問に精を出すのもいいが、趣味の方も大切だと言いながら、笛を与える。「お前も一人前の男になったのう」という感じである。

夕霧の方もこれに応えて、「いと若うをかしげなる音《ね》に吹きたてて、いみじうおもしろければ」、頭の中将も惹きこまれて、これに和して歌う。まさに家族のなかに夕霧もとけこんでゆくような有様であるが、暗くなって湯漬やくだものなどが出されてくると、頭の中将は、雲居雁をさっと居間の方に引き取らせてしまう。

ここのところが大切である。雲居雁とその父親と祖母がなごやかに楽器を奏している、そこに訪ねてきた夕霧に頭の中将が笛を与えるのは、相当な親近感と、一人前になったことを認める行為である。夕霧もそれに応えて上手に笛を奏し、頭の中将もそれに和すほどだった。ここで、娘に琴でも弾いてごらんということになれば、夕霧と雲居雁の関係も深まるだろうが、さっと居間に引き取らせることによって、頭の中将は夕霧との親しさもここまで、と明確な線引きを行なっている。容易に楯つくことのできない厳父の姿である。昔話に出てくるような、娘への求婚者と徹底的に敵対的になる父親像と異なり、優雅であり、親しさも示しながら、しかし、一歩も退かぬ強さをもっている。

しかし、夕霧もこれに負けぬ強さを持っていた。と言っても、それは戦う強さではなく、待つ強さであった。

彼は他の縁談を断ったりしながら五年間を待ち続け、とうとう雲居雁との結婚に成功する。これは父親の光源氏の恋とまるで正反対と言ってよい物語である。夕霧と雲居雁との関係は新しい男女関係と呼びたいほどのものだが、西洋のロマンチック・ラブの物語と異なり、ここで話は終わらない。夕霧には、次の「横笛」の物語が待っていたのだ。

夕霧は目出たく結婚し、一夫一妻の関係を守る。しかし、この間に友人、柏木の道ならぬ恋と死が生じる。柏木に託されていたこともあり、夕霧は柏木に残された妻の落葉の宮と彼女の母、一条御息所の住居(一条宮)を訪ねる。どうも落葉の宮は琴《こと》を弾いていたところだったらしい。琴の置かれたままの廂《ひさし》の間に通され、衣ずれの音や香ばしい匂いを残して落葉の宮は奥に退出する。夕霧は和琴を引き寄せてみると「いとよく弾きならしたる、人香《ひとが》にしみてなつかしうおぼゆ」と、落葉の宮の人柄に心惹かれる想いがするが、「このようなところで、慎みのない好色《すき》心のある人は、自制心を失ってみっともないことをするのだろう」と思いながら、琴をかきならす。

このあたりの描写は実に巧妙である。堅物の夕霧は雲居雁との関係に没頭していて、好色心などまったくないと自分では思っている。しかし、自分ならともかく、好色心のある者はここで自制心を失うのだろうなどと思いつつ、既に彼の手は知らず知らずのうちに琴をかきならしているのだ。無意識の動きが手に表されている。

夕霧への応対はもっぱら一条御息所がしているのだが、夕霧は琴にかこつけて、昔の柏木の思い出のためにも、と落葉の宮に琴を所望。彼女はさすがに承知せず、夕霧も強引には頼めないままでいるが、月が出て雁も飛ぶとなると、落葉の宮もつい気持が動いて箏の琴をかすかに弾きならす。夕霧はますます心が傾き琵琶を弾き、何か一言と、落葉の宮との間に歌を交わす。長居をしては、と暇を告げ、またいつか参りますと約束し、夕霧は「この御琴どもの調べ変へず待たせたまはんや。ひき違《たが》ふることもはべりぬべき世なれば、うしろめたくこそ」と、意味深長な挨拶をして退去しようとする。

そのときに、御息所は夕霧に一管の横笛を与え、古い由緒も伝わっているようだが、こんなところに埋もれさせるのも辛いので、と言う。確かに男の楽器である横笛は、女だけの暮らしには不要のものである。夕霧は吹いてみるが、途中でやめ、さすがにこの笛を吹ききるのはきまりが悪い、と言う。

楽器の合奏、それに続く笛の贈答や演奏。頭の中将から夕霧へ、一条御息所から夕霧へ、と笛が贈られるエピソードに、実に多くのことが語られている。おそらく当時の人たちは、これらの一挙手一投足、一言半句のなかにいろいろと意味を読みとったであろうし、また思わず行為し、言葉を発してみて、それによって自分の心の内がわかることもあったろう。あるいは、それに伴う誤解や思い込みなども生じたであろう。

横笛を一条御息所よりもらって帰った夜、夕霧の夢に柏木が現れる。そして、

笛竹に吹きよる風のことならば末の世ながき音《ね》に伝へなむ

と歌に詠み、自分が伝えたいと思っていたのと異なるところに笛が伝わった、と言う。歌から察しられるのでは、夕霧ではなく柏木の子孫に笛を伝えて欲しいとのことだが、夕霧にすれば、この世に柏木の子孫がいるとは思えないので、不可解な夢と思うしかない。

夕霧は翌日、六条院に父の源氏を訪ねる。そのときに、女三の宮(と源氏の子と思われている)の子、薫に対面し、その顔が柏木に似ていると思い、すべての謎のとける思いをするが、他方では「まさか」という気持もする。複雑な気持のままで源氏に会い、一条御息所より横笛をもらったことや、昨夜に見た夢のことも話す。源氏はす

ぐに柏木はその笛を自分の子、薫に伝えたかったのだろうと察するが、それには触れずに、いろいろと笛の由緒を言いたてて、それは自分があずかっておこうと言う。

夕霧はこの機会にと思い、柏木が臨終の際に、夕霧に対して、自分は何か源氏に誤解されるようなことがあって気にしている、と語ったことを告げ、ここで一挙に真相に迫ろうとするが、老獪な父親はとぼけた返事をし、夕霧もそれ以上に追及しない。横笛をめぐっての親子の対決は、あいまいなままで回避される。しかし、夕霧としてはこれによって、父親に対して大人として対抗し得る人間になったという認識をもったのではなかろうか。

苦悩する男

西洋(特にアメリカ)の現代人のロマンチック・ラブに対する「信仰」と呼びたいほどの信奉ぶりと、それを超えることができないために生じている問題点について、第二章に既に紹介した、ユング派の分析家、ロバート・ジョンソンは、西洋人は「一つの社会として、ロマンチック・ラブの恐ろしい力を処理する術《すべ》を私たちはまだ学んではいません。私たちはそれを、永続的な人間関係を作り出すためよりも、悲劇と疎外を作り出すために用いています」と述べている。これは現代アメリカにおいての思い切った、しかし、真実をついた発言と思う。ロマンチック・ラブを信奉するアメリカの夫婦の間に、どれほど多くの離婚の悲劇と、疎外感が多いかを見てみると、それがよくわかる。

既に述べたように、紫式部は王朝物語のなかには珍しく、ロマンチック・ラブに極めて近似する愛の様相を描き出しながら、そこに、ほとんど必然的に生じてくる「悲劇と疎外」についてよく知っていたと思われる。悲劇が柏木の場合であり、疎外が夕霧の場合である。柏木の女三の宮への愛は悲劇に終わっているし、夕霧と雲居雁の相思相愛の関係は「疎外」へと変貌してくる。このように考えると、西洋のロマンチック・ラブの物語は、ほとんどが悲劇か結婚によって終わりとなっていることが多いのに気づくのである。ロマンチック・ラブの物語を結婚後も続けてゆくと、どこかで「悲劇と疎外」が生じるのではなかろうか。紫式部は夕霧と雲居雁の目出たい結婚を語った後も物語を終わらせることなく、その後の両者の関係を覚めた目で眺め、それを物語る。彼女は相当にしなやかで強い精神力を備えていたのであろう。

夕霧が一条御息所に横笛をもらって帰宅した情景を描く紫式部の筆は、なかなかに冴えたものである。どうも夕霧が落葉の宮に心惹かれているらしい、と感じとった雲居雁は早くから床に入り、寝たふりでもしているのか。夕霧は浮いた気持でいるので、「宵の月を見ないでいるとは」と格子をあげさせ、雲居雁に呼びかけるが返事はない。子どもたちは寝ぼけ顔であちこちするし、さっきまで一条宮で味わった静けさとは比べようもない。夕霧はもらった笛を吹いてみたりして、落葉の宮の顔を一目見たいと思う。それにしても妻の雲居雁は我が強くて、と思ったりする。相思相愛の夫婦が中年に経験する心の動きを、実に的確に捉えた描写である(「横笛」)。

夕霧は落葉の宮に文をおくるが返事はない。強引に泊り込むが、落葉の宮は拒みとおす。この間に、一条御息所は夕霧と落葉の宮が結ばれたものと誤解し、その心労のために病になり世を去ってしまう。夕霧はその葬儀に力を尽くし、ますます落葉の宮を追い込んでゆく。雲居雁は夕霧の心変わりを察し嘆き、また怒りを感じる。

これらの詳細は略すとして、ここに是非取りあげたいことがある。それは、このような男女の在り方に関して、作者、紫式部自身の考えが表明されていると感じられるところについてである。源氏は夕霧と落葉の宮についての噂を知り、心を痛める。そして、このような例につけても自分が死んだ後のことが心配だと紫の上に言う。紫の上はこれを聞いて心のなかで、「女ばかり、身をもてなすさまもところせう、あはれなるべきものはなし」(「夕霧」と思う。これに続いて紫の上の胸中が語られるが、それは紫式部が女性の生き方について考えていることの表明と受けとめられるものなのだ。

紫の上は続けて次のように思う。「もののあはれ、をりをかしきことをも見知らぬさまに引き入り沈みなどすれば、何につけてか、世に経るはえばえしさも、常なき世のつれづれをも慰むべきぞは」。女性が「もののあはれ」や「をかしきこと」などを知っていながら、知らないかのように引きこもり、おとなしくしていては、この世の晴れがましいことを感じたり、つれづれを慰めたりを何によってすることができるのか、と彼女は考える。そして、その次の言葉が興味深いのだが、そんなことでは、その女性を育てた親も不本意に思うに違いない、と焦点を親の方に当てている。そして、ともかく最後は、「あしき事よき事を思ひ知りながら埋《うつ》もれなむも、言ふかいなし。わが心ながらも、よきほどにはいかでたもつべきぞ」と結んでいる。この言葉の裏には、「あしき事よき事」を思い知らずに威張って生きている男性どもに対する、鋭い批判がこめられている。かと言って、女性が一方的に自分を主張しても無意味なことを、彼女はよく知っている。「よきほどにたもつ」ことが、どれほど難しいかと思いめぐらしているのだ。

その後、夕霧は強引に手直しされた一条宮へ落葉の宮を移してしまう。それでも彼女は塗籠《ぬりごめ》に逃げ込んだりして抵抗するが、夕霧は苦労を重ねながらも最後に想いを遂げる。収まらないのは、それまで相思相愛の仲を誇っていた雲居雁である。彼女は一応「方違え」の名目で、父親のところに帰ってしまう。夕霧は困って手紙を出すが返事もこない。そこで、とうとう会いに出かけて行き、雲居雁に帰るようにと説得するが、まったく効果がない。夕霧は粘って泊まることにする。子どもたちを傍らに寝かせながらも心安まらず、「いかなる人、かうやうなることをかしうおぼゆらんなど、もの懲《ご》りしぬべうおぼえたまふ」。夕霧はもう懲り懲りだと思うのだ。

ここに、やや滑稽ながらも、苦悩する男の姿が登場する。これは光源氏が「まろは皆人にゆるされたれば」と嘯《うそぶ》いていたのとは対極をなす姿である。しかし、苦しむと言えば、光源氏も作者の意図を離れて一人の人間として行動しはじめたときは、玉鬘との関係においては相当に苦しみ悩んでいると言えるだろう。この間に底流をなしているのは、夕霧と雲居雁の恋であり、許されぬままに長い間待ち続けた彼らも苦しんだことであろう。夕霧にとっては、今回はそのときの苦悩とは、まったく質の異なる苦悩を味わうことになったのだ。

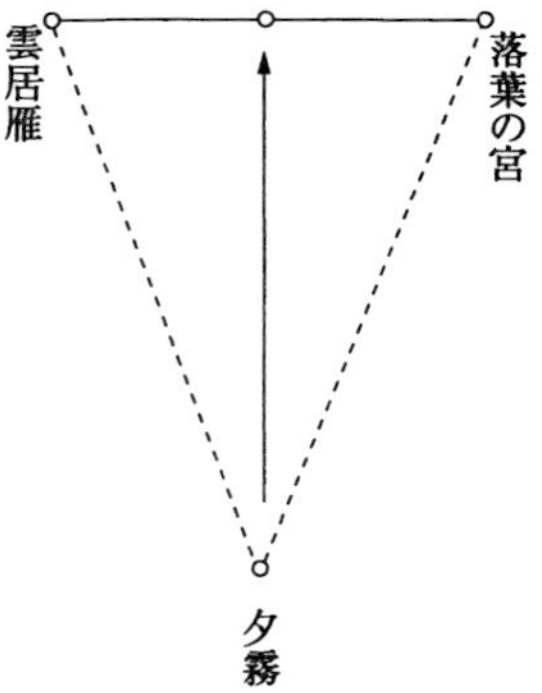

図18　夕霧の女性関係

苦しむと言えば、一途の恋をした柏木も苦しんだことであろう。もちろん、これらの男性の相手の女性たちも大変な苦しみであったろう。しかし、人間は苦しまないと変わらないし、大きい変化には苦しみがつきものと言っていいだろう。新しい男女関係を求めて生きた夕霧が苦しまねばならなかったのは当然と言える。

このような苦しい過程から、夕霧が生み出してきた解決は、源氏の死後の「匂宮」の巻に語られている。夕霧は右大臣になっているが、源氏の亡き後の六条院を荒れさせないようにしたいと、六条院が東北の町、かつて花散里のいたところ(夕霧もここにいた)に、落葉の宮を移し、自分のこれまでの住居、三条殿には雲居雁が住み、「夜ごとに十五日づつ、うるはしう通ひ住みたまひける」ということで、円満な結末を迎えている。雲居雁が怒って実家に帰り、夕霧が苦しんだときから十年が経っているが、どのような過程で、この結末に至ったかは語られない。二人の女性にまったく平等に通うことによって解決するとは、いかにも律儀者の夕霧らしい方法である(もっとも夕霧には惟光の娘の藤典侍という女性があり、子どももあるが、身分が違うので、雲居雁も落葉の宮も問題にしていない)。例の二等辺三角関係というよりは、雲居雁と落葉の宮と結ぶ直線上の中心に夕霧が存在することによって、ある種の安定を見出したということもできる(図18)。

源氏から夕霧へと世代が変わり、そこに新しい男女関係を見出そうとした作者は、このような解決に満足できなかった。さらに異なる関係、あるいは、女性の生き方を求めて物語は続くのだが、その水準を思いきって変化させるために、紫式部は物語の場を京都を離れた宇治に設定することにしたのである。

2 宇治という場所

光源氏の男女関係に比して、息子の夕霧のそれは相当な変化であった。しかし、紫式部はそれに満足できず、もっと劇的な変革の必要を感じたのであろう。紫の上が源氏から夕霧と落葉の宮のことを聞き、女の生き方について思いをめぐらせたところは、紫式部の心を述べているようだと前節に記した。女性が判断力を十分にもちながら、引込み思案でいるのもどうかと思う、などと言いつつ、その文の最後のところは、彼女の育てている女一の宮(明石中宮の娘)のことを心配するところで終わっている。これは、紫の上が自分の代ではどうにもならないにしろ、次の世代に期待したいと願っている、ととることもできる。

事実、物語の方では、夕霧の次の世代の、薫、匂宮が活躍することになり、彼らをめぐる女性たちの生き方が重要になってくる。このような変化を語るために、紫式部は舞台を京都から宇治へ移すことを考える。それが、宇治十帖に展開される物語であるが、ではなぜ宇治だったのか、という疑問が生じてくる。これに答えるためには、トポスということについて考えねばならない。

近代人はあまりにも人間の主体性を重視するので、主体性をもった個人が空間内をあちこち移動するとしても、その空間は均質であって、どこに行こうと、要は主体としての人間の在り方がすべてを決定するような考え方をしている。しかし、古代の人たちはそうは考えなかった。ある特定の場所は、その場所としての固有の特性とでもいうべきものをもつと考えていた。ラテン語の「ゲニウス・ロキ」という表現があり、「場所の精霊」とか「土地の精霊」とか訳される。ある場所がもつ精神的雰囲気が文化の形成、営みの上に大きい要因となるという考えである。日本で「由緒ある土地」というのがそれである。そのような意味で、単なる地理上の場所ではなく、ゲニウス・ロキをもつ場所をトポスと呼ぶことにしよう。

宇治というトポスが既に何らかの精神性をもって存在している、と考える。それは京都というトポスとは異なるのである。したがって、そこに生じる人間関係も、京都とは異なる意味合いをもってくると考えられる。考えてみると、日本には「歌枕」というのがあるが、そのような名所こそ、まさにトポスとしての重みをもっているというべきである。宇治はもちろん大切な「歌枕」である。そこで「宇治十帖」について考える前に、トポスとしての宇治について少し触れておくべきと思われる。

『源氏物語』のトポス

『源氏物語』全体についてトポス論を論じるなら、それはまた一巻の書物になるだろう。ここでは、もっぱら宇治に焦点を当てたいのだが、全体的に考えてみる者にとっては、角田文衞・加納重文編『源氏物語の地理』(1)が大変参考になるだろう。これは題名のとおり「地理」的研究であるが、どうしてもトポス的観点も無視できない。京都から宇治までの地理について論じている奥村恒哉は、次のように言っている。

「土地と言うものは、それが特に名高い所であるならば、その土地としての固有の雰囲気――自然の環境ばかりでなく、歴史的に形成されるものである――を持っている。『源氏物語』はその雰囲気を十分に活用している」。そして「歌枕と言われる土地になると、それが名指しされただけで、聞く者に特有の感銘をおこさせることが出来る」。

これはまさにトポスのことを言っている。それぞれの土地がトポス性をもって『源氏物語』のなかに語られているのだ。当時の人々にとっては、ある土地の名が示されるとき、それが歌枕と言われるところであれば、「聞く者に特有の感銘をおこさせることが出来」たのである。紫式部はもちろん、それを意識しつつ物語を書いたのだ。

前掲書の『源氏物語の地理』のなかで、加納重文が当時の巨椋池《おぐらいけ》の大きさを類推したりして示している「源氏物語地図（京外）」(2)を次頁に転載させていただく。

この地図を見るだけでも宇治のトポス性が推察される。京の都の南にそれは位置していて、北の山々とはまったく異なって、むしろこちらの方に道は開けてくる感じがする。しかし、その道は当時よく行われた初瀬詣の道であり、より聖なる世界に至る途中の地点という性格をもっている。一応、都の方を俗なる世界と考えると、半聖半俗の地である。ここに住む八の宮が「俗聖」と呼ばれていたのと相呼応しているとも思われる。確かに都から宇治まで来るのは当時は容易ではない。しかし、増田繁夫によると、当時の京都から宇治までの「時間は牛車でほぼ二時間弱程度である。馬ならもっと速い」わけだから、ある意味では都の圏内と言えぬこともない。そのような微妙な位置にあるのが宇治の特徴であり、その特性を宇治十帖はうまく生かしている。

それにしても、この地図を見ると、これもまたひとつのマンダラとして『源氏物語』の世界を表わしているよ

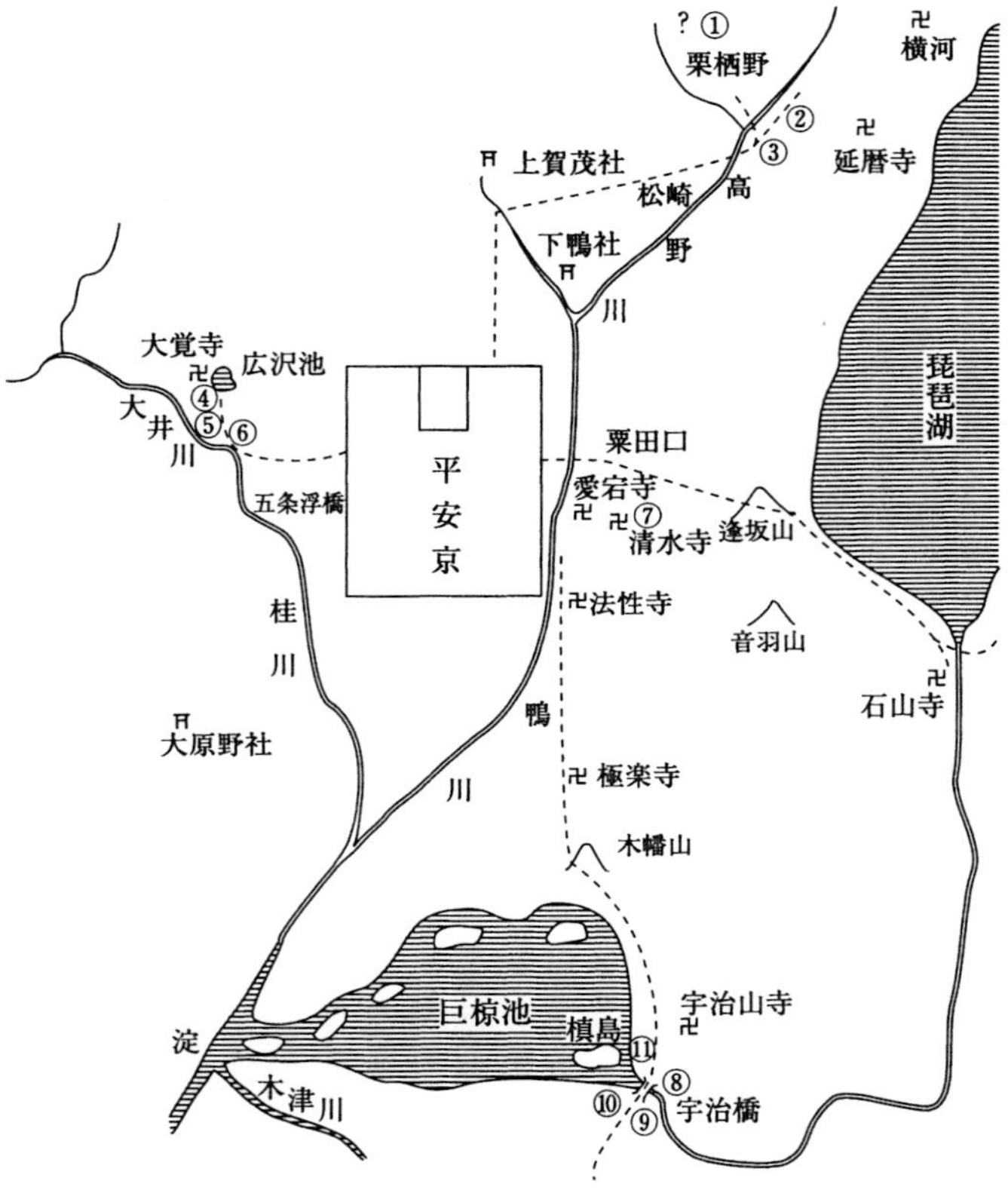

①北山なにがし寺　⑤明石上邸　⑨夕霧別荘
②小野尼山荘　⑥桂の院　⑩因幡守小家
③落葉宮山荘　⑦夕顔山寺　⑪宇治院
④嵯峨御堂　⑧八宮山荘

源氏物語地図(京外)

(角田文衞・加納重文編『源氏物語の地理』思文閣出版, 1999 年より)

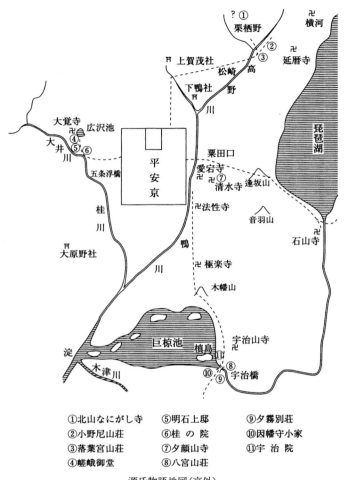

うにも思えてくる。この図の平安京の一劃に源氏の住む六条院があり、それ自体がマンダラ的構造をもつことは既に述べたとおりである。それを中心として、平安京内に二条院や夕顔の邸、朝顔の桃園邸などなどがあるのだが、今は、この洛外の布置に目を向けるだけでも興味深い。宇治については既に述べたが、西にある明石上(本書では明石の君)邸と東の夕顔山寺は対をなしているように感じられるし、南の宇治に対して北の小野は、宇治十帖の終わりの土地として、いかにもふさわしい感じがする。この小野尼山荘が夕霧の訪ねていった落葉の宮の山荘よりも奥まったところにあるのも意味深い。夕霧はここで体験した静寂と、平安京の自宅に帰ってからの自宅の喧噪の対比に悩むのだが、結局は、落葉の宮を山荘から平安京の方に引き戻すことに成功する。これに比して、薫は浮舟を山荘から引き出すことはできなかったのだ。こう考えると、推定ながら示されている、源氏がはじめて紫の上の姿を見た「北山なにがし寺」の位置が、ずっと北にある事実は、やはり紫式部の紫の上に対する思い入れのなみなみならぬことを示しているようにも感じられる。

このマンダラは俗を中心にして、周囲に聖なる世界を置くような構造になっている。マンダラの研究家、頼富本宏は、マンダラの特徴として、中心から周辺へと展開していくエネルギーと共に、周辺より中心へと向かうはたらきもあり、両者のダイナミズムのあるところがマンダラの特徴であると指摘している。(3)この場合でも、平安京を中心として、いろいろな人物が、各所と往還するところに、このマンダラのダイナミックな性格がよく示されている。聖と俗が交錯するところに、微妙な味わいが生じてくる。宇治はまさにそのような典型的な場所であろう。

ある程度のまとまりをもった、このマンダラ図から、はるかに離れたところに、明石・須磨という土地がある。それはまったくの別天地と言ってよいのだ。源氏の須磨への退居というのがどれほどの大きい意味をもつものかを、この地図を見ていると感じることができる。そして、明石の君が入京してくることが、彼女に、いかに強い決心を要することであったかも察することができる。この地図に示される、京都の西部にある大井川のほとりの明石上邸の位置を見ても、彼女の心細さがわかるであろう。またそれだけに、彼女を六条院に引き入れての、六条院マンダラの完成の意義の深さも感じとられるのである。

男性像の分裂

物語の劇的な変化を狙って、紫式部は物語の場を宇治というトポスに移す。ここに登場するのは、薫と匂宮という二人の男性である。この二人の関係は、源氏と頭の中将の関係の再来と見られないことはない。しかし、薫と匂宮の極めて錯綜した女性関係から考えると、源氏という男性像——と言っても一人の人間という感じがしなかった——が、ここに至って二者に分裂したという感じを受ける。後に薫と匂宮については詳述するが、単純に言ってしまえば、薫は内向型、匂宮は外向型であり、薫は考えて考えて、なお行動に移せないのに、匂宮は行動してから考えるようなところがある。源氏は多様な存在だったが、それをなんとか二分して示したようなのが、この二人なのである。

源氏の跡をついだ夕霧は、父とは異なる男女関係を築こうとしたが、二人の女性の間に立って、分裂しそうな困難を経験した。そこで、二人の女性に隔日に会うという妥協策に落ち着くが、これには作者は満足できない。そこで、最初から二人の分裂した男性像を提示してきたのである。

源氏の死後の第一巻「匂宮」の冒頭は、「光隠れたまひにし後《のち》、かの御影にたちつぎたまふべき人、そこらの御末々にあり難かりけり」という文で始まっている。源氏の「光」をそのままに継ぐ人はもういないとした上で、冷泉院は畏れ多いとしても、今上帝の第三子、匂宮と女三の宮と源氏（実は柏木）との間の子、薫が共に気高く美しいと述べている。しかし、この二人とも「いとまばゆき際《きは》にはおはせざるべし」と念を押している。人間離れした（どこかで神に近い）源氏が、人間界に顕現してくると、二人の人格に分裂せざるを得ず、それは源氏ほども「まばゆい」存在ではない、したがって、人間としての苦悩も深くなることを、冒頭に明らかにしているように思われる。

と言っても、薫は源氏に匹敵するほど、世間の信望も高く、自負心も強い。その器量も、特にどこがすぐれているかということはないが、「ただいとなまめかしう恥づかしげに、心の奥多かりげなるけはひの人に似ぬなりけり」という。どこか心の底の知れないような趣があったというのである。これはある意味では当然で、薫は源氏の子とされているが、何か不審なことがあると本人自身も感じているのだ。と言って誰に問いただすこともできない。

おぼつかな誰に問はましいかにしてはじめもはても知らぬわが身ぞ

薫はその存在の根本に不安を感じている。若くして母が尼になっているのも、何かそこに秘密があるのを感じさせる。

薫の特徴は彼に特有の香があることだ。「香《か》のかうばしさぞ、この世の匂《にほ》ひならず、あやしきまで、うちふるまひたまへるあたり、遠く隔たるほどの追風《おひかぜ》も、まことに百歩《ひやくぶ》の外《ほか》もかをりぬべき心地しける」というのだから、稀有なことである。どこかこの世ならぬ資質を持っていることを感じさせる。

「東屋」の巻に、薫が匂宮の二条院を訪ねたとき、薫の香のことに触れて、ある女房が「お経のなかに香の芳しいのを尊いこととして、仏が説いているが、そのとおりだと思う、薫は幼い頃から仏道の勤行《おつとめ》をしていた」、と言うところがある。それに対して他の女房が「前《さき》の世《よ》こそゆかしき御ありさまなれ」と言う。薫は常に仏道に関心を持ち、その香も、それに関連づけて考えられている。

これに張り合って、匂宮の方はあらゆるすぐれた香をたきしめて、「匂宮」という名に恥じぬように努力している。しかし、薫のもって生まれた香にはかなわない。この二人が対照的なのは女性関係である。匂宮は実に積極的であるのに対して、薫は消極的。薫はうっかり女性関係ができたりすると、出家の妨げになりはしないかと考えたりしている。光源氏の孫としての匂宮は、源氏の華やかさと、派手な女性関係の在り方を受けついでいて、どちらかというと、匂宮の方が源氏に近いと言えるだろう。薫はむしろ源氏の影の部分を背負っているようなところがある。これも彼の出生の秘密を考えると当然とも言える。ただ、そのような彼に生まれつきの香を与えているところに、作者のなみなみならぬ工夫が感じられる。

この二人が「宇治」という場でドラマを繰り広げるのだが、まず宇治への道を開いたのは薫の方である。宇治には八の宮という宮家があった。源氏とは腹違いの弟に当るが、世の中から見棄てられたような形で、娘二人と共に住んでいた。八の宮は近くに住む阿闍梨について仏教を学び「俗聖」などと呼ばれるほどの人であった。世間からまったく逃れ、出家してしまいたい気持だが、二人の娘のことが心配でそれもできずにいた。阿闍梨が冷泉院のところに来て、八の宮の仏道修行など話をしているのを薫が聞き、心惹かれて文通した後に会いにゆく。仏道を求めての宇治の訪問が、薫にとってまったく思いがけない世界への接近となるのだから、人生というのはわからないものだ。もっとも、本質的には極めて宗教的な世界への接近と言えなくもないが。

薫のことを知った八の宮は、厭世の気持をもつのは一般に我が身が不幸になった時であるのに、薫は世の中のことは意のままになり、何一つ不足のない境遇であるのに仏心があるのは感心なことだと言う。八の宮は確かに、このように思うのも当然だが、実のところ、薫は不遇などというよりもっと根源的な不安をかかえていることを知らないわけである。そして、不思議なことに、薫は宇治を訪ねるようになって偶然に、自分の出生の秘密を知ることになる。

薫は八の宮に傾倒し、「暇なくなどしてほど経《ふ》る時は恋しくおぼえたまふ」(「橋姫」)ようになる。しばらく会わないと恋しいと思う、という薫の心境は、父親に対する気持がはたらいている。源氏が死んでしまって、父無し子である上に、何か「父」ということに秘密があると思っている薫にとって、八の宮はよき父親像として受けとめられたことだろう。となると、その娘たちに対して薫の関心が移ってくるのも当然である。と言っても、彼が二人の娘とかかわりをもったのは、宇治を訪ねはじめてから三年の月日が経ってからのことであった。

八の宮が阿闍梨を訪ねて行った留守に、宇治の山荘を訪ねてきた薫は、思いがけず二人の娘が楽器を合奏しているのを聞く。このときの、音と香の錯綜はなかなか興味深い話であるが省略して、ともかく、薫は簾をへだてて挨拶する。娘も女房もどうしていいかわからず、うろたえるなかで、一人の老女がなんとか場を取りつくろう。彼女は弁の君と呼ばれ、実は柏木の乳母子であり、薫の出生の秘密を知っていたのだった。この老女が何か知っているらしいと感じたことや、かいま見た姫君たちの美しさなどが心に残り、薫は道心とは別の気持で、また宇治へ行きたくなる。

そのうち、薫は匂宮を訪ね、宇治の美しい姫たちのことを話す。匂宮は関心をそそられ、結局は匂宮が宇治に入りこんでくることになるのだが、これが薫の弱さである。一人で行動することができないのだ。薫は宇治の姫たちに関しては、その後も、後悔することが数多く出てくる。「あのときに、ああしておけば……」という嘆きを繰り返すのだ。思慮深そうに見えて、ほんとうは深くないのである。実のところ、薫と匂宮とをうまく組み合わせると、理想的な人物になるのだが、それは下手をすると、源氏のイメージのように現実性を欠いたものになる。現実というのは実に難しいものだ。

女性の回路・男性の回路

薫の話にそそられて匂宮は初瀬詣の中宿りとして宇治に留まる。ここに薫も現れ、仲間とともに管弦の遊びをする。匂宮たちは、宇治の八の宮の山荘の川向いにある夕霧の別邸にいたが、楽の音は川を越えて渡り、両者を結び合わせる。薫たちは早速、山荘を訪ねていくが、匂宮は身分上、かるがるしいこともできず、そのまま留まる。しかし、花を折らせて歌と共に姫たちに贈る。返歌をどうするかで困るが、大君は思慮深く、このような遊びには乗ってこない。

八の宮は、娘の運が開けそうな予感と、危険を感じるのとで、心を痛めるが、信頼が置けると思う薫に姫たちの後事を託す。薫はそれに応じつつ、心は大君の方に傾いてゆく。

その後、八の宮は阿闍梨の許に行き、念仏三昧に浸ろうと、山に出かけるが、その際に娘たちに決して軽挙して男たちの口車に乗せられないように、そのくらいだったらこの山荘に閉じこもって一生を暮らす方がよい、とくれぐれも言いきかせる。父親としてのこの態度は、明石入道のそれと比較すると、その特徴がよくわかる。明石入道はなんとかして、源氏と自分の娘が結ばれることこそ娘の幸福と信じ、大きい危険を承知の上で、強引に計画をすすめてゆく。八の宮は、薫にそれとなく娘との結婚をすすめているが、娘にはまるで結婚ということを否定するかのようなもの言いをしている。彼のほんとうの気持は、父と娘の関係を、他人の侵入を拒んで永遠に続けたいのではなかろうか。大君はそのような父の意志を心に刻んでいるようにも思われる。

娘たちに厳しい言葉を残して山に籠った八の宮は、そこで死亡する。薫は残された娘たちの後見をしつつ、大君に対する想いはつのってゆくが、彼女はそれを受けつけない。薫は遂に簾のなかに侵入するが、それでも大君の態度は変わらない。二人は共に一夜を過ごすが、性的な関係のないままに朝を迎える。このとき大君が薫に言ったことは注目すべきである。「物隔ててなど聞こえば、まことに心の隔てはさらにあるまじくなむ」(「総角《あげまき》」)、つまり、男女の交わりではなく仕切りを隔ててのつき合いこそ、心の隔てのないものなのだ、というのである。そして、大君が後見となって、中の君が薫と結婚するのがいいと言う。

薫はそれでもあきらめ切れない。その上、例の弁の君をはじめ女房たちは、薫と大君の結婚によって自分たちの生活もよくなることは必定と考え、この結婚を待望している状況なので、大君にとっては、自分の身を守るのがだんだん難しくなる。薫は弁の君に頼みこみ、大君の寝所に忍び込むが、中の君と共に寝ていた大君はそれを察して身を隠し、薫は中の君の一人寝ているところに侵入する。薫は相手が中の君と知ってがっかりするが、その夜は中の君と言葉を交わすだけで何事もなく別れる。

この場面は空蟬のときの再現である。しかし、源氏が空蟬の継娘と知りつつ軒端荻と関係するのに対し、薫は中の君に触れずに別れる点で明確な差が生じる。このエピソードによって、薫が源氏とは異なる男女関係を求めようとする男性であることが明らかにされる。一途に一人の女性、大君を想う薫。それに対する大君も決して薫を嫌いではない。宇治の山荘の女房たちが願うようになぜ二人は結婚できないのか。容姿にしても、その趣味にしても似合いのカップルではないか。

この二人が結ばれることはなかった。ここで大切なことは、大君は薫を嫌っていないどころか、むしろ相当な好意をもっているという事実である。しかし、大君が薫との間を結ぼうとする回路と、薫の大君に向かう回路とはまったくすれ違っていた。薫にとっては身体が結ばれることが大切であった。と言って、彼は別に性《セックス》にのみ関心があるわけではない。二人の間の会話や歌の贈答を見ても、精神的なものは十分に伺える。しかし、深く結ばれるというとき、性関係というのは最も重要な回路として彼に意識されていた。しかし、大君は性の回路を通らない深い関係を望んでいる。彼女にとっては、性を伴う関係は彼女の望むような永遠性はないと思っている。「あはれと思ふ人の御心も、必ずつらしと思ひぬべきわざにこそあめれ。我も人も見おとさず、心違《たが》はでやみにしがな」と彼女は思う。性的結びつきを中心とするとき、好きと思っていても必ず心変わりするものだ。それを避けて心のつながりに生きるとき、永遠性が生じてくる、と大君は考えるのである。

薫は残念ながら大君の心を理解できなかった。大君が中の君の結婚のことばかり願っているのなら、と自分がそれを承知したかの如く見せかけて匂宮を引っ張り込み、結局のところ、匂宮と中の君が結ばれる。そうなると大君は自分と結ばれるだろうとは、浅はかな男の計算であり、これはむしろ、大君の軽蔑を買うようなことになる。

匂宮は中の君のところに通ってくるが、皇子という身分のため拘束が多くて自由にならぬこともあり、大君はそれを早合点してしまって、やはり匂宮は信頼できないと考え、病の床につき、食べるものもあまり食べず、薫の看病の甲斐もなく死んでゆく。

歌枕としての宇治は、「うし」という音との関連で「憂し」というトポス性を与えられているが、このあたりはまさに悲しく辛いことの連続である。薫と大君という、またとない似合いのカップルを提示しておきながら、作者は、これを新しい男女関係として成立させなかったのである。しかし、せっかくの薫の誠実な結婚の申込みをひたすらに拒否する大君の姿のなかに、葵の上、空蟬、紫の上らの女性が源氏に対してもった反感、怒り、恨み、などが凝縮して示されるような感じも受けるのである。

大君は男性の側からの押しつけに対して、強く自分の意志を貫いて生きたとも言えるが、その意志の根本に「父の意志」があるところが特徴的である。それはほんとうに彼女自身から出てきたものであったかが問われるところであろう。彼女の態度があまりにも頑なに感じられるのは、それはどこかで自然さを欠くからではなかろうか。

それでは、匂宮と中の君の関係は理想的だったろうか。こちらはこれまで繰り返された多くの男女関係のパターンそのままで、匂宮は中の君を京都の二条院に引き取り、中の君が喜んでいたのも束の間で、匂宮は夕霧の娘、六の君との縁談を承知してしまう。中の君は落胆するが、そこに薫が現れ、今更のように自分こそ中の君と結婚すべきであったと、口説く。後になってからくよくよと考え直すところが薫の特徴で、匂宮とは対照をなしている。匂宮と薫とが一体であればいいのだが、既に述べたように、現実の人間としては、そこまで対立的なものを一人の人格のなかにかかえ込むことは不可能と言っていいだろう。

勝手気ままに生きる男性に対して、「あしき事よき事を思ひ知りながら埋《うづ》もれなむも、言ふかひなし。わが心ながらも、よきほどにはいかでたもつべきぞ」(「夕霧」)と、女性の立場を紫の上の口を借りて言わせた紫式部は、源氏の死後の舞台を宇治に移し、これまでの女性と異なり、大君という、はっきりと男性のプロポーズを拒否し通す女性の姿を描いたが、彼女はこれによっても満足できなかった。個としての女性像を提示するためには、また新たな女性を必要としたのである。

3　死に至る受動性

作者の期待を背負って、最後に登場するのが浮舟である。彼女によって、この長い物語は終わりを迎えるのだ。女性としての自分の生き方を考え、これまでに示してきたような多くの女性像――それらはそれぞれの魅力をそなえていた――を描いた後に、紫式部の心のなかに、浮舟のような女性像が生まれてきたのは、まことに意義が深い。

大君と薫が結婚すれば、それは、非常にわかりやすい大団円だったのではなかろうか。それまでに語られてきた男女とは異なる思慮分別をそなえ、高貴な生まれながら不遇であった姫と、運命的な誕生をし、恵まれた境遇にある男性と、どちらもが男女関係を否定したいほどの気持をもっていたのに、相惹き合って結婚する。この大団円を紫式部は拒否したのだ。いや、作中人物たちを自由に動かせていると、こうなったのかも知れない。宇治十帖の作者は、この物語の前半を語っていた作者とは相当異なっている。別人のようだと言っていい。作者は別人という説があるのも当然と思えるほどである。あるいは、瀬戸内寂聴は文学者の直感で、紫式部が出家したに違いないと指摘している(筆者との対談)[4]。歴史的事実としては、これらは確かめようがないが、筆者も源氏の死を語ったところで、紫式部が心理的に出家したと推測している。そのような異なる水準に達した上で、作者は浮舟という人物を生み出すことができたのであろう。

新しい女性

最後の切札のようにして登場してくる浮舟の人物像は、実に興味深い。彼女は身分は高くない――というのは、当時であれば決定的マイナス要因――、それにどのような特性をもって現れるというのではなく、要するに大君によく似ているということを唯一の取り柄として出現してくるのだ。それに彼女は父無し子である。母親がずいぶんと大切に育てたのではあるが、継父は浮舟のことなどそれほど気にかけていない。というわけで一般的な判断によると、何の魅力もない女性である。このような女性を切札として最後に登場させるところに紫式部の人間としての深さが感じられる。心の深いレベルでは、時に無が有に優ることを彼女は知っていた。

物語の方を簡単に追ってみる。匂宮は夕霧の娘六の君と気の進まぬままに結婚するが、その美しさに魅せられ、中の君の方は夜離れが続く。訪ねてきた薫が簾のなかに入り、中の君と添い臥すが、何事もなく辞去する。以後、中の君に対する薫の思いはつのるが、中の君は応えない。ある日の語りに、薫は宇治に訪ねて行っても誰もいないので、大君の人形でもつくっておいて、勤行でもしようかと言う。中の君は「人形《ひとがた》」という言葉から連想して、大君によく似た彼女らの異母妹とも言える浮舟のことを思い出す。しばらく音信がなかったが、最近訪ねてきて確かに大君に似ていると言う。

薫は宇治に弁の尼君を訪ね、浮舟についての詳細を知る。八の宮がおつきの女房、中将の君に生ませたのだが、娘として認めもせず、後に中将の君は浮舟を連れ子にして、陸奥国の守と結婚。彼はその後、常陸介となり、最近上京してきた。母親が二十歳くらいの浮舟を連れて、中の君のところに挨拶に来たとのこと。

薫はそれを知って、大君に関係のある人だったら知らぬ国に訪ねて行っても会いたいほどの気持だ、と弁の尼君に仲介を依頼する。その間に、薫は今上帝の娘、女二の宮と結婚、自邸に迎え入れる。女二の宮は気品が高くて美しく、薫は嬉しくは思うものの、大君に対する気持はやはり変わらない。薫は権大納言に昇進し、右大将も兼ねる地位となり、あらゆる点で人も羨む生活になるが、内心ではやはり、大君のことにこだわり、中の君に対する気持もあり、うつうつとして暮らしている。

そんなときに、薫は宇治に行き、そこを訪ねてきた浮舟の一行と行き合わせ、そっと襖の穴から覗き見をする。「何ばかりすぐれて見ゆることもなき人なれど、かく立ち去りがたく、あながちにゆかしきも、いとあやしき心なり」(「宿木」)というのは、浮舟をはじめて見たときの薫の気持をよく表している。どれほどすぐれて見えるというのでもないが、やたらに心惹かれるところがあるのだ。

浮舟にはその後、左近少将から結婚の申込みがある。しかし、彼は浮舟が常陸介の実娘でないことを知り、実娘の方に乗りかえてしまう。中将の君は大いに怒り、中の君に浮舟の庇護を依頼し、中の君の邸に住まわせてもらう。ところが、匂宮が偶然に浮舟を見つけ、いつもの悪い癖で浮舟に言い寄ってくる。浮舟も周囲の女房たちも困るが、匂宮が明石の中宮の病のために宮中に呼び出され、浮舟は危ないところを逃れる。ともかくすぐに行動に出る匂宮の特徴がよく表れている。

中将の君はこれを知って、これは危ないと浮舟を引き取り、三条の彼女の住む小屋に仮住まいをさせる。これを知った薫はそこを訪ね、浮舟と一夜を過ごす。そして、薫には珍しく素早い動きで、彼女を伴って宇治に行き、そこで楽しい時を過ごす。

ここまでの話では、浮舟はどう考えても、「新しい女性」とは考えられない。何もかも母のいいなり、周囲の動きに合わせて生きているだけと言えそうである。縁談にしろ、破談にしろ、成り行きまかせで、そのときに、浮舟が喜んだとか、悲しんだとか、怒ったということも語られない。薫は浮舟と一夜を過ごした後に、浮舟のことを、おとなしくて、おっとりし過ぎているところが頼りないと思う。そして、大君は子どもらしいところがあったが、心づかいは深かったと思い出している。浮舟の姿は大君に似ているが、その性格は大分異なっている。大君は薫との関係を拒否し続けたのに対して、浮舟は唯々として薫に従っている。彼女の「新しい」側面は、もっと後になって顕在してくるのである。

浮舟の苦悩

「浮舟」の巻の冒頭は、匂宮の浮舟に対する想いを述べることによってはじまっている。「宮、なほかのほのかなりし夕《ゆふべ》を思し忘るる世なし」というわけで、一度、会って言い寄りかけて逃がしてしまった彼女のことが、いつまでも忘れられない。しかも、急にいなくなってしまったので、いったいどうしたと中の君を責めたてるが、なにしろ匂宮は女性に目をつけると「あるまじき里まで尋ねさせたまふ御さまよからぬ御本性」であることを中の君は知っているだけに、うっかり返事もできず、ただだんまりの作戦で臨んでいる。

薫の方はこんなことはまったく知らず、おっとりと構えていて、宇治では待っているだろうと思いつつ、身分上それほど気軽に行動もできず、そのうちなどと思いつつ日を過ごしている。こんなところが常に短兵急な匂宮と異なるところである。そこから思いがけない落し穴にはまることになってくる。一方、匂宮は宇治から中の君に送られてきた手紙によって浮舟の行方を知る。そうなると彼は行動が早い。伝手《つて》をたどって薫との関係など大方のことは知ってしまう。「まめ人」などと言われる人間に限って、世間の思いつきもしないような隠し事をしているのだ、と思うと、彼は居ても立ってもいられなくなる。

匂宮は秘かに宇治に直行し、垣根を少し壊して山荘内に侵入し、隙見をする。女君の姿が見えるが、まぎれもなく例の女性である。上品で美しく、中の君に似ていると思う。ここで、匂宮の取った行動はさすがに強引である。うまく薫の声音をまねて格子を上げさせ、浮舟のいるところに入りこむ。浮舟は抵抗する術もなく、匂宮の思いのままになる。彼女は自分を庇護してくれた中の君の夫とこのような関係になったことを嘆いて泣く。ところが匂宮も泣いている。それは「なかなかにて、たはやすく逢ひ見ざらむことなど思すに、泣きたまふ」と今は情が移ってしまい、これからそれほど容易に会えないことを思って泣くのである。男女の涙はまったくすれ違っている。

匂宮は強引に翌日も逗留を決意。事実を知った女房の右近は、こうなると他に知らさないことを第一とし、まるで薫が来ているように見せかけて二人を守る。ここで注目すべきことは、このようにひたぶるに接近してくる匂宮に対して、浮舟の方も一夜のうちに心が惹き寄せられてくるという事実である。彼女は薫が美しく、他にこのような人はいまいとさえ思っていたのに、匂宮の方が「こまやかににほひ、きよらなることはこよなくおはしけり」と思ってしまうのだ。匂宮もまったく溺れこんでしまって、こんないい女は他にいないと思う。もっとも作者は客観的描写も忘れていず、浮舟は美しさでは中の君に劣るし、六の君の今を盛りの美しさには比べようがない、と述べた後に、匂宮の思い込みを記している。二人は一日情痴の世界に浸った後、匂宮は心を残しつつ京に帰る。

しばらくして薫が宇治に行く。浮舟は匂宮とのことがあるので心苦しく、思い乱れる。それを見て薫は、浮舟が大人びてきたと思う。薫の人のよさがよくわかる。京都に家を建てさせ、そちらに住まわせるつもりとのことだが、浮舟は匂宮から手紙で静かな住居を見つけたと言ってきたことを思い出す。頼るとするとやはり薫の方だと思いつつ、浮舟は先日の匂宮の姿が思い浮かんでくるのをいかんともし難く、我ながら情けないと感じている。

匂宮はたまらなくなって宇治を訪ね、今度は山荘の対岸にしつらえた家に浮舟を連れ去る。川を渡るときに、橘の小島という島に常緑樹の茂っているのを見て、匂宮は自分の心はあの緑のように年が経っても変らないと歌を詠む。これに返して浮舟は

たちばなの小島の色はかはらじをこのうき舟ぞゆくへ知られぬ

と詠む。この歌から「浮舟」の名が由来するのだが、彼女の不安定な気持をよく表している。この家で二人は二日間を過ごすが、「かたはなるまで遊び戯《たはぶ》れつつ暮らしたまふ」という表現に、その様子が偲ばれる。川を渡って山荘に帰るときも、匂宮は浮舟を抱いて離さず、「いみじく思すめる人はかうはよもあらじよ。見知りたまひたりや」と言う。浮舟もそれにうなずくが、確かにそのとおり、薫にはこのような烈しい愛の表現はない。かと言って、浮舟は匂宮の胸に飛び込んでゆくことはできないのだ。

匂宮は帰京後、浮舟を恋うあまり病に臥してしまう。薫も匂宮もどちらも浮舟を京都に移そうとして手紙が来るので、それを読む浮舟の心は千々に迷う。匂宮の手紙を見ると、そちらに心が動くが、さりとて、最初に契りを結んだ薫に対しても、思慮深い人柄が思い出されて離れ難い。苦しみながら、浮舟は手すさびに次のような歌を書く。

里の名をわが身に知れば山城の宇治のわたりぞいとど住みうき

「里の名」というのは、よく知られている『古今集』の歌、

わが庵は都の辰巳しかぞ住む世をうぢ山と人はいふなり

を踏まえている。歌枕としての「憂し」のトポスのはたらきを浮舟は十分に感じたことであろう。彼女の苦悩はだんだんと深くなってゆく。

薫と匂宮の間に立って、浮舟は身動きが取れぬ状況に追い込まれていくが、これも浮舟のあまりに受動的で、ものごとを拒む力が弱すぎるために起こったことである。彼女は大君と容貌は似ているが、性格は反対と言っていいだろう。大君があれほど薫を憎からず思いつつも、男女の仲になることを、彼に添い臥しまでされながらも拒み通したのに比較すると、浮舟の男性関係は、あまりにも成り行きまかせである。あるいは、無反省に何でも受けいれると言うべきだろうか。薫と関係があり、頼るべき人と思いながら、匂宮の強引な侵入は防ぎ切れなかったとしても、その後は、彼との関係のなかに浸り切っている。

入水

浮舟は匂宮と薫の間にいるのだが、すでに述べたような二等辺三角関係的なバランスなど生じてくるとは思われない。浮舟があまりにも両者を受けいれ、距離が縮まってしまったので、バランスなどという余裕は生まれない。特に匂宮の方は一途に突走るし、おっとりとはしている薫にしても、その内面的な一途さでは匂宮に劣るものではない。ここで興味深いのは、浮舟の心のなかで、こんなことだったら匂宮との関係を拒むべきだったとか、匂宮のひたむきな恋に溺れ込んでゆくときに、なんとかして薫との関係を切ろうとするとか、二人のうちのどちらかに決めようとする努力が、あるいは、決めなかったことの後悔がまったく語られないことである。彼女は徹底的な受動の人であり、それによって自分を死に追い込んでゆく。

そんなことも知らず浮舟を訪ねてきた母親の中将の君は、弁の尼君との世間話に、宇治の川の流れの凄まじさを話題にし、女房たちも、先日、渡守の孫が棹をさしそこねて川に落ちたが、川に落ちた者はまず命が助からないと話し合っている。浮舟はこれを寝たふりをして聞きながら、自分が入水して行方知れずになったら、母親、薫、匂宮はどう思うだろうなどと考える。

入水に関しては伏線がある。大君が死に、悲しみのなかで薫と弁の君が会って話し合ったとき、弁の君は次の歌を詠む(「早蕨」)。

　さきにたつ涙の川に身を投げば人におくれぬいのちならまし

入水でもしていたら、大君におくれを取って今のように悲しむこともないだろう、と彼女は訴えるが、これに対して薫は、自殺は罪深く、とうてい仏のいる彼岸にたどりつくことはないと言い、次の歌を返す。

　身を投げむ涙の川にしづみてもこひしき瀬々に忘れしもせじ

たとい身を投げても、恋しさを忘れることはできまい、と薫は弁の君に言っている。薫は常々この世のことを軽んじて、来世の方に向いているようなことを言ってはいるが、いざとなると、なかなかこの世を離れることは難しいのだ。当時の人々が実際にどれほど自殺したのかを、残念ながら筆者は知らない。しかし、このような会話から察しても、浮舟の入水の決意は、なかなかのことであったと推察される。

そのうちに、薫は匂宮と浮舟との関係を悟り、まったくやり切れない気持になる。ずっと仲良くしていて、彼を連れてわざわざ宇治まで行き、中の君に引き合わしてやったのにとか、自分は、今、その中の君を思慕しつつも、匂宮のことを考えて自制し続けているのに、と思うとたまらない。しかし、ここで、二人の間に血の雨の降る争いが起こらないばかりか、まったく衝突が生じないのが、王朝時代の特徴である。薫としては、浮舟に対して、非難の意をこめて歌を送る。待ってくれていると思っていたのに、心変わりをして、自分を人の笑いものにするな、と怒りをぶち当てる。これに対して、浮舟は薫がどの程度に事実を知っているかわからぬので、返事を書きあぐねて、手紙の宛先が違っているように思う、と返事する。それにしても平安の御世の恋の鞘当ては、優雅と言えば優雅である。

浮舟の女房の右近は先ほどの手紙を盗見して、事態が深刻になったと思う。すべての事情を知っている侍従と共に来て、右近の姉について浮舟に語る。右近の姉が常陸に住んでいたが、二人の男に夢中になった。そのうち、女は二人のうち新しい男に少し気持が傾いてきたので、先の男がそれを妬んで後の男を殺してしまった。そのために結局は男も女も不幸になっていった。この話をして右近は浮舟に対して、二人の男にかかわるのはよくないのでどちらか一人に決めた方がよい、と忠告する。侍従はいっそのこと匂宮に決めては、などというが、浮舟の心はそんなに簡単に片方に決められるようなものではない。しかし、女房たちも言うように「げによからぬ事も出で来たらむ時」はどうしようかと思い悩んだ末、「まろは、いかで死なばや」と、死への決意が強くなる。

ところで、ここに語られる右近の姉の話は注目に値する。というのは、匂宮の裏切りに薫が怒りを発しても、

「争いは起こらない」と述べたように、王朝物語のすべてを通じて、既に述べたように、殺人ということが決して起こらないからである。平安時代というのは不思議な時代である。死刑の記録がないとも言われている。このような時代背景のなかで、ここでは殺人事件のことが語られている。やはり、平安時代にも殺人があることはあったのだとわかるのだが、この場面では二人の女房がこんな話を想像して語るほどに、事態が切迫していたのだと思われる。

死に際して、浮舟は薫、匂宮、母のことをそれぞれに思い出す。そこに母から手紙が来て、浮舟について不吉な夢を見て心配だと言ってくる。そして、浮舟の無事息災を祈って近くの寺で御誦経をするようにと御布施を送ってくる。母親は浮舟のことを心配しているが、もう一人の娘のお産のためそちらを離れられないのである。浮舟は今はこれまでと、母親に返事を書く。

のちにまたあひ見むことを思はなむこの世のゆめに心まどはで

表面的には母親の凶夢の手紙に対して、そんなことは心配せずともまた会えるから、と言っているように見せかけながら、実は来世での再会を、と告げて、袂別の意をこめている。近くの寺では母親からの御布施を受け取り、早速に読経をはじめ、その鐘の音が聞こえてくる。その音を聞きながら、

鐘の音《おと》の絶ゆるひびきに音《ね》をそへてわが世つきぬと君に伝へよ

と詠む。母の祈りの鐘の音に、自分の泣き声を合わせて、私の命も終わったと母親に伝えてほしい、と。浮舟は母親の守りの鐘の響くなかで、入水しようとしたのである。

浮舟の死は、大君の死と対照的である。大君が「父の娘」であるのに対して、浮舟は「母の娘」である。大君は薫に好意を抱きながらも、父の意志を体して、それが男女の仲になることを拒否し通し、その延長として、食事までも拒否して世を去っていった。これに対して浮舟は極めて受動的であり、結局は不幸になることが見えすいているのに、二人の男性を受けいれてしまう。そして、匂宮との関係に溺れ込んでゆくところは、大君は絶対に受けいれられないところであろう。しかし、どう考えるにしろ、人間は自分の「身体《ボディ》」を否定しては生きていけないのだ。身体性を生きるという点では浮舟は、まさにそのとおりと言っていいが、父親がいないという点に象徴されるように、あまりに父性を欠いた身体性への偏りは、結局は、身体そのものを否定する自殺に追い込まれるというパラドックスを内包している。浮舟が入水という自殺の手段をとったことは、非常に興味深い。彼女としては母胎のなかの羊水に回帰したいほどの気持であったことだろう。

4　個として生きる

浮舟は死ななかった。いや死んで、再生したのである。

浮舟は長い『源氏物語』のアンカーを務める女性である。彼女について考える前に、もう一度それまでのランナーの姿をごく簡単に振り返っておこう。光源氏をめぐってはたくさんの女性がいた。彼女たちは、それぞれが源氏との関係において自分の存在を規定していた。源氏の息子の夕霧に対しては、一対一関係に生きようとする雲居雁がいた。それでも、その後の夕霧は彼女の期待を裏切り、落葉の宮という女性を引きいれてくる。女性たちも苦しむが、一応、隔日の妻訪いという解決に落ち着く。ただ、作者の紫式部はこんなことに満足できなかった。そこで、次は男性像を分裂させ、薫と匂宮という対照的な人物を導入する。両者に深くかかわった浮舟は、苦しみの果てに入水という道を選ぶ。

ここで重要な反転が生じ、浮舟は死を免れたのみならず、これまでとは異なる女性として生きようとする。われわれ心理療法家は、苦悩する人が死を企図したり、自殺未遂をして後に、劇的な反転現象を体験し、生きてゆく新たな道を見出すことを経験する。象徴的には「死と再生」の体験をしたと言うことができる。自殺未遂の後に、急激な人格変化を経験したある女性は、「死ぬほどのところを潜《くぐ》らなかったら、私は変われなかったのです」と言った。浮舟がどのようにして、その過程をたどり、どのような女性に変化したのかを見てゆこう。

再生する女性

浮舟が失踪し、それを入水と受けとめた人たちがどのように行動したかは、「蜻蛉《かげろう》」の巻に語られるが、これは省略し、彼女が命を助けられた以後のことを「手習」の巻に語られているのを追ってゆこう。

浮舟を助けたのは、比叡山の横川《よかわ》に住む僧都である。僧都は八十歳を過ぎた母親、五十歳ばかりの妹を連れて初瀬寺に参詣。帰路に母親が病気になったため宇治に留まることにし、それが機縁で、茫然自失して木の下に蹲《うずくま》っている浮舟に会う。狐か鬼かと騒ぐ人々を制して僧都はともかく浮舟を人目に立たぬ物陰に寝かせておいた。このことを知った僧都の妹の尼君は、初瀬寺で見た夢を根拠に浮舟を見たがり、その姿を見て、「ただ、わが恋ひ悲しむむすめのかへりおはしたるなめり」と言う。彼女は以前に自分の娘を亡くしており、その娘が生まれ変わってきたのだ、と言うわけで、浮舟を連れて、横川まで帰ることになる。と言っても、女性はそのあたりまでは禁制で行けぬので、近くの小野という地にある尼君の住居に浮舟を住まわせることになった。

このように、浮舟が横川の僧都に助けられるためには、偶然がうまく作用している。普通なら「魔性」と思って敬遠するのに、高徳の僧都に発見されたことや、彼の妹君の夢によって、助けられることになった。ここで宇治に留まることになる理由として、僧都と彼の母との関係が作用し、妹の尼君の場合は彼女と死んだ娘との関係が大きくかかわっている。どちらも「母」ということが要因になっているが、このことは、浮舟が入水を決意して家を出ようとするとき、彼女の母の依頼によって、彼女の無事息災を願う御誦経が唱えられていたことと呼応している。妹の尼君は、浮舟を「初瀬の観音様の下さった人です」と言っている。彼女はこの世の人間関係を超えて、深いルーツとの結びつきをもって再生してきたのである。

浮舟は最初のうちは記憶も失っているほどであったが、尼君に優しく接してもらっているうちに、だんだんと恢復してくる。そこに亡くなった尼君の娘の婿である中将が訪ねてくる。彼はすぐに浮舟に関心を抱き、歌など贈ってくる。浮舟はもちろん相手にしないが、尼君をはじめ周囲の女性は、それを望んでいる様子。中将はますます繁く訪れてくる。浮舟は「いとむつかしくもあるかな、人の心はあながちなるものなりけり」と思う。彼女は匂宮のことを思い出し、男というのは何と強引なことよと嘆いている。ここに、かつて紫の上が夕霧と落葉の宮との関係について聞き知ったとき、「女ばかり、身をもてなすさまもところせう、あはれなるべきものはなし」（「夕霧」）と言った言葉が重なってくる。女性が一人で生きていると知ると、善悪の分別もなしに男が近寄ってくる。落葉の宮はそれをうるさいと感じつつも、結局のところは、男に従っていった。しかし、浮舟は違った。彼女は最後まで中将を寄せつけず、出家の志を固くした。

妹の尼君は初瀬にお礼詣りに行くと言う。娘の死を悲しんでいたのに、浮舟のような身代りを得たので、お礼に行くのだが、浮舟にも同道しては、と勧める。浮舟は母や乳母が初瀬詣りをしてくれたのに、何の甲斐もなかったのだからと心中に思いつつ断る。このあたり、浮舟の意志の力がだんだん強くなっているのが認められる。

ところが、尼君がいなくなって人数が少なくなった庵に中将が好機とばかり訪ねてくる。浮舟はそれを避けて、普段は入ったことのない大尼君(僧都の母)の部屋に行き、眠ろうとするが、老人の高いびきで眠れない。それどころか、この老婆に食われてしまうのではないかと思うほど恐ろしく感じる。ここの描写も実に優れている。浮舟を守ってくれるのは、初瀬の観音でもなく、年老いた母君でもない。このあたりで、浮舟の個として生きようとする志は、ますます鍛えられてゆくのだ。

浮舟は固い決心をもって、京都に行く途中に庵を訪ねてきた横川の僧都に出家を願う。僧都はそれを聞いてもにわかに同意しない。それまで多くの人々の人生の哀歓につき合ってきた者として当然のことであろう。発心するときは固くそう思っていても、年月が経つと、女性の身というのは多難なものだなどという。あれこれの前例も心に浮かんでのことだろう。しかし、浮舟の決意の変わらぬのを知り、「あやしく。かかる容貌《かたち》ありさまを、などて身をいとはしく思ひはじめたまひけん。物の怪《け》もさこそ言ふなりしか」と思う。そこで京都から帰ってくる七日後にしては、と言う。僧都はあくまで慎重で、少しでも日延べして心変わりするかどうか確かめたいのである。そんなことをしていて尼君が帰ってくると必ず制止するに決まっていると、浮舟は気が気ではなく、激しく泣いて懇願し、僧都もとうとう賛成する。

ここのやりとりも重要で、浮舟の決意の生半可でないことをよく示している。もちろん出家する人も多かったので、それは必ずしも死の体験に相応するほどのものとはならぬこともあった。「匂宮」の巻では、薫が母の女三の宮の尼姿を見て、「明け暮れ勤めたまふやうなめれど、はかもなくおほどきたまへる女の御悟《さと》りのほどに、蓮《はちす》の露も明らかに、玉と磨《みが》きたまはんことも難《かた》し」と思うところがある。出家して誦経に励むことが、すなわち悟りの道に通ずるとは言い難いとは、作者の紫式部が当時の出家した人たちを観察して考えたことではなかろうか。出家すなわち成仏というような単純図式によって、浮舟の行為を語ろうとしていないことは明らかである。そのためにも、彼女の固い意志を示す必要があったのだろう。

出家して浮舟はやっと、「心やすくうれし」という心境になる。「世に経《ふ》べきものとは思ひかけずなりぬるこそは、いとめでたきことなれと、胸のあきたる心地したまひける」。翌日に、浮舟は手習に次の歌を書く。

亡きものに身をも人をも思ひつつ棄ててし世をぞさらに棄てつる

彼女は死と再生を二度繰り返した、とも言うことができる。そのような過程を経てこそ、彼女は最後に強い意志を示すことができたのである。

個としての女性

浮舟が小野の庵に生きていることが、人伝てに薫の耳に入った。薫は喜びながらも半信半疑で、確かめるために横川の僧都を訪ねる。薫は帰途にそのまま小野を訪れたい気持だったが、ともかくその日は京都に帰ることにし、浮舟の異父弟の小君を召使っていたので、彼を使いにして文をおくることになった。僧都も文を書いて託すことにした。薫の一行が松明をかざして京へと下ってゆくとき、小野では浮舟もそれを見ている。「源氏の大将殿のお出まし」などと人が話し合っているのも聞こえるし、随身たちの話声も聞きおぼえがある。しかし、「棄ててし世をぞさらに棄てつる」浮舟にとっては、もはや関係のない世界であった。

翌日、小君は文を持って小野を訪ねてくる。僧都よりの手紙には大将殿(薫)が来て、一部始終を話したとあり、続けて、

「御心ざし深かりける御仲を背きたまひて、あやしき山がつの中に出家《すけ》したまへること。かへりては、仏の責《せめ》そふべきことなるをなむ、承り驚きはべる。いかがはせむ、もとの御契り過《あやま》ちたまはで、愛執《あいしふ》の罪をはるかしきこえたまひて、一日の出家《すけ》の功徳《くどく》ははかりなきものなれば、なほ頼ませたまへ、となむ」(「夢浮橋」)と述べている。深い志で結ばれた薫との仲に背いて、賤しい山住のなかで出家したのでは、かえって仏の咎めを受けることだろう。こうなった上は、今一度もとの契りを違えず、薫の愛執の罪を晴らしてあげてはどうか。たとい一日でも出家した功徳ははかり知れないので、行末は頼もしいことだろう、と僧都は浮舟が還俗し、薫のもとに戻ることを勧めている。ここで、「もとの御契り過《あやま》ちたまはで」を、出家の契りと解釈する説もあり、学界では論争があるようだが、この手紙および、後にも述べる全体の文脈から考えて、薫との契りと読むべきと筆者には思われる。

薫の手紙ももちろん一度会いたいというものであり、しかも、持参した使者は自分の弟である。しかし、浮舟の心は微動もしなかった。尼君たちもなんとかこの縁を復活させたいと願っているのは見え見えだが、浮舟は、はっきりと拒絶の意志を伝えさせた。薫は今か今かと返事を待っていたが、小君の返事を知って気落ちしてしまう。あげくの果てには、「人の隠しすゑたるにやあらむ」と、誰か他の男が浮舟をかくまっているのかと疑ったりするところで、この物語は幕を閉じる。

浮舟という女性が最後に到達した地点と、男性の薫――他の男性に比して際だって素晴らしいとは言え――の

立つ地点が、いかにかけ離れたものであるかを明確にする。この物語の終わりは、さすがに見事という他はない。

ここで、このような最終の到達地として選ばれた小野という土地のトポス性について一言述べておきたい。福嶋昭治は「二つの小野」について論じ、(5) 夕霧が訪ねていった一条御息所の山荘のある小野と、浮舟がかくまわれていた庵のある小野について比較考察している。詳細は福嶋の論に譲るとして、まず重要なことは、後者の方が奥まったところにある事実である。夕霧の訪ねた小野は都に近い事実を反映して、彼がそこで会った落葉の宮は、ある程度の抵抗はあったにしろ、都に住むことに同意したのである。しかし、浮舟は、薫との関係をさえ拒否したのであった。彼女は都に住む男たちとは異なる地に住んでいることを明らかにしたのだ。もうひとつ福嶋の指摘している重要な点は、落葉の宮の小野は延暦寺東塔の根本中堂に近く、浮舟の小野は横川に近い。それについて福嶋は次のように述べる。

「横川こそは、『源氏物語』の横川の僧都のモデルである源信の拠点であったことは言うまでもない。旧弊もあったであろう山の本来の信仰の地である東塔を捨て、横川という山の北限の地から浄土信仰という新しい教えを広めようとした源信に、作者は、数奇な運命を背負った浮舟が救われるかもしれない一縷の光明を見いだしたのであろう。だが女性として、横川という救いの地にもっとも近いところに居り、かつ出家を果たしていながら、浮舟には、その地は安心立命の地ではなかった。」

小野のトポス性についての卓見である。

ここで、これまで論じてきたことをまとめて、作者、紫式部の個性化の過程として、『源氏物語』に語られてきたことを単純化して図示すると、図19のようになるだろう。女性が、ある男性とのかかわりにおいて、自分はその何であるか、母、妻、娼、娘なのかと考えることによって、自分を定位することをやめ、自ら個としての存在に根をおろしてゆくためには、図示するような内的体験を必要としたのだ。そして、紫式部が個として女性のイメージを体現する浮舟に、まずひたすら受動的な態度を付与したことは特筆に値する。本書の第三章に論じたように、紫式部は母との関連の薄い女性であり、男まさりの能力をもっていた。それ故にこそ、この物語には多くの「父の娘」が登場し、大君のように男女の仲を絶対に拒否する女性まで現れた。浮舟は最初は大君とは対照的と思われたが、実は大君の後継者として、その強い意志力を最後にきっぱりと見せてくれる。しかし、そのような強さを獲得するためには、個人的な母子関係を超える母なる世界へのひたすらな下降を経験しなくてはならなかった。彼女は「父の娘」として強いのではないのだ。

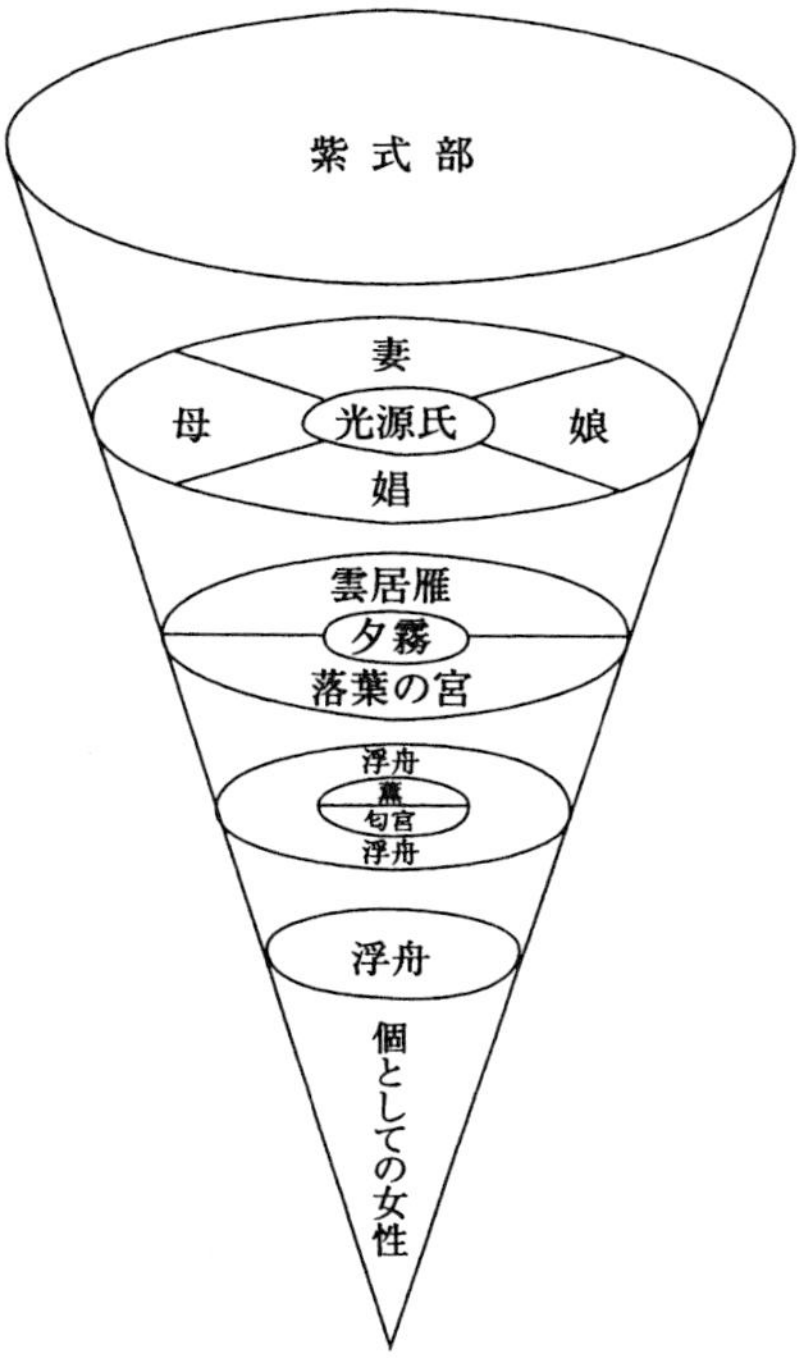

図 19　紫式部の個性化

紫式部がここまでの体験をよく共有できたものと思う。おそらく、宇治十帖に至ったとき、現実は不明としても、心理的には出家を経験した後の彼女は、物語の前半とはまったく異なり、自分の意図を放棄して浮舟の動くままにした――つまり式部自身が限りない受動に身をまかせたのではなかろうか。宇治十帖の文体が、それまでと相当異なることが指摘されているのは既に述べたとおりで、それは、以上のような作者のドラスティックな態度の変化によるものではなかろうか。浮舟は、ただ来るものをすべて受けいれたまでで、薫や匂宮との関係において何かになろう、などという意志もなかったのではなかろうか。男との関係において自己を規定することなど考えるまでに、ひたすらすべてを受けいれ、死をさえ受けいれるほどであった。

再生後の浮舟の厳しさは、見事なものである。薫とか小君とかの関係によってではなく、自分のなかから生じてくるものを基盤にもって個として生きる。このような態度は、当時の男性のなかでは他と異なり、道心をもって生きようとする薫にも理解できなかった。そして、宗教者の横川の僧都も同様であった。彼は浮舟の境地を理解できず、世俗的な幸福観に従って還俗をすすめ浮舟の拒否にあっている。横川の僧都でさえ、という思いがする。これは、当時の状況として、浮舟は出家という形を取らざるを得なかったけれど、福嶋昭治も指摘するとおり、特定の宗教や宗教者に頼るというのではないことを明らかにするものである。浮舟の境地は宗教的と呼ぶべきであるが、宗教が特定の派として組織をもち、男性がそれにかかわってくるときは、彼女の立つ地点の支えとなるものでないことを彼女は知らされたのである。

このような個としての女性の物語は、先に示した男性の英雄物語(五一—五四頁)が、近代において「男女にかかわらず」意味をもったように、現代においては「男女にかかわらず」意味をもつのではないかとも思う。

ここに紫式部が大きい努力を払って描いた「個としての女性」が、もし同様に「個としての男性」として生きる人物に会ったとき、どのような関係が生じるのだろうか。おそらくこの課題は、紫式部以後、約千年が経過した今日、次の世紀へと持ち越されるのではなかろうか。

(1) 角田文衞・加納重文編『源氏物語の地理』思文閣出版、一九九九年。

(2) 加納重文「源氏物語の地理Ⅱ」、注1前掲書所収。
(3) 頼富本宏『密教とマンダラ』日本放送出版協会、一九九〇年。
(4) 「はじめに」七頁に記した対談。
(5) 福嶋昭治「二つの小野」、注1前掲書所収。

II

物語を生きる——今は昔、昔は今

第一章　なぜ物語か

心理療法の世界

これから「物語を生きる」と題して、日本の王朝物語を取りあげて論じることにした。国文学も国史も専門ではない筆者が、わざわざ日本の物語について論じるのは、どうしてなのかについて、最初に少し述べておくべきであろう。

筆者の専門は臨床心理学で、もっぱら心理療法のために力をつくしている。最初は、自分の行なっていることを可能な限り「科学的」にし、信頼できるものにしたいという気持が強く、そのために努力を続けた。そのように努力しながらも、やはり一番大切なのは、来談された人にどうするのが最も役に立つことか、ということであった。後者の方を中心に据えて仕事を続けているうちに、自分の仕事は、従来の科学的方法とは異なるものにならざるを得ないことを徐々に自覚してきた。

そのように考える機縁は多くあったが、その一例をあげる。われわれの領域にも学会がある。学会においては、科学的、客観的な研究発表が望まれる。したがって初期の頃は、もっぱらそのような発表がなされた。それを繰り返しているうちに、そのような発表よりも、ひとつの事例に関して徹底的に追究した「事例研究」の方が、聴いている者に非常に役立つことがわかってきた。これは、他の「科学的」な分野における、「一例報告」と意味が異なることが経験的に明らかになってきた。つまり、一般的には、一例報告というのは、そんな特別なこともあるのかという意味で、今後、そのような特別な例に当たったときに役立つ、ということである。ところが、われわれの行なっている「事例研究」は、もっともっと広い意味で役立つことがわかってきた。

たとえば、ある人が「不安神経症」の事例研究を発表すると、それを聴いた者は、それが自分の担当している不登校の子の心理療法に役立つのを感じる。女性の事例なのに男性の例に対しても役立つ。それは「一例」でありながら、実に普遍的に役立つのである。そのときに、自分もこのようにしようというだけではなく、あらたに取り組んでいく意欲が湧いてくることもある。

これはどうしてだろうか。一番端的な答えは心理療法においては、「人間関係」が重要な要素をなしていることである。従来の自然科学の場合、研究者は研究する現象と関係を切断しなくてはならない。関係のないところで客観的に研究するから、結果は普遍性をもつ。心理療法家が来談したクライアントと「関係を切断」して話を聞いていたら、それは続かないであろう。とすると、その「関係」はどんな関係なのか、その関係はどのように変化していくのか。治療者とクライアントとの関係が大切と言っても、クライアント自身も家族や友人や同僚や、関係のネットワークのなかにいるではないか。それに二人で「話し合う」と言っても、その間に治療者の心の状態や身体の状態も変化するし、深層心理学者の言うような無意識も関係してくると考えると、その関係は複雑極まりないものになってくる。

このような関係をすべて考慮しつつ、その関係の総体のなかに筋道を見出して、治療者とクライアントが治癒への道を歩む。その発表を聴いていると、聴く者にとって、いろいろな関係の在り方についての反省や発見が起こり、それは事例の具体的事実を超えて役立つものになる。このようなことが明らかになって、われわれの学会では事例研究を非常に重視することになった。ついでに一言つけ加えておくと、このようにしてから、学会で発表を熱心に聴く参加者が非常に多くなった。すぐ役立つのだから当然である。

事例研究の重要性を体験的に知ったのだが、ユング派の分析家、ジェームズ・ヒルマンが事例研究の本質はストーリー・テリングであると主張しているのを読み、はっと、蒙を啓かれる思いがした。それは物語りなのである。人間は自分の経験したことを、自分のものにする、あるいは自分の心に収めるには、その経験を自分の世界観や人生観のなかにうまく組み込む必要がある。その作業はすなわち、その経験を自分に納得のゆく物語にすること、そこに筋道を見出すことになる。筋《プロット》があることが、物語の特徴である。事例を「報告」しているとき、ただ事実を述べているように思っていても、それが治療者の心のなかに収まる筋道をもっているという点で、それは知らず知らずのうちに、ストーリー・テリングになっているのだ。

こんな考え方をしていくと、そもそも心理療法というのは、来談された人が自分にふさわしい物語をつくりあげていくのを援助する仕事だ、という言い方も可能なように思えてくる。たとえば、ノイローゼの症状に悩んでいる人にとって、その症状は自分の物語に組み込めないものと言っていいのではなかろうか。たとえば不安神経症の人は、その不安が、なぜどこからくるのかわからない故に悩んでいる。その不安を自分の物語のなかにいれて、納得がいくように語ることができない。そこで、それを可能にするためには、いろいろなことを調べねばならない。自分の過去や現在の状況、これまで意識することのなかった心のはたらき、それらを調べているうちに、新しい発見があり、新しい視点が獲得される。その上で、全体をなるほどと見渡すことができ、自分の人生を「物語る」ことが可能となる。そのときには、その症状は消え去っているはずである。

自分の人生の物語という考え方をすると、それは一人ひとり異なるはずである。しかし、そこにある程度のパターン化が可能になる。そんな点で、われわれ心理療法家は、ある程度、いろいろな物語やそのパターンを知っている必要がある。こんなところが、筆者が物語に関心をもった理由の大きい部分である。

人間は物語が好きである。人間が言語を獲得したときから、おそらく神話が生まれたであろう。それと共に人々が語り合った話は、「昔話」や「伝説」として伝えられてきた。これらはすべて「作者」が不明な点が特徴的である。ひょっとして、それは天才的なある個人の創造したものかも知れないが、それは、その物語を共有する人々によって、「われわれの物語」として存続してきた。その物語によって、人々は過去との結びつきや、その土地との結びつき、人間相互の結びつきを強めることができた。現代の言葉を用いると、ある部族や家族などのアイデンティティのために、物語が役立ってきたと言える。

心理療法家の仕事のひとつは、来談した人が自らのアイデンティティを探求していくのを助けることである。このことは、既に述べた「自分の物語」の創造ということと同義語と言っていい。これまで述べてきた点から、それは納得されるであろう。

物語の特性

心理療法家として物語の重要性に思い至ったことを述べた。ここでは、もう少し物語の特性について考えてみたい。物語の特性のなかで、まず強調したいのは、その「関係づける」はたらきであろう。あるいは、何かを「関係づける」意図から物語が生まれてくる、と言ってもよい。

非常に単純な例を考えてみよう。コップに野草の花がひとつ挿してある。それだけのことなら、別に誰もその花に注目しないかも知れない。しかし、それは病気で寝ている母親を慰めようとして十歳の少女が下校のとき摘んできたのだと知ると、その花が単なる花でなくなってくる。その花を介して、その少女に親しみを感じ、その母娘の間の感情がこちらに伝わってくる。そこに「関係づけ」ができてくる。そのことに感激すると、そのことを誰かに話をしたくなる。友人に話をするとき、少女が花を買おうと思ったのだが、彼女には高すぎたので困ってしまったが、ふと野草の花を見つけて……というふうに話が少し変わることもある。それを聞いた人が他人に伝えるときは、母親がその花を見て嬉しく思うと、高かった熱がすうーと低くなって……とつけ加えるかも知れない。

だから「物語」は信用できないという人がある。それも一理ある。物語を文字どおり真実だというのは馬鹿げているが、だからと言って、それが無意味というのもおかしい。物語を語ることによって、母娘の関係の在り方がわかり、それに感動することによって、語り手と聞き手との間に関係が生まれ、このように「関係の輪」が広がっていくところに意味がある。かかわりのなかの真実が、それによって伝わっていく。

物語の本質については、よく知られているように紫式部が、既に『源氏物語』のなかで、千年近くも以前に論じているのは大したものである。「蛍」の巻で、光源氏は最初は「物語には本当のことは語られることが少ない」というように低い評価をするが、そのうちに、物語こそ単なる事実を述べているものよりも、真実を伝えるものだと言う。このときの、「日本紀などは、ただ片そばぞかし」と言う源氏の言葉は、ズバリとした表現である。事実のみを述べている『日本紀』などは、ほんの片はしにすぎないと言っている。物語創作に命をかけた紫式部の誇り高い気概が、光源氏の口を借りて表わされているのだ。

このように高い評価を得ていた物語が急速に価値を失うのは、近代になってからであろう。それには自然科学の果たした役割が大きい。自然科学は外的事実の間の「関係」、特にその「因果関係」を見出すことに努力するが、そのような外的事実を、観察者(研究者)とは関係のないものとすることが前提となっている。このために、そこに見出されたものは個人を超える普遍性をもっている。この「普遍性」ということが実に強力である。つまり自然科学によって見出された結果と技術とがうまく結合すると、人間は事象の「外側に」立って、それをコントロールし、操作できる立場を獲得する。この方法があまりにも効果的であるために、人間は科学の知によってすべてのことが可能になると思ったり、科学の知こそが唯一の真理である、とするような思い違いをしたのではなかろうか。

このような思い違いをすることによって、多くの現代人はこの世との「関係」を切断され、根無し草のようになってしまった。便利で能率よく生活することが可能になったが、いったい何のために生きているのか、その意味が急に稀薄に感じられるようになったのである。「意味」とは、関係の在り方の総体のようなものである。私と私を取り巻く世界との関係がどんなものかがわからずに生きていても、「意味」が感じられないのも当然である。

しかし、このようなことに気づく前に、多くの人が自然科学の知以外の知を否定しようとしたり、軽蔑したりしたのではないだろうか。そして多くの学問研究も「科学的」であろうとし、十八世紀の物理学の方法論を、社会科学でも人文科学でも自分たちの領域に適用しようと試みた。それはそれなりの成果を得たのは事実であるが、それのみが学問であるとか、真実を知る方法であると考えるのは誤りである。

自然科学の知万能のような考えについて、現代人はいろいろな点で反省を促されることになったが、そのひとつの大きい主題は「死」のことであろう。いかに医学が進歩しても、人間の死を拒否することはできない。せめてできるだけの長寿を、ということで、延命の医学はずいぶんと発達した。このために近代人の平均寿命も長くなった。しかし、そのことのためにかえって「死」の課題はよけいに深刻になってきた。

これは既に述べてきたように、自分と関係のないこととしての「人間の死」については科学的に研究できるだろう。しかし「私の死」については、それは不可能である。それどころか、私の親しい人についても同様ではなかろうか。家族とか恋人とか、自分にとって大切な人の死を経験した人が、時に抑うつ症になって、われわれ心理療法家のところに来談する。「なぜ、あの人は死んだのか」という、この人たちの問いに対して、科学的な説明をしても意味がない。この人たちは、二人称の死に対する意味づけを知りたいのだ。言い換えるなら、それについて自分も納得のいく「物語」を見出したいのである。

このように考えると、物語のなかで「死」について語られるのが多いのに気づくだろう。「一人称の死」、「二人称の死」は人間にとっての永遠の課題である。したがって、それは物語のなかで主題となりやすいのである。これから取りあげていく王朝時代の物語においても、死がまったく語られていないものはない。その語られ方はさまざまであろうが。

物語が関係づけるはたらきをもっているという点で、自と他との関係づけに加えて、自分の内部における関係づけのことも忘れてはならない。深層心理学的な発想で言えば、意識と無意識をつなぐものとしての物語の役割を認識することである。人間の内部では、通常にはたらかせている意識と共に、簡単には意識化できない心のはたらきも生じている。「私」と呼んでいる存在は、果たしてどれほどの広がりや深さをもつか測りようもないが、一般には「私」は私自身のことを知っていると信じられている。しかし、身体のことを考えてみるとすぐわかるが、「私」は私の身体がどのようにはたらいているか、まったく知らない。それにもかかわらず、それはうまく機能している。身体でも「私」がコントロールできたり、そのはたらきを認識している部分もある。心の方も、どうもこれと同様のことらしい。自分の知らない心のはたらきが生じて、それは全体としてうまく機能している。

この全体的な統合が破綻すると、そのような人はわれわれ心理療法家を訪れてくる。ノイローゼの症状に悩むのなどは、その典型である。たとえば不潔恐怖症になると、何かにつけて何度も手を洗わねばならない。通常の意識としては、そんな必要のないことがわかっているのだが、手を洗わないと気がすまない。無意識的な心のはたらきと通常の意識との折り合いをつけるために、どうしてもそのような強迫行為が必要になっている。

これほど問題が深刻でない場合はどうなるか。たとえば、通常の意識としては、自分はある会社の課長であること、それが一般にどれほどの地位と思われているかもよく知っている。しかし、無意識の方は、自分が唯一無二でかけがえのない存在であること、地位や財産などとお構いなく絶対的な存在価値をもつ点を大いに強調したがっている。そこで、この両者をつなぐ「物語」が必要になる。その人なりにそれぞれの工夫があろうが、ある課長は、飲んで酔ってくると、自分が部長の誤りを指摘してこっぴどくやっつけた「お話」——事実はそれほどでもないのだが——を必ずする、というようなことになる。この「物語」が彼の人格の統合に一役買っている。

こんなときに、彼が素面《しらふ》の会話で部長もいるところで、その「お話」をしたり、あるいは、彼の周囲の人が結託して、彼が例の話をはじめるや否や、「もう知っています」と言って聞くのを止めたりすると、彼は相当な危機に陥ることになるだろう。「物語」は、人間の統合性の維持のために、役割を果たしている。誰しも、そのような「物語」をもっているはずである。そのことを意識せずにいる人もいるが。

「もの」の意味

「物語」という「もの」は、いったいどのような意味をもっているのだろう。これに対しては、折口信夫の「ものは霊《モノ》であり、神に似て階級低い、庶物の精霊を指した語である」（折口信夫「もの、け其他」『折口信夫全集』第八巻、中公文庫、一九七六年）によって、「もののけ」の「もの」と考えられるようである。このような考えを背景に、梅原猛は、「「ものがたり」というのは「もの」が「語る」話なのである。「もの」が「もの」について「語る」のである」と述べている（梅原猛『もののかたり』淡交社、一九九五年）。

「もの」が霊である、というのは面白い発想である。現代人は「もの」と言えば「物質」と思うのではなかろうか。と言っても現代人も、相当広い範囲で、この「もの」という言葉を使っている。「ものごころ」、「ものになる」などと言うし、「そんなものじゃない」と怒るときもある。あるいは、単に「知りたい」と言わずに「知りたいものだ」などと、「もの」をつけて表現する。これに、古語の用例もつけ加えると、実にものすごい範囲をカバーして、「もの」という語が存在していることがわかる。かつて哲学者の市川浩が、「み」という語を丹念に調べ、それが「身体」を表わすのみならず、それを超えて、心や魂まで含む、実に広い範囲に及ぶ用語であることを明らかにした（市川浩『〈身《み》〉の構造』青土社、一九八五年）。「もの」は「み」に匹敵する言葉と言えるだろう。

「もの」は従って、物質のみならず人間の心、それを超えて霊というところまで及ぶ、と考えられる。その上、梅原猛は、物語というのは「「もの」が「もの」について語る」と述べているが、これも「誰かが「もの」について語る」という考えも成り立つわけで、拡大解釈をしていくと、「物語」というのは、実に多くのことを含んでくる。

「物語」も広義にとると、いわゆる「つくり物語」のみならず、歌物語、歴史物語、説話物語、軍記物語などといろいろあり、その性質も大分異なってくる。なかには、外的現実の記述に近いものもあるし、今日言うところのファンタジーに近いものもある。しかし、このように非常に多岐にわたるもののなかに、梅原の指摘しているような「もののかたり」が中核として存在しているのが、平安時代の特徴ではないか、と思われる。

「もの」を「霊」と考える物語の解釈は、先に述べた。これは物語は「関係づける」はたらきをもつという点と関連して、ユング派の分析家、ジェイムズ・ヒルマンの述べる「たましい」(soul)についての意見を想起させる。ヒルマンは、現代人にとっての重要な課題は、近代になって見失った「たましい」の価値を再認識することではないか、と言う。それでは、その「たましい」とはどんなことか、ヒルマンがその著書、『元型的心理学』(河合俊雄訳、青土社、一九九三年)に述べていることに従って説明する。

ヒルマンは、「たましいという言葉によって、私はまずひとつの実体《サブスタンス》ではなく、ある展望《パースペクティブ》、つまり、ものごと自身ではなくものごとに対する見方、を意味している」と言う。これは「たましい」という語を導入することによって、いわゆるデカルト的な世界観に対抗する見方をとると宣言しているのである。物と心、自と他などと明確に分割することによって、近代人は多くのことを得たが、そこに失われたものの価値を見直そうとする。つまり、明確に分割した途端に失われるものが「たましい」だと考える。これは、異なる言い方をすると、心と体を「つなぐもの」がたましいである、と言うこともできる。ここに、たましいの「つなぐ」はたらきがでてくる。

自と他とを明確に分けてしまうとする。研究者が自分と完全に無関係のものとして人体を考えるとき、「脳死は死である」と言えるかも知れない。そのとき「脳死の状態のときに、たましいはどうなっているのか」などと言うと、「非科学的な」と言われるかも知れない。しかし、ヒルマンの言った「たましい」の考えを参考にすると、このことは、「自分と関係ある人の身体、自分と切り離せないものとしての身体」において、脳死のことをどう考えるのかという見方の重要性を指摘していることになる。つまり、これは既に述べた一人称の死、二人称の死として死を考えるとして、脳死をどう考えるのかという問題提起をしているわけである。つまり、たましいという語を用いて考えることによって、いろいろなことが「自分のこと」になってくる。

つき合っていた女性がいた。しかし、彼女は年老いて魅力を失っていく。そんな女性になどかかわっておれない。それはそのとおりかも知れない。しかし、そんなとき彼女の「たましい」はどうなるのか、あるいは自分の「たましい」も彼女を棄て去ることに賛成しているか、と考えてみる。このことによって、その行動は少し変化するのではなかろうか。このときに、当人が「たましい」のことをまったく忘れて行動したとき、「たましい」は「もののけ」として立ち現われるのではないだろうか。すなわち、ここに物語が生まれてくる機縁がある。物語は「たましいの語りである」ということになる。

ここで連想したことをひとつ。日本にキリスト教が伝来したとき、外国の宣教師の言う「アニマ」(anima たましい)という語を日本人が聞き違え、「アリマ」として「在り間」と表記したという。つまり、存在するものの間にあるもの、それが「たましい」である、と考えたのであろう。これは、心と体という存在の間にたましいがある、と考えるとピッタリで、素晴らしい誤りだと思われる。うまく本質をつかんでいる。

ヒルマンの説にかえると、彼は、「たましい」というのは「意図的なあいまいさをもつ概念」であると言っている。それは結局のところ未知のものだが、これまで述べてきたように、明確に区別できたと思っているときに、その境界をあいまいにする力をもっている。そのような力をもたせるためには、その用語自体があいまいでなければならない。何もかもあいまいにするようなものは、わずらわしいだけではないか、と言われそうだが、ヒルマンはこのような意図的あいまいさの導入によってこそ、「意味が可能」になるのだ、という。関心を失った女性を棄て去ることによって身軽になるかも知れない。しかし、そこで彼女は無意味な存在になる。このとき「たましい」に考え及ぶことによって「意味」が浮かびあがってくる。彼女のもののけの登場によって、その女性の意味、その女性とかかわってきた自分の人生の意味について、再点検が必要になる。そこには意味の発見があるはずである。「関係ないよ」と言いたいときに、「たましい」は関係があることを主張し続けるのである。そして、その関係の在り方について述べるときに「物語」が生まれてくる、と思われる。

物語と現代

物語は近代になると急に人気がなくなった。広義には物語に属すると考えられる「小説」の力が強くなり、近代小説は物語より文学的価値があると思われた。物語のような非現実的な話に対して、小説は現実を描写していると主張する。しかし果たしてそうだろうか。

ここで近代と言っても、ヨーロッパ近代というのが正しいだろう。ヨーロッパ近代に起こった文化は極めて強力で、それは全世界を席捲したと言っても過言ではない。世界の国々で「近代化」とは、すなわち「欧米化」を意味すると考えられてきたと言えるだろう。ヨーロッパの文化の強さを端的に示しているのは、そこに生じてきた科学・技術である。それによって人間は自然をコントロールし、操作することが可能になった。そして、そのような力によって他の国々を支配することも可能と思われた。

帝国主義のモットーとして使われる「divide and rule」(分割して統治せよ)は、少しもじって使うと、そのまま科学の標語にもなるところが面白い。つまり、物事を区別(分類)して、その間の法則《ルール》を見出して秩序づける、と読み換える。これは近代科学の行なっているところである。このような考えに立つと、「たましい」などは存在しないことになる。近代になってからは、人間は心と体について語るとしても、たましいの方は棄てられてしまった。

自然科学と技術の組み合せによって、何でも可能ではないかとさえ思われたが、このような考え方に対する反省が最近になって生じてきた。たとえば、医学の領域で多く現われてきた心身症などもその例であろう。はっきりとした身体の症状——たとえば皮膚炎など——が生じるが、その原因を心の方にも体の方にも見出すことができない。事象の因果的連関を明らかにし、原因をつきとめることによって一義的な方法で治療するというのは成功しない。心と体の分離を癒すことは、近代医学の方法ではできない。これは、その方法論から考えても当然のことである。

近代の科学・技術的思考法は人間関係にも持ちこまれて混乱を生ぜしめているように思う。たとえば老人に対して。老人を一般人から切り離された「対象」として、それをどのような方法によって操作するのが一番便利か、という考えに立って老人対策とやらを考えていないだろうか。これは老人にとってはまったくやり切れないことだ。そうなると、ボケ老人に早くなってしまおうという意志が、どこかではたらくとさえ考えられないだろうか。

こんなときに、筆者がよく例に出す昔話がある。殿様の命令で六十歳になると老人は山に棄てられた。ところがある息子が自分の父親をかくまっている。殿様があるとき「灰で縄をなって来い」と命令するが、誰もできずに困る。そのときにかくまわれていた父親が、縄を固くなってから、それを焼くと灰の縄ができると教える。このことから殿様は老人の知恵に感心し、「うばすて」の慣習がやめになる、という話である。この話の面白いところは、「逆転の思想」が老人の知恵として見事に語られているところである。他の人々が灰で縄をなおうとしているとき、老人は縄を灰にすることを提案する。これを老人のことを考える際に用いてはどうか。老人は「社会の進歩についていけないから駄目だ」とか、「何もせずにいるので役に立たない」などと言うが、これを、老人は「進歩を妨害するので価値がある」とか「何もしないでいるのは素晴らしい」と考えてみてはどうか。これは立派な近代批判ではないだろうか。

日本の教育を考えるときも同様である。教える者と教えられる者が明確に分離され、どのような効率的な教え方をするかを教師は考え、子どもはいかに能率よく知識を吸収するかを学ぶ。ここにも上手な「操作」が望ましいという近代思想が入っている。その結果、教師と生徒、親と子どもの関係が切れてしまい、子どもたちの心は荒んでくる。現代の日本の教育には「豊かな物語の復活」が必要、と教育学者の佐藤学が主張している(『学びその死と再生』太郎次郎社、一九九五年)。筆者も同感である。寺子屋には物語があったのではなかろうか。

現代人の病とも言うべき「関係性の喪失」を癒すものとして、物語の重要性が浮かびあがってくる。物語は「つなぐ」はたらきをもっている。前述の「うばすて」の物語は、老人と社会とをつなぐ作用をもっている。

物語と近代小説とを分ける、ひとつの指標として、前者は偶然を好むが後者はそれを好まない、という点がある。小説は「現実」を扱っているのであって、物語のような絵空事は扱わないと考える。

筆者は心理療法家として、人間の生きている「現実」に触れることが多い。一般的には「処置なし」などという烙印を押されて来る人もある。その人たちが立ち上がっていくためには、大変な苦しみが必要である。治療者と二人で苦闘を続ける。しかし、その解決の重要な要素として「偶然」ということがあるのを認めざるを得ない。

共に苦しんできた者にとって、それは「内的必然」とさえ呼びたいのが実感であるが、外から見る限り「偶然」としか呼びようのない「うまい」ことが起こる。不思議としか言いようがないし、また「当然」とも呼びたいことが起こる。

筆者が体験している、このようなことをそのまま「小説」として発表すると、「そんな非現実的な」とか、「偶然にうまくいくのは話にならない」などと言われて、否定されるだろう。しかし、それは「現実」なのである。このことを裏返すと、近代小説はほとんど「現実」を書いていないか、「現実」のごくごく限定された部分を記述している、ということになるかも知れない。この頃、ノン・フィクションの方がよく読まれる原因のひとつは、こんなところにあるかも知れない。文学のことは詳しくないので、これ以上の深入りはしないが、現代人を相手として心理療法を行う上において、「物語」が非常に多くの示唆を与えてくれることは事実として、申し述べておきたい。それは、けっして荒唐無稽ではない。

物語によって、近代主義から脱却することを試みる——それも日本の王朝物語を取り扱って——上において、考えておくべきことが、もう一点ある。それは、筆者が子どもだった頃、日本において「近代の超克」ということが声高に語られていた事実である。第二次世界大戦を戦っているとき、この戦いの意義のひとつとして、有名な学者たちが、「近代の超克」を標榜した。これがどのようなものであるかを一応知っておく必要があるだろう。

日本の英米に対する宣戦布告が一九四一年十二月に行われた。その後十カ月、未だ日本軍の勝利に日本国民が酔っているとき、『文学界』昭和十七年十月号において、「近代の超克」と題する座談会が行われた。出席者名をすべて記すと、西谷啓治、諸井三郎、鈴木成高、菊池正士、下村寅太郎、吉満義彦、小林秀雄、亀井勝一郎、林房雄、三好達治、津村秀夫、中村光夫、河上徹太郎の十三名で、広い領域にわたり、当時の第一人者とも言うべき人の集まりであることがわかる。

通読してみると、現在から見ても、うなずける発言も多くあるのと、どうしても時代の要請に応えようとする発言とがあって、実に興味深い。これはこれで詳細に論じてみたいとも思うが、ここはそんな場ではないので他に譲るとして、一点だけ強調しておきたいのは、「近代の超克」として当時、論じられていることは、日本は近代ヨーロッパの影響をあまりにも受けすぎているので、それを超克するために日本的なものを打ち立てねばならない、あるいは、日本的なものを打ち立てることによって近代を超克しようとするという命題である。

これに関しては、出席者たちが微妙な態度の差を示しているが、たとえば西洋史を専門にする鈴木成高は「文明開化を克服する為に、日本的なものを打立てるのも宜しいが、やはりもつとヨーロッパに徹した理解をもつといふことも必要ではないかと思ふ」と述べ、林房雄が「それは非常に良いことでありませう」と応じている。あるいは、当時の時流に乗って、日本の古典に対する「軽率にお先走りした便宜主義的牽強附会な解釈」が行われるのについて、三好達治ははっきりと反対を表明している。しかし、出席者は当時の時流に押されて、「日本的なもの」の呪縛から逃れ出ていない、ということができる。

この点が、われわれが留意すべきことであろう。確かに現代人は近代を乗り越えようとして努力している。しかし、西洋の近代がゆきづまったので、東洋の知恵で、などという単純な置き換えをするのは、まったく馬鹿げている。筆者が、ここに日本の古い物語を取りあげようとするのは、これまで述べてきたような観点から、近代ヨーロッパにおいて確立された意識とは異なる意識によって物語られる内容から、われわれが現代に生きる、つまり、現代人としての物語をつくり出す上において、示唆を得られるのではないかと思うからである。たまたま自分が日本人だから日本の物語を対象とするが、それは日本が特に他に対して優れているからではない。そこから得られたものは、日本人として参考になるが、近代を超える努力をしようとしている人に対しては、他の国の人に対しても何らかの意味あるものとして、他とつながっていくことを見出すことが大切だと思う。

王朝物語

以上のような考えによって、以後、日本の王朝時代の物語、それも主として「つくり物語」と呼ばれるものを取りあげて論じていくことにする。しかし、それはあくまで現代に生きる、という観点に立ってなされるものである。問題は筆者が国文学の研究歴が皆無な点で、それは諸賢の批判や援助を生かしてカバーするように努めていきたい。これまで続けてきた、物語についての対談(河合隼雄対談集『物語をものがたる』全三冊、小学館、一九九四、一九九七、二〇〇二年)は、そんな点で役立つことが大であった。

日本のこれらの物語群は、九世紀より十一世紀の間に書かれたものである。このことをキリスト教文化圏と比較すると、ボッカチオによって『デカメロン』が書かれたのが十四世紀であるから、いかに早い時期に日本の王朝物語が書かれたかについて感心せずにはおられない。もちろん「物語」というのは、神話、昔話、伝説という形で、どのような文化にも存在した。しかし、個人の作品としての「物語」という点では、これは特筆すべき事実である。

この点について筆者の考えたことを少し述べておきたい。日本において、このような物語がこの時期に発生したことの大きい要因として、日本が一神教の国でなかったこと、このような作品を生み出したと思われる当時の女性の立場、平仮名の発明、を筆者は考えている。

まず、一神教の問題である。既に述べてきたように、人間は生きていく上で「物語」を必要とする。しかし、一神教の場合は、それらを神にゆだねるべきであり、既に神による物語の『聖書』や『コーラン』――それらは物語に満ちている――がある限り、敢えて人間が物語をつくるのなどは、瀆神の罪に値するのではなかろうか。したがって、人間が個人で「物語」をつくるまでには相当な時間がかかり、神に対する人間の位置が変わりかけて、はじめてボッカチオのような人が出てきたのではなかろうか。したがって、彼の書いた「物語」は、瀆神的な傾向をもたざるを得なかったのではなかろうか。

日本文学研究家であるコロンビア大学の、バーバラ・ルーシュ教授によれば(彼女との私的な話し合いによる)、ヨーロッパの中世においても、修道女がその夢やヴィジョンを書き記したものがあるが、長い間、それらは教会から無視されてきた、とのことである。今後このような記録と、同時代の日本の物語や日記、特にそのなかの夢、などとの比較研究を行いたいものと思っている。同教授によると、それらは女性の手になるものが多いとか。これも日本と同様で興味深い。

次に当時の女性の立場について。紫式部などはその典型と思われるが、おそらくこのような物語をつくった女性たちは、経済的には安定しているが、当時の出世コースからはずれている、という特徴をもっていたと思われる。当時の男性はそれなりに、そのときの体制のなかに組み入れられて、そのなかでの上昇ということに関心をもっている。つまり、体制の物語を生きているので、自らの「物語」をつくり出すことなど考えもできない。これは現在も同様で、体制の物語を生きている人たちは、自分たちは「現実」を生きていると信じていて、物語の必要性を感じないか、その価値を低く見ている人が多い。

体制のなかに入り、一応安定して自立しているが、体制の出世物語に無関係である女性たちが、「自分の物語」

を書きはじめたのではなかろうか。女性でも身分の高い者は、男性の出世物語に参加しているし、天皇の后になり、子どもを生んで、それが皇太子となり、続いて天皇位につくと、自分は「国母」となって最高の位につくことになる。それを信じて生きているとき、自分自身の物語など不要である。

次に平仮名が発明されたことによって、自分の個人的な想いや感情などが文字で表わされることになったのも大きい。漢文はどうしても公的なものである。公的な事実の記録に用いられ、そこには個人的感情を入れこみにくい。それに、この当時女性たちは、相当に自立的であったことも大きいであろう。結婚しても、必ずしも夫の家に入るとは限らないし、父親から財産を譲られて、経済的にも自立していたのではなかろうか。

以上のような好条件が重なって、この時代に物語が多くつくられた、と推察される。ここに女性の条件として述べたようなことを満たしていた男性も数少ないにしろ、いるわけだから、速断はできないが、王朝物語の作者は、ほとんどが女性ではないか、と筆者は推論している。

次に王朝物語には夢が多く語られ、非現実と考えられる存在が出てきたり、転生《てんしょう》が語られたりする、という事実について考えたい。このために、近代小説を評価する見方からすると、昔の物語は荒唐無稽ということになる。そして、物語の評価をするときに、近代的な視座に立って、いわゆる「非現実的」なことが多いほど、その作品を低く評価するようなことが、これまでにあったように思う。あるいは、非常に単純な道徳観に基づいて評価を行なったりする。このようなとらわれからは自由になって物語を見たい、と思っている。

たとえば、夢と外的現実とが一致するようなことが書かれていると、それをもって「非現実的」と判定するような評者がいるが、そのようなことは、現在でも実際起こっていることは、筆者のように夢分析をしている者は体験的に知っている。「たましい」がかかわってくるほど、ユングが共時性《シンクロニシティ》と呼んだ原理による現象が多くなる、と言うよりは、たましいのレベルでものごとを見ていると、共時的な現象がよく目につくし、それを「物語る」とすると、近代の意識からすれば「非現実的」と見えるような現象の記述が増えてくる、と言っていいであろう。「ものがたり」の「もの」は「霊」である、というような認識は、このような事実を述べていると思われる。

王朝物語を近代の視座によって見るのではなく、むしろ現代を生きる者として、そこに語られる知恵を再評価し、自分の物語をつくりあげていく上での何らかの参考にする、という見方で読んでいきたい。そこから得られることは実に多いのではないか、と期待している。

第二章　消え去る美

物語の祖

『竹取物語』は、紫式部によって「物語のいできはじめの祖《おや》」と呼ばれた物語である。残念ながら、その作者も成立年代も明確にはわからない。しかし、九世紀には既に存在しており、わが国の「物語」のなかでは、最も古いものと言っていいだろう。ただ、「物語のいできはじめの祖」という表現は、それが単に最も古いという意味のみならず、わが国の物語の「祖型」となるもの、という意味もこめられているように感じられる。

実際に『竹取物語』を読み、王朝時代の物語を読み進んでいくと、『竹取物語』に提示されたテーマが、いろいろと様相を変えながらも、繰り返し繰り返し、現われてくることに気づかされる。それは、絶世の美女が男性と結ばれることなく、立ち去っていく、というテーマである。後にいろいろと例をあげて論じるが、このテーマは王朝時代の物語にとって重要であるのみならず、日本の文学全体にわたって通底している、とさえ考えられる。したがって、物語論の一番最初に、『竹取物語』を取りあげるのは、それがわが国に現存する最古の物語である、ということ以上の意味をもつと考えられる。

『竹取物語』の源泉は何か、という問題がある。これは古くからいろいろと論じられている。『万葉集』に竹取翁の伝説が見られるし、契沖も指摘した『広大宝楼閣経』の第一巻の「金色の三童子」の説話もある。あるいは、三品彰英は新羅の神話のなかの「竹筒美女」を重要なものとして指摘している。これらに加えて、チベット地方の説話「斑竹姑娘《はんちくこじょう》」がモデルだという説もあって、この問題は諸説が入り乱れている。ただ、筆者としては、何らかの物語の「源泉」をつきとめることによって、それですべてがわかったように思う態度にはあまり賛成できない。むしろ、物語そのもののもつ意味の方を重視したい、と思っている。もちろん、それを考える際に、その類話——必ずしも原話とは断定できなくても——を参考にすることは、時に応じて必要とは考えているが。

前記の諸説は、確かに『竹取物語』のなかの多くのテーマのどれかとかかわっているが、原話であるという決め手に欠けている感じがする。『万葉集』の竹取翁伝説と言われているのは、竹取翁という老人と娘たちの話であり、「金色三童子」の話は、竹とそこから生まれてくる童子の身から金色の光が出ている話である。しかし、これらには、筆者が注目しているような「立ち去っていく美女」のテーマはない。その点では、新羅の『新羅殊異伝』に一番親近性が感じられる。この話では、竹筒から美女が出てくる。この美女は男性と夫婦関係になるところが、『竹取物語』とは異なるが、最後のところで、この美女が急に消え去るところが、類似性を感じさせる。チベットの説話は、めでたい結婚話で、『竹取物語』のルーツとは言い難いと思われる。

『竹取物語』の最初には、竹取の翁という老人が登場する。日本の昔話においても他の国のそれに比して、老人が登場する頻度が高いことは、つとに指摘されている。ただ、この場合に興味深いのは、この翁の名が、通説では讃岐造麻呂《さぬきのみやつこまろ》とされていることである。昔話は、時代や場所や人物を特定しないところに特徴がある。「むかしむかし、あるところに、一人のおじいさんがいました」という話によって、それは日常的、具体的な世界を離れたところの話であることを明らかにする。話の聞き手を一挙に非日常の世界に誘いこむのである。その点、近代小説では「現実」とのつながりを大切にするので、それは仮空の話であるにしろ、時代、場所、人物などを特定化しておかねばならない。その点で、このようにつくられた「物語」は、小説と昔話の中間に存在していると考えていいだろう。

『竹取物語』は、「昔」ではじまるところは昔話と同じであるが、登場人物の翁の名が明らかにされ、それは純粋の昔話とは異なることを示している。物語が近代小説と昔話の中間に存在するとしても、それには程度の差があり、王朝物語のなかでは、『竹取物語』が昔話寄りにあるとすれば、『源氏物語』は、むしろ小説寄りに位置すると言えるだろう。二つの作品の冒頭の部分を比較するだけでも、その差が認められる。昔話は民衆のなかから生まれてきたものであり、もちろん作者など考えられない。その点、小説は明確に個人の作品である。『源氏物語』はいろいろと疑義をはさむ人があるにしろ、紫式部という個人の作品とされているし、『竹取物語』の方は作者不詳であるのも、前記の点と符合している。これは、あるいは複数の作者によってできたものではないかとさえ思われる。

竹から出てきた少女は清らかで美しかった。しかも、その後、竹の筒に黄金が入っていたので、翁はだんだんと金持になった。これは、この娘が普通の女性ではないことを、明らかに示している。そして彼女には「なよ竹のかぐや姫」という名がつけられた。まさに輝やかしい美しさであることが、その名にも表わされている。

このような美女に多くの人が言い寄ろうとしたが、彼女の心は少しも動かなかった。なかには竹取の翁に頼みこむ者もいたが、翁は「わしの生んだ子ではないので、自由にはなりません」と答えた。彼らは親子のように、あるいは祖父と孫のように見られたかもしれないが、そうではなく、彼女の自由意志を尊重すべきことを、翁はよく自覚していた。それでも翁はかぐや姫の結婚を望み、彼女もそれに従うように見せながら、けっして結婚には至らない工夫をしていた。彼女は実現不可能な難題を求婚者たちに課した。そして、周知のように、それは求婚者たちに不幸をもたらすのみであった。

かぐや姫の出した難題と、それを解くための男性たちのはかない努力の話が、面白おかしく語られる。ここだけに注目すると、チベットの「斑竹姑娘」などが原話として注目されたりするのだろうが、筆者は、この部分はむしろ物語を面白くするために後で挿入されたり、ふくらまされたりしたのではないか、と思っている。最も大切なテーマは、既に述べたように、かぐや姫が消え去ることと思うからである。

ひとつ注目したい点は、これらの求婚者の話の終わりは、昔の「強語《しい》り」つまり、こじつけとも思えるような形での言葉遊びによって締めくくられていることである。たとえば、第一話の石作皇子は「仏の御石の鉢」の偽物を贈ったが、すぐにばれてしまったので、その鉢を捨ててしまった。それにもかかわらず言い寄ることを続けたので、そういうずうずうしいことを「恥を捨つ」(鉢を棄てるに掛けている)と言うのだ、という類のものである。このような終わり方は『風土記』には実に多く見られるが、その他の王朝物語ではあまり認められない。やはり、これは『竹取物語』が古いものである、という事実と関係しているのだろうか。

うつろう美

五人の求婚者は誰も成功しなかった。二人の人はこのために命を落とした。それでも、かぐや姫の心はそれほど動かなかった。ついに天皇が関心をもつようになった。しかし、かぐや姫はそれによっても心を動かされなかった。後にも述べるように、王朝物語のなかで、かぐや姫の系譜を引くような美女たちは、多くの求婚を断るが、帝からの申し出に対しては、はっきりと拒否ができない。あるいは、それは受けざるを得ないことと考える。この点で、かぐや姫は徹底しているが、これも、話が「昔話」的なために可能で、その後、物語が少しずつ現実の方に引き寄せられると、簡単には帝を他と同様に扱えなくなったのかも知れない。

かぐや姫は帝の気持にもかかわらず、月の世界に帰っていった。何としても、絶世の美女は男性——たとえ帝さえ——とは結ばれず、この世から立ち去らねばならないのだ。そのことによってのみ、当時の日本人の美意識は完成した。そして、そのような美意識は実に長く日本文化の底流として流れ続ける。どうして、そのようなはかないものとして美を体験しようとしたのだろうか。

この点を考える上で、かぐや姫の先駆者とも考えられる人物を見てみよう。すぐに思いつくのは、日本の神話に語られるコノハナサクヤヒメ(木之花開耶姫)がある。天孫のニニギがこの国で会った美しい女性である。彼は早速プロポーズするが、コノハナサクヤヒメの父親は彼女と共にその姉のイワナガヒメを差し出した。ニニギはイワナガヒメが醜かったので嫌い、彼女を親のところに返してしまう。親はそれを知って、イワナガヒメはその名の如くいつまでも生きる力をもっているのに、それを拒否してコノハナサクヤヒメをとったので、ニニギの子孫たちの寿命はそれほど長くないだろうと言った。これによって、人間は永遠の生をもつ可能性を失った、と言うのである。ここには、美と醜、瞬間と永続の対比がある。それは花と岩のイメージによって示されている。

かぐや姫も、実は醜と永続の側面をもっていた。かぐや姫に五人の求婚者が言い寄ってきたとき、竹取の翁は姫に早く結婚することをすすめる。そのとき、かぐや姫は自分のような醜い女がうっかり相手の心も知らずに結婚すると後で不幸になる、と言う。つまり、彼女は自分を醜いと思っているのだ。このことについては、後にもう一度触れるだろう。そして、彼女が永続性をもつことは、彼女の国である月の世界では、誰も年をとることはないし、天人が「不死の薬」をもってきたことにも示されている。

コノハナサクヤヒメやかぐや姫の話の語るところは、いずれも同じで「この世」においては、美と永続性は両立しない、ということである。そして、実際はともかく、心のなかで永続性を願ってなされる結婚というものも、美とは結びつかないと考えられる。

考えてみると、この世に生まれた者は必ず死ぬわけだから、その死を受け入れることが、美の体験の前提条件であるとも言えないだろうか。花は散ることを、月は欠けることを前提としてこそ、そこに美を認めることができる。

散る花のはかなさと美が結びついたものとして、やはり、かぐや姫の一種の先駆者と思われるものに、『万葉集』のなかの「桜児《さくらこ》」がある。彼女は二人の男性に同時に言い寄られ、どちらかを選ぶ苦しさに耐えられず自殺してしまう。まさに、花と散り果てたのである。実は、かぐや姫も自殺を予想させるようなことを言っている。帝が竹取の翁に対して、もしかぐや姫を差し出すならば、翁に必ず五位の位を授けると言う。これを知って翁は喜んで、そのことを姫に告げると、姫は宮仕えをするくらいなら消えてなくなってしまう、あるいは、一度は宮仕えをして翁に位が授けられるのを待って、死ぬ他はない、と言う。ここにも死の影が動いている。

うつろう美を特に評価している、というよりも、この世ならぬ美を追求すると、それは限りなく死に近接してゆく。つまり、美の影には死が必ず存在しており、それは、うつろいゆくことの自覚を促すものとなる。本居宣長は、『源氏物語』は「もののあはれ」を語るものだと言った。「もののあはれ」の美は、やはり、死にかかわってくる故に「あはれ」の感情を喚起するものと思われる。

かぐや姫の美しさは、軽々に人を寄せつけない。冷たいとさえ言える美しさである。かぐや姫を形容する「けらら」、「きよら」に関して、中西進が興味深い意見を述べている。「「きよら」という言葉で形容される女性がもう一人いまして、それは『源氏物語』の紫の上ですね。紫の上は「きよら」、「きよら」と、よく出てくる。ですから、紫の上はかぐや姫のイメージを引きずっているというふうにも考えられる」と。その上、「紫の上は中秋の名月前夜の月明のなかで死ぬ。それからもう一つ、紫の上は最初は桜のイメージをもって形容されるのですね」(中西進/河合隼雄の対談「竹取物語——美は人を殺す」『物語をものがたる』所収)。

ここに、月、花、美女の美しさと、それが死につながるというイメージの結びつきがあり、日本人の美意識の中核に存在するとさえ言ってよい。そして、ここに紫の上が例に出されたように、その後の物語のなかで、いろいろなヴァリエーションを伴いつつ、物語のなかのヒロインとして、姿を変えて立ち現われてくるのである。

見るなの禁

かぐや姫は、自らをむしろ、醜いというふうに語っている。帝の申し出に対しても、自分は美しくないと言い、帝が強引に訪ねてきて、彼女を連れ去ろうとすると、姫は消えて影のようになってしまう。つまり、彼女は帝にまともに見られるのを避けたのである。

消え去る女性のテーマが明確に見られる日本の昔話として、「うぐいすの里」がある。これについては、既に他に詳しく論じたので繰り返さないが(拙著『昔話と日本人の心』岩波書店、一九八二年〔第I期著作集第八巻所収〕)、そこで注目すべきことのひとつは、男性が女性の「見るな」という禁止を破ったために、女性が立ち去っていく、という事実である。

「見るなの禁」を犯したために、女性が立ち去っていく話としては、神話のなかの豊玉姫の話が思い出される。豊玉姫は彼女の宮殿がある海底まで訪ねてきた、山幸彦と結婚するが、妊娠して子どもを生むときに、産屋《うぶや》のなかを覗かないように、と言う。ところが、夫の山幸彦は禁を破って見てしまい、豊玉姫が鰐の姿になっているのを知って驚く。彼女は夫に自分の醜い姿を見られたので、そこを立ち去り、海底の世界へ帰っていく。

「見るなの禁」を破る男性という点で言えば、われわれはイザナキ・イザナミの話にまで遡らざるを得ない。そして、そこでは醜さということが関係してくるし、死も関係してくる。イザナミが死んだので、夫のイザナキは黄泉《よみ》の国まで追いかけていく。なんとかこの世に連れ戻したいという彼の願いに対して、イザナミは、黄泉の国の神とかけ合ってくるから、その間しばらく待ってほしい、そして、その待つ間に自分の姿を見ないように、と言う。しかし、イザナキはその禁止を守ることができず、ひとつ火を灯して妻の姿を見る。それは死体の醜さをもろに露呈するものであった。イザナミは大いに怒りイザナキを捕えようとするが、彼はなんとかこの世に逃げ帰ってくる。

イザナキ・イザナミの話は、「見るなの禁」を犯して男性が見るとき、醜い姿が見えたという点で、豊玉姫の話と共通するものがある。ただ、イザナミの凄まじい怒りが表明された、という点が異なっている。この怒りは、かぐや姫が自分に言い寄ってくる男性に対して、時には死を与えた、ということにもつながるのではなかろうか。イザナミが果たせなかった男性に対する怒りの報復を、かぐや姫が果たしたとさえ感じられる。

この世ならぬ美の話の裏にある、このような醜の話を、われわれはどう受けとめるべきか。この答えに対するヒントとして、筆者がずいぶん以前に聞いた事例を紹介したい。

ある女子高校生は素晴らしい美人で、道で彼女とすれ違う人が思わず振り向かずにおれないほどだったという。

彼女が自殺を企図し、幸いにも未遂に終わったので、あるカウンセラーが会うことになった。そのとき、彼女は「自分ほど醜い者はいない」ので自殺しようとした、と語ったと言う。カウンセラーが不思議に思っていると、彼女は言葉を続け、自分を見る男性の目があまりにもいやらしいので、これは自分の内に非常に醜いところがあるのに違いない、と思った、と言った。これは実に示唆的な話である。

これは「醜いのは男の方の心であって、あなたは何もそんなところはない、むしろ、あまりにも美しいだけなのだ」と言うのは簡単である。そんなことを言っても、この少女を安心させることはできない。彼女が立ち上がっていくためには、それなりの努力が必要である。男性の醜い関心を惹きつけるのは、彼女の美しさだけではなく、彼女の内部にそれに呼応する部分がある、と考えてみてはどうであろう。美は単なる美である限り、それほどの魅力をもたないのではなかろうか。どこかで醜による不思議な裏づけをもってはじめて、人を惹きつけることを可能にする。かぐや姫が自分を醜いと言ったのは、謙遜ではなくて、自分の醜の側面についての自覚があったから、とも考えられる。

美と醜の、このようなダイナミズムのなかで、イザナミや豊玉姫の場合は、むしろ醜の部分が強調されたのはどうしてだろうか。これはおそらく「見る」ことと関連しているようだ。相手を「対象」として見る——そのことは禁止されているのに——、そのことが醜の側面を露わにするのではなかろうか。日本人ならよく知っている「夕鶴」の話の原話である「鶴女房」などの多くの異類女房の話においては、男が「見るなの禁」を破り、覗き見をすることによって、女房の「本性」つまり、鶴、魚、蛇などが明らかになると共に、彼らの関係は破局を迎える。それまでは共に住んでいた二人なのに、男が敢えて女を対象として「見る」と、その関係が壊れてしまう。

漢字には「観る」という表現がある。この「観」は「観照」であり、内を見るのと外を見るのとが同時に行われることを意味する字であった。男と女とが共生し、内と外との区別も定かでないときに「観る」美が二人を支えていた。そのような関係においては「本性」などという概念さえ存在しない。そのときに、相手を対象として自分から切り離して「見る」と、「本性」が見え、それは醜につながってくる。イザナミ、豊玉姫の場合も、このように考えていいだろう。

このような危険な男女の関係のなかで、「見られた」ことに対する怒りがそのまま表出されると、イザナミの行動に示されるような凄まじいものになる。しかし、そこで女性の方に少し余裕ができると、『竹取物語』の求婚譚のように、そこに滑稽さが生まれてくる。「あはれ」の傍らに「怒り」や「をかし」という感情が存在している。

日本文化の中核には「あはれ」が存在していて、王朝物語のなかに、それはいろいろと姿を変えて現われてくるが、「をかし」の系統も相当、豊かにあるとも言える。王朝物語で言えば『落窪《おちくぼ》物語』や『とりかへばや物語』などには、相当に「をかし」の要素が入りこんでいる。「怒り」の方は、あまり直接的に表現されることはないが、たとえば『源氏物語』のなかの、物の怪《もののけ》のはたらきなどにそれを見出すことができる。

他界への憧れ

既に述べたように、美と永続性はこの世においては両立しない。かぐや姫は、結局は月の世界に帰っていった。帝は美を選択するためにか、せっかく手に入れた「不死の薬」も燃やしてしまった。

手に入らないことがわかればわかるほど、それを手に入れたいと思うのが人情というものである。この世においては、それが可能ではないとすると、それを可能にする「他界」への憧れが人間の心のなかに生じる。この世に「あの世」を顕現させたいという絶望的な憧れの感情は、日本人の美意識を支えるひとつの要素であった。『竹取物語』ではそのことが、かぐや姫の昇天という形で語られている。彼女のみが「他界」に行くことができて、帝でさえ引き止めることも、共に行くこともできなかった。ここに、かぐや姫の美しさが絶世のものであることが示されている。

「他界への憧れ」は、死を願う心に通じるところがある。現在、思春期拒食症が多く発生している。もちろん、それらのすべてを説明するものではないが、彼女たちが食事を拒否して、時には死に至ることもあるのは、その背後に「美の永続性」を願う心がある、と思われる。彼女たちにとって「この世」の原理を受け入れるのは非常につらいことなのである。ちなみに、先に述べた自殺未遂をした女子高校生は、箱庭のなかにありたけの醜い生物、蛇やトカゲなどを置き、自分の内界に存在する醜い側面を受け入れることによって成長していった。

「他界への憧れ」がすぐ死に結びつかないが、実現可能なこととして「出家」があった。当時の多くの男女はいつか出家することを望んでいたのではなかろうか。それは美しい死を迎え、美を永続化させるための重要なステップであった。

『源氏物語』の紫の上は、既に述べたように、かぐや姫の系譜を引いている。彼女は何度も出家を願い、そのたびに源氏に止められている。出家は死にほとんど等しい。したがって、出家を願っていても、この世への執着や、この世からの足止めによって、なかなか果たせないのも当然である。王朝物語の多くの箇所に、出家に伴う葛藤が描かれている。

紫の上は源氏と結婚し、その絆のために出家をはばまれてしまった。その代わりと言うのも変だが、紫の上の死の床の描写が美しくなされている。彼女は人生の最後において、出家を果たしたのだとも言える。アメリカの日本文学研究者、アイリーン・ガッテンは、『源氏物語』以前では、人間の死は単に何某が死んだということのみが記され、『源氏物語』においてはじめて、人が死んでいく姿が記述されたことを指摘している（A・ガッテン／河合隼雄の対談「源氏物語(I)――紫式部の女人マンダラ」『続・物語をものがたる』所収）。これは非常に大切なことで、しかも、死の床の描写が行われているのは、藤壺、紫の上、大君、の三人だというのも実に興味深い。この三人は、作者の紫式部も大いに肩入れしていた人物と思うので、なおさら興味をそそられる。

出家をはばむ人間関係を、王朝物語では「絆《ほだし》」と表現しているのも注目すべきことである。絆は現在では「きずな」と呼ばれて、「家族の絆を大切に」などと、スローガンに用いられたりしているが、もともと否定的な意味合いで使われていたのである。絆は牛や馬などの足にからませて動けないようにする用具であった。まさに「つなぎとめる」力をもつもので、これは現代的に考えても、肯定、否定の両面をもっている。ただ、王朝時代は前記のように、「出家」への個人の自由意志をはばむものとして「絆」という用語が使われたのである。

その点、かぐや姫は何の絆ももたない、と言ってよかった。竹取の翁には情が通っているので、それは絆になりそうであったが、天命とあれば致し方なかった。それに「天の羽衣」を着せかけられると、彼女は翁に対して哀れとも悲しいとも感じなくなってしまう。これは、彼女がいかに他界の人であるかを如実に示している。出家するとき、僧衣をまとうと、「この世」的な感情は断ち切るべきだが、実際にはなかなかそのようにはいかなかったのではなかろうか。歴史を見ると、出家して後に、ますます俗事にかかわった人物をいくらでもあげることができる。日本的美意識が、いつも日本人の行動を強く支配していたわけではない。その点で、かぐや姫は、日本人の美学の原点に据えられる人物ということができる。『竹取物語』は、紫式部の言うとおり「物語のいできはじめの祖」なのである。

紫の上は源氏との絆のため出家を果たせなかったが、その想いを受け継いで現われるのが「宇治十帖」のなかの浮舟である。浮舟は薫と匂宮の二人の間にはさまれながら、どちらも拒否して身投げをはかる。幸いにも彼女の自殺は未遂に終わるが、うずくまっている浮舟を見つけた横川《よかわ》の僧都が「かぐや姫みたいだ」と言う。紫式部は、浮舟がかぐや姫の系譜を引く女性であることを意識していたものと思われる。浮舟は月へは行かなかったが、出家を果たすことができた。しかし、話はここで簡単に終わらず、後に続く話があるのは周知のとおり。それにしても、浮舟は自分のかぐや姫性を守り抜くのである。

かぐや姫がひとつの祖型として物語に影響を及ぼしているものとして、永井和子は、『寝覚物語《ねざめものがたり》』の主人公、中の君(寝覚の上)の「かぐや姫体験」をあげている(永井和子／河合隼雄の対談「寝覚物語――永遠の美少女の苦悩」『物語をものがたる』所収)。

かぐや姫は明らかに他界の人であった。しかし、中の君の場合は少女時代、十三歳と十四歳の八月に「天人降下の夢」を見る。天人は夢のなかで、彼女が琵琶の名手になる、ということと、生涯にわたって苦難を体験するだろう、という予言をする。彼女は何だかわけのわからないままに、自分を極めて特殊な人間なのだと思いこまされるのと同時に、いったいそれは夢なのか現実なのかもわからない、という体験をする。永井は「そうした中途半端な異能性・異質性の自覚を感覚として「かぐや姫体験」といったのです」と述べている。そして、それを説明して「つまり自分というものは、この世の中にいま存在しているけれども、じつは別の国から啓示を受ける特別の人間かもしれない、この世の人間とはちょっとちがう人間かもしれないという、そういう存在の不安感に揺れる感覚を身につけた女性ではないか」とつけ加えている。

思春期の深い心の揺れと不安を体験した、中の君の心情を「かぐや姫体験」という表現によって非常に的確に捉えているのに感心させられる。しかし、これはすべての思春期の少女が心の深層において体験することと言ってもよいのではなかろうか。ただ、そのことが少女の意識をどのような形で、どの程度に脅かすかについては、相当な個人差があると考えていいだろう。その少女を取り巻くいろいろな人間関係や、少女自身の感受性の程度によって異なってくる。しかし、深層においては、すべての少女は「かぐや姫体験」をしている。

翁と娘

『竹取物語』には翁と嫗《おうな》が登場する。しかし、物語はもっぱら翁のことについて語る。かぐや姫を見つけたのも翁であるし、それ以後、かぐや姫をかばったり、嫁に行くことをすすめたり、翁と美しい娘との関係がいろいろと語られる。最後になって、かぐや姫が天の羽衣を身につけるまでは、二人の間には細やかな情が通い合っている。

美しい乙女の後楯としての老翁という組み合せは、物語に非常にしばしば登場する。この際、老人は保護者であったり、外の世界への仲介者であったり、時には、娘を保護しようとするあまり、結局は娘の自立の妨害者であったりする。かぐや姫と竹取の翁の場合は、翁が最初は姫の保護者としての役割を果たす。そして、姫が年頃になったときは、その婿選びのための仲介者となる。彼はそれでも、自分が姫と血縁関係のない点をよく自覚し、自分の自由にはならないと考え、支配的にならなかった。

『竹取物語』では、いわゆる難題婿のテーマが語られる。この際、この難題を提出するのが美女であるときと、美女の父親であるときがある。父親の場合は、めったな男に娘を渡してはならないという気持と、それを一歩進めて、最愛の娘を他人に渡してなるものか、という気持もある。かぐや姫の場合は、難題もすべて自分が出し、候補者の男性たちがつぎつぎと失敗するのを冷たく見ており、むしろ、竹取の翁の方がおろおろとしているのが特徴的である。

老いたる父と娘の話と言えば、その祖型とも言うべきものが、日本神話におけるスサノヲと、その娘スセリヒメとの組み合せである。彼らの住んでいる黄泉の国にオオクニヌシが訪れてくる。スサノヲはつぎつぎと難題を提出して、時には、オオクニヌシの命も危ないほどになる。ところが最後のところで、若い二人が手に手を取り合って逃げ出すときには、大声で二人の将来に祝福をおくる。老いた父の心に生じる両価的《アンビバレント》な感情がうまく語られている。

娘の方も老いたる父との結びつきが濃いときは、それほど単純に若い男の心になびかない、ということにもなる。『源氏物語』の「宇治十帖」の大君も、かぐや姫の系譜を引く人物と考えられるが、彼女とその父親、宇治の八の宮との関係は注目に値する。彼らの関係の緊密さが、大君の男性の拒否のひとつの要因となっているように思われる。

先に「かぐや姫体験」をしたと述べた、『寝覚物語』の主人公、中の君にしても、彼女と父親との関係は実に深い。ここでも、中の君は、この物語の主人公(中納言)にだんだんと心のなかでは愛を感じるようになりながら、彼と結ばれるのを避けよう避けようとしている。これは、中の君が世間の考えや批判を考慮してのことと言えるが、そのような判断の陰には、いつも彼女の父親、太政大臣が存在している。父の力の方が愛人よりも強いと言っていいだろうか。

娘にとって、父親がその精神性の体現者として存在しているときは、父と娘という個人的感情を超えて、「父なるもの」と呼ぶべきような超越的な存在との関係にまで変化してしまう。そうなると、彼女のところに夫や愛人として現われてくる男性は、父なるものとの比較において、どうしても劣った者として判断されてしまう。『寝覚物語』の中の君の場合は、このような心情もはたらいていた、と思われる。ここに述べた父―娘結合の問題は、現代日本の問題でもある。

王朝時代の父と娘の問題は、もうひとつ厄介なことに関連している。この時代において、最も実際的な権力を握っているのは、天皇の外祖父であった。天皇ではなかった。これが摂関政治の特徴と言えるかも知れない。天皇は形式的には最高の地位であったが、それより偉いのが天皇の母である。国母と呼ばれた。そして面白いことに、国母の父親、つまり、天皇の外祖父が一番偉いのである。これは、完全な父系による権力の授受の構造とまったく異なっている。そのような考えに従うと、父―息子という軸が最も大切で、ここには男性のみの系列があり、女性の入りこむ余地はない。

これに対して、日本では父―娘、母―息子という軸がうまく重なって、祖父―母―息子という三幅対が重視される。このために、平安時代の権力者は最高位を狙うためには、まず素晴らしい娘をもつこと、その娘を天皇に差し出し、そこに男の子が生まれることが前提条件となる。その男の子が天皇になれば、万事めでたしということになる。

このために、父親は娘に対して愛着を感じると共に、それが強力な政争の具である、という認識もあるので、話がよけいにややこしくなる。それは、心理的にも政治的にも大切な存在なので、父親としては複雑な心境に立たされるときがある。ただ、先に述べた『源氏物語』の八の宮とその娘、大君との場合は、八の宮が政治的野心をまったく放棄しているので、前記のような複雑な心のはたらきがなく、ひたすら娘を愛している、というようになるので、かえって大君も自由でなくなるところがある。

祖父―母―息子の組み合せにも考えを寄せつつ、老翁と娘のことを論じはじめると、王朝物語のすべてについて言及する必要が生じてくる。このことは、また機会をあらためて詳しく論じた方がよさそうである。

かぐや姫の系譜

既に例をあげて論じてきたように、かぐや姫は、実に大きい影を王朝文学全体に落としている。『源氏物語』のなかの、紫の上、大君、浮舟については既に述べた。あるいは、『寝覚物語』の中の君も、「かぐや姫体験」をその中核にもつ女性であった。他の作品について詳しく論じはじめると、王朝文学のすべてに関連してくる。ここでは、気がついた特徴的な例に少し触れることにして、本章を終わることにしたい。

かぐや姫の系譜を王朝物語に探すと、いくらでも出てくると言えるだろう。『源氏物語』や『寝覚』については、既に述べた。その他の物語を見ても、「結ばれぬ恋」に悩む男女の主人公の姿が多く認められる。そこには、必ずしも女性の「結婚拒否」が認められるとは限らないが、これは、日本の王朝物語に一貫して流れる重要なテーマと言えるだろう。それは『狭衣《さごろも》物語』にも見られるし、『浜松中納言物語』においてもそうだ、と言える。相思相愛の男女が一夜だけ結ばれ、後は会うことさえ難しくなる、という場合もある。

これら多くのかぐや姫の系譜を引く女性たちのなかで、『宇津保物語』に出てくる貴宮《あてみや》は、多くの求婚者をつぎつぎと断る点において、かぐや姫に類似している。もちろん、それだけ多くの男性を惹きつけるのだから、絶世の美人なのである。ただ、『宇津保物語』は『竹取物語』ほどファンタジーの世界に飛躍できないので、貴宮も月世界に帰るというわけにもいかない。最後は現実的になって、皇太子と結婚することになる。ここでは、皇太子との結婚というのが、俗世界と離れた世界に入っていく、という意味合いをもったものであろう。

国文学者の高橋亨は、「作り物語」の系譜は『竹取』から『宇津保』『源氏』へと三つの作品がストレートにつながって中心をなしています」と指摘している。『源氏』における「かぐや姫」の系譜は既に紹介したが、それでは、『宇津保』ではどうなっているのだろうか(高橋亨／河合隼雄の対談「宇津保物語――作り物語のダイナミズム」『続・物語をものがたる』所収)。

高橋亨との対談より生じてきた意見であるが、筆者は、かぐや姫のイメージが『宇津保物語』では、既に述べた貴宮と、俊蔭の娘とに分離していくように思っている。祖型としてのかぐや姫が現実化されていく間に分化されていくのである。貴宮は絶世の美人で、多くの求婚者を拒絶するタイプ。これに対して、俊蔭の娘はかぐや姫と同じような「超越性」を少しそなえている。いうならば、かぐや姫の姿が少し外的現実に引き寄せられるときに、貴宮と俊蔭の娘に分かれる。ここで、俊蔭というのはファンタジーの世界に足を踏み入れている、と言ってもよく、日本の外の国で、半分ファンタジーのような話のなかで、琴の名手となって帰国してくる。彼の才能は、彼の娘に継承されるが、彼女は一時は、山奥の木の「うつほ」のなかで暮らすようなことをする。つまり、「この世」とは少し離れた存在なのである。

俊蔭の娘の生んだ子の仲忠は素晴らしい男性で、彼も先に述べた貴宮に心惹かれる。ところが、この二人は結ばれることはなく苦悩が続く。貴宮はかぐや姫と異なり、皇太子と結ばれるが、要するに、仲忠の手の届かない世界の人となるわけである。この仲忠のイメージは、『源氏物語』の薫へとつながっていったとみることができる。やはり『宇津保』は、『竹取』と『源氏』の間に位置しているのである。

これ以上、かぐや姫の系譜を追い求めることはやめるが、これまで述べてきた点から、いかに『竹取物語』が「物語のいできはじめの祖」であるか、が了解されたことと思う。そして、その中核に存在する「消え去る女性」のイメージ、その美意識は日本文化を支える重要な要素であり、現代に至るまで、ながながと続いていることが了解されたと思う。

第三章　殺人なき争い

物語と殺人

平安時代の物語を読み進んでいくうちに、ふと気づいたのは、「殺人事件」がまったく語られない、ということであった。当時に読まれた物語で現在は読むことのできない、いわゆる散佚《さんいつ》物語のなかに、「殺人」に関するものがあるのか確かめたことはないが、これから論じるような王朝物語の特徴から考えると、おそらくないのではないかと思われる。これは実に稀有なことではないだろうか。古今東西の多くの物語を思い起こしていただくと、よくわかると思うが、そのなかで殺人、あるいは命をかけての戦いが語られているのが実に多い。たとえば、シェイクスピアの多くの傑作のなかから、「殺人」の部分を抜き取って劇を再構成すると、どのようになるだろうか。『ハムレット』、『オセロ』、『マクベス』すべて、まったくの骨抜きになるだろう。

『源氏物語』を筆頭に、『宇津保物語』や『狭衣物語』など、相当な長篇を含む、これらすべての物語のなかで、殺人、あるいは人を殺そうとするほどの争い、というのがまったく語られない。後にも述べるように、少しは争いの場面が語られるが、抜刀しての戦いは一度も出てこない。これはまったく不思議なことである。

フロイトが人間の欲望の根本として、性を重視したことは周知のことである。これに対してアドラーは権力への意志を重視した。以来、深層心理学において、人間の基本的な欲求として、エロスとパワーということが、少しずつニュアンスは異なるにしろ、強調されてきた。それを見てもわかるように、人間についての「物語」においては、エロスとパワーということが二本柱のように重要になってくるのが普通である。しかし、自分だけではなく、他人も同じことを願っているのだから、そこには戦いが起こらざるを得ない。そして、戦いの極まるところ、相手を亡き者にする、ということになってくる。そうなると、相手を殺すにしても、いろいろな方法が考えられる。また殺された者の友人や親族からの報復もある。このようにして「物語」はいくらでもふくらんでいくはずである。

このように考えると、殺人ということは物語を構成する重要な要素であると思うのだが、それが平安期の物語には全然出てこない。これは歴史的事実としても、殺人が非常に少なかった珍しい時代だったのではなかろうか。今回、中心的に取りあげようとしている『宇津保物語』においても、王朝物語に珍しく、政争については語られるのだが、そこで殺人に結びつくようなことがまったく出てこないのである。ただ一カ所、殺人について語られるところがある。それは「祭の使」の巻で、藤原季英《すえふさ》という、貧困のなかでも学問に励む学生《がくしょう》が出てくる。彼が自分について、「父の成蔭《なりかげ》左大弁は参議であったが、武士《つわもの》に殺されて」と語るところがある。こんなのを見ると、やはり「殺人」という事件はあったのだろうとは思うが、事実としては少なかったのではないだろうか。いずれにしろ、この殺人は物語全体としては重要なことではない。

公卿も太刀を持っている。しかし、その太刀を抜いて戦うなどということは、まずなかったのではなかろうか。『宇津保物語』では、貴宮《あてみや》という女性をめぐって多くの男性が結婚したいと努力を重ねるのだが、そのなかの一人、大宰帥滋野《だざいのそちしげの》真菅《ますげ》という六十歳くらいの宰相の場合が、やや戯画化されて描かれている。そのなかで、彼が太

刀を抜くところがある。真菅は老いの一徹で貴宮が結婚してくれると思いこみ、家まで新築して待つ。ところが、「貴宮」の巻に語られるように、貴宮は東宮に入内してしまう。それを知って彼はかんかんに怒り、朝廷に訴えるために家を飛び出そうとする。家人はそんな無法なことをしてはいけない、と止めようとすると、怒り狂った真菅は太刀を抜いて、「お前たちの首を切るぞ」とばかり、ふりまわす。このために家人は彼の行為を止められなくなるが、ここで、彼が家人を殺したとは書かれていないし、おそらく脅しのために太刀を抜いたものと思われる。

人間の基本的欲望ともいえる「攻撃性」ということをほとんど不問にして、しかし、多くの素晴らしい物語が生み出されたことは特筆すべきことと思われるが、それはまた、どうしてなのか。そして、そのような物語は何を描こうとしたのか。これらに答えることが、王朝物語の特性を明らかにすることになると思うが、それを考える上で、ここでは『宇津保物語』を特に中心として取りあげたい(以下は『宇津保物語』日本古典文学大系10—12、岩波書店、一九五九—一九六二年、および浦城二郎『宇津保物語』ぎょうせい、一九七六年、による)。

『宇津保物語』と争い

『竹取物語』より『源氏物語』に至る間に、『宇津保物語』、『落窪《おちくぼ》物語』という二つの大切な物語がある。『宇津保物語』に関しては、『源氏物語』のなかにも言及されているし、相当に影響を与えたものと思われる。『宇津保物語』は、『竹取物語』に示された「かぐや姫」のイメージを引き継ぐ貴宮の話を、その重要な要素としているが、それだけではなく、琴の音楽の継承というテーマもある。それと終わりの方に語られる政争(「国譲」とし

て語られる)の話が、その他の物語には語られていない内容として注目される。これらのうち、かぐや姫のことに関しては前章に述べた。音楽に関することは次章に取りあげるとして、ここでは、政争およびそれと関連しての争いということに注目してみたい。

王朝物語を読むと、登場してくる男性の公卿たちは、もっぱら美しい女性を求めて、なんとかして会いたいものと努力を重ねる。和歌をつくったり、贈物をしたり。当時の男性はそのようなことばかりしていたのか、というと、そんなことはない。もちろん、これも大切なことであったろうが、彼らは朝廷から与えられる官職について、その仕事に励んでいた。そして、彼らの最大の関心事は、その官職がいかに上昇していくか、ということであった。『宇津保物語』のなかにも、官職を失うと、その一家がどれほど窮乏に陥るか、ということが語られている。

先に少し触れたが、父親が武士に殺されたという藤原季英は、学生として能力がありながら、貧しいために勧学院の博士たちから無視されてきた。とうとう自分の才能を左大将に認められたとき、博士たちが薄情で貪欲で、袖の下を持っていく者を能力にかかわらず抜擢することを訴えている。おそらく、当時は相当に「袖の下」が横行していたのではないかと思われる。

それと注目すべきことが「嵯峨院」の巻で語られる。これは貴宮をめぐる恋人たちのなかの滑稽譚のうちのひとつだが、上野《かんつけ》の宮という年寄りの皇子が貴宮を強奪しようと計画するが、貴宮の父親、左大将の藤原正頼がそれを知って、ある女性を替え玉にする。上野の宮はそれと知らず強奪に成功して喜んでいる(このことは「藤原の君」の巻に語られる)。ところで、問題の箇所というのは、平中納言正明が正頼と話し合うところである。正明が宮中で、ふと「左大将は病気ではないか」というと、上野の宮がそれを聞いて、かんかんに怒り、自分のよ

うな身内のおる前で何を言うか(彼は左大将の娘、貴宮の夫と信じている)、お前は左大将が病気になればいいと思っているのだろう、というようなことをわめき立てる。そして、「大将を呪い殺しても、中納言の上にはたくさんの人がいるのだから、あなたがすぐ大将になれるものでもない」と言う。

上野の宮の話は滑稽化して語られているのではあるが、このようなところを見ると、誰か他人を亡き者にしようとする呪詛などは、行われていたのではないかと推察される。しかし、自分の出世のために誰かを毒殺するとか、暗殺するとかいうのは、まったく語られないのである。

ところで、これほど男たちは官位のことにこだわっているのだが、そのことは「物語」の対象にほとんどならなかった。ただ、『宇津保物語』のみがそれを語っている。それが終わりの方にある「国譲」と称する上、中、下の三巻である。話を簡単に言えば、東宮は貴宮を入内させて、その間にすでに男の子をもうけている。ところが、東宮には他にも妃としての女性が当然多くいる。そのなかで梨壺《なしつぼ》は、兼雅右大臣の娘である。その梨壺に男の子が生まれたのだ。そこで、東宮が即位して帝となるときに、どちらの皇子を皇太子とするか、という問題が生じてきた。つまり、どちらが皇太子になるかということによって、貴宮(藤壺と呼ばれる)の方の家族が、それ以後栄えるのか、梨壺の方が栄えるのか、まったく異なってくる。したがって、これは家と家との戦いである。

藤壺の側は、その父親が左大臣正頼で、すでに実力ナンバーワンと言っていいほどの人物。その子どもたちを見ると、息子も娘も多く、息子たちは高い位についているし、娘たちも相当なところに嫁いでいる。長女は朱雀帝の女御として寵愛を受け、仁寿殿女御と呼ばれ、皇子四人、皇女三人の母となっている。また、九番目の娘、貴宮は、既に述べたように絶世の美人で、東宮の女御になっている。このようなわけで、正頼の権勢は比べものにならぬほど強く、それに東宮は数ある妃のなかで貴宮(藤壺)を特別に寵愛しているのだから、彼の方の優位は動かぬように見える。

それにもかかわらず、敢えてそれに対抗しようとする張本人は、朱雀帝の后で東宮の母の「后の宮《きさいみや》」である。彼女の論理によると、昔から后の宮になるのは藤原の一族に決まっていて、一世の源氏の娘が后になって、その子が東宮になった前例がないという。藤原正頼は藤原を名乗っており、権勢もあるが、実は一世の源氏なので、その娘の藤壺の子が東宮になるのはいけない、というわけである。そこで、自分の一族の方の兼雅の娘、梨壺の子を東宮にせよと主張する。このために、藤壺系の正頼と、梨壺系の兼雅との対立という構図ができあがった。

いかに戦うのか

これが他の物語であれば、両家の間にいろいろな権謀術数が行われたり、時には武器を持っての戦いさえ生じるであろう。しかし、両者の間には戦いはなかった、と言いたいほどなのである。これを、いったい政争と呼んでいいのかさえ、わからぬほどである。

ただ、既に述べたように、后の宮のみは相当に活動的である。自分の親族の忠雅太政大臣と兼雅右大臣を、息子たちも連れてくるように、と言って呼びつける。そして、先に紹介したような論理を展開して、自分たち一族の恥にならぬように、心を合わせて頑張るようにと言う。ところが、忠雅太政大臣は、皇太子のことは天皇自身が決めるべきと思うので、今の東宮が即位したときに自ら決定すればよいと言う。そんなことをすれば、東宮は自分の一番の気に入りの藤壺の子を皇太子にするに違いない、と后の宮は言う。そこで、皆が心を合わせて東宮に梨壺の子を皇太子にするように進言すべきだ、と彼女は主張する。

これに対して、后の宮の兄の兼雅の答えが興味深い。そこにいる、忠雅太政大臣とその息子二人はそれぞれ、正頼の娘たちと結婚している。それに兼雅の一人息子、仲忠は、正頼の娘、仁寿殿女御の娘の女一の宮と結婚している。そんなわけで正頼の家と自分たちの家は婚姻関係で結ばれている。もし、自分たちがこんな相談をしていると知ると、正頼は自分の娘を婿のところから引きあげさせ、仁寿殿女御は帝のところから、藤壺は東宮のところから退出させてしまうかも知れない。そうなると世の中が大変なことになるので避けたい、というわけである。つまり、男たちは戦う気はない。

后の宮はおさまらない。「あなた方は、正頼の娘の他には女はないと思っているのか」と立腹し、ついには、自分の娘の皇女を太政大臣の北の方にするから、とまで言う。そして、仲忠が、藤壺は非常に聡明な人だと言うと、「そんな女は神罰にあたればよい」と呪いをかける。相当な勢いである。

后の宮は朱雀帝にも自分の意見をぶっつける。しかし、帝は東宮が即位後に自分の好きなようにすべきだと言うので、后の宮は帝を恨めしく思う。朱雀帝は退位し、東宮が帝となる。帝はすぐには誰を東宮にするか言わない。后の宮はあきらめず、兼雅を内々に呼び出し、仲忠が反対するようだったら親子の縁を切れとまで言うが、成功しない。

一方、正頼の方はどうしたであろうか。后の宮の強引な方法が噂として伝わったためか、内裏はもちろん、世間の人々まで、梨壺の皇子が東宮になるらしい、と思いはじめる。このため、藤壺を通じて昇進のことを頼みたい、とその周囲に集まっていた人たちがだんだんと離れていく。ここで不思議とも思われるのは、既に述べたように、太政大臣忠雅の息子たちは正頼の婿になっているのだから、自分たちは梨壺の皇子を立てようなど思っていない、と言えばよいのに、心のなかで世間の評判を正頼はどう思っているだろう、自分たちは何も関係していないのに……と思いつつも、何も言わないのである。そして、正頼といえば、「もしも梨壺の皇子が東宮になったら、すぐにも出家しよう」と決心している。戦う意志がまったく見られないのが、実に印象的である。

藤壺は、そのときどうしただろうか。彼女は出産のために内裏から父親(正頼)の屋敷へと退出していて、帝に会う機会はない。彼女は、かつて帝が東宮の時代に彼女の皇子を、いつかは皇太子にすると約束したことを信じていたのだが、だんだんと、それも疑わしく思いはじめる。そして、もし梨壺の方に話が決まれば、自分も尼になろうと決心している。父も娘も、要するに負けたときのことばかりを考えている。

そのうち、正頼左大臣の邸を訪ねるものは誰一人いなくなってしまう。その反対に、兼雅右大臣や、その息子の仲忠大将の邸は訪問客で溢れそうになる。正頼は梨壺の皇子が東宮と決定されたら、即刻剃髪して山へ籠ろうと、行くべき山の手配をしたり、法服の用意をしたりしている。

立太子決定の日が、また大変である。正頼は朝早くから、「何も聞きたくない」と塗籠《ぬりごめ》のなかに入りこんでしまった。正頼の妻で藤壺の母の大宮も、もうじっとしておられない、と塗籠のなかに入った。そこで息子たちは仕方なく、その戸口の左右に並び嘆き悲しんでいた。立太子決定のため左大臣正頼に、参内せよと命が下るが、塗籠のなかの正頼は返事もしない。結局は、帝は太政大臣忠雅を呼び、決定を書いた封書を渡す。この後も、少しすったもんだするが、略すとして、結局は、立太子決定を太政大臣が正頼に手紙で知らせる。手紙を見せようと塗籠を開けると、正頼は頭から蒲団をかぶってうつぶせになっていた。大した左大臣である。

帝の決定は「藤壺の皇子」であった。正頼はそれを聞くと、すっくと立ち上がり、藤壺に知らせたか、と言う。藤壺は報告を聞くとにっこりして、帝の約束にまさか間違いないとは思っていたが、世間の噂がやかましいので不安だった、と言う。父親に比べると、ずっと落ち着いた感じである。ともかく、このようにして「政争」は片がついた。それにしても、あまりにも「争い」のない政争ではあったが。

争いと対話

この「政争」劇を見ていて、現代的感覚から不思議に思う人が多いのではなかろうか。既に紹介したが、正頼とその婿たちとの関係で、この大切な件で何の話し合いもない。正頼は婿たちが冷淡だと思っているし、婿たちは心のなかで「自分たちは、この件に何も関係していないのに、正頼(義父)はどう思っているのだろう」とつぶやいているだけで、直接の対話がない。

直接の対話と言えば、そもそも藤壺がいかに退出中とはいえ、帝に手紙を出し、「立太子のことはどうお考えです」と訊いてみないのか。あるいは、もう一歩進めて、「前からのお約束どおり、私の子を皇太子にしてくださるように」と、どうして言わないのだろう。

もっと面白い例がある。后の宮はただ一人、強引に直接的に自分の意志を通そうとした人だが、その策略のひとつとして、忠雅太政大臣に自分の娘を北の方として与えようとする。ところで、忠雅はすでに結婚しており、その相手は正頼の娘、六の君である。つまり、忠雅が婚姻関係で正頼側についているのを、あらたに魅力的な女性(と后の宮が考える)をあてがって自分の側に引き入れようとする。当時は一夫多妻の関係だから、このような考えも実行しやすい。

ところが、藤壺が女御になったので、その姉妹が藤壺の退出している正頼の屋敷に集まってお祝いを述べた際に、后の宮が太政大臣忠雅を呼び出して、自分の姫のところに閉じこめようとしているという噂を、六の君は聞かされて驚いてしまう。六の君は「そんな美しい姫のところに閉じこめられたら、忠雅は自分など振り向きもしなくなるでしょう」と、すっかり悲観してしまい、引き続いて正頼邸に留まり、夜昼泣いてばかりいた。

事情のわからない忠雅は、たびたび迎えの使者を出しても、北の方である六の君が帰ってこないので、自ら正頼邸を訪ねてくる。これに対して、北の方は直接的に質問をしないところが特徴的である。「姉妹たちが大勢集まって混雑しているので、お会いする場所もありません」と言う。忠雅はともかく拒否されていることはわかるが、なんとも仕方ない。ともかく直接に会いたいというのに、北の方はどうしても会わなかった。結局、藤壺の皇子の立太子が決定された後に、六の君の忠雅に対する疑念が解けて両者は和解する。それにしても噂を知った時点で、六の君が夫の忠雅にそのことを尋ねれば、すぐに問題は解決しただろうに、直接に話し合うことすら避けたりするから、話が面倒になったと思われる。現代感覚からすると変に感じる、と先に述べたのは、このような点である。

夫婦の対話としては、もうひとつ印象的なのがある。仲忠とその妻、一の宮との会話であるが、それについて述べる前に、二人の関係について少し説明しておく必要がある。

仲忠は『宇津保物語』の主人公と考えられるような男性である。立派で美しく、帝をはじめ誰からも尊敬されている人物である。彼は貴宮を意中の人としていたし、貴宮もほのかにではあるが、それに応じる気持をもっていた。貴宮は十指にあまる多くの男性から恋文を貰いながら、非情なほどに返事を出さなかったが、仲忠にだけは返事を送ったりしている。

しかし、自分の娘をなんとか東宮の妃(ひいては帝の女御となる)にしたいという両親の望みと、東宮自身の意志によって、貴宮は東宮のところに入内する。仲忠は悲嘆するが、帝の命もあって、帝と仁寿殿女御の間に生まれた一の宮を妻にする。仲忠は最初は気が進まなかったが、一の宮に美しい姫君、犬宮が生まれたこともあって、一の宮を心から大切にするようになる。しかし、仲忠と貴宮の心は、潜在的には惹かれ合うものを常に蔵している。

このようなことがあるので、政争のときの仲忠の立場は微妙であった。自分の親族のことを考えると、彼は梨壺側である(梨壺は彼の異母妹)。だからこそ、后の宮の陰謀の際に、彼は父親の兼雅と共に呼び出されている。しかし、このときに彼は后の宮に対して、貴宮は実に聡明な人だと言って不快感を買っている。彼の本心は自分の親族よりも貴宮の幸福を願ったのではなかろうか。

ところで、仲忠と一の宮の会話である。「国譲」下の巻によると、二人は次のような会話をする。仲忠は一の宮に、自分は噂になっている事件には関与していない、と弁明する。自分は、最近は父親の邸も訪ねたこともない、と。ところが、一の宮は「火のないところに煙は立たない」と言う。直接に父親に会ってないなどと言っても、それは謀略に無関係であることの証拠にはならないと、強硬である。仲忠は「いったい私たちがどうしたというのです」と訊きただす。一の宮は「あなたは空とぼけているが」、太政大臣や后の宮と謀略をめぐらしていると言う。仲忠は、これ以上の説得は不可能とみて話題を変えてしまう。

ここでは、仲忠は忠雅の例と異なり、直接に弁明している。しかし、それは通じない。どうしてなのか。どうして一の宮は夫の言葉を信じないのだろうか。ここでおそらく、一の宮の一番言いたかったのは、「あなたは私のことを一番大切に思っていないでしょう」ということ、そしてその背後には、「私よりも愛している人(貴宮)がいるでしょう」ということだったのではなかろうか。ここでも、本当の会話は間接的になされている。

日本人の美意識

ここまで書いてくると、現代感覚では『宇津保物語』の会話は不思議だ、などと言えない気がしてきた。仲忠と一の宮のような夫婦の会話パターンは、現代日本の夫婦の会話にそのまま当てはまることが多いのではなかろうか。本当に言いたいことを言わずに他のことを言うことによって、それを悟らせようとする。あるいは、誰かが何かに怒って発言すると、「本当は何を言いたいのか」を周囲の者がいろいろと推量する。このようなことは、夫婦の会話とは限らない。現代日本のあちこちの会議で行われていることではなかろうか。このように考えてくると、貴宮と帝、六の君と忠雅の間のディスコミュニケーションのことなど笑ってばかりもおられない、と思われてくる。これは日本人にとって、実に根の深い現象ではなかろうか。

このようなことが生じる基礎に、日本的な美意識とでも呼びたい傾向が存在している。それは、直接的な争いをなるだけ避ける、という点と、亡びの美学という点とがあるようだ。後者の方で言えば、政争に関してとった正頼や貴宮の態度にそれが見られる。勝つ努力をするよりは、負けたときに世間に笑われないように、出家の準備を整えることに力をつくす。これと対照的なのが、后の宮である。彼女は勝つためにできる限りのことをする。その描写を読んでいると、これは「悪役」として仕立てられるために誇張されているのではないかとさえ感じられる。亡びの美学に従っている側が「よい方」として、最後は勝利するお話なのではなかろうか。

蛇足のようだが、争いをなるだけ避けるということは、けっして争わないことを意味しない。できるだけ避けてはいるが、「もうこれまで」と思ったときの争いは、かえって無茶苦茶になる。これは現代の日本人の行動パターンや、日本の歴史を見てもわかることである。しびれを切らしたときには、美意識を貫くほどの強さはもっていないようだ。これは平安の物語とは関係のないことだが、日本人の一般的傾向として述べておく。

間接的な会話ばかり紹介したが、極めて直接的な夫婦の会話が『宇津保物語』にあるので、それについて少し触れる。それは、もう物語も終わりとなる「楼の上」上の巻にある。仲忠は、母親から伝わってきた琴の奏法を自分の娘の犬宮に教え伝えようと決心し、そのための邸を京極に建てる。そして、妻の一の宮に、琴を教える間、犬宮も自分もそちらに住み、一の宮に会わないと言う。このときは、実にきっぱりと自分の意志を伝える。これに対して、一の宮も、そんなのは辛抱できないと、はっきり言う。そこで仲忠は、心配しなくとも夜には一の宮をときどき訪ねていくと言う。これに対して、一の宮は、仲忠などに会わなくてもよいが犬宮に会いたいのだと、これまた実にはっきりと言う。仲忠は辟易しながらも、魂をこめて本気にやらないと琴の伝授などできない、一の宮がどうしても反対なら仕方がないが、それなら自分は犬宮には今後、何も教えないと言い切る。これには、さすがの一の宮もしぶしぶ従わざるをえない。

日本の美意識に従って、后の宮以外の人物は、極めて間接的な表現で無言によって意志表示をする。あるいは、ともかく亡ぶことを前提として行動するというパターンが、ここでは破られている。特に理想の男性として描かれているかに思える仲忠の言葉として、前述のようなことが語られているところが興味深い。

これはおそらく、官位昇進や親族の利害ということと、琴の演奏の伝承ということが、まったく異なる次元のこととして受けとめられているからではなかろうか。それは個人の利害を超越する。音楽については次に論じるとして、俊蔭—俊蔭の娘(仲忠の母)—仲忠と伝えられてきた系譜を娘の犬宮に伝えることは、天皇の系譜と同様の重みをもっている。その自覚に立って、仲忠は、ここでは妻に極めて直接的に語っているが、それは美意識を破るものではない、と考えられていたのであろう。

自然による解決

政争は帝の判断によって適切な解決を得た。しかし、この政争が強い「争い」にならなかった要因のひとつとして、后の宮の謀略に兄の兼雅が乗らなかったことがあげられる。その子の仲忠の場合は、貴宮に対する気持が作用したと思うが、兼雅は梨壺のために動いても不思議ではない。しかし、彼は梨壺の皇子が東宮になると、「われわれの身内にとっては結構なことだが、それでは世の中がたいそう騒がしくなる」というわけで、一貫して藤壺側を支持している。つまり、個人の利害を超えて、世の中全体の流れの方に従っているのである。このような態度が強調されることによって、王朝文学のなかに殺人に至るような争いが生じない、と考えられる。

戦いが回避されるという点で、極めて印象的な話が『落窪物語』に語られている。この物語の女主人公は落窪の君と呼ばれ、継母から迫害されて育つ。そのことについては、また後に論じるとして、ここには次のようなエピソードを紹介する。

落窪の君は継母にいじめられるが、彼女を愛してひそかに訪ねてくる貴公子が出現する。ただ、おきまりのように、このことは継母に発覚して、かんかんに怒った継母によって、落窪は物置に侍女と共に閉じこめられる。その上で、継母は遠縁の典薬助《てんやくのすけ》という老人を呼び出し、この娘はお前の好きなようにしていい、と申し渡す。典薬助は喜び勇んで、夜更けてから物置小屋にやってくる。

これに類似する場面は、古今東西の物語で、どれだけ語られてきたかわからない。美しい弱い女性が男性の毒牙にさらされている。このサスペンスを、どのように解決するかは物語の腕の見せどころである。

これが、典型的なかつての西部劇だと、美女を襲うのは荒くれ男であり、それに対して恋人の男性が敢然と戦いを挑み、ついに勝利を収めるということになる。これは、物語の解決には絶対に戦いが必要であり、そこにおいて「正しい者は必ず勝つ」という人生観がある。これは古いパターンではあるが、現代でも多くのアメリカ人を支配している物語と言っていいだろう。これが少し変形されて「勝つ者は必ず正しい」というふうに受けとめられているときもある。身体的な戦いがないときでも、世界中によくある物語として、主人公あるいは脇役の知恵によって、つまり、智力による戦いに勝利することによって、危機的場面が解決される、というのがある。ここにも戦いがあると言えば言えるだろう。

ところで、わが国の『落窪物語』は、そのいずれによる解決法にも従わなかった。典薬助は夜更けに物置小屋へやってきたが、なかにいる女性は必死になって戸に突っ張り棒をしたりして開かないようにする。じいさんもやっきになって戸を開けようとし、どこからか入れないかと、物置小屋をまわっているうちに、冬の寒さのためにだんだん冷えこんで腹の状態がおかしくなってきた。とうとう不覚にも下痢をしてしまい、じいさんはあわてて下着を洗いに行き、ごしごしとやっているうちに夜はだんだんと明けてきて、結局のところ、じいさんは失敗してしまう。

ここでは、人間の腕力も智力も使われず、戦いは起こらない。いうならば自然現象が解決をもたらしたのである。物語を読むと、じいさんの腹が「ひちひち」と鳴り出した、などと詳細な記述があり、思わず笑い出してしまう。このような危機状況の解決法としては、おそらく世界の他の物語には見出せないユニークなものではなかろうか。自然のはたらきが人間の計らいを超えるのである。

このようなことも勘案しながら、『宇津保物語』の全体を眺めてみると、そこにはいろいろな主題が出てきて、雑多に語られて物語の一貫性を欠いているという批判よりも、むしろ、全体を一貫して、人間の計らいを超える流れを描こうとしたのではないか、と思えてくる。首尾という点で言えば、それは音楽にはじまって、音楽に終わっている。しかし、それは、単に音楽の奏法の伝承などということではなく、音の流れが、既に述べた人間世界の底流に流れるものの、ひとつの象徴として語られているのではなかろうか。

そのような滔々と流れる流れのなかで、仲忠と貴宮という好ましい男女の恋が語られている。しかし、それも、所詮、人と人との間における、個人の意志であって、底流する流れに逆らってまで成就されることはない。それが成就しないことを、せめて悲しく美しい話として物語ることくらいが、人間のできることではなかろうか。こんなことを『宇津保物語』は述べているようである。

第四章　音の不思議

音と匂い

人間は目の動物《アウゲン・テイール》などと言われるほど、視覚を大切にしている。五感のうち一番重要なのが視覚で、聴覚、嗅覚、味覚などは二の次、三の次になる。そして、触覚が最も退化していると思われる。

王朝物語には、多くの美男、美女が出てきて、その様子が語られる。その美しさの形容に「にほひ」が用いられるのは、注目に値する。「にほひやか」という形容詞がある。われわれの子どもの頃は、まだ「にほやか」という言葉が生きていたと思うが、今では、これが美しい女性の形容と知る若い人は少ないのではなかろうか。そもそも「にほやかな娘さん」があまりいないのかも知れぬ。「にほひ」は、もともと、赤(丹《に》)などのあざやかな色が美しく映えることを意味しており、それが転じて、嗅覚で感じる「匂」の意味になったようだが、ともかく美しさの形容詞と、嗅覚が結びついている事実は興味深い。

中国人の日本文学研究者、朱捷は、これに関して次のような指摘をしている(朱捷「「にほひ」にみる日本人の嗅覚」国際日本文化研究センター紀要『日本研究』第十五集、一九九六年)。『源氏物語』(「若菜下」)に、源氏が女性たちについて述べる際に、女三の宮は「にほひやかなる方は後れて」、明石の女御は「いますこしにほひ加はりて」、紫の上は「にほひ満ちたる心地して」と、「にほひ」を連発している。ところで『源氏物語』の中国訳(豊子愷訳)においては、これらの場面の「にほひ」は、「艶麗」、「美麗」などと訳されている。中国語には嗅覚と共通する美の形容詞がないからである。ところが、中国では女性の美しさの形容には、聴覚と結びついた「韻」の字を用いるという。「天姿風韻」という言葉は、女性の美しい姿(天姿)と、そこから漂う雰囲気としての風韻が大切と考える。確かに「にほひ」も、美しい姿そのものよりも、そこから漂い出してくる感じを表わす言葉である。

日本の漢字「匂」は、朱捷によると、中国の「韵」(「韻」の別体)の右半分からつくり出したものであると言う。明確に捕捉はできないが、ものごとの内面にあるものが、それとなく顕われてくるのを、視覚ではなく、聴覚、嗅覚による表現によって示そうとすることが、中国、日本において行われてきたのである。つまり、「にほひ」は直接的に嗅覚と結びつくものではなく、具体的に表現できない美しさ、顔がどのような顔か、スタイルはどうかなどというのではなく、そこに漂ってくる、つかまえどころのない美を表現するための言葉である、と思われる。

視覚によって把握した現実は、相当に言語化しやすい。しかし、嗅覚や聴覚(音)の場合は難しい。それは、すぐに消え去ってしまって、極端にいえば、あったのかなかったのかさえ危うくなる。しかし、そのような特性をもつからこそ、「にほひ」や「韻」が美人の形容に用いられると思われる。

ところで、王朝物語に登場する男女の逢瀬を考えると、男女が最初に会うとき、暗闇のなかなので、視覚はほとんど役に立たない。聴覚、嗅覚、触覚に頼る世界である。しかし、物語を読んでみると、嗅覚、触覚に関する記述は意外に少ない。おそらく後者は、あまりに直接的なので控えたのだろうが、前者も少ないのである。おそらく「にほひ」は、相当に重要だったろうと思われるが、記述が非常に少ない。

日常的な場面の記述においても、同様である。『源氏物語』には周知の「匂宮」が登場して、「にほひ」が話題となるが、これなど例外であろう。それに比して、王朝物語のなかで、音は実に重要な役割を占めている。たとえば、『源氏物語』の「夕顔」の巻で、源氏が夕顔の家に泊ったときの様子の記述に、次のようなところがある。この日は八月十五日で、「隈なき月かげ」の記述があるのは常套だが、明け方になって隣の家の話し声が聞こえてくる。このことで夕顔がどの程度の暮らし向きをしているかも察せられる。これに続く文を引用してみよう。

> ごほ〳〵と、鳴《な》る神《かみ》よりも、おどろ〳〵しく踏みとゞろかす唐臼《からうす》の音も、枕上《まくらがみ》とおぼゆ。「あな、耳かしがまし」と、これにぞ思さるゝ。なにの響《ひゞき》とも聞き入れ給はず、「いとあやしう目ざましき音なひ」とのみ、聞き給ふ。くだ〳〵しき事のみ、多かり。白妙《しろたへ》の衣《ころも》うつ砧《きぬた》の音も、かすかに、こなた・かなた聞きわたされ、空飛ぶ雁《かり》の声、取り集めて忍びがたき事多かり。端近《はしちか》き御座《おまし》所なりければ、遣戸《やりど》を引きあけ給ひて、もろともに見出だし給ふ。ほどなき庭に、ざれたる呉竹《くれたけ》、前栽《せんざい》の露《つゆ》は、猶、かゝる所も、おなじごときらめきたり。虫の声〳〵、みだりがはしく、壁《かべ》の中の蟋蟀《きりぎりす》だに、間遠《まどほ》に聞きならひ給へる御耳に、さしあてたるやうに、鳴き乱るゝを、（『源氏物語』一、日本古典文学大系14、岩波書店、一九五八年）

柄にもなく原文など引用したが、これを見ると、このわずかな引用のなかに、唐臼、砧、雁の声、庭の虫の声、壁の中のこほろぎ（蟋蟀《きりぎりす》）と、いろいろな音の描写が盛り込まれている。それに先ほどの隣の人の話し声もあるので、源氏の耳には、実に何種類もの音が聞こえてきたわけである。唐臼の音などは、源氏は聞いたことがなかったかもしれない。このようなたくさんの音の背景のなかで、ほっそりとして、どこかはかない感じのする夕顔と源氏は共にいる。

これは、夕顔という女性が何か異界とつながりやすいこと、その後に訪れる、物の怪による突然の死、を予兆しているように感じられる。源氏は夕顔の姿を見、あまりにも可憐な感じなので、もう少し強さがあれば、などと思っている。しかし、聴覚の方は、彼女を取り巻くいろいろな音を捉えていて、理解を超えた夕顔の生き様を潜在的に感じている。音は、このような不思議な効果をもって、物語のなかで語られている。

『宇津保物語』と琴

王朝物語においては、既に見てきたように、「音」が重要な役割を担っている。それが音楽となると、どうであろうか。これまた極めて重要である。物語のなかにさまざまな楽器と、それを演奏する状況が語られる。琴、箏《そう》(箏の琴)、和琴、琵琶などの絃楽器、続いて、横笛、高麗笛、笙《しょう》(笙の笛)、篳篥《ひちりき》、皮笛、草刈笛などの管楽器、それに打楽器もある。これらは単独に奏せられたり、合奏されたりする。現在、これらの楽曲がどの程度に再現されるのかは知らないが、物語を読む限りにおいて、実に絢爛華麗な様相が思い浮かんでくる。

王朝物語における音楽の意義について考えるなら、どうしても『宇津保物語』を取りあげねばならぬだろう。これに語られる「国譲」に関しては前に述べた。しかし、何といっても、『宇津保物語』においては、琴のことを無視できない。冒頭の「俊蔭」、それに最後の巻の「楼の上」の上、下は、まったく琴に関する話である。さりとて、この話を琴の物語として首尾一貫している、と言い切るのには、すぐに賛成しかねる人もあるだろう。

というのは、この物語においては、美人の貴宮《あてみや》をめぐる男女の葛藤、それに続く「国譲」のことなどが詳しく語られ、それらはまた非常に興味深い話なのである。したがって、『宇津保物語』の主題は何か、ということが現在まで何度も論じられている。最新のものとして江戸英雄「恩愛と異郷――うつほ物語の主題」(『国文学研究資料館紀要』、一九九七年)が目にとまったが、この課題が未だに専門家によって論じられていることを知った。

『宇津保物語』の主題に関しては、未だにいろいろと論じられるようだが、これが琴の物語であることを強く主張したのは、周知のように、岩波「日本古典文学大系」『宇津保物語』の校注・解説者で「うつほ物語の琴《キン》」(『お茶の水女子大学人文科学紀要』、一九五六年)を書いた、河野多麻であった。そのなかで、彼女は「うつほ物語は琴の音楽が主題であつて、全巻を通して琴の尊重と讃美に貫かれ、求婚譚は副次的地位に置かれてゐます」と明言している。その後に書かれた『宇津保物語』の琴に関する論文としては、三苫浩輔「琴の物語――宇津保物語序説」上・下(『国学院雑誌』第六三巻五号、六号、一九六二年)および、野口元大『うつほ物語の研究』(笠間書院、一九七六年)の第五章「うつほ物語の音楽」を参考にさせていただいたが、いずれも周到で興味深いもので、私が今更、何をか言わんやという感じがする。ただ、切り口が異なるので、これらの論を参照しつつ、私見を述べることにしたい。

まず「俊蔭」の巻であるが、野口は「これは元来独立の作品として成立していた」ことを指摘している。確かに、それ以後の巻に語られる事柄と比べると、現実のレベルが明らかに異なっていて、この巻だけは「おとぎ話」のようである。それは一応、俊蔭という実在の人物の漂流譚になっているが、彼の経験したことは、まったく非現実的と言っていいだろう。遣唐使として旅立った俊蔭が、船が難破して漂着した「波斯国《はし》」がどこか、などということよりも、彼がその後に出会った人物はすべて現実離れしており、仏や文珠にさえ会っているのである。これは、彼がまったくの「異界」にいたことを示している。前述の江戸英雄の論も、波斯国の異界性(異郷)を強調している。

俊蔭は見知らぬ国に漂着し、不安と悲しみのなかで、一心に観音の本誓《ほんぜい》を念じていると、突然に鞍を置いた白馬が現われ、それによって栴檀《せんだん》の林に至り、琴を弾いている三人の男に会う。そして彼らに琴を習うことになる。つまり、俊蔭は途方もない異界において、琴を習ったのだ。しかし、これでは十分ではなく、俊蔭はだんだんと異界に深入りしていく。

俊蔭は遠くから聞こえてくる「音」に導かれて、桐の大木を切り倒している阿修羅のところに行く。ここで、異界のレベルは前より一段と深くなっている。天から降りてきた童子のもたらした命令によって、俊蔭は阿修羅の切っていた桐の大木の三分の一よりつくられた三十個の琴を手に入れる。ここに至るまで、数字の「三」が重要な要素になっている。三人の男、三年間続く木を切る音、俊蔭が阿修羅に会うまでの三年間、木を三部に分ける、三十個の琴などである。ところが、三年間俊蔭が琴を弾いていると、七人の天女が現われ、ここからは、重要な数が三から七に変わる。詳しくは述べないが、俊蔭が訪ねてゆく七人の山の主、七日七夜の琴の弾奏などである。

数字のもつ象徴性については多くの異論があり、断定的なことはいえないが、三はダイナミックな前進する過程を示し、七はある種の完全性、しかし不思議さに満ちたもの、という意味をもっているように思う。七不思議という考えは、世界中に広がっている考えである。一、三、五、七、と続いた素数がここでひと休み、次は十一までとぶということが関係しているのかも知れない。

このようにして得た、琴およびその演奏の能力をもって、俊蔭は日本に帰ってくる。つまり、異界での体験をもって「この世」に帰ってきたのである。これは、神話、昔話などを含めて、実に多くの物語において見られるパターンで、何らかの意味で「この世ならぬ」体験をした者が、それを、こちらの世界にどのような形でもたらすか、という意味をもっている。異界での体験は、この世のそれとあまりにもレベルを異にするので、それを他の者に伝えるのは極めて困難で、危険ですらある。たとえば、浦島太郎などは、せっかくの異界の体験を、この世にうまくもたらすことのできなかった例、と考えることができる。あるいは『竹取物語』などは、異界から出現してきた、かぐや姫があちらに帰っていくのを、この世の誰も止めることができなかった物語とも考えられる。

俊蔭の場合は「波斯国」にまで行き、仏や文殊に会ったのだから、相当な異界への旅である。そして、彼がこの国にもたらしたものが「琴」およびその演奏、つまり「音」の世界であるのは、高い象徴的な意義をもっている。前節に既に述べたように、それは目に見えず、また手に取ることはできないが、確実に響いてくるものである。ここで、この物語を人間の内界のこととして捉えるなら、人間のたましいから意識に伝わってくる媒体として、「音」こそ、まさにふさわしいものであることがわかるだろう。

人間はその存在を確かなものと感じるためには、たましいとつながっていなくてはならない。それから切れてしまうと、この世の富や地位を得たとしても、底流する不安に脅えねばならない。王権というものも同様である。王権が天皇の血統によって継承され、確立されることは大切であるが、それを支えるものとして、「異界」とのつながりを必要とし、そのつながりの役を務める者が、それを継承していくことも大切である。俊蔭一族は、そのような重要な役割を担っている。彼は異界での体験をもとに、それをはっきりと自覚していた。したがって、まず彼のすべきことは「すべての官職を辞す」ことであった。帰国してすぐに、王権のシステムのなかに入りこむのはあまりにも危険であった。彼の音楽が、どのようにして継承されていったかについて、次の節で論じることとしよう。

音楽の継承

俊蔭は結婚して、一人の娘を得る。既に述べたように、俊蔭はすべての官職を辞すことになるが、その前に、彼の琴の威力を内裏において示すところがある。彼が琴の勢多風《せたふ》(銘)を取って大曲を弾きはじめると、大殿の瓦が砕け、六月中旬というのに雪が降ったりした。ものすごい力である。ここで帝は俊蔭に、東宮に仕え琴を教えるように依頼するが、俊蔭はそれを辞するのみか、すべての官職を辞してしまう。理由は、先に述べたとおりである。

俊蔭は自分の娘に琴を教える。娘が十五歳になったときに、娘の母が死に、ついで俊蔭も死ぬ。俊蔭は死ぬ前に、南風《なんふ》、波斯風《はしふ》の二つの琴が穴に隠されていること、それらは極限的な状況以外には演奏してはならないと告げる。娘は困窮の生活を送るが、そこにふと立ち寄った若い貴公子と一夜の契りを結ぶ。これで彼女は妊娠し、一人の男の子を生む。そして困窮の果てに、山のなかの杉の大木の空洞《うつほ》に住むようになる。

俊蔭の異界の体験は、それをすぐにこの世の王権のシステムに結びつけるのは危険であった。それを継承した俊蔭の娘は、もう一度「波斯国」にまで行く必要はなかったが、ともかく、日常の世界から少し隔絶されるべきであった。それが、彼女の「うつほ」の体験である。このことによって彼女の琴の演奏はさらに磨かれ、それを、自分の息子へと伝えていく。ここに見事な継承の線、つまり、祖父―母―息子という、血統による伝承が成立することになる。

父系でも母系でもなく、祖父―母―息子という線をたどるところが、日本の特徴である(実はこれは日本のみとは言えないと思うが)。このトライアッドの重要性は、これまでにたびたび論じたので繰り返しを避けるが、根本は、母―息子のペアが大切で、その組み合せにおける母性の優位を補償するための父性が、血のつながりを重視するために、祖父という形で組み合されているものと考えられる。つまり、『宇津保物語』における主人公は、やはり仲忠であり、仲忠の母子関係の背後に、極めてスピリチュアルな祖父、俊蔭がいる。母と息子との「うつほ」体験の後に、この世へと出てきて、徐々に仲忠は、この世の人として成功していく。しかし、彼の本当の役割は、極めて異質な、この世離れした存在である俊蔭の系譜を継承することである。

この仲忠を起点として、琴の継承が行われると、それはやはり、父―娘―孫息子という形をとらねばならない。したがって、仲忠は自分の子どものうち、娘の犬宮のみを特別視し、息子にはほとんど関心がない。仲忠の息子は祖父の兼雅を父上と呼び、仲忠を他人のように思って大将と呼んだ、という記述が、「楼の上」上にある。仲忠にとって何と言っても大切なのは、娘なのである。

このように考えると、仲忠と貴宮の恋の実らなかった意味がわかってくる。彼にとって最も大切なことは、琴の継承であって、「この世」のことは大切であるとしても、第二義的である。貴宮は限りなく美しい人であるが、かぐや姫とは異なり「この世」の人である。貴宮がさっさと東宮と結婚してしまうので、もの足りない気もするが、彼女は仲忠を好ましいと感じているにしろ、「この世」の方の王権の継承にかかわるように運命づけられているのである。

貴宮には、実に多くの男性が想いを寄せる。それらに対して彼女はまったくすげない態度を見せ、残酷とさえ感じるほどである。その彼女も仲忠にだけは、返事を出している(「祭の使」)。彼女は明らかに仲忠と結ばれたかったのに、運命に従って東宮と結婚してしまった。仲忠が京極に楼を建て、犬宮に琴の技を伝授したのを、八月十五日に披露するというとき、それをぜひ聴きたいと願う貴宮(藤壺女御)は、父親の正頼左大臣に対して、自分は仲忠の北の方になりたいと思っていたのに、正頼が入内するように無理に計ったのだ、とはっきりと言っている。自分の思いどおりに見たり聞いたりできることこそ、人の世における本当の幸せだ、と彼女は言う。

仲忠にしても、自分の思いどおりの人と結婚するのが、人の世の本当の幸せだ、と言いたいのではなかろうか。他人から見ると、この世の幸せを体現しているかのように見える、仲忠も貴宮も、本当の幸せをつかんでいるのではない。このことは、王朝時代の多くの物語の重要な主題になっている。仲忠も貴宮も、それぞれが従うべき運命があり、彼らの個人的な気持は、その前ではまったく無力なのである。仲忠が「国譲」のときに積極的に動かなかったのも、彼が琴の継承という重大事以外には、全力をもってかかわらないためである、と考えるのが妥当であろう。他のことに関してはいろいろと積極的に動き、また実力もある彼が、自分の一族のために働かなかったのは、いかにも日和見的に見えるし、これは貴宮に対する愛のため、彼女によかれと思って、そうしたのだと考える人もあろう。しかし、この物語の主題から考えてくると、先に述べたような見解に落ち着くのではなかろうか。

琴の継承が成立したとき、仲忠は極めて派手な披露をする。これが、この物語のフィナーレとなるが、それまでは、琴の演奏を他人に聴かせるのを、やたらに辞退している。それは帝からの要請であっても、何のかのと弁解して辞退している。それが王権と同等というべき重さをもつことを、彼が自覚しているからだと思われる。帝の要請にも応じなかった仲忠は、娘が生まれたときは、喜んで琴を弾いている。生まれたばかりの子を懐に入れたまま、龍閣風《りゆうかくふ》を取って「宝生」という曲を弾く。よほど嬉しかったのであろう。

このとき、琴を聴こうとして他の人たちがあわてるのも面白い。特に琴の名手の涼中納言《すずし》が、指貫や直衣を手に持って、衣の前を広げたままでやってくるのが、後々の語り草にもなる。涼としては、何としても聴きたかったのであろう。このとき、仲忠が弾き続けていると、空模様があやしくなってくるのである。そこで、母親に一曲弾くように頼む。彼女の弾いた曲は人々の心を慰め、苦しみを忘れさせるような類であったので、仲忠の妻の女一の宮は産後で寝ていたのに、気分がさわやかになって床の上に起きあがった。いずれにしろ、琴の霊験はあらたかである。

琴の霊験と言えば、話は遡るが、仲忠が涼と競演したときは、もっと印象的なことが生じる。このときは、風と雲、月と星が騒ぎ、雹が降り、雷が鳴りして、最後には、忽然として一人の天女が降りてきて舞いをはじめた。仲忠が琴に合わせて、

朝ぼらけほのかに見ればあかぬかな中なる乙女しばしとめなむ

と謡うと、天女はさらに一舞して後に、天に昇っていった（「吹上」下）。俊蔭が波斯国で琴を習ったとき、七人の山の主の一人が俊蔭の孫として生まれ変わるだろう、と言われたが、仲忠は、まさにそれを思わせる演奏で、彼と天とが強く結ばれていることが、ここに示されている。彼の音楽は、天と地をつなぐはたらきをもっている。

帝に琴を弾けと言われ、仲忠が逃げまわるところがある（「初秋」）。これには帝もとうとうあきらめて、仲忠の母を引っ張り出して琴を弾かせる。彼女は奥山の「うつほ」を出て以来、琴を手にしていなかったが、帝の言葉を拒み難く、とうとう琴を弾く。これには帝も感激し、彼女を尚侍《ないしのかみ》に任ずることにする。そして、これが昔だっ

たら、そなたは国母になって、仲忠のような親王が生まれただろうと言う。これは、彼女が后となり、その子が次に帝になっただろうことを意味している。その場合は、俊蔭—后(仲忠の母)—帝(仲忠)という王権のトライアッドが成立することになる。つまり、尚侍は琴の継承の線に入ってしまったのだが、素質としては、王権の線に入るものをもっていたことが、ここに語られているのである。

音楽と異界

俊蔭が琴を習うに先立ち、そもそも波斯国という、どことも知れぬ国に漂流した事実があり、その後の話の経過を見ても、彼の体験は「異界」の体験というのにふさわしい。そして、そこで習った琴は、いろいろな霊験を生ぜしめている。

三苫浩輔は、前述の「琴の物語——宇津保物語序説」において、『古事記』における大国主命や、神功皇后などの話を用い、琴がわが国において、いかに神聖視されてきたかを詳細に論じている。その上で、彼が「うつほ」を琴板の裏面に音を増幅するために穿《うが》たれている穴、つまり「うつほ」と関連づけているのも非常に興味深い。このことは『宇津保物語』において、琴がどれほど重要な地位を占めるかを示していると思われる。

この世を支える異界は、人間の心を支えるたましいというのとパラレルである。人間が本当に心の安心を得るためには、たましいとつながっていなくてはならない。人間の心では簡単に推し測れないたましいのはたらきを、心に伝えてくるものとして「音」、特に「音楽」は非常に適当なものである。それは、どこから来たのかはっきりわからないときもあるし、境界を超え、あるいは透してやってくる。それはまた、たましいとたましいとをつなぐものでもある。

音楽の不思議さが大切な主題となっている物語に『夜の寝覚』(『寝覚物語』)がある。この物語では、楽器は琴ではなく琵琶になっている。物語の女主人公、中の君(寝覚の上)は十三歳のときの八月十五日——やはり八月十五日である——、夢に唐絵の人物のような様子をした人が現われ、琵琶を教えてくれる。この夢のなかの伝授によって中の君は琵琶が格段に上手になるが、十四歳の八月十五日にも、夢のなかに同じ人物が現われて教えてくれる。ただ、そのときに「ひどく物を思い心を乱さねばならぬような宿世がある」と天人に告げられる。

女主人公、中の君は明らかに異界とつながっている人である。このことが、彼女につぎつぎとこの世ならぬ体験を強いることになる。それらについては、また稿を改めて論じることになるが、要するに、彼女の魅力のために帝をはじめ多くの男性が心惹かれるが、天人の予言どおりの宿世に悲しむことになる。これは、この予言によって彼女が悲しい運命をたどるとも言える。しかし、最後に彼女の息子が帝になるので、社会的にいえば、女性として最高の位置につくことになった。このことは、彼女が夫人から授かった音楽の筋、つまり、たましいの世界における中心人物でありながら、それではなくて、社会的な王権の方に引き寄せられていったので、悲劇が生じた、という解釈も可能である。実際、『夜の寝覚』では、琵琶の継承のことは、まったく語られない。おそらく『宇津保物語』の時代と違って、この頃は、王権の方にのみ一般の関心が移っていったのかも知れない。

ここで、『宇津保物語』の方に話を戻すことにしよう。ここでは、社会的王権の継承と、音楽の「王権」の継承がパラレルに語られている。この二つのことが語られているので、主題が混乱しているとか、物語に統一性がないという非難をよく受けるのだが、これまでに述べてきたような考えに立つと、けっしてそうではなく、この二つの筋をパラレルに語ることが必要であることがよくわかると思う。

仲忠が琴を娘の犬宮に継承するに当たって、妻の女一の宮に対して、実にはっきりとした態度で臨んでいることについては、前にも論じたとおりである。彼はあまり争いを好まないふうで、特に「国譲」のときは優柔不断ともいうべき態度をとるが、琴のことになると、妻に対しても態度は極めて明快。犬宮には教えるが、女一の宮には教えないこと、それを教える間の一年間は、女一の宮は犬宮に会ってはならないこと、などを彼女の抗議にもかかわらず貫き通す。女一の宮も相当にねばるが、最後には、仲忠は、女一の宮がどうしても犬宮を手離さないのなら、自分は犬宮には何も教えない、とさえ言い切っている。

このような仲忠の強い態度を際立たせる伏線として、「国譲」下の巻で、妻の女一の宮がお産で苦しんでいるとき、いかに彼が彼女を大切にしたかが語られている。仲忠は、女一の宮が死んだら、自分も深い河に身を投げて死ぬ、とまで言っている。そのとき、自分が死んだら犬宮を大事に育ててほしいと、彼の父親、兼雅に頼んでいる。すでに犬宮には琴を継承する力ありと感じていたからであろう。お産が無事に終わって、仲忠が女一の宮の父、朱雀院に挨拶に行ったとき、朱雀院は、こんなに堂々としている人が、妻のお産のとき、どうして泣き惑ったのだろう、といぶかしく思う。仲忠の妻を想う心は相当に深いものだった。この事実をはっきりしておかないと、彼が琴の継承に関して、女一の宮に厳しくものを言うところの意味が浮かびあがってこない。こんな点は、なかなか話の構成がよく考えられていると思う。

さて、琴の継承は俗世界を離れ、静かなところで集中して行うべきだというので、俊蔭の屋敷があった京極に、あらたに楼を建てることになる。場所を京極に選定したことについては、仲忠の母の尚侍も賛成して喜ぶ。これについて、仲忠の父の兼雅はどう思うだろう、という危惧の念を彼が表明すると、「そんなことは気にする必要がない」と、尚侍ははっきりと言う。自分はあの京極の地に住み、父(俊蔭)のために法要を営みたかったのだと彼女は言う。このような会話によって、既に述べた、祖父―母―息子のトライアッドの強さが確認される。尚侍も仲忠も謙虚で、常に他の人に配慮する性格の人として描かれているが、事、この件に関する限り、尚侍の夫、兼雅、仲忠の妻、女一の宮のことはまったく配慮外になってしまう。つまり、二人の通常の意志を超える、高次の意志の貫徹性が強く感じられる。

琴の継承は「楼の上」で行われる。一時は「うつほ」の世界にあった琴が、今は天との結びつきを強調する場へと移される。これは「異界」の特性であり、それは地底的性格と天上的性格が共存しているもので、そのとき、そのときの必然性によって、どちらかが強調されることになる。破壊と建設ということも言えるであろう。琴の演奏によって、多くの人々が爽快になったりもするし、大地が揺れ動き、雷鳴がとどろいたりする。

楼上の演奏を聴くために、嵯峨院、朱雀院もお渡りになる。遠く離れた御所にいた帝でさえ、奇跡的にそれを聴くことができた。この演奏がどれほど素晴らしかったかは、本文に譲るとして、ひとつだけ述べておかねばならないことがある。尚侍、仲忠、犬宮が琴を弾き、伝授が行われていたある日、尚侍の夢に俊蔭が現われている。俊蔭は夢のなかで、仲忠の琴が素晴らしかったと言う。つまり、琴の継承が行われたことを、彼は保証したのである。

ところで、この本文の最後は、上達部《かんだちめ》や殿上人たちが、仲忠をほめ讃え、今後も尚侍と犬宮を大切にしていくだろう、と話し合うところで終わっている。これを西洋の昔話によくある「王子と王女は結婚して幸福に暮らしました」という結末と比較すると、この物語の意義がよくわかるであろう。仲忠は幸福な主人公とは簡単には言い難い。仲忠は貴宮と、結局は結ばれなかった。妻の女一の宮は仲忠に対して温かい気持をもつことはできない。人間たちの個人の感情は満たされないが、王権の継承(それらの線に貴宮は入っている)と、琴の継承(仲忠の線)

は貫徹されている。つまり、このどちらの線も、人間にとって不可解な、もの（たましい）の顕現なのである。王権はより世俗性の強い形をとり、琴の方はそれを支えるものとして、むしろ、たましいに近い線にある。このようにして、『宇津保物語』という、「もののかたり」が完結される。この物語において、主題は混乱しておらず、あくまで「もの」を主題とし、それが、この世にいかに顕現するかを語っているのだ。

　ただ、ここでひとつ気がかりなことがある。それは、文中にときどき、犬宮が次の東宮と結ばれるのではないか、という予測が語られることである。もし、それが実現し、犬宮が后となり、彼女の息子がそのうちに帝となると、どうなるだろうか。そのとき、仲忠を起点と考え、犬宮の息子の帝が琴をも継承するとなると、その人物は世俗的な王権と、たましいの線である琴の筋と、両方の継承者になる。そして、仲忠は、そのどちらの線の上にも立つ絶対的な存在となってしまう。これをどう考えるといいのだろう。仲忠をあくまで『宇津保物語』の主役と考え、彼がそのような絶対的な存在となる予測を読者にもたせつつ、その実現は、また、あらたな物語として語られることを期待して終わりとしたのか。あるいは、それはあまりのことであり、そのような完成の次に必ず訪れる衰退を予想すると、それは、あくまで語るべき物語でないと作者が考えたのか。そのあたりのことはわからない。ともかく、そのような予想や疑問やらを残しつつ、このあたりが物語の一応の収めどころと、作者は考えたのであろう。これは、これで物語の立派な終わりであると思われる。

第五章　継子の幸福

『落窪物語』

先に、「消え去る美」として、結婚をすることなく(あるいは結婚後に)立ち去っていく美女のイメージが、日本の物語において、いかに重要であるかを指摘した(第二章)。その基本形とも言うべきものが『竹取物語』のかぐや姫である。これにまったく対立するような形で、日本の物語のなかに現われてくる「幸福な結婚」を達成する女性の姿がある。その典型例を描いているのが、『落窪《おちくぼ》物語』であると考えられる。この物語の女主人公である落窪の君は、理想的と思われる男性と結婚し、その一族ともども栄えて、文字どおり栄耀栄華をつくす。栄耀栄華と言えば、社会的にはそのような地位にあっても、個人としての恋の想いが遂げられていない女性は王朝文学には多いが、落窪の君の場合は、その点でもまったく幸福なところが特徴である。

王朝文学のみではなく、日本の文学史を見ると、「かぐや姫」と「落窪の君」の両極端の女性像を典型として、いろいろなヴァラエティーをもった女性が存在していることがわかる。どうしても、後者の方が、いわゆる大衆文学に描かれるのが多いのであるが。作家の小島政二郎は、「私に云はせれば、「落窪物語」は大衆小説だと思ふ」(『わが古典鑑賞』筑摩書房、一九六四年)と述べている。と言っても、この作品の価値ということとは別の話である。

『落窪物語』は、作品の成立時期も作者も未詳である。ただ、成立時期に関しては諸説があるとしても、十世紀末の作品と考えるのが一般的なようである。つまり、これは『竹取物語』と『源氏物語』の中間に存在している。この物語は「継子いじめ譚」を独立して扱う現存最古の物語としても特徴づけられている。継子いじめは王朝文学のなかでも重要なモチーフであるが、たとえば、『宇津保物語』に出てくる「忠こそ」の話は、全体のなかのひとつのエピソードであるし、継子いじめを主題とする『住吉物語』は、現存するのは鎌倉時代の改作であるので、前記のようなことが言えるわけである。

ところで、この物語について国文学者の古橋信孝氏と対談したときに、彼が冒頭に「結局、『落窪物語』のモチーフは何かといえば、それは成女戒の物語ではないかと思います」と言ったのが、大変印象的であった(古橋信孝／河合隼雄の対談「落窪物語――女になるための試練」『物語をものがたる』所収)。古橋氏は続けて「この物語を読むこと自体がひとつの成女戒である」とも述べている。私もこの考えに全面的に賛成である。「継子」として生まれた女性の特異な物語ではなく、女性一般(ひいては人間一般)に通じる重要なことを、この物語は語っていると考える。

『落窪物語』の冒頭は、源忠頼という中納言の長女、次女はすでに婿を迎えて西と東の対屋《たいのや》に住み、三女、四女の裳着《もぎ》の式が近いことが述べられる。この他に、中納言がときどき通っていた皇族の血を引いた女性の生んだ娘が同居していたが、この娘の母親は早く亡くなっていた。中納言の奥方は自分の娘をやたらに甘やかす反面、この継娘をちょうど落窪のように床の低い部屋に住まわせ、何かにつけてきつく当たっていた。母親は召使たちに対して、継娘を「落窪の君」と呼べと言い、誰もがこれに従った。

落窪の君は実際は美しい人だったが、誰もが彼女にかまわず、裁縫が上手だったので、継母の命じるままに異母姉の婿の衣装をつぎつぎと縫い、召使のような生活をしていた。

落窪の君に仕える唯一の女房も、三の君が結婚したので、そちらの召使に配置されるが、何かと落窪の君のことに気を配っていた。彼女は阿漕《あこぎ》と名づけられるが、三の君の婿の蔵人《くろうど》少将の付人の帯刀《たちはき》と結ばれる。帯刀の母親が乳母をしている左近衛少将が落窪の君のところに通うようになり、二人は固く結ばれる。この間、落窪の君は貧しくて衣装も何もなく、みじめな思いをするが、阿漕が叔母のところからいろいろなものを借りてきて、うまく取りつくろう。

この間に落窪の君の継母は、縫物の仕事をつぎつぎと言いつけたり、彼女の持っている貴重な品を取りあげたり、いじめの限りをつくす。彼女の恋人の少将も、それを見て立腹しつつ何もできない。継母は落窪の君に恋人のいることを知り、夫に讒言《ざんげん》して彼女を納屋に閉じこめてしまう。このようなとき、常に落窪の君の父親がまったく無力で、継母の言うままに行動するのが特徴的である。

継母は娘を納屋に閉じこめたのみならず、彼女の叔父にあたる典薬助《てんやくのすけ》という六十歳を超えた老人に、自分の好きなようにしてもいい、とそそのかす。じいさんは喜んで納屋に侵入しようとするが、阿漕の機転でなかなか戸が開けられない。そのうちに下痢をして失敗してしまう。落窪の君の幽閉を嘆いてばかりいた恋人の少将も、ついに隙を見て彼女を奪取し、二条のあたりの住居に住むことになり、阿漕も帯刀と共に、この新しい若夫婦に仕えることになる。

ここから話は反転し、若い少将はだんだんと位が上がり、権勢並ぶものもない人になっていき、その間にさんざん継母に対して復讐をする。なにしろ彼は復讐心が強く、思慮深くもあったので、つぎつぎ新しい計略を考え出して実行する。彼は権力も財力も持っているので、それによってほしいままに復讐ができる。落窪の君は、継母と言っても自分の母であるし、継母の不幸は自分の実父の不幸にも及ぶので、なんとかして、夫の計略を止めようとするが、夫はどんどん実行していくし、そのときに、阿漕がよく手伝うのが印象的である。

このあたりの復讐劇はなかなかよく考えられており、読者の気持を引きこんでいく力をもっている。詳細は原作を読んでいただきたいが、この時代に、よくこれだけの構想をもった話をつくったものだと感心させられる。

復讐の後は反転して、落窪の君の夫がもっぱら彼女の両親(継母も共に)に孝養をつくす話になる。彼は最初から、このように復讐の後には孝養することに決めていたのだと言うが、孝養の方もなかなか徹底している。長い間、中納言だった父親が一生に一度、大納言になってみたかったというのを聞くと、自分自身の大納言の地位を譲ってでも、その希望をかなえてやるほどである。父親は幸福の絶頂のなかで、落窪夫妻に感謝して死ぬ。

興味深いのは継母の性格描写である。いじめ抜いた継子から親切にされ、感謝しなくてはと思う反面、やっぱり、いまいましいという両価的感情が最後まで消えないところが、実にうまく描かれている。彼女が七十歳にもなった頃、落窪のすすめで尼になる。その後、彼女は「継子とはこんなに有難いものだから、継子を憎んではならぬ」と言いながら、「魚を食べたいのに、この私を尼にしてしまった。腹をいためない子というものは、いじわるなものだ」と言ったりする。

継母の、このような描写は現実感を与えてくれるが、物語の終わりは現実離れがしているほどに、めでたしめでたしの話である。落窪の君の夫は人臣としての最高位の太政大臣になるし、彼らの娘は入内して后の位に昇る。一族すべて出世しない者はない有様である。この継子いじめ譚は、このように、まったく幸福な結末を迎える。ただ、興味深いのは結びの言葉で、「むかしはあこぎ今は内侍《ないし》のすけなるべし。内侍のすけは二百まで生けるとなり」(『落窪物語　堤中納言物語』日本古典文学大系13、岩波書店、一九五七年)となっている。結びのところに阿漕が登場するが、この点については、後に論じるであろう。

継子譚の種々相

『落窪物語』は、継子譚の典型と言っていいほどであるが、このような継子譚は全世界にある、と言ってもいいだろう。私は日本人のことを研究する上で、日本の神話や昔話を、まずその対象にしたが、日本の昔話における継子譚には特別に関心をもった。と言うのは、第二章の「消え去る美」において少し触れたように、日本の昔話には、「うぐいすの里」のように、若い男女が会いながら(時には結婚しながら)、結局は別れていく結末になるのが多いのに対して、継子譚の場合は、幸福な結婚になるのが多いからである。一般的に言って悲劇的結末になるのが多い——特にヨーロッパの昔話と比較するとき——日本の昔話のなかで、これはむしろ例外的にさえ感じられる。しかし、日本の昔話のなかで、継子譚の占める位置は大きい。関敬吾編『日本昔話大成』第五巻(角川書店、一九七八年)には、継子譚として分類された二十の話型が収録されている。このなかのひとつ「米福粟福」の、ごく簡単な要約を次に紹介する。

米福、粟福という二人の姉妹がいた。米福は先妻の子だったので継母は何かといじめようとする。ところが妹の粟福はやさしくて、姉をかばう。あるとき、継母は粟福だけを連れて祭に行き、米福には留守番をさせる。そのときにいろいろ難題を与えるが、旅の和尚とか雀などが助けてくれて解決する。隣の娘が祭に行こうと誘いに来るが、着ていく衣装がない。いつか山姫から貰った宝箱のことを思い出して開けてみると、きれいな着物が入っている。米福はそれを着て祭に行く。粟福は姉さんが来ていると気づくが、あまりにも美しい着物を着ているので継母は米福ではない、と言う。米福は先に帰って汚い着物に着換えて働いているところに、継母と粟福が帰ってくる。そこへ米福を嫁にほしいという人がやってくる。米福は山嫗から貰った宝箱から嫁入り衣装を出して、それを身につけ駕籠に乗って嫁に行く。粟福も駕籠に乗って嫁に行きたいと言うが、誰も貰い手がない。母親は粟福を臼に乗せて引っ張って行くが、ごろごろ転がり、二人とも田に落ちてしまった。二人は「うらやましいであ　うらつぶ」と言いながら、そのまま水に沈んで、うらつぶ(宮入貝)になってしまった。

　この話も、継母によっていじめられた娘が、最後は幸福な結婚をするという点では、『落窪物語』と同様である。ただ、継母はこの話では、自らの誤ちによって死んでいくが、『落窪物語』では、意図的な復讐が語られる。昔話の継子譚では、娘の幸福が語られ、継母のことには別に言及がないものも大分ある。復讐の話はほとんどなく、継母は何らかの形で罰せられるという形になる。それにしても、このように継母にいじめられた娘が幸福な結婚をする話が昔話に多いのは注目に値する。

　次に、物語の方を見てみよう。『落窪物語』は、「継子いじめ譚」を独立して扱う現存最古の物語である、と述べたが、当時、同じく継子いじめのことを主題として語られていた物語に『住吉物語』がある。ただ、これは鎌倉時代に改作されたもののみが現在に伝わっている。最近、「中世王朝物語全集」のなかの第十一巻として、『雫ににごる　住吉物語』(笠間書院、一九九五年)が出版され、桑原博史の校訂訳により、容易に読むことができるので有難い。『住吉物語』もごく簡単に要約を示す。

　中納言に二人の夫人があり、そのうちの一人、先帝の姫宮から生まれた姫が主人公。姫八歳のときに母親が死に、継母のいじめが生じる。少将が姫を慕って文を送るが、継母の策略により、継母の実子、三の君と結婚してしまう。父の中納言は姫を入内させようとしたりするが、継母はそれを妨害し、七十歳の老人によって姫を犯させようとする。ここに老人が登場するのは、『落窪物語』の典薬助を思い出させる。姫はこれを逃れ、故母宮の乳母が住吉で尼になっているのを頼っていく。一方、三の君と結婚した少将は騙されたと知り、姫を恋し、その行方不明を嘆く。

少将は初瀬に籠り、そのときの夢のお告げによって住吉に赴く。姫も少将のことを夢見ており、結局は尼の仲介で二人は再会し結ばれる。二人は京都に帰るが、姫の素性は知られないようにする。二人の間に子どもが生まれ、その子が七歳になった機会に、姫の父親に真実を知らせる。父親は大いに喜ぶと共に、継母の仕打ちを知り、怒って父親は家を出る。その後、継母は誰からも嫌われ、孤独のなかに死ぬ。これに比して、姫の夫は関白にまでなって幸福な生活を送る。なお、この物語の終わりには、長谷観音を讃える言葉があり、これは王朝文学とは異なる趣きを与えている。

これが『住吉物語』である。ここで夢のお告げがあり、長谷観音の霊験が語られるところが、『落窪物語』と大いに異なる点である。中世には『住吉物語』の他に、継子いじめ譚が大分ある。これらすべてについて、市古貞次が比較検討を行なっている(市古貞次『中世小説の研究』東京大学出版会、一九五五年)。これは、すべての物語を通覧して表に示してあり、大変便利なものである。

この中世の継子いじめ譚の特徴を、市古は次のようにまとめている。

(1) 極めて筋本位である。個々の人物の描写、感情の表現も類型的。

(2) 筋の変化を求め、題材・趣向の新奇を考える。そのために話の舞台が変化する。どの作品でも主人公は必ず遍歴する。

(3) 主人公の遍歴の結果、姫君が辺鄙なところに出ていくので、公家の枠を脱した一種の庶民性が感じられる。

(4) 中世は仏教の滲透した時代である。従って、神仏の加護が強調される。夢や夢想によるお告げが重要な役割をもつ。

(5) 仏教説話や唱導《しょうどう》文芸に見られる本地物の流入、混淆が行われたであろう。

(6) 勧善懲悪の強化が認められる。その結果、継母に対する作者の憎悪が強くなり、それは極端な終末(たとえば、継母の狂死など)によって示される。

これによって、中世の継子いじめ譚の特徴がよく捉えられている。これらの話と『落窪物語』とを含めて考えると、ほとんどの話において継子が幸福になっている点が共通である。中世の話には、やや例外があるが、その幸福な結末は、継子である娘が素晴らしい夫と結婚し、幸福な生活を送る形になるのが多い。また「月日の御本地」を除いては、すべて継子は娘であり、継母と娘との間の葛藤の物語である。

中世の物語のなかで、「花世の姫」、「鉢かづき」、「うばかは」の三篇も他と少し異なり、公家の物語よりも民間説話から生まれたと考えられることを、市古は指摘している。そして、「興味の中心は継子いぢめにはなくて、継母をもち生母を慕ふ美しい姫が、一旦いやしい婢女に身を落して、最後に貴公子に見出だされるといふ明るい面にある」と述べている。このなかの「鉢かづき」、「うばかは」は、「鉢かつぎ」、「姥皮」として『日本昔話大成』(前掲書)のなかに収録されており、おそらく昔話の方が起源になっているのであろう。

これらの話全体を通してみると、少しの例外を除いて、継母と娘の物語であり、娘が後に幸福になることを共通にしている、と言うことができる。本論の標題も「継子いじめ」とするよりは、「継子の幸福」とする方が適当と考えたのも、そのためである。

母と娘

継母にいじめられながらも、後に幸福になっていく娘の話としては、誰しも「シンデレラ」を想起するのではなかろうか。シンデレラの類話は世界中に分布しているとも言われる。先に紹介した「米福粟福」などもヨーロッパから伝播してきたのではないか、と言う人があるくらいである。もし、それほどに昔話が伝播するのだったら、ヨーロッパの他の多くの話のように、結婚によるハッピーエンドになる話が日本にあってもよさそうに思うが、そうではなくて、継母と娘の物語のみが日本にあるのは、やはり、独立に存在していたとみる方が妥当であろう。それでは、どうしてそのような物語が日本に昔からあるのだろうか。

継母と娘という問題は、母系社会では起こりようがない。娘は実母のところに必ずいるわけだし、実母が死んだとしても、そこに「継母」が入りこんでくることはあり得ない。これは、完全に招婿婚の制度が守られているときも同様であろう。一夫多妻であって、妻が夫と同居しなかったら継母の問題は起こらない。一夫一妻になると、この問題が生じるのは明白である。一夫多妻でも『落窪物語』の例のように、妻たちが夫と同居するときにのみ、この問題が生じてくる。

『風土記』は、八世紀に天皇の命によって各地方に書かせたもので、現在、その一部分のみが残っている。そのなかには伝説が相当に記録されているが、はっきりとした「継子」の話はひとつもない。おそらく当時は、継子の問題がなかったのだろう。『落窪物語』の書かれた頃に、それが生まれてきたと思われるが、それにしても、どうして娘の話が多いのだろうか。継子譚と言っても、男子の場合はほとんどないのである。

人間以外の動物には「父」という存在が意識されない。猿を見ていても、母子の関係は密接で、子猿は誰が自分の母親かをよく認識している。しかし、誰が自分の父親かなどという意識は皆無であろう、誰がボスであるかは知っているのだが。人類にとっても、歴史のはじまりでは、母の認識のみがあったのだろう。なんと言っても子孫を生み出す母の偉大さは、誰にでもわかることだ。そんな点から考えても、母系というのは自然なことと思われる。母の跡を娘が継ぐなどという意識ではなく、あるのは「偉大なる母」であり、その母につぎつぎと世代の変わるごとに異なる女性が同一化する。つまり、人は変わるけれど、母なるものは不変だったのではなかろうか。

そのうちに人間に「個」の意識が目覚めてくると、個人としての母と娘の分離という課題が生じてくる。娘が母から分離しようとすると、それまでは好ましく思われていた母親の養育の態度が、自分を取りこみ、自由を許さぬための方策のように感じられてきて、一挙に否定的に感じられるときがある。それまでは「やさしい」と思っていたことも、自分を手なずけるためではないか、と感じられるし、大人になるための「しつけ」と思っていたことも、自分の自由を束縛するものと感じられる。というわけで、どんなに素晴らしい母親をもっても、娘は自立しようとするとき、母親のすることすべてに拒否感を感じたりする。また、実際に、母性というものが、このような二面性をもっている。

このように考えてくると、物語のなかの「継母」というのは、そのまま実際の継母のことについて語っているのではなく、母性の否定的側面——あるいは、自立を意識しはじめた娘から見た母親像——を、わかりやすく示すための方策であると気づくのである。実際、継母物語としての「白雪姫」にしても、最初は実母の話だったのを、グリム兄弟が一八四〇年の決定版のときに、「継母」と書き換えたものである。わざわざそんなことをしなくとも、少し深く考えるなら、母性というものは、そういう面をもつことがわかるであろう。人間が古くからもっている知恵は、そのあたりのことを知っていたと思われる。だからこそ、継子いじめの話が、これほど世界的に存在し、多くの人に読まれるわけである。

『落窪物語』を読むと、継母の姿が実に生き生きと描かれている。物語のなかでは人物像が類型化しやすいのに、彼女の姿が人間的で実感を伴っているのが印象的である。物語の終わりに、すべてが、めでたしめでたしとなっていくなかで、彼女のみ、類型的な「よい」人にならないところが興味深い。この物語の作者は男女いずれともわからないが、もし女性とすると、このような作品を生み出すほどの自立性をもっている人だけに、母性の否定的側面を痛感させられたのではなかろうか。

主人公が「落窪の間」にいるのは象徴的である。それに、後では納屋に閉じこめられるところもある。女性が成人する前に、このような内閉的空間にいることは、現在においても必要と言っていいだろう。子どもが大人になることは大変なことであり、短期間の間に心身共に大変革を遂げるので、その間は何らかの強い守りを必要とする。さなぎが固い殻に守られているのと同様である。この際、主人公に対する「落窪」にしろ「納屋」にしろ、悪意によって与えられたものであるが、成長に必要だったものである。あるいは、成長に必要なものとして他から与えられたものも、本人の自立心の強いときは、極めて否定的に受けとめられると言っていいかも知れない。

このような「内閉」の様相は、中世の物語の「鉢かづき」の鉢、「うばかは」の皮、などによって示されている。あるいはヨーロッパの昔話であれば、「白雪姫」のガラスの棺、「ラプンツェル」の閉じこめられた塔などによって示されている。極めつきはペロー童話にある「百年の眠り」を体験した「眠りの森の美女」であろう。

少女の内閉を破り幸福に導く者として、「立派な男性」が出現するのは、洋の東西を問わず、同様である。しかし、乙女が大人になるということは奇跡とも言うべきほどの大事件であり、それを実感させるために、西洋の物語には、しばしば「魔法」が登場し、日本の中世物語では「神仏の加護」について語られる。それは自然のことでありながら、「超自然」という実感を伴う事柄である。

これに対して『落窪物語』においては、何ら超自然的なことが語られないのは、注目に値する。もちろん、近代の映画や小説にも超自然的なことは語られない。しかし、乙女を救う男性のヒーローは、超自然的と言いたいほどの属性を与えられていることが多い。かつての西部劇のヒーローなどを想起するとよい。これに対して、落窪の君の相手の少将は、どう見ても超自然的ではない。少将は、恋人を納屋に閉じこめた継母の仕打ちを聞くと、かっとなって打ち殺したいとまで思うのだが、実際は、すぐに乗り込むこともできず泣いてばかりいる。継母たちが外出していったその留守のときに、やっとのことで救出するのだ。正面からの対決はない。それと、このことは先に論じた(第三章)が、典薬助が納屋に侵入しようとするとき、彼の「下痢」ということによって、それが妨害されるのが、実に特徴的である。「自然現象」が事態の解決に役立つのだ。

おそらくこの頃は、すべての自然現象が、今日のわれわれの言う「超自然的」な意味合いをこめて受けとめられていたのであろう。そこに、敢えて魔法や神仏をもちこむ必要がなかったのだ。自然な母娘一体の世界から、娘の意識が一歩踏み出そうとする過程が、まだ自然に対する畏敬の念の満ちている世界のなかで、この物語のなかに描かれていると思われる。

復讐のかたち

『落窪物語』は四巻の構成である。落窪の君が救出されるのは二巻の冒頭であるから、この物語が、「継子いじめ」にのみ主眼を置いていないことは明らかである。つまり、そこから話がはじまって、その後は、継母への復讐と、落窪の君夫妻の栄達の話がながながと展開される。それに、一定の復讐を終えてからは、落窪の君の両親に対して、いかに孝養をつくすかが丹念に語られる。つまり、これらすべてのことを全体として『落窪物語』が構成されているのであって、これを「継子いじめ譚」とのみ考えるのは一面的である。

古橋信孝氏が、これを「成女戒」の物語と言ったことはすでに紹介したが、まさにそのとおり、女性の成長に必要な過程を描いているとみる方が妥当である。継母ではなく実母であっても、母―娘の葛藤に耐えねばならぬときが誰にもあり、それに耐えた者が幸福になるのだ、とこの物語は言っている。もっとも、そうとばかり言えないのは、継母に対する復讐の話が相当に詳しく、面白く書かれていることである。

昔話の継子いじめ譚には、継母に対する復讐がまったく語られなかったり、あるいは、継母が不幸になるにしても、神仏の罰のような形で語られることが多い。主人公の意図によってすべての事が進んでいく、というのは昔話とか、王朝の物語において本流ではないのだ。

この復讐譚の面白さが「大衆小説」と言いたくなるところであるが、考えてみると、十世紀の年代に「大衆小説」があったというのは、実に驚きではなかろうか。これまでも述べてきたし、今後も、そのことは何度も繰り返し述べることと思うが、王朝物語の主眼は、「ものの流れ」とも言うべきことで、今日的に言えば、物とも心とも分類できぬ「もの」としか呼びようのない存在の流れが、人間の意志におかまいなくすべてを進めていく、このような認識が物語づくりの根本にある。キリスト教文化圏にあっては、すべてが神の意志によって動くと考えたので、人間が神に対してある程度力をもつまでは、「物語」あるいは「小説」ができなかったのではないか、と私は考えている。したがって、「大衆小説」が生まれるのは、西洋では近代になってからだ。

大衆小説といい、復讐の物語というと、アレキサンドル・デュマの『モンテクリスト伯』を思い出す。私は子どもの頃、この話が大好きであった。なにしろ面白くてたまらないのだ。主人公のモンテクリスト伯は無尽蔵ともいえる財産を持ち、それ故に貴族の地位も手に入れているのだが、それによって自分の思うままに復讐を遂げていく。その話の構成が実によくできていて、読者の気持をぐいぐいと引きこんでいく。なにしろ主人公は全智全能に近い上に、「悪に対する懲罰」という正義の御旗を持っているので、何でもこいである。

『モンテクリスト伯』は、十九世紀のフランスに生まれたが、十世紀の日本に生まれた『落窪物語』もなかなかのものである。復讐を行う主体である落窪の君が女性で、彼女の意志ではなく、それを代行するように男君が実行するところは異なるが、彼が財力も権勢も法外に持っていて、思いのままに計略が実行可能なところは、そっくりである。そして、復讐を受ける側が、なぜ、そのような不幸が続くのかわからずに、身の不運を嘆いたりするところも同様である。最後のところになって「わかったか！」という具合になる。

復讐には冷徹さがないといけない。その冷徹な主人公もたじろぐときがある。モンテクリスト伯が自分を裏切ったモルセール伯を苦しませるために、モルセールの息子と決闘して殺そうとする。これを知ったモルセールの妻が命乞いに来るが、彼女はかつてのモンテクリストの恋人であった。モンテクリストは彼女の願いにもかかわらず、復讐をやり遂げなくては、と言うが、彼女はそれによって「あなたは昔の恋人を苦しませるのか」と言われ、はっとして決意を変えるところがある。人間関係はなかなか複雑にからみ合っている。

『落窪物語』では、継母を苦しめようとする計画はすべて、落窪の君の父親を苦しませることになるのだから、実に大変である。したがって、落窪の君は夫に対して復讐をやめてくれるように何度も頼む。そもそも落窪の君は理想の女性像として描かれているので、継母にどれほど苦しめられようが、孝養をつくすことは考えても、復讐など考えもつかない、という描き方になっている。にもかかわらず、夫君の方はどんどん復讐を進めていくが、それもある程度までやった後では、孝養をすることにしようと決めているからである、とも言える。

ここで重要になってくるのは阿漕の役割である。彼女は継母が復讐されるのは、いい気味だと思っている。口では同情的に言うときも、腹のなかでは喜んでいる。巻二の終わりで、阿漕と落窪の君との間に、なかなか味のある会話が交わされる。落窪の夫(当時は衛門督《えもんのかみ》)が、継母とその部下たちを情容赦なく懲らしめ、特に例の典薬助に対しては、さんざん痛めつけたのを知って、落窪の君は気の毒がって嘆くのを見て、阿漕はあまり嘆かないようにと言い、典薬助がやられるのは、あのとき(納屋への侵入未遂事件)の罰だと言う。これに対して女君は、そんなことを言うのなら、自分の女房ではなく衛門督付きの女房になれと言う。阿漕はしゃあしゃあと、「それならそうしましょう。衛門督様は自分の思っているとおりのことをみなやってくれるので、女君よりは大切な御主人と思っています」と言ってのける。

このあたりは、さすがに阿漕で、落窪の君も内心のどこかでは復讐したい気持のあるのを見透かしての発言である。このようなやりとりで女君が怒り出すわけでもないし、阿漕が実際に衛門督の女房になるわけでもない。復讐しながらも、どこかに余裕を感じさせるやりとりで、彼らはなかなかユーモアがあるな、と感じられる。もっと後になって、落窪の君の父が死亡し、四十九日の法要などが終わったときに、夫君は彼女に対して、「もう家に帰ろう、さもないとまた納屋に閉じこめられるよ」と冗談を言っている。彼女は「とんでもない」と真面目に答えているが、腹のなかでは笑っていたことだろう。

最後に、復讐の在り方について一言。三谷邦明氏による「解説」(『落窪物語 堤中納言物語』日本古典文学全集10、小学館、一九七二年）には、「古来からこの物語は残虐で、特に巻二の典薬助に復讐の鉄拳を下す場面は、残忍で酷《ひど》すぎると、多数の人々から非難されている」と書かれている。「残忍」の程度の判断には個人差や時代差がある。確かに、これは「平安時代」を規準とすれば、そうかもしれないが、今日的に言えば、むしろ典薬助に対するものとしては軽いぐらいではなかろうか。三谷の言う「多数の人々」はいつの時代の人か知らないが、ともかく、これを見ると、平安時代はまさに「平安」だったと思わされる。字はよく似ているが「平成」だと、こんなことですまされなかったのではなかろうか。

阿漕の視座

復讐が終わってからは、すべてがめでたい話になる。なにしろ落窪の君の夫が太政大臣にまでなるのだから、言うことはない。それに彼ら夫妻の娘は后になる。その間に、彼らはその財力と権力の助けによって、落窪の君の両親のために、これまでの復讐の埋め合せを十分以上にやってのける。

このように、すべてめでたくなる前に、ひとつの重要なエピソードが巻二に語られているのを取りあげたい。落窪の君の夫が三位中将のとき、右大臣がその一人娘を嫁入りさせたいと思い、中将の乳母を通じて申し入れてきた。中将は落窪の君のことを考え断ったが、乳母はよい縁談と思い、自分の一存で承諾の返事を送った。そこで先方では結婚の用意をはじめ、中将は何も知らないうちに、そのことが落窪の君の耳に入った。この間に、二人の間には気まずい空気が漂う。そのうちに中将は乳母が勝手なことをしたのを知り、そんな馬鹿なことはやめろ、と言う。これに対して乳母は、男というものは奥方の里から世話を受けて華やかに暮らすのが当世風である、好きな人があっても、それはそれで、右大臣の娘の方の話も進めては、と言う。これに対して中将は、自分は時代遅れで結構、見棄てないと決心したことは貫くのだと言い切る。これを聞いていた阿漕の夫、帯刀は乳母(彼の母親)に対して、中将の人格がどれほど立派であるか、それを知らずによけいなことを言うな、もしそれを決行するなら自分は出家する、と言って諌める。これによって事なきを得る。

ここに強烈な一夫一妻の主張がある。これは平安時代には、特に貴族社会においては珍しいのではなかろうか。乳母の「当世風」はともかく、ほとんどの貴族は一夫多妻であった。どうしてこのような主張が出てきたのか。その鍵は阿漕ではなかろうか。貴族社会はともかく、阿漕の属する階級では、経済的な事情などもあり、一夫一妻がはじまりかかっていたのではなかろうか。そして、一夫一妻をはじめてみると、女性としてはそちらの方がはるかによいことがわかってきたのではなかろうか。ここに女性の目がある。

この物語で重要なのは、もちろん落窪の君夫妻のカップルである。しかし、忘れてならないのは、その蔭に存在する帯刀と阿漕のカップルである。この二組のカップルは、実に微妙で適切な対応と協力関係によって成り立っている。そもそも主人公夫妻のカップル成立をアレンジしたのは阿漕夫妻である。主人公夫妻が社会的に地位が上昇していくにつれて、その助けで帯刀も阿漕も出世し財力もついていく。帯刀は三河守になり左少弁となったし、阿漕は最後に述べられているように典侍になった。彼らとしては最高の身分となったと言わねばならない。それに落窪の君が理想的な女性として、常に優しく誰に対しても親切に考えるときに、阿漕は復讐に専念している。これは落窪の君の影の欲求を満たすためにはたらいている、と言えないだろうか。帯刀と阿漕は、美しい夫妻の影の部分を上手に分担しているのである。

このような二組のカップルの共存関係は、洋の東西を問わず「物語」にはつきものである。お話的要素の強い西洋のオペラによく現われる現象である。一例のみをあげるなら、モーツァルトの歌劇「魔笛」の主人公、タミーノとタミーナのカップルを支える、パパゲーノとパパゲーナのカップルなどは、その典型である。『落窪物語』の二組のカップルといろいろな点で類似性が高いことに気づくであろう。よけいなことながら、これは「物語」の世界であり、現実に生きるカップルとしては、この二組を一組にして生きることが必要と思われる。

　復讐について。復讐などしなくても、自然や神仏にまかせておけば、というのは貴族の考えではなかっただろうか。武士階級が台頭してくるにつれて、仇討ちという個人の意志による行為が称揚されるようになり、後世には多くの「仇討ち物語」が生まれてくる。しかし、これらは武士の道徳観を反映し、仇の方が強いのに対して、仇を討つ方が艱難《かんなん》辛苦して目的を達する話となる。「忠臣蔵」は、その典型と言っていいだろう。

　このような武士の仇討ちと、『落窪物語』の復讐はまったく味が異なる。後者の方が明るくて面白い。そこには強い「個人」に対する信頼があり、運命や神仏などの介入を許さない。おそらくこれは、貴族社会——特にその上層——にはなかった人生観であり、阿漕のクラス、これを庶民とは言い難いが、家柄や身分よりも個々人の能力によって相当に頑張ることのできた層の人たちの考えだったのではなかろうか。

　このように考えてくると、最後に阿漕のことに触れて、この物語が終わるのは意義深く感じられる。ただ、岩波「日本古典文学大系」には「内侍のすけは二百まで生けるとなり」とあり、小学館「日本古典文学全集」では、「典侍《すけ》は二百まで生ける」とかや」となっていて、前者の「補注」によると、この文には諸本によって差があり、後世の加筆かもしれぬ、とのこと。現在の『落窪物語』はひょっとして、鎌倉時代の改作本なのか、などという疑問も湧いてくるが、これは筆者の力の及ばぬところで言及は避けるとして、ともかく、現存するこの物語における阿漕の重要性は明確である。

以上に述べてきたことから考えて、『落窪物語』というのが阿漕の視座から書かれていると考えると、その性格が非常によくわかる。これについては、前に紹介した三谷邦明が「解説」(前掲書)のなかで、非常に興味深いことを述べている。この物語を英訳した Wilfrid Whitehouse と Eizo Yanagisawa が、「あたかも作者が阿漕であるかのように指摘している」とのこと。これを三谷は「作者が源順であるとか、男子であるとかいう問題に目をそらされていた日本人の物語研究の虚を突くもの」と評価している。そして「この物語の表現、主題、描写などから、作者は男子であり、それもあまり身分の高くない者であることは確実である。そうだとしたならば、阿漕に、W. Whitehouse 等がいうように、作者の自画像が託されているとはいえない。とするならば、阿漕が作者ではなく、この物語の享受者・読者が阿漕のような侍女だったことを意味するのではないだろうか」と結論している。

私としては、文章表現のことについて論じる資格がないので、あまり確実なことは言えないが、従来から、「主題・描写」が男性のものと言われている意見には、簡単に承服し難い。たとえば、復讐場面などは女性が描けるはずはない、と言うのは、あまりにも一方的な断定である。阿漕のクラスの女性なら、それは可能だったのではなかろうか。以上に述べてきたように、阿漕の視座から見た物語という点が、相当に際立っているので、作者は女性かも、という考えで専門家が再検討してくださると有難いと思っている。

いろいろと勝手なことを述べてきたが、最後に、私との対談の際に、古橋信孝氏の言った言葉を引用しておきたい。「こんなにおもしろい物語は、日本文学史上でもあまりないと思いますね」(前掲書)。この物語が多くの人に読まれることを願っている。

第六章　冗句・定句・畳句――『平中物語』の歌

歌物語

『平中物語』は、いわゆる歌物語である。ここで、それを取りあげることにしたが、歌物語を扱うのなら、まず『伊勢物語』ではないか、と言う人が多いのではなかろうか。確かにそうであろう。格が違うなどと言われそうである。しかし、敢えて『平中』にしたのには、次のようなわけがある。

和歌というのは私は苦手である。俳句もそうだが、後者の方がまだましである。子どもの頃から、自分には縁のない世界と思っていた。芸術一般について才能のないことはよく知っていたが、和歌となると無関心に近いほどであった。したがって、日本の物語に関心をもち、つぎつぎと読んでいくなかで、歌物語は敬遠しがちであり、正面から論じることはないと思っていたが、「日本の物語」の対談において、国文学者の古橋信孝さんより『平中物語』を取りあげないか、と提案を受けた(「平中物語――当世サラリーマンの処世訓」『続・物語をものがたる』所収)。

ともかく一度読んでから、ということで読みはじめると、実に面白い。これは私の性格を見抜いて「『平中』なら、わかるはずだ」と古橋さんが提案されたのだと思うが、そのとおり、私は平中の世界に引きこまれた。もっとも、私が面白がっているのは、和歌の「鑑賞」などという点からいうと、邪道になるのだろうが、日本の昔の和歌には、これから私の述べるような側面があり、それは、けっして見落としてはならないことだろうと思う。『平中物語』を読みながら、心に浮かんできたことは、「ジョークの応酬」という言葉である。主として男と女との間であるが、二人の間に見事なジョーク合戦があり、言い負かしたり、負かされたり、それによって口惜しく感じたりもしながら、楽しんでいる。先に第三章で「殺人なき争い」ということを述べたが、それを支えているのがジョーク合戦であり、これは「雅《みやび》な戦い」とでもいうべきであろうか。私自身はジョークが好きというより、駄洒落を連発して喜んでいるので、以上のような観点から『平中物語』を読むと、実に面白かったのである。そんなわけで歌物語として、これを取りあげることにした。

ジョークにつぐジョークというので、本論の標題もジョーク仕立てにしたが、これについて少し説明しておきたい。もっとも、ジョークの説明は野暮なことであるが。和歌は当然のことだが、ジョークの応酬ばかりしているわけではない。そのなかには、わりに定《きま》りきった表現や形が認められる。

たとえば、〔二十一段〕の歌を見てみよう(以下は『平中物語他』日本古典文学全集8、小学館、一九七二年、による)。大納言の国経《くにつね》から用事を言いつかり、その返事を出すときに美しい菊を添えた。平中は立派な菊をつくるので有名だったらしい。これに対して、国経からおくられてきた歌。

御代《みよ》を経《へ》て古《ふ》りたる翁《おきな》杖《つゑ》つきて花のありかを見るよしもがな

何代も帝に仕えてきた翁である大納言が、杖をついてでも、こんな見事な花の咲いているところに行ってみたいと言う。ここで、菊が不老長寿の薬で仙境に咲くという、当時の常識が織り込まれ、このようにして平中の家のことを讃えている。平中は大いに恐縮し、歌を返す。

たまぼこに君《きみ》し来寄《きよ》らば浅茅生《あさぢふ》にまじれる菊の香《か》はまさりなむ

あなたが来られたなら、我家の菊の香もいっそう匂うでしょう、と相手を持ちあげている。言うなれば、常套句の応酬であり、ここには、ジョークはまったく顔を出さない。これは日常的な「あいさつ」と考えるとよくわかる。そのような「あいさつ」としての和歌も、当時はたくさんあっただろうと思う。そんな意味で、「常句」という文字も考えたのだが、連歌の世界などで、定り文句型の表現に対して「定句」ということを知ったので、こちらの文字をタイトルに用いることにした。

この定句的作品も、平中と大納言国経夫人とが恋愛関係にあり、そのことは一般に流布されていたらしいことを考えると、平中が真面目くさって、目上の人に対して「あいさつ」の常套句を奉っているところに、隠されたジョークがある、という見方もできる。国経は夫人と平中との関係を知っていたのだろうか。

ところで、「畳句」であるが、同一の句を重ねて用いる意味だそうである。中国の詩では「対句」が大切で、一句があると、それと対《つい》となるような句が次に続くという構造を取るが、日本の連歌などでは、「対句」という形を取るよりも、重なるようで重ならないような句をつくることが多い。歌やそれに対する返歌などをつくるとき、構造としてはわかりやすい対照性を取らず、重ね合せていくところが、日本的構造を表わしているようにも思う。返歌を見ると、はじめの歌と対峙するよりは、それに寄り添う形を取りながら、やり返すようなところがある。たとえば、男が女におくった歌(八段)。

咲きて散《ち》る花と知れるを見る時は心のなほもあらずもあるかな

に対して、

年ごとの花にわが身をなしてしが君《きみ》が心やしばしとまると

と女が返している。

男は桜の花を添えて歌をおくり、桜は花盛りは見事だが、すぐに散ってしまう、というイメージによって歌をつくっている。女性はそのイメージをそのまま受けながら、男の心はどうなのだ、と逆襲している。この二人の間はそれほどの濃い関係ではないようであるが、このように歌を取り交わすことで、大いに楽しんでいたのではなかろうか。すぐに「切った張った」の関係になるのではない恋心を、うまく楽しむ才能をもち、それをジョークの応酬としての和歌の交換によって、上手に生きていたのであろう。

雅な戦い

既に例にあげた歌のように、歌によって男性と女性が斬り結んでいるような感じがするが、このような「戦い」は血を流さないことが特徴的である。実に鋭い斬り込みをしていても、ジョークや美的感覚に包まれて、それはうまく柔らかくされている。

二段に語られる男女の歌の交換は、まさに「歌合戦」である。男が恋文をおくっても返事を貰えない。男はついに、恋文を見たのなら、返事は貰えなくとも、せめて「見つ」(見た)とだけでも言ってくれ、と書きおくる。これに対して「見つ」とだけ書いてくるのだから、女も大したものだ。ところが、男はこんなことではくじけない。

夏の日に燃ゆるわが身のわびしさにみつにひとりの音《ね》をのみぞなく

と歌を書きおくる。歌の意味だけ見ると簡単なことだが、「夏の日」の「日」に「火」を掛け、「ひとり」に「火取り」を掛け、「燃ゆるわが身」の姿を強く訴える。「みつ」は「水」に掛かり、その後に「なく」とあって、涙を流している姿を浮かびあがらせる。よくこれほど掛詞《かけことば》や縁語を散りばめることができるものだと感心してしまう。女の方も、ここまでなってくると見棄てておけぬと思ったのだろう、返歌をおくってくる。

いたづらにたまる涙の水しあらばこれして消《け》てと見すべきものを

わけもなく流す涙が溜まるのなら、それで燃える思いを消せ、というのだから、なんとも厳しい返事である。こちらは「みつ」水の連想を用いて答えている。男はこんなことではひるまず、まだ「火」の連想を通じて戦いを挑む。

なげきをぞこりわびぬべきあふごなきわがかたききて持ちしわぶれば

「なげき」はもちろん「嘆き」であるが、「投木」(薪)であり、最初の歌の「火」とつながっている。「こり」は、嘆きのため息が凝るのと、「樵《こ》り」というので、薪を切り出すのに掛けている。まさにこりに凝っているとでもいうべきか。

このような歌合戦を続けながら、結局は、この男と女は結ばれることはないのだが、このようなやりとりは結構、面白かったに違いない。ここは歌になっているが、フランスの宮廷で、男と女が適当にエロスをこめて、互いに冗談まじりの会話を楽しんだのと、ほとんど同じと言っていいし、現代もそれは続いていると言っていいだろう。それを、歌のやりとりで行なっているところが雅なのである。歌をおくるときは、花に添えるわけであるし、紙の質、文字の筆跡や配列すべてが関係してくるのだから、相当なエスプリや配慮を必要としたことであろう。そんな点で、これらの歌物語は、歌合戦に明け暮れる当時の男女にとって、一種の教科書的な役割も果たしていたことであろう。

次のような場合は、どうであろう。十七段の物語では、男が相手の女のところに行ってみると、他の男——それも僧である——がいた話が詳しく語られる。男が深い仲になってから、差し支えができて女のもとへ通うことができなかったので、不憫なことをしたと思い、三、四日して月の美しい夜に訪ねていく。ところがなんと、すすきの茂っているところに坊さんを隠しており、そちらの方に女から何か言伝をおくり、一方では、男に早く部屋に入るように、と言う。男は供の者に「捕《とら》へさせやせまし」とさえ思う。前から通っていたのか、あるいは、自分が来ない少しの間に通い出したのか、などと男は考える。ともかく、恋の鞘《さや》当てで、血の雨でも降りそうなところだが、男は結局、一首の歌を残して去る。

穂《ほ》にでても風にさはぐか花薄《はなすすき》いづれのかたになびきはてむと

まさに「すすきのひと突き」である。ぐさりと相手を刺すのに、刀ではなく、坊さんの隠れていた、すすきの茂みを譬喩にして歌を詠んでいる。このような「ひと突き」によって、男の気も晴れるのだろうが、このときに身体的な戦いが避けられるところが特徴的である。なお、この歌では、坊さんの隠れていたすすきの茂みを譬喩に用いて、歌を詠んではいるが、掛詞や縁語などは一切ない。とっさのことで、そこまで趣向を凝らす暇がなかったのか。あるいは、ストレートに言いたいことを相手にぶっつけたかったのだろうか。

三十四段では、男は通っている女に、他にも通う男のあることを知るが、その男性は位が非常に高く、自分が出入りを許されている家の当主なので手も足も出ない。恨みごとを言うくらいなのだが、それを歌に詠む。この男は、歌のなかで「逢坂《あふさか》」を詠みこむ癖があったので、女は男に「逢坂」という仇名をつけていた。そのことを思って詠んだ。

逢坂とわがたのみくる関《せき》の名を人守《も》る山といまはかふるか

これに対して女の返歌、

逢坂は関といふことにたかければ君守《も》る山と人をいさめよ

この歌は、男の仇名「逢坂」を用いている。逢坂の関は「逢う」という言葉と関連するので、歌に実に多く詠みこまれた地名であろう。関、守る、守山、と連想をはたらかせているが、守山も地名である。このようにして縁語や譬喩を使って歌を詠んでいるが、これを俗な言葉に変えてみると、「二人だけで逢う、逢うと言いながら、他の男を入れこみやがって」「そんなこと言うのなら、他人が入りこめないような関係になったらどう?」という具合になるのだろう。こうなると結末は腕力沙汰になるかも知れないが、歌でやっている限り、そうならないのだから大したものである。

この二人のやりとりは後も続いて興味深いが、省略しておこう。こんなのを見ていると、女性の方も対等に男に逆《さか》ねじを喰わせたりしているのがよくわかるが、これも和歌を通してのやりとりだからだろう。

なお、余談だが、ここには仇名の「逢坂」が歌に詠みこまれている。掛詞をつくり出していくときに、相手の名前を使うと、いろいろできたろうと思うが、私の知っている限り、それはない。おそらく、当時は「名前」というものを非常に大切にしたのであろう。うっかり呼ぶこともできなかったのではなかろうか。ここでも、仇名だからこそ、歌に入れこめたのだろうと思う。

イメージ喚起力

和歌によって、いろいろなイメージが喚起されることも、その特徴のひとつと言っていいだろう。二十九段の歌に次のようなのがある。

東屋《あづまや》の織《お》る倭文機《しづはた》の筬《をさ》をあらみ間遠《まどほ》にあふぞわびしかりける

これなど意味だけでいえば、逢うのが間遠になってわびしい、ということだが、それを言うための上の句が巧みに感じられる。間遠さを機を織るときの粗さの譬喩を用いて表現しているのだが、そもそも機を織るのは運命の女神の仕事で、これによって、いろいろな運命が織り出されるという考えが背後にある。逢うのが間遠になるという事実の背景に、運命の女神のイメージが浮かんでくる。横糸を密にするか粗にするか、女神の筬の手さばきによって変わってくる。

ところが、なんのことはない、女には他の男がいることがわかる。それを「どうも親が聞きつけてやかましく言うので」などと言いわけをするので、男は再度歌をおくる。

心もて君が織るてふ倭文機《しづはた》のあふ間遠《まとほ》きをたれにわぶるぞ

機を織る女性のイメージは続いている。しかし、今度は「あなたの心ゆえに、機の織りが間遠になっている」と、はっきりと女性の意志によって事が生じていることを指摘している。誰のせいなのか、運命なのか、あいまいに表現していたのに、それでは辛抱できなくなったのだろう。それでもやっぱり、機を織る女性のイメージを継続させることで、あまりにも直接的なもの言いを避けている。

十八段では、いくら手紙を出しても返事がこない相手に、次のような歌をおくる。

はき捨《す》つる庭の屑《くつ》とやつもるらむ見る人もなきわが言《こと》の葉《は》は

「言の葉」という表現から、葉の縁語としての「庭の屑」、「はき捨つ」などの言葉が引き出されてくる。この歌は別に何ということもないが、返事がないので出した、次の歌が印象的である。

秋風のうち吹き返す葛《くず》の葉のうらみてもなほうらめしきかな

あまりの返事のなさに、恨み心を直接に訴えるのだが、ここで「葛」をもち出してくるところが心憎い。もちろん、これは「屑」から導き出されたのだが、葛の葉というのは裏と表とまったく色が違い、風が吹いて葉が裏返ると、あれっと感じたりする。

屑から葛を連想し、その葉裏の返しのイメージを「うらめし」に結びつける。「うらみてもなほうらめしきかな」にそのイメージはぴったりである。手紙を出してもなかなか返事が来ない、恨めしく思うなかで、このようなイメージ遊びをしているのだから、大したものである。

イメージの世界は、直接的に言語化しにくいことを、イメージによって訴える力をもっているし、感情がそれに伴ってはたらくことが特徴的である。したがって、うまく言語化し難い心の状況をイメージに訴えるのは、実に効果的である。

ついでのことながら、この恋は仲立ちをした人間も心もとないし、相手の姫は字は下手で歌も詠めなかったらしい。そして、「のちに聞きければ、いたつきもなく、人の家刀自《いへとうじ》になりにける」ということで終わりとなる。「家刀自」になったと述べられているので、当時も、平中のような「色好み」連中とは別に、カタい生活をしていた女性たちもいたことがわかる。ひょっとすると、大方の女性たちは、そのような生活をしながら、『平中物語』を読んで楽しんでいたのかも知れない。後世になって、平成の時代によく読まれた『失楽園』(渡辺淳一、講談社、一九九七年)という小説を研究し、平成の頃はほとんどの人が不倫をしていた、などと結論されると困るのと同じかも知れない。

審美的トリックスター

『平中物語』の最後の三十九段では、次のような話が語られる。右大臣の母君が賀茂川に遊んでいるところに、本院の大臣もやってきた。そこで右大臣の母君が使いを出したが、男の方は返事もせずに帰ってしまった。右大臣の母君が嘆いているところに、平中から歌をおくってきた。

まことにや駒《こま》もとどめでささの舟檜隈川《ひのくまがは》はわたりはてにし

これに対して女性の返歌、

いつはりぞささのくまぐまありしかば檜隈川はいでて見ざりき

右大臣の母君などという高貴な方に対して、男から返事がなくて嘆いているところにつけこんで、平中がさっと手紙を出したものの、あっさりと振り切られてしまった。平中が「噂に聞いたことは本当でしょうか」という調子で問いかけているのに対して、「いつはりぞ」と頭ごなしにやっつけている。

これはおそらく、平中は、このような返歌を予想して手紙を出したのではないかと思われる。そう考えると、この時代における平中の役割がよくわかるのである。右大臣の母君にすれば、女の方から敢えて手紙を出したのに、返事が返ってこないのは、残念であったし、不面目にも感じたであろう。そんなときに、色好みで名高い平中から手紙がくるのは、表面はともかく、心の底では嬉しい気もしただろう。そして、それに対して頭ごなしに拒否をするのみならず、自分が本院の大臣に手紙を出した事実まで否定することができる。これで彼女の心は大分、晴れたのではなかろうか。ここに平中の役割がある。彼のお蔭でふさいでいた気持が晴れるとか、楽しくなった人がずいぶんといるだろう。この話が、物語の最後に置かれているのも、納得ができる。平中の役割をよく示しているのだ。

あるいは、一番最初の物語一段を見てみよう。男は中傷のために官位を失ってしまい、嘆かわしい人生を送っている。空の月を眺めても、嘆きばかりが胸に迫る。そこで友人に歌をおくる。

嘆《なげ》きつつ空なる月をながむればなみだぞ天《あま》の川《かは》とながるる

これに対する友人の返歌、

天《あま》の川君《がはきみ》がなみだの水ならばいろことにてや落ちたぎるらむ

これは、友人が平中の嘆きに深く同情し、天の川があなたの涙の水ならば、「いろことにてや落ちたぎるらむ」と詠んでいる、と見られるが、この言葉の裏に「冷やかし」のようなものを感じるのは、私の偏見だろうか。本当に大変なことでしょう、と言いながら、天下に隠れなき平中ともなれば、その涙は大分、違うのではないか、と男の友人同士の冷やかしが入っている。ここで「平中よ、参ったか」という感じがする。

こんなわけで、平中がいることで世の中が楽しくなると言えるが、そうとばかりは言っておられない。実は先に示した三十九段のひとつ前の三十八段には、平中の心配りのなさのために、尼になってしまった女性のことが書かれている。男は女と結ばれたのに、勤めの関係などに忙殺され、後朝《きぬぎぬ》の文を出さず、その後も訪ねられない。女の方は嘆いて髪を切り、尼になってしまう。そして歌がおくられてくる。

天《あま》の川空《がは》なるものと聞きしかどわが目のまへの涙なりけり

ここにも「天の川」が登場する。やはり涙の川ではあるが、ここで「天」は「尼」の掛詞として用いられている。平中はこれを受けとって愕然としたことだろう。それでも歌を返す。

世《よ》をわぶる涙ながれて早くとも天の川にはさやはなるべき

涙が流れるとしても、それほど早く「天の川」(尼)になっていいものか、と言っている。これを一段のところで紹介した平中の歌と比較してみるとどうだろう。あのときは、平中の涙は容易に天の川となり、友人に「いろことにてや落ちたぎるらむ」などと、同情されたり、冷やかされたりだったが、ここでは、涙が流れても、そう簡単に「天の川」になってもらっては困る、と言っている。

これまで見てきたような平中の役割は、まさにトリックスターである。変幻自在。幸福と不幸が隣り合せに存在していて、つぎつぎと、そのまわりから「お話」が生まれてくる。

日本の物語には、ヨーロッパのそれに比して、典型的な英雄《ヒーロー》が存在しないことは、よく指摘されるところである。ヤマトタケルにしろ義経にしろ、彼らは典型的な英雄ではなく、トリックスターの性格をもっている。平中もドン・ジョバンニなどと比較してみると、どうであろう。後者は、やはり英雄的であるが、平中はトリックスターである。

トリックスターの物語は世界中(ヨーロッパも含めて)にあるが、平中の特徴は、その審美眼ではなかろうか。つまり、歌物語のヒーローになる素質をもっている。どんな窮地に陥っても、歌をつくるのだ。そして、その歌のなかに豊富にジョークを散りばめる。このような審美的トリックスターは、世界でも珍しいかも知れない。

歌の伝統

和歌は現在の日本においても極めて盛んである。日本中で和歌を詠んでいる人の数がどれだけあるだろう。高齢者で趣味を持とうとする人が増えてきたこともあって、相当な人口が和歌を詠み、それに関心をもっている。これは他の国で「詩」をつくる人の数などと比較すると、比べものにならぬほど多いことだろう。そんなわけで、古来からの和歌の伝統は、脈々と今も流れているということができる。

和歌を詠むという点では、伝統が生きていることは誰も疑わないだろう。しかし、「平中」のような和歌となると、おそらく、この流れを継承している人は皆無と言っていいのではなかろうか。掛詞や縁語を駆使する歌など、あまりつくられないことと思う。つまり、今では和歌がひとつの「作品」であることが期待されるのに対して、『平中物語』にある歌は、おそらく独立した作品として意識されるのは少ないであろう。それは、気のきいた挨拶や会話の表現方法のひとつとしての意義が大きい。

とすると、和歌ではなく、ジョークの応酬としての「平中」の伝統は、今も生きているだろうか。これは、江戸時代などは洒落本などの方に流れこんだものと思われる。ところで、現在のことを考えてすぐに思いつくのは、日本人はジョークが下手だ、という国際的評価である。下手というよりは、言わない人が多い、言えないという方がいいのかも知れない。『平中物語』の伝統は、現在において消え失せたのだろうか。

これは、ひとつにはジョークの種類ということもあるだろう。欧米社会に通用するジョークのパターンと、日本人のそれが異なっていて、日本人が「平中」式にやろうとしても、それが通じないために用いることができない。たとえば、掛詞や縁語の手法を英語でするとなるとどうなるのか、などということが生じてくる。こうなると、ジョークの文化比較などしなくてはならないので、これは少し置いておくことにしよう。

それよりも、日本人の集まる場所でのテーブルスピーチや、いわゆる挨拶の類に、退屈なのが多すぎはしないだろうか。この評論のタイトルに即していえば、冗句が抜けて、定句・畳句の連続ということになる。どうして日本人は、このようにキマジメになったのだろうか。欧米文化に触れて、それによって「追いつけ、追いこせ」と努力しているうちに、一方向にまっしぐらで、ジョークの母胎となる心の余裕を失ってしまったのかも知れない。

あるいは、『平中物語』の伝統とは別に、日本文化において大切とされている「型」を重んじる風潮が一般化して硬直し、定句の汎濫をきたすことになったのだろうか。「平中」はあくまで裏の文化として、低級なテレビのギャグ番組などのなかに崩れ去って、定句と冗句がまったく乖離してしまったのが、日本の現状なのだろうか。

考えるべき課題はたくさんあるが、ともかく日本の現代人は、もう少し『平中物語』に学ぶ必要があると思われる。国際化の時代に、審美的トリックスターが活躍したりすると、楽しいことだろう。

第七章　物語におけるトポス

場所の重み

物語において、特定の場所が大きい意味をもつことがある。それは、その場所自体が何らかの重要な特性をもっているようにさえ感じさせられる。

たとえば、『源氏物語』では、宇治という場所が大切な役割をもっている。京都において、多くの物語が生まれるのだが、宇治の生み出してくる物語は、それとは異なる意味合いをもっている。

特定の意味をもつ場所、トポスという考えは、近代になって個人を中心とする考えが強くなるにつれて、急激に薄れていった。個人の在り方、性格が大切であり、それがあちこちと場所を移動しようとも、中心的性格は変わらない、と考える。ある人物が、ある場所において、何かを感じるとしても、それは、あくまでその個人の感じることである、と考えられる。これに対して、トポスの考えを重視する者にとっては、その場所そのものが、何らかの性質をもつと感じられる。「ゲニウス・ロキ genius loci」(「土地の精神」とでも言うべきか)の存在を信じるのである。近代になるまでは、このような考えは、世界中あらゆるところにあったと思われる。したがって、王朝時代の物語にトポスのことが大きくかかわってくるのも、当然のことである。

『住吉物語』なども、住吉というトポスが生み出した物語と考えてみてはどうであろう。したがって、それは題名になっているのだ。継子であるために苦労を重ねた主人公が、住吉という場において、一挙に救済され、物語は、急激に幸福な結末に向かって展開していく。「住吉」という名前は、「住み良し」という意味を連想させたことであろうが、それはともかくとして、日常的な営みが行われる京都とは、まったく異質のことが生じる力をもった場所と考えられたに違いない。そして、そのような重要なトポス性を象徴的に顕現するものとして、住吉神社があると考えられる。

大和の長谷(初瀬)もトポス性の高い場所である。中世には長谷にまつわる多くの物語が生み出されている。長谷寺に参籠していると、夢によるお告げがある。そのお告げによって、いかに生くべきかの指針が得られる。実際に、長谷に行ってみると、今でも、そこは山々に抱かれた奥まった場所として、特別な雰囲気を伝えてくれる。

近代は、そのような場所のゲニウス・ロキを殺してしまった。土地はまったく平板化されて、何も特別な精神や霊などと関連するものではないようになった。誰もが、どこへでも、好きなように行くことのできる「便利さ」を、われわれは獲得したが、何事にも犠牲はつきもので、それはゲニウス・ロキの殺害という犠牲の上に成立していることを、われわれは忘れてはならない。

現在、アメリカでは、いろいろなワークショップをするときに、「リトリート」するのが流行である。人里離れたところに、何日間かすっこんで、精神的、心理的な体験をしようというわけである。それは、なんとかして近代を乗り越えようとする努力の現われと見ることができる。たしかに、都会のなかでの集まりよりも、それは効果的であることは事実であるが、ゲニウス・ロキの大量殺害の後で、それらが簡単に復活してくれるのだろうか、と思ったりもする。プレモダーンの知恵が、ポストモダーンをどれほど活性化してくれるのかはともかくとして、われわれは少しずつでも、このような努力を積み重ねていかねばならないだろう。

そのような努力の一環として、トポスの知に満ちた物語を心をこめて読む、ということがある。主人公が住吉へ行く、というのを、単純に人間の移動として読まず、その意味を十分に味わうことが必要である。なんと言っても、京都から住吉まで歩いて行った、ということも大切である。その長い過程が、特定のトポスに至るためには必要なのである。JRとかに乗って行くのとは、まったく異なる。おそらく現代は、交通機関の故障、災害などによる死者や混乱によって、便利さがもつマイナスの部分を示されているのだろうが、それは時に訪れる「偶然」ということで、意味の方は不問にされる。往時は、各人が危険や苦労をそれなりに体験し、トポスの重みを感じるようになっていたのであろう。

こんなふうに考えてくると、王朝時代の物語は、何らかのトポスの特性によって支えられていることがわかる。源氏が「明石」にいたことは、物語全体のなかで、大きい意味をもっている。京都を遠く離れ、海の見える場所である明石は独特の性格をもっている。そのようなトポスの顕現として「明石の君」という人物がいる。明石の経験を自分のものとして帰京してきた源氏は、それまでの彼と相当に異なる性格になっている。明石というトポスへの「リトリート」が、彼の成長のためには必要だったのである。

『とりかへばや』の場合

物語におけるトポスの重要性を明確に認識させせられたのは、『とりかへばや』を読んだときである。これについては、すでに発表しているが（拙著『とりかへばや、男と女』新潮社、一九九一年〔第Ⅰ期著作集第一〇巻所収〕）、論を進めていく上で必要なので、それについての要約を示しておきたい。

『とりかへばや物語』の主人公は、姉と弟(兄と妹説もあるが、以後、姉と弟として論を進める)のきょうだいであるが、姉は生まれつき男性的、弟は女性的なので、それぞれ男、女として育てられる。この秘密を知るのは彼らの親と側近のごく限られたものだけである。したがって、姉は男性として宮中に仕え、大将にまで昇進するし、弟は女性として、東宮(女性)付の女官になる。そのために周囲に大混乱を巻き起こすのみならず、本人たちも多くの悩みを背負いこむことになる。

なにしろ、大将(姉)は結婚するし、弟の方は東宮が同性と思って心を許している間に、性関係をもってしまい、東宮は妊娠する。大将の方はと言うと、彼の最も親しい友人の中将(官位は変化していくが、中将のときが長いので、こう呼んでおく)に女性であることを見破られ、これも性関係が生じ、大将は妊娠してしまう。

姉弟ともに大変な窮地に立たされ、死を願うほどになるが、ここで、姉と弟が役割を交換し、弟は大将となり、姉は女官となるという、思い切った大転換によってこれを切り抜け、最後は、めでたしめでたしに終わる。

なんとも荒唐無稽の物語とも思われるが、人間のジェンダーに関して、実にラディカルな思想を展開しているとも言える。男と女の役割として固定的に考えられていることが、いかに交換可能であるかを、この物語は示している。そして、男と女という明確な区別として信じられているものが、それほどではなく、その境界の崩れるあたりに、グロテスクすれすれの、この世ならぬ美が存在することも示してくれる。私はそんな観点から、これを素晴らしい物語と思っているが、詳細は略して、この物語のトポスに関して述べてみよう。

『とりかへばや物語』において、宇治と吉野という二つの場所が重要な意味をもっている。図1を見ていただくと、これには話が進むにつれて、重要な登場人物が、どのような動きをしたかを示しているので、宇治と吉野

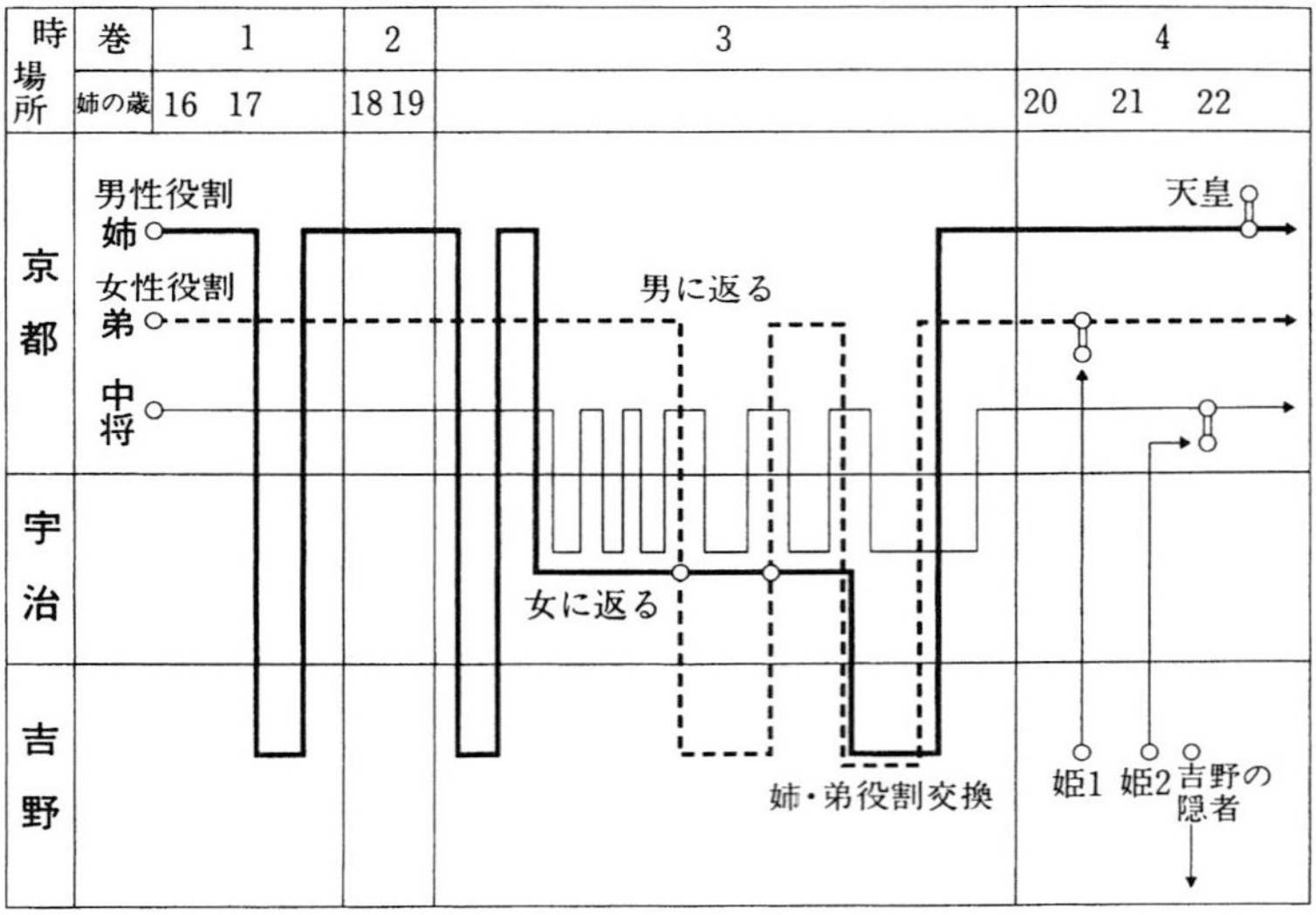

図1 『とりかへばや物語』の主要人物と場所

の意味がよくわかるであろう。

京都はまさに日常の世界である。それに対して、宇治は京都を離れた世界であり、一般の人々の測り知れぬことが生じる。中将は妊娠した大将(姉)をひそかに連れ出して、宇治に住まわせ、大将はここで女性に変身する(というよりは、もとの性にかえる)のである。これは大変な秘密である。京都の人たちにとっては、まったく考えられないことだ。大将が女である。大将が子どもを生む。誰も知らない秘密を知り、彼女を手に入れた中将は得意満面ではなかったろうか。

とは言うものの、好事魔多しと言うとおり、このとき中将の夫人も妊娠して、出産の苦しみにあり、このため、彼は京都と宇治の間を大急ぎで何度も往復しなくてはならない。ところが、その間に、もとの男性に戻ろう、と決意した弟(女官)が、男の姿になって失踪した大将(姉)を探し求めてきて、二人は共に吉野の奥へと旅立ってしまう。

吉野には一人の隠者がいた。彼は、この物語全体のなかで重要な役割をもっている。彼は吉野に住んでいるだけあって、日常の論理を超えた知恵をもっており、物語の展開のすべてを読んでいるようなところがある。彼に対応するのが、京都にいる主人公の姉弟の父親である。彼は京都から一歩も出ない。ただ、わが子の幸福を日常的な意味で必死になって願っている。しかし、彼の力では何の解決策も見つからない。京都にいる日常世界における父と、吉野に住む老賢者の愛の交錯のなかで、極めて不思議な性の転換が行われ、子どもたちは幸福になっていく。

この物語は、吉野というトポスを抜きに発展することはない。そして、最後のところで、父親は夢によって、吉野において生じた現実を知り、話は大団円に向かっていく。日常世界に住む父は夢を通じて、吉野の領域と接触することが必要なのである。

子どもが不幸になったとき、自分は子どものためにどれほど努力したかと嘆く親は多い。できる限りのことをしたとか、最善をつくしたという人もある。それは嘘ではないだろう。しかし、その努力が、この物語に則して言えば、京都の領域にとどまっている限りは効果がない。まったく次元の異なる吉野というトポスとの接触をもたないと、ものごとは解決しないのだ。常識でものごとが解決するのなら、話はあまりに簡単である。と言っても、吉野の隠者の知恵のみでは事は運ばない。後に、姉弟がそれぞれの幸福を手に入れる上で、京都の父親の払った努力は大きいものがある。その頃、吉野の隠者はもっと奥深い山に入り、この世との接触を断っていく。

京都と吉野の中間に宇治がある。主要人物の動きを図のなかで見て印象的なのは、中将の軌跡である。彼は京都と宇治との間を目まぐるしく往還しながら、吉野の存在について、まったく知らないでいる。彼は京都の人たちの知らない大変な秘密、大将が女性であることを知っている。それのみならず、その女性を妊娠させ、自分のものにするという得意の絶頂において、何もかもわからなくなってしまう。

『とりかへばや、男と女』のなかで、私は、この中将を「近代自我」の典型である、と述べた。既に述べたように、近代はゲニウス・ロキを消滅させてしまった。個人を中心と考えるのなら、われわれは重要なトポスを自分の内に見出していかねばならない。自分の心の領域に、宇治を、吉野を見出し、それとのコンタクトを保たねばならないのだ。

中将はハンサムで行動力もあり、多くの女性と関係をもっている。彼はこの世界を自分の力で支配していると思っていたかも知れない。しかし、彼は一番大切なトポス、吉野のことをまったく知らないのだ。この物語は、何がどうなっているのかわからなくなって困り果てている中将の姿を描くことによって終わっている。実に素晴らしい終わり方だ。物語のなかで縦横に活躍し、物語のプロモーターであるかのように見えた男の困惑し切った姿を最後に描くことによって、ものごとは、才気煥発な男の意志や欲望と、まったく異なる動因によって進んでいることを明らかにしている。この中将を近代自我の姿としてみれば、本当によくわかる。

『とりかへばや』においては、京都、宇治、吉野というトポスの意味が明確すぎるほど明確に示されており、図式的表現も可能であったが、現実の方は、それほど明確ではないのも当然であり、したがって、物語におけるトポスも、いつもこれほどに割り切って論じられるものではない。しかし、物語におけるトポスの意味を示すには、実に便利な物語ではある。

『浜松中納言物語』

『とりかへばや』の場合と異なり、他の物語においては、トポスの重要性という点では変わりはないにしても、その意味は、それほど明確には言い切れない。最初に少し触れたように、どの物語もトポスに関連してくるので、それらすべてを表にして示すのも一興かとも思ったが、あまり図式的になるのも面白くないし、トポスの意味について深く考えさせられる『浜松中納言物語』を取りあげて論じることにした。この物語においても、吉野が重要な意味をもって出てくるが、話が唐土《からくに》にまで拡張して語られるところが特徴的である。それに、トポスとの関連で考えられる「転生《てんしょう》」ということも語られる。そんなわけで、特にこの物語を選んだのである。

『浜松中納言物語』は全五巻、それに「佚亡首巻」のあったことが明らかにされており、松尾聰による丹念な校注と解説によって、その全貌を知ることができる(以下は日本古典文学大系77、岩波書店、一九六四年、による)。

主人公の浜松中納言は(と言っても、子どもの頃は中納言であるはずもないが、便宜上、この名前で主人公を呼ぶことにする)、幼くして父を失い、亡父を慕う気持が強かったが、美しい母のもとに左大将が通ってくるのを知って愕然とする。それでも彼は左大将の家ともつき合っているうちに、左大将の長女、大姫に義兄妹の関係であるにもかかわらず、恋心を抱くようになる。その間に、父親が死んで数年後、夢に父親が現われ、極楽浄土に生まれるはずだったが、息子のことが忘れられず、唐の第三皇子に生まれ変わった、と告げられる。彼は孝養の気持黙《もだ》し難く、朝廷に乞うて三年の暇を得、唐を訪ねることにする。彼は出発前に、大姫とひそかに結ばれ、大姫は妊娠するが、彼女を残して唐に旅立つ。

この話の発端は日本の物語として異例ずくめである。まず、主人公の男性は、父親との結びつきが非常に強く、母との関係を拒否している。これは日本の男性が、一般には母親との関係が極めて濃いという状態と異なるものである。このことが浜松中納言の以後の行動を、他の日本の男性たちとは異なるものにしている、ひとつの要因であるように思われる。その上、彼にとって重要なトポスは、宇治や吉野などをはるかに飛び越えて唐土であることが明らかにされる。

前に取りあげた『宇津保物語』においては、「波斯国」という、どこともわからない遠い異国が重要であった（第四章）。しかし、それは話の発端に示されるものであり、後の物語の展開においては、それを全体として背後から支えるものとして、機能していた。異国から伝えられた不思議な琴の音が、全体を貫徹する重要な要素となるが、トポスとしての波斯国は、ほとんど意味をもたない。

これに対して、『浜松中納言物語』においては、主人公は渡唐し、その地において極めて重要なことが起こる。彼は父親の生まれ変わりである第三皇子の母、河陽県の唐后をひそかに恋い慕うようになる。この物語の核心となるような恋愛である。

近代になって、ゲニウス・ロキが死に絶えたので、人々はトポスではなく、人間のなかにゲニウスを探し出そうと努めるようになった。異界をどこかの場所に求めるのではなくなると、人間としての異性ということが大きい位置を占めてくる。したがって、西洋の近代においては、男女の間のロマンチック・ラブということが至上のことになった。男も女も異性に魂の姿を見る。C・G・ユングが、男性にとっては女性像が、女性にとっては男性像が、それぞれ魂のイメージとなる、などと考えたのも、このためである。しかし、人間にとって魂のイメージは、必ずしも異性像で示されるとは限らない、と私は思っている。このことは、既に『とりかへばや、男と女』のなかで論じたところである。

『浜松中納言物語』においても、中納言と唐后との恋愛が重要になる。しかし、これはあくまで個人を中心とした、個としての男と女のロマンチック・ラブというのとは、趣を異にしている。彼らは心惹かれているが、結合のために互いが努力をするのではない。それに、第三皇子が中納言の父とすると、唐后は彼の祖母ということになり、二人の関係は、祖母と孫の関係となる。そこにはたらいているのは、男女の愛のみではなく、肉親の間の愛も混じっている。それは個人の意志や欲望を超えてはたらいている吸引力なのである。したがって、二人が結ばれるのも、両者の意志を超えた仏のはたらきによっている。中納言は夢告に導かれ、また、唐后の方も「ゐもいはずいみじきさとしあり」、それを陰陽師に問うと、住み家をしばらく変えるべきと言われ、両者は偶然に会い、結ばれる。中納言は、その相手が唐后であることを知らずに結ばれるのである。

このような二人の関係は、大いなる必然の流れのなかに生じ、中納言にとっては唐に滞在中の最も重要なことになるが、それは、まるで夢のような出来事であり、以後も、このことは「春の夜の夢」という表現によって、何度も語られる。これは、まさに異界において生じたことであり、唐土というトポスにおいてこそ起こることであった。

このような必然の流れのなかに出現してきた唐后は、実は日本というトポスと関係の深い人であった。中国から見れば、日本は異界であったに違いない。彼女の父親は遣日使として日本に渡り、上野宮の姫君と結ばれ、その間に生まれたのが、唐后なのである。父親は唐に帰るとき、娘を連れて帰るかどうか迷うのだが、夢告に助けられて彼女を連れ帰ったのであった。つまり、唐后の母は日本人であり、日本に生まれたのであった。

日本と唐土

それにしても、日本と唐という場所設定を試みたのは、相当に思い切ったことである。『とりかへばや』のときは、せいぜい吉野までであった。『浜松中納言物語』においても、吉野は出てくるが、京都と唐との中間的役割をもっている。
物語に唐が出てくるものに『松浦宮物語《まつらのみや》』がある。これは藤原定家の作と言われているが、唐に関する相当な知識をもって書かれており、『浜松中納言物語』において、この世ならぬという意味をこめて「唐土」のことが語られるのとは、少し違った感じを受ける。「異国」ではあるが、それはそれとしての日常性をもっているところという扱いである。もちろん、この話でも、男性の主人公、弁少将は思いがけない女性と唐土で結ばれる。女性とめぐり合うときに、女性の奏する楽器の音に心惹かれるのは、『浜松中納言物語』と同様であるし、女性との関係が個人の意志を超えたはたらきによるところも同じである。ただ、唐土における戦争のことがながながと語られるところは、他の物語とは著しく異なっている。このため、唐土のトポスとしての意味合いが、少しあいまいになっている。

『浜松中納言物語』においては、唐土は大切な異界としての意味を十分にもっている。唐と日本とのつながりは、人物の往還によって示されている。まず、遣日使として唐から日本に来た男性は、日本で結婚した女性との間にできた娘を連れて唐に帰る。これに対して、転生のことは後に論じるとして、浜松中納言は唐に渡り、そこで唐后と結ばれ、生まれた息子を連れて日本に帰る。これらの人物の動きは、ある程度の対照性をもって語られる。

唐后の父親が娘を連れて帰るかどうか迷ったとき、夢によって「はやくいてわたれ。これはかの国の后なれば、たいらかに渡りなん」と告げられ、彼はそれに従った。事実、娘は河陽県の后となったのである。また、次に唐后が中納言との間にできた息子をどうしようかと思いまどい、泣く泣く寝入ったとき、夢に、「これはこの世の人にてあるべからず。日本のかためなり。たゞ疾《と》くわたし給へ」と告げられ、これに従うことにした。

日本と唐土とを結んで重要な人物の往還があり、いずれのときも子どもを伴うということになるが、夢が極めて直接的にそのことを示唆し、それに従っているところが特徴的である。つまり、日本と唐との関係は、夢の知によってのみ保たれるのである。ただ、中納言の息子が「日本のかためなり」と言われたことは、物語のなかでは実現していない。このため、この作品は未完ではないかと疑われたりもしている。しかし、後にも触れる、唐后が日本に転生してくるということも、実現されないままであり、これらのことは、今後のあらたなる展開を待つ、という形で物語が完結したのではないか、と思う。

中納言は帰国した後に、吉野の尼君を訪ね、その娘に心惹かれる。しかし、吉野の聖《ひじり》の戒を守り、姫には手を出さぬようにして大切にしている。ところが、式部卿宮が突然に現われ、姫を強引に連れ去ってしまう。中納言は八方手をつくすが、姫の行方は知れない。

このような事実がトポス論として非常に興味深いところである。中納言は唐土と深い関係があり、それとの関連で吉野とも深くつながっている。唐における唐后の死や、吉野の尼君の死は、夢によって彼に告げられる。彼は他の人々と比較するとき、はるかに深いトポスとの関係をもつ人と言える。しかし、京都のことに関して、彼は最も大切なことがわからないのだ。姫の行方がわからなくなったとき、夢は何も告げてくれない。それは夢でわかるようなことではないのだ。姫を奪うような人物としては誰がいるのか、それを探し出すのはどうすればよいのかは、彼は自分で「考える」ことが必要なのだが、彼にはその能力がない。

これはわりによく起こることである。世の中に関して、深い知恵をもった人や、あるいは極めて創造的な仕事をする人が、常識的なことや、少し考えたらわかることについて、まったく無知ということがある。あるいは、式部卿宮のように、京都では悪知恵をうまくはたらかすのだが、吉野とも唐ともつながりをもっていないために、せっかく強奪した女性を手離さねばならなくなる人もある。深い知恵と浅い知恵が共存することは、なかなか難しいことである。

深い知恵をもつからと言って、単純に幸福になれるものではない。中納言は吉野について、唐についての夢のお告げもあって、多くを知ることになるが、それによって彼は幸福になるのではない。「やはり、そうだったのか」というのが、彼の人生に対する感慨ではないだろうか。結局のところ「さるべきにや」と言いたい感じなのであろう。

転　生

浜松中納言にとって、唐土というトポスと自分とを結ぶきっかけは、自分の愛する亡き父が唐土に転生してくるという事実であった。そして、物語の終わりにおいては、愛人の唐后が日本に転生してくるという予言によって、唐土との結びつきが濃くされる。転生ということが、二つのトポスをつなぐ仕掛けとして、実にうまく用いられている。

そもそも、転生というのはどういうことなのであろうか。日本の古来においては、死者の魂は山のあなた(常世の国)へ行き、やがて再生して、この世に帰ってくると考えられていたようだ。アイヌの信仰を見ても、人間の世界と神の世界(あちらの国)との往還は、相当にひんぱんに自由に行われている、と思われる。日本に仏教が伝来しても、このような転生信仰は、それとうまく結びついて、中世の日本人は、相当に転生を信じていたのではないかと思われる。

自分の死をいかに受けとめるかは、人間にとっての大問題である。自分という存在がまったくなくなってしまうという事実は、簡単には受け入れ難い。自分という存在の、何らかの意味における永続性を願うのは当然であり、古来から多くの宗教がそのことを取りあげてきた。ただ、王朝時代の物語にその主題が現われることは、現存するもので見る限り少なく、『浜松中納言物語』と『松浦宮物語』くらいである。

ところで、転生という事実があるかどうかということではなく、心理的事実として見るとき、なかなか興味深いものがある。というのは、心の深層の方にまで至ると、現代人でも転生を信じるようなはたらきが生じるからである。

ここには詳述しないが、現在のアメリカにおいて、前世療法(reincarnation therapy)というのがある(ブライアン・L・ワイス著、山川紘矢・亜希子訳『前世療法』PHP研究所、一九九三年)。患者を催眠状態にし、過去の記憶をたどっていく。生まれたときの記憶などの後に、それよりもっと過去の記憶を述べるように誘導すると、急に前世の記憶を語り出す人がいる。自分は中世のヨーロッパに住んで、どのような家族と住み、どんな仕事をしていたか、などと語りはじめる。その結果、自分の現在の状況が前世の自分の生涯と、いかに関連しているかがわかり、大いに納得する。そのような納得を通じて症状が消失したりする。『前世療法』の著者は非常に慎重に、人間に前世があるとも、ないとも言っていない。ただ、このような体験が治療に役立つと述べている。

私も、夢分析をしていると類似の経験をする。分析の経験がだんだん深くなると、時に、自分が現在の時空とまったく異なる世界の人間である、という夢の体験をする。「私は江戸時代の武士でした」などという調子で、夢が語られる。そのときに、「これを自分の前世だったと考えてみると面白いですね」などと言うと、「あんがい、納得がいきますね」という答えがかえってきたりする。

「納得がいく」という表現があるが、このことは人間の人生にとって極めて大切なことだ。心理療法家である私のもとに訪れる人は、「納得がいかない」経験をもてあましている人が多いと言っていいのかも知れない。なぜ自分だけが不幸になるのか、なぜ自分の母親は早く死んだのか、なぜ医学的にも何も問題はないと言われるのに、これほど頭痛がするのか。それぞれの事実も大変だが、「納得がいかない」ために、よけいに苦痛が増大するのだ。「納得さえつけば、辛抱できます」という人もある。

現代人は「納得がいく」ために、自分の知る限りの経験と知識とを因果的に結びつけて理解しようとする。したがって、自分の状況の原因として「親が悪い」とか、「社会が悪い」とか言ってみる。しかし、本当の納得は得られない。本当の納得は、知的な因果的把握を超えて、自分の存在全体が「そうだ」という体験をしなくてはならないし、それは極めて個別的なものである。一般的原則に基づく説明は、本当の納得につながらない。したがって、その人にとって、自分の前世と現在の状況との関係が明らかになったときなどは、知的理解を超えて納得がいくのである。言うなれば、自分という存在が、今、目に見えているものや知識などを超えて、より偉大な存在との間に根づくのを感じる。

それと、もうひとつ転生を信じることの効用は、他の人や生物などとの関係の在り方が深くなることである。『浜松中納言物語』と同一の作者が書いたと言われている『更級《さらしな》日記』のなかに、大納言の娘の転生としての猫、という話が出てくる。そうなると、猫との関係が一変する。単なる一匹の動物などということをはるかに超えて猫が存在し、それとの関係が急に濃密化する。

はっきりと、何の転生であるかわからないが、転生があるかも知れないと考えるだけでも、他の生物とわれわれの関係は濃密化する。明恵上人は死んでいる馬を見て、ひょっとして自分の親の生まれ変わりかも知れないと考え、疎略な扱いをしないようにした。

現代人は、個人を独立した存在として、それを中心に考えるので、関係性の喪失に苦しむことになる。孤独は現代人の病である。それは孤独な死へとつながる。しかし、実際は、個人などというのは、そんなに自立したり、独立したりしているものではなく、他の人間、生物、事物などと、はるかに深く依存し合っており、自と他の区別なども現代人が信じるより、はるかに薄いものではなかろうか。昔の人たちのもっていた、濃密な関係性の感覚は、自分のまわりのものを、転生の結果として語るのが一番適切だったのではなかろうか。

心理的な話はこれまでにして、物語の方を見ると、浜松中納言にとって、幼いときの父の死はけっして納得のいかないものであっただろう。しかし、彼は転生した父に会うことができたのだ。ここで興味深いのは、唐の第三皇子が、いかにも子どもらしくふるまうところと、父親としてのもの言いをするところが交錯することである。浜松中納言は、「父上」と思ったり、「可愛いい子」と思ったりしたことだろう。

転生を信じることによって、人間は子どもを絶対的な子どもと思いこむ誤りから逃れることができる。子どもたちは、時に老人の知恵をもったりしている。自分は大人で、子どもは子ども、と絶対的な区別を考えている人は、子どもと接することの本当の面白さはわからない。男女の区別もそうである。男の前世が男で、女の前世が女とは限らない。

浜松中納言は、せっかく唐后と結ばれたのに、それによって生まれた男の子を伴って日本に帰らねばならない。日本では、唐后との縁で知り合った吉野の姫と結ばれるはずだったのに、式部卿宮の侵入によって邪魔されてしまう。彼はこの世において、はかない経験ばかりをしている。しかし、夢のお告げによって、唐后が吉野の姫の娘として転生してくることを知る。つまり、彼は深い世界とのつながりという点において、充分すぎるほどの関係をもつことができるのである。

何を物語るか

この『浜松中納言物語』によって、作者は何を物語ろうとしたのか。これと同一の作者の手になると言われている『更級日記』との比較によって、この両者共に夢の体験がいかに人間にとって重要であるか、を述べようとしていることは、後に詳しく述べる(第九章)。

このことを踏まえて言うならば、『更級日記』の作者は、その日記に示されているように、世俗的にはあまり幸福とはいえない生涯であったが、彼女が夢を通じて知った世界は非常に深く、意義深いものであった。人間は幸福になろうと意識的努力をする。しかし、それではどうにもならない、もっと偉大で強力な「ものの流れ」とでも言うべきはたらきがあり、それに抗することはできないのだ。ただ、その流れに触れ、その存在を認識するとき、人間は大いなる納得や安心を得ることができる。そのような深さに到達する道として、人間には夢というものがある。『更級日記』の作者が、自分の実体験に基づいて言いたかったのは、以上に述べたようなことではなかろうか。

彼女は「日記」を書くだけでは満足できなかった。自分の体験をなんとか他人に伝えようとして、彼女が「物語る」ことにしたのが、『浜松中納言物語』であると考えられる。このなかで、夢があまりにも直截的に現実と結びつくことを問題に感じる人もある。しかし、それこそ彼女の言いたかったことである。ただ、その「現実」

は心の深層における現実であり、物語的に展開するならば、それは特異な「トポス」における現実ということになる。作者はどうしても唐土というような、京都をはるかに離れた場所を話のなかに取り入れざるを得なかったのである。夢が吉野や唐における現実について、いろいろと語るのも当然のことと言える。

人間は、それぞれが物語を生きている。しかし、ある時代において一般的な性質をもつ物語というのがある。現在であれば、東大を卒業し、官僚になって、政治家になって、大臣になるとか、有名大学を出て一流企業に就職し、重役になるとか、おきまりの物語がある。この道をまっしぐらに生きている人は、他の物語にあまり関心をもたない。このような人は小説などあまり読まないだろう。

王朝時代の男性貴族にとっては、官位が上がることが一般的物語であった。その最高が太政大臣だった。そのためには天皇の外戚の祖父になることが必要だった。女性にとっては天皇の后、あるいは女御などになって、自分の生んだ子どもが天皇になることとであった。そのとき、女性は国母と呼ばれた。

『浜松中納言物語』の作者は、前述したような物語を生きることのできない人であった(この頃の物語作者は、すべて前述のお決まりの物語からはずれた人生を送った、あるいは送らざるを得ない人たちである)。この頃の物語に非常によくあるパターンは『寝覚』などがそうであるが、主人公たちである男も女も、前述したような昇進の道筋を歩んでいるのだが、男と女が愛している相手と結ばれるという点は、ままならない。つまり、両者の意志や欲望を超える大いなる流れに従うより他ないことを思い知らされる、というものである。その点で言えば、この物語は、主人公は中納言までは昇進したが、話の展開のなかで一度も昇進せず、中納言のままでいる(したがって、それは題名にまでなっている)という珍しいものである。

このことは、物語の焦点が、いかに夢の体験、つまり、心の深層における体験にあるかを反映しているものと思われる。誰もが血まなこになる昇進のことは論外になっているのだ。浜松中納言にとって、男女関係も、なかなか思いのままにならない。不幸と言えば不幸である。しかし、彼は他の一般の人々の知らない深いトポスとの関係をもつ人であった。彼は、自分の息子が「日本のかため」となり、かつての恋人が日本に転生してくる、という予言に支えられている。これは幸福と言えば大変な幸福である。

このように見てくると、『更級日記』において作者が示そうとした、外的にあまり幸福とは見えない人生における、大いなる安心という主題が、そのまま『浜松中納言物語』のなかに、物語られていることがわかるのである。

第八章　紫マンダラ試案

『源氏物語』を読む

まず最初に、本稿を書くようになった、いきさつと意図を明らかにしておきたい。これは『源氏物語』の私なりの読みを述べるのだが、あくまで「試案」としているのは、私自身は国文学についてはあまりに疎く、必要な文献を読んでいないことを自覚しているので、ここに、一応このような形で、私の案の骨組みを提示し、専門家の批判を仰いだ上で、もう少し堅実なものとして、あらためて世に問いたいと考えるからである(拙著『紫マンダラ——源氏物語の構図』小学館、二〇〇〇年〔本巻所収〕)。

素人がわざわざそのようなことをする必要はないといわれそうだが、それは次のような経過によっている。私は恥ずかしいことながら、『源氏物語』を読み通したことはなかった(現代語訳でも)。いつだったか、若いときに現代語訳(与謝野晶子訳だったと思う)に挑戦したが、「明石」に至るまでに挫折した。当時は、西洋流のロマンチック・ラブに相当に影響されていたので、光源氏の女性関係の、どれをとってもロマンチックといえるものはなく、失望して読み続けることができなかったのが実情である。

『源氏物語』を読み通すことなどあり得ないと思っていたほどだったが、だんだんと日本文化に対する関心が深まり、『とりかへばや物語』をきっかけとして、王朝時代の物語を読むようになった。そして、一九九五年の春、二カ月間、アメリカのプリンストン大学の客員研究員として滞在中に、『源氏物語』を読むことにした。外国滞在中のため幸いにも、ひたすらこのことに集中できたのもよかった。それと六十歳を超える年齢になっていたのもよかったのではないかと思う。中年のときだったら、なかなか理解できなかったのではなかろうか。

物語を読み進んでいるうちに感じたことは、光源氏という人物が、いわゆる主人公としてのまとまったパーソナリティをもっていないということであり、物語が進展していくにつれて、その重みが感じられなくなるということであった。それと共に、光源氏の背後から、しっかりとした姿を現わしてきたのは、作者の紫式部その人であり、いつの間にか、この物語を「紫式部の物語」として読むようになった。登場するあまたの女性たちは、紫式部の分身として感じられたのである。

「宇治十帖」になると、この感じはますます鮮明となり、女性の生き方を追求して、ひたすらに物語る紫式部の姿が、目に見えるようであった。読み終えたときは、さすがに興奮が醒めず、しばらくは眠ることができなかった。千年も以前、ヨーロッパはまだまだ未開といってもいいほどの時代に、女性の「個」としての在り方について、ここまで押し進めて考え、物語る人がいたことは、実に驚きであり、感嘆せざるを得なかったが、この時代の日本という特殊な状況においてこそ、これが可能であったとも思われた。これは、まさに女性による女性の物語である。

プリンストン大学の図書館には、相当に日本文学関係の書物があるので、『源氏物語』の解説をあれこれ読んでみたが、私のような考えを述べたものはひとつもなかった。もちろん、いろいろと参考になる知識を得ることはできたが。

プリンストンに滞在中に読んだ英文の論文で、アイリーン・ガッテンの「『源氏物語』における死と救済」(Aileen Gatten, "Death and Salvation in Genji Monogatari", *Michigan monograph series in Japan studies*, No. 11, Center for Japanese Studies, Univ. Michigan, 1993)が興味深かった。『源氏物語』のなかで、死んでいく状況が記述されている女性は、藤壺、紫の上、大君、の三人のみであることに注目して書かれたものである。紫式部の内界の女性像として見るとき、藤壺―紫の上―大君という流れは、ひとつの方向を示している。藤壺は男性との関係において相当な不安定さを感じさせられるが、紫の上は一人の男性との関係の上に、安定(といっても、嫉妬には脅かされるが)している。大君は男性との関係に生きようとしない。紫式部は彼女の描いた多くの分身のなかで、この三人に対しては相当に思い入れがあったように感じられる。だからこそ死の場面も描いたと思われるが、この三人の女性の男性との関係の在り方の変化が興味深い。そんなこともあって、ちょうど、プリンストン大学に集中講義に来られた、ガッテンさんと対談することができて有難かった(A・ガッテン/河合隼雄の対談「源氏物語(I)――紫式部の女人マンダラ」『続・物語をものがたる』所収)。このときに、私は『源氏物語』について、前述したような私の考えを語っている。

帰国後、瀬戸内寂聴さんの『女人源氏物語』(全五巻、小学館、一九八八―八九年)を読み、その根底に私の読みと似通う姿勢があると感じたので、対談していただいた(瀬戸内寂聴/河合隼雄の対談「源氏物語(II)――愛と苦悩の果ての出家物語」前掲書所収)。対談をはじめるや否や瀬戸内さんは、「『源氏物語』といいながら、源氏自身の影が非常に薄いですね。いくら読んでも光源氏の具体的なイメージが出てこないんです。(中略)源氏というのは狂言まわしですね、結局」と言われ、私は感激してしまった。そして、「『源氏物語』のおもしろいところは、つまらない女とか、気が弱いとか淫乱だとかいわれた女が、それが思い余って出家したとたんに、源氏より精神の背丈がはるかに高くなっている点で、そこがみごとです」と言われる。これは、後に述べるような私の考えと符合するものである。私は大いに勇気づけられた。

次に、自分の考えを強化された事実がある。それは現代人の女性に対する考え方が、父権的な意識によってなされており、それをもう一度、「女性の目」で見直そうとする動きが、ユング派の女性の分析家に生じてきており、そのなかの注目すべき二冊の書物の邦訳が出版されることになったことである。私はその序文を書くことになり、その訳を読み、それが「女性による女性の物語」として『源氏物語』を読もうとしている自分に非常に参考になった。この点については次節に述べる。

ただ、『源氏物語』について何か書くことは、その先行研究のあまりに多いことを考えると、どうも気後れがしてしまう。主なものを読むだけでも、私の命の方がもたないであろう。そんな気持でいるとき、雑誌『源氏研究』の座談会に招かれ、源氏研究の専門家である三田村雅子、河添房江、松井健児の三氏とお話し合いをする機会に恵まれた(河合隼雄・三田村雅子・河添房江・松井健児「源氏物語　こころからのアプローチ」『源氏研究』四号、翰林書房、一九九九年)。対談中やその後の雑談のときも、私は自分の『源氏物語』の読みについて述べたが、三氏とも、それは面白いので書いてみては、先行研究などについては援助すると励まされたので、大変に勇気づけられた。そしてとうとう、ここに試案を提示することになったのである。

ながながと弁解がましいことを述べたが、以上のようないきさつで、まったく素人の私がほとんど先行研究を知らないままに、『源氏物語』について発言することを了解していただきたい。なお、これは私が心理療法家として、現代に生きる女性の生き方について考えてきたことも、ひとつ重要な要素となっており、『源氏物語』を通じて、現代に生きる女性の——ひいては男性の——生き方を論じているような側面ももっている。

女性と男性

『源氏物語』には男性と女性の間の関係、その愛憎について書かれているし、それが主題であるとさえ言えるだろう。しかし、既に述べたように、私にとってはどう考えても、それは「ロマンチック」などと呼べるものではなかった。多くの場合、特に最初の男女の関係は、むしろ「男性の侵入」と呼ぶ方が適切な場合が多い。ロマンチック・ラブは、そもそも男女に性関係のないことを前提として考えられたほどのものであるのに、日本の王朝時代の男女は、男はちらりとでも女性の姿を覗き見をしたりしているにしろ、それもないときがあり、女性は顔も知らないことの方がほとんどである。そして、最初の関係は性の関係からはじまっていると言っていいほどである。そして、それが「正式」の場合でも、三日後にはじめて対面ということになる。このような関係は、いったいその本質をどのように考えるべきなのか。

男性はこのような在り方に、おそらくあまり疑問を感じなかったであろう。しかし、女性はどうだったのだろう。

それぞれの文化、それぞれの時代は、それなりの生き方のパターンをもっている。そのなかで人々は生きているのだが、それに対して何ら疑問を感じない限り、その人は敢えて「物語」(あるいは文学作品)を書こうなどとは思わないであろう。あるいは、少しぐらい疑問に感じるにしても、自分で物語をつくるほどの「個」の力がないときは、不平や不満を周囲にもらす程度で終わることだろう。

平安時代であれば、およそ文を書けるほどの人で、男性は、大方はその体制に組み入れられているので「物語」など書く気が起こらないだろうし、極めて例外的な人が書いただろう。女性も、高貴の人と結婚したり、あるいは天皇の相手となって、男の子を生み、それが東宮になるかどうか、などというおきまりのパターンにはまっている人は、物語を書くこともない。しかし、紫式部のように、身分上はその路線からはずれ、しかも知的にも財政的にも、自立的に生きられる人にして、はじめて「物語」を書くことができたのである。これは、全世界において見ても、奇跡に近いほどのことである。

それほどの「個」の力をもつ紫式部が、「女の目」でものごとを見たとき、「男性の侵入」と、そのあまりにも身勝手なところに冷たい目を向けなかったのは、なぜだろう。おそらく、男女関係やセックスについての当時の理解は、現代と相当に異なっており、ロマンチック・ラブなどのヨーロッパの中世に生まれた男女関係は、これらの理解に役立たないのではないか、と思われる。

筆者が、王朝時代の男女関係の理解に役立つ、ひとつの考え方として取りあげたいのは、「聖娼」ということである。これは、現代人のものの見方や考え方が、あまりにも父性の意識に偏りすぎており、もっと母性の意識でものごとを見ることが必要であり、それによってこそ、現代の女性も全人的に生きることができると主張する、ユング派の女性の分析家、ナンシー・クォールズ - コルベットによる著書『聖娼』(高石恭子・菅野信夫訳、日本評論社、一九九八年)に述べられていることをヒントとして考えたことである。

「聖娼」は植物生命の再生儀礼として、古代社会に行われていた「聖婚」の儀式において、未婚の女性によって演じられた聖なる花嫁の役割を原型として、農耕民族の間にいろいろなヴァリエーションをもって行われていた。いずれにしろ、それは大地母神の信仰と結びついており、イシュタル(あるいはアシュタルテ)のような大地母神と愛人との間の「聖婚」のドラマを再現する意図をもって、神殿に詣でた処女が、そこを訪れてくる見知らぬ旅人の男性に身をまかせるのである。このような行為が、あくまで女性の原理によって貫徹しているところに、その意義があり、ここで男性は、あくまで脇役を務めるのにすぎない。

わが国も農耕民族の国として、おそらく、このような「聖婚」あるいは、それに類似の制度をもっていたのではないかと思われる。このような古代の制度を生きているとき、人間には、現代、われわれが考えるような「個」の意識はほとんどなかったであろう。穀物の豊饒は部族全体の願いであり、その儀式に全体が参加する聖なる儀式として行われたのであろう。その集団的で非個人的な意義のためには、男女は互いに相知らぬ者であることが必要であったと思われる。そして、このことによって、植物の「死と再生」の秘儀に人々はあずかることができたのである。

聖娼の制度は、男性の意識が優勢になるに従って消滅していく。その典型がユダヤ教による聖娼の禁止であろう。キリスト教文化圏においては、このようにして霊性(spirituality)と性(sexuality)は完全に分離されてしまう。そして、性や身体ということが一方的に俗なものとして貶められていく。

わが国の事情はもっと複雑であると考えられる。わが国においても徐々に父権が強くなってくる。しかし、それはキリスト教文化圏のように、それが天に存在する父なる神によって支援され、徹底した父性原理が生活全体に貫徹していくのとは異なっている。父権は強くなってくるが、人間の意識まで強い父性意識になるのではない。むしろ、母性意識が強いほどである(これは、現代においてもまだそうだといってよいことは、これまでしばしば他に論じてきた)。

平安時代は、制度的にも完全に父権が確立されているわけではなく、双系的要素も多分にもっている。心理的にいえば、まだまだ母性の意識が強い。そのような状況のなかでの男女の関係を本当に共感するのは、われわれにとってほとんど不可能と言っていいかも知れない。ただ、男女関係の底流に「聖娼」的なものがはたらいていたことは推察できる。このあたりのことを論じはじめると、このことだけで本稿を満たすほどになろうが、それは割愛して、端的に述べるならば、見知らぬ男性の侵入は、当時の女性にとって苦痛を伴うにしろ、イニシエーションの儀礼として、超個人的な聖なる体験として受けとめられていたのではないかと思われる。そして、その後の性の体験は、霊性と切り離されたものとしてではなく、もっと一体的に受けとめられたのではなかろうか。

男性にとっては、性の体験はどのように受けとめられていただろうか。彼にとって、超個人的関係と個人的関係、性的関係と霊的関係は、女性の場合ほども融合し難いものであったろう。さりとて、キリスト教的な観念に縛られている現代人ほどにも分裂していなかったのも事実であろう。

社会の形態がだんだんと固定してくるに従って、男性は社会制度による制約も相当に受けてくる。その上、男性の性欲は女性よりも直線的で制御し難い。強い身体的欲求によって行動するか、社会的地位を第一に考え、地位の獲得や保全に結びつけて男女関係を考えるか、霊的な次元における結合を考えるか、男性の場合は、相当に悩みがあったのではなかろうか。それにしても、現在に比して、霊性と性の分裂は強くなかったので、男性の色好みにも、それ相応の価値は与えられていた。ごく大まかに見て、このような男と女との関係のなかから、『源氏物語』は生み出されてきたと思われる。

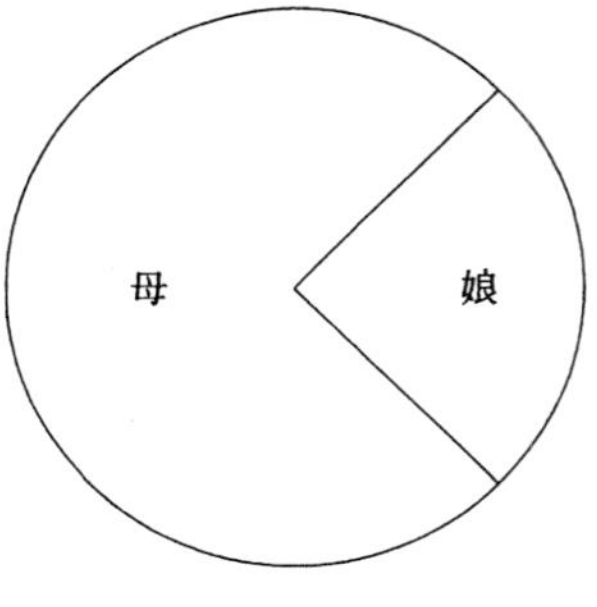

図2　母権制のなかの女性

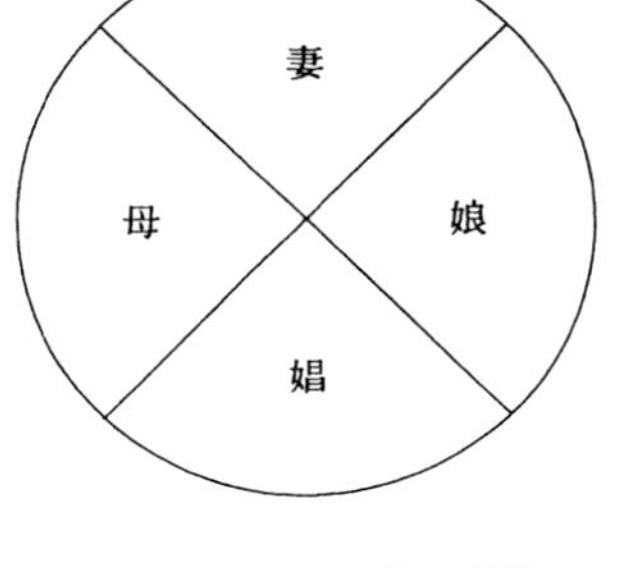

図3　父権制のなかの女性

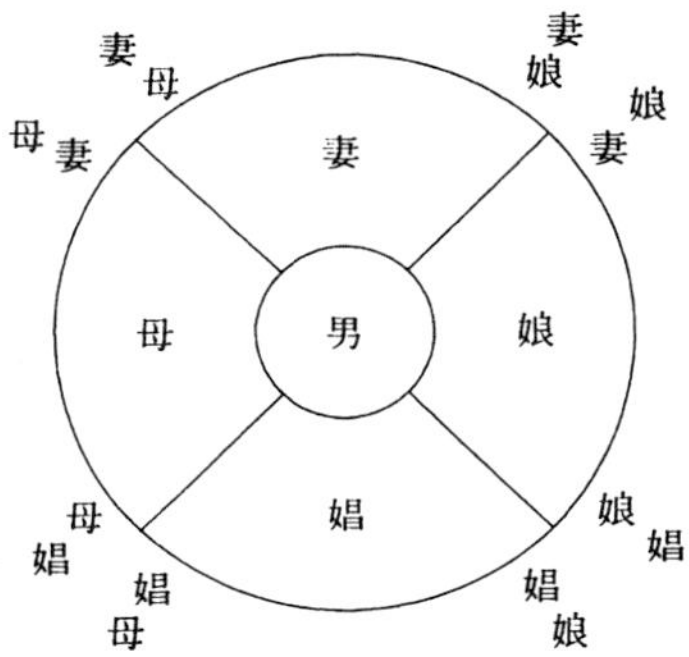

図4　父権制のなかの男・女

女性の物語

母権の強いときの女性の人生においては、男性はあまり大きい意味をもたなかったであろう。娘はいつか母になる。このとき母になるための相手の男性は、まったく無名である。母になれば安泰だ。地母神によって支えられ、彼女は生き、自分の「再生」ともいえる娘を残して土に返っていけばよい(図2)。

この世界に、男が現われ父権を主張する。男はその腕力の強さなどによって、権力を拡大していくと、女性を母—娘の分類のみではなく、男性との関係における分類、妻、娼を入れこんでくる。そして、父権が強力になると、社会のなかの軍事、政治、経済などの分野で男性は活躍し、男の世界をそのようなことによって分類し、女性をむしろ、それを支える存在と見なし、図3に示した女性の分類内に女性を閉じこめて、そのなかに女性の職業を入れないようにした。つまり、女性を考えるとき、それは必ず男性との関係において考えることとし、女性は、男に対して、母、娘、妻、娼のいずれかとして見ることによって、そのアイデンティティが決定されるとした(図4)。これに対して、男は社会的地位や職業などの方に、そのアイデンティティの重みをかけ、女性との関係を二義的なものと考えたのである。

しかし、平安時代の男性はそれほど明確ではない。貴族社会では軍事ということがない。彼らは他の文化の男性よりも、はるかに女性との関係に生きていたであろう。したがって、色好みということは、人生における重要な要素でもあった。

紫式部は同時代の他の人々に比して、はるかに強い「個」をもち、知的にすぐれていた。しかし、時代の制約をある程度、受けているのはやむを得ない。彼女は「個」としての自分を観るうちに、自分のなかに実に多くの女性が生きていることを知った。彼女の体験する個人は、女性群像であった。ここが、父権意識による「個」と極めて異なるところである。

現代の女性が「個」を考えるとき、ともすれば父権意識によって考えようとする。前述のコルベットらのユング派の女性の主張するところによると、女性が父権の意識の確立に努力することになり、男性と同等に生きることになるが、そこでは極めて深刻に霊性と性の分裂や、極端な孤独に悩むことになる。

紫式部にとって、「個」を見出すことは、女性の群像を描くことであった。『源氏物語』に登場する女性たちは、すべて彼女の分身であった。そして、「宇治十帖」においてドラスティックな転換があるが、それまでのところ、すべての女性は男性との関係において描くのが最も適切であるので、彼女は、女性群との関係を中心において一手に引き受ける「光源氏」なる男性を設定することにした、と思われる。

紫マンダラ

光源氏は「理想の男性」などといわれるが、人間の到達するべき目標を示すものとしての「理想」などとは無縁である。それは、既に述べたように、多くの女性たちの相手として登場するために、一般には兼ね備えられないような傾向をもっていたりするので、非現実的であるのは事実であり、それを考え間違って、「理想的」などと呼ぶのではなかろうか。多くの属性を備えている点で、神に近いところがあるが、言ってみれば、最高の便利屋のようなところもある。このような点に気づかず、一個の人格をもった人間として見ようとすると、源氏のずるさなどに嫌気がさすことになる。アメリカ人の読者で、光源氏を嫌いな人が多いなどというのは、このためであろう。筆者も若いときは、そのような態度で『源氏物語』に接して嫌になったのであった。

光源氏は、このような特異な存在として登場しているのだが、やはり、作中人物は作者の意図を離れて自律的に動く傾向をもっており、作者がそれと葛藤することによって作品が興味深くなることもある。このような傾向の強いときは「物語」というより「小説」に近くなるが、『源氏物語』でも、そのような傾向が強くなっている巻があるように思う。玉鬘に対する源氏の感情などはそうではないかと思うが、どうであろうか。

このような点は、しばらく置くとして、『源氏物語』の「幻」の巻までは、紫式部がもっぱら自分のなかの分身たちを描くというより、彼女の「世界」を描いたのであり、それを成功させるために、中心に光源氏という男性像を据えて、ひとつのマンダラを完成させようとした、と考えると、この物語の全体の構図がよく見えるように思う。紫式部自身、内的に外的に、実に多様な体験をしたことであろう。母、娘、妻、娼のすべての体験をもったであろう彼女が、光源氏という男性像を中心に据え、それとの関連という形で、彼女の「世界」を提示した。それを「紫マンダラ」と呼ぶことにしよう。

そこで図5の中心に光源氏を置き、『源氏物語』に語られる女性たちを、このなかに位置づけることにしよう。

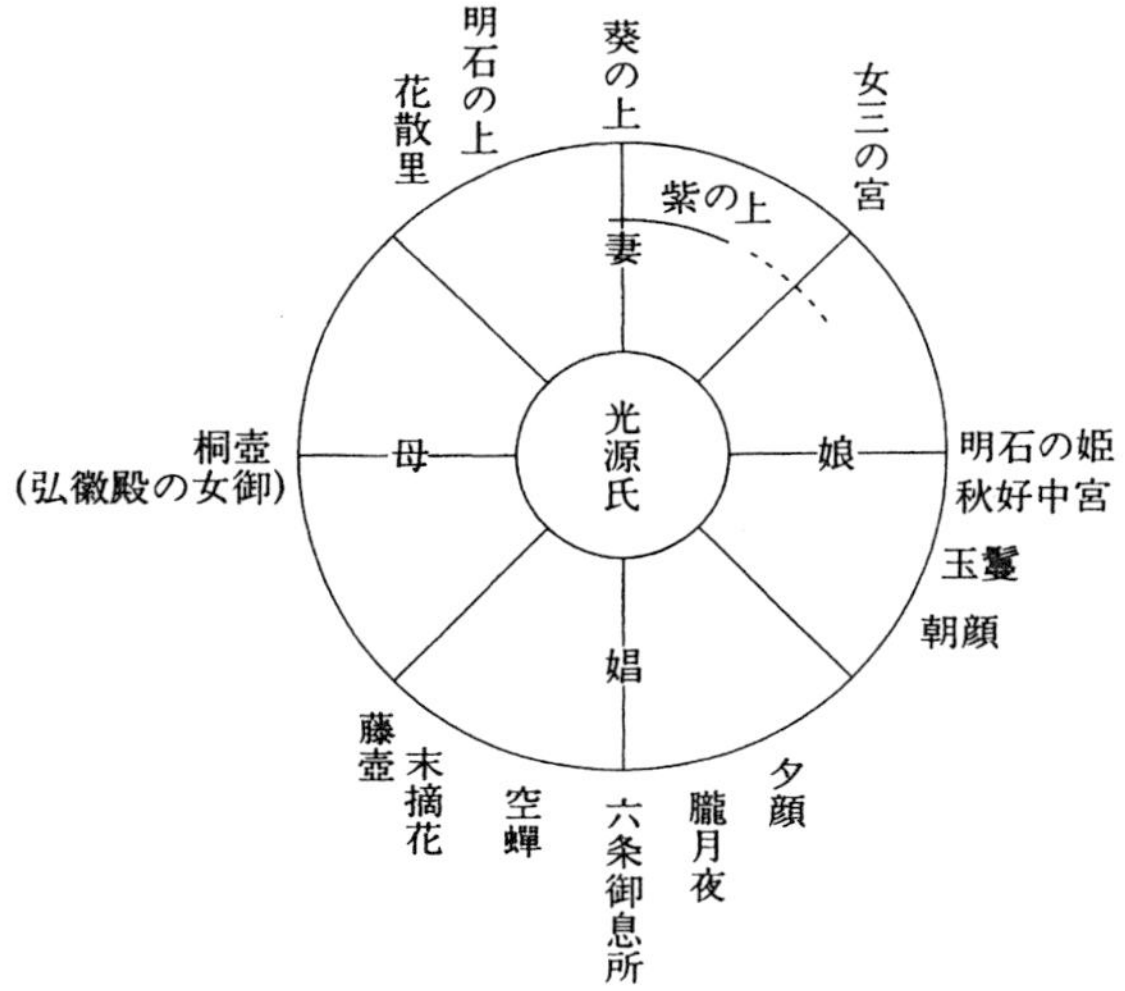

図5　紫マンダラ

もっとも、光源氏とあまり関係のない女性たちは、ここに示さないことにする。

まず、母—娘の軸において、母のところに桐壺、娘のところに、明石の姫君が置かれるのは当然である。このマンダラに現われる女性のなかで、源氏とはっきり血のつながりのある親子関係にあるのが、この二人である。ここで、興味深いのは、明石の姫に対する秋好中宮の関係である。後者も源氏と血はつながっていないが「娘」である。しかし、実の娘とはニュアンスが異なっている。なにしろ彼女は六条御息所の娘なので、源氏の御息所に対する感情を引き継いでいるところがある。というわけで、秋好中宮は娘の軸よりは、少し、娼の方に近いところに位置することになる。このような源氏の心の動きは、朝顔や玉鬘へとつながっていくと思われる。

母親、桐壺の影に弘徽殿の女御を配した。もちろん、彼女は源氏の母でもないし、母親役を演じたのではない。むしろ、彼に敵対する側の「母」として、母性というものが他者に対して、いかに否定的にはたらくかを如実に示す役割を果したのである。これも、紫式部の世界に住む女性として、母というものの本質にかかわる存在と考えられるので、ここに配することとした。

妻と娼との軸上には、葵の上と六条御息所を配した。葵の上を妻のところに据えるのは、誰も異論はないであろう。娼に誰を置くかは、人によって意見が異なるかもしれない。しかし、葵の上との対立関係があまりにも明らかであるし、後に述べるような他の「娼」たちは、母の軸か娘の軸のいずれかに少しずれる感じがあるので、このようにした。次に、源氏との性関係のあった女性を、妻と娼のどちら側に分類するかについても異論はあろうと思うが、源氏と住居を共にしている点などから考えて、紫の上、明石の上、女三の宮、花散里を妻の方に置き、他を娼の方にした。

そこで、まず妻の方であるが、花散里は妻であるが、母性的役割を受けもっているので、母の軸の一番近くに置き、それに対して、女三の宮は娘の軸に近くした。明石の上は、やや母軸寄りというところであろうか。このようにして少し無理があるにしろ、それぞれを位置づけることができるが、紫の上は例外で、どこか一点に置くのが難しい。彼女のカバーする範囲は広い。そもそも彼女は「娘」として登場し、葵の上の亡き後に妻の座におさまるが、それは葵の上のように、「妻」としての確たる位置を社会的に確保したのではない。心理的には妻であったが、彼女は源氏に対しては、時に娘のように、あるいは母のようにして接している。時には娼のように、というのもつけ加えられるだろうか。

紫の上のこのような特性は、おそらく、紫式部が一番同一化の強かった人物であることを示している。彼女は子どもを生んでいないが、明石の姫君の養母になっているし、この紫マンダラの全領域にかかわるような存在である。しかし、紫式部はそれだけでは満足できず、ここに示すような女性群像をもってこそ、彼女の「世界」が描かれると感じたのであろう。

次に「娼」の方を見てみよう。物語の早くに現われる、空蟬と夕顔は、どちらも「娼」のところに置くのは妥当と思えるが、ある意味の対照性をもっている。夕顔は相当一途に源氏に応えていくのに対して、空蟬は大人の分別をもって対し、むしろ源氏から去っていく。その対照性に注目して、夕顔はやや娘寄り、空蟬は母寄りに、六条御息所を中心として配することにした。夕顔が六条御息所らしき生霊によって、命を失うのに対し、空蟬が後に出家するというのも対照性を示している。朧月夜の君は、特に母軸、娘軸に近いという感じを受けなかったのだが、華やいだ感じなどで、やや娘軸寄りのところにした。

末摘花は相当に母性軸に近いところに配するのが妥当であろう。源氏が彼女に対して母性的な優しさを示すのも、彼女よりの反対給付としての母性が、源氏には必要とされたのであろう。花散里と末摘花は類似の特性を共有している。特異な存在は、藤壺である。彼女は社会的には源氏の義母である。しかし、おそらく源氏にとって心理的には母ではなかったであろう。そのような意味で、藤壺は母軸に近いところの「娼」に位置づけたが、これは末摘花とは場所は接近しているものの、その意味はまったく異なっている。

藤壺は後に出家する。これは彼女とは対の位置をしめている女三の宮と呼応していると感じられる。この二人の出家は、後の浮舟の出家の前奏として重要な意味をもつように思われる。源氏という男性を介して、この世の「かなしみ」を知り、むしろ源氏から離れることによって、自らの生を全うしようとしたのである。

娘の軸における、明石の姫君、秋好中宮については、既に述べた。彼女たちに対して、微妙な娘役をするのが玉鬘である。源氏は最初、玉鬘を「娘」として引き取る。しかし、そのうちにだんだんと源氏の気持が変わってきて、娘としての紫の上が妻の世界へと変化していくように、玉鬘が徐々に娼の世界に入り、紫の上と対となるようなことを望んだのではなかろうか。しかし、事は源氏の思うように進まず、玉鬘は鬚黒の大将と結婚してしまう。

玉鬘のことが生じる少し前に、朝顔の斎院が現われる。これは源氏が言い寄ったが断られた珍しい例である。これは名前から見ても、夕顔と対照されていると思う。どこに位置づけるか少し難しいが、「娼」の軸に近い「娘」のところに置く。玉鬘が心理的には源氏に対して、どのような気持をもっていたかは明らかでないが、中年を過ぎた源氏に対して、関係を拒む女性が出現してくるのが特徴的と思われる。

このようにして図5に示すように、やや強引であるが、光源氏の周囲に女性群像を位置づけることができた。既に述べたように、これは光源氏の世界ではなく、紫式部の世界である。ただ、彼女が自分の世界を描く上で、光源氏という男性とのかかわりにおいて描くのが、最も適切と考え、彼を、いわば借りものとして中心に据えたのである。ここに示された女性の、それぞれの性格や関係などを、もう少し詳しく検討すれば、このマンダラの意味合いも深まるのであるが、ここでは割愛しておこう。

この女性のイメージの変遷を見ていると、紫式部がだんだんと光源氏との関係を断つ女性の方に力点を置くようになる事実が認められる。葵の上、六条御息所にとって光源氏抜きで人生を考えることなど、できるはずがなかっただろう。だからこそ、かえって冷たくもしたり嫉妬もしたり、ということもあった。紫の上はどうであろう。彼女は源氏がすべてというところはあったが、晩年にはひたすら出家を願っていた。藤壺と女三の宮の出家については既に述べた。そして、朝顔や玉鬘のように源氏との関係から逃れる者が出てくる。このような変化は、紫式部が自分の「個」を考える上で、男性との関係において見るのではない自分の姿、ということを、少しずつ意識してきたことを意味しているのではないだろうか。

この点を追求するためには、源氏の死が必要であった。光源氏という男性との関係においてではなく、女性が個としての生き方を考えるとどうなるのか、その答えを見出そうとして、「宇治十帖」が書かれたと考える。

個としての女性

個としての人間の自立性を考える場合、父権の意識が強くなると、個としての自分を他と切り離した者として考えがちである。他に依存しない自己を確立する。このことが浅薄に受けとめられると、依存を自立の反対と考え、他への依存を極力避けようとする。しかし、こんなことは不可能である。男性も女性も、このような自立を歩もうとする者は、結局、誰かを自分に従属させることによって見せかけの自立を保つことになる。父権の意識を強くすると、見せかけの自立の上に、妻、娼、娘(時には母も)を従属させて生きることになる。これに対抗するためには、女性は母となって男を従属させるか、時には、妻、娼、娘であっても男を従属させる手段を見出すか、ということになる。あるいは、女性は男性と同等であることを主張し、極めて孤独な自立に陥っていくことになる。このような女性を、「父の娘」と呼ぶこともある。

依存するが従属しない、自立するが関係を断たない、というような「個」を確立することはできるだろうか。紫式部が、このような問題意識をもって物語を書いた、とまで言う気はない。しかし、彼女は男といろいろな関係をもちつつ、従属しない、自分にとっての個(one for herself)を見出そうとする意図を、彼女の生きていた時代や文化の制約との葛藤のなかで追求しようとしたと思われる。このようなことが、「宇治十帖」を源氏の死後のこととして書く必然を彼女に感ぜしめたのではなかろうか。

「宇治十帖」の物語が宇治という土地を主な場所として展開するのは、注目すべきことである。物語におけるトポスの重要性については、既に述べた(第七章)。京都という日常の世界とは異なるレベルであることを明らかにするために、「宇治」という土地が用いられている。ここに住む八の宮の娘たちは、したがって、それまで光源氏がかかわる形で書かれてきた女性とは、何らかの意味で異なることが前提とされる。

この女性たちと関係が生じるのは、二人の男性、匂宮と薫の君とである。この二人は高貴な身分で、光源氏とは深い関係がある。匂宮は源氏の娘である明石中宮の息子なので、彼の孫である。薫は源氏と女三の宮との間にできた唯一の息子である。といっても、これは表向きのことで、実は女三の宮と柏木との密通によって生まれた子どもである。ところで、これまでは、あくまで光源氏一人を中心にして物語を進めてきたのに、ここで、どうして男性が二人になったのであろう。これは、それまではあくまで男性との関係において女性を見てきたのだが、以後は、男性との関係を中心とせずに女性を見ようとし、光源氏のような非現実的な存在よりは、もっと現実的な男性が必要になったので、いわば、源氏のもつ両立し難い側面を二分して、それぞれの人格にしたと考えられる。

匂宮と薫の性格の対極性はよく指摘されている。前者が華やかで行動的であり、いわゆる色好みとして多くの女性との関係が発展するのに対し、薫は内向的で、何かにつけて疑念をもち、行動するよりは考え、あちこちに配慮する。この二人が宇治とかかわることになるのだが、話は、まず薫が八の宮の長女、大君に恋い焦がれることからはじまる。

薫の大君に対する気持は誠実そのものと言っていい。それでも、大君はひたすらに薫を避ける。ここに、男性とのかかわりを抜きに生きようとする女性像がまず示されている。ただ、それはあまりにも男性との関係を断ちすぎている。彼女は、ある種の「父の娘」である。父、八の宮の人生観をそのまま受け継いでいる。彼女は、父親の男女関係の在り方に関する考えを超えようとはしていない。男女関係にうっかりはまりこんでは、不幸になってしまうという、父親の屈折した人生観を受け継ぎ、男女関係を肯定する側を妹の中君に譲り、否定する側を自分が生きる形をとる。したがって、彼女は「一人」で生き抜くものの、それは孤立になってしまう。既に述べたように、彼女の死んでいく姿が記述されていて、紫式部の彼女に対する入れこみの深さを感じさせるが、それは紫式部にとって理想の姿とは言えなかった。

光源氏の分身とも言える薫が、大君に対して強く惹かれつつ、いろいろと想いをめぐらせたり、画策したり、ついには匂宮を引きこんできたりするところは、実に興味深い。彼は「考える人」である。しかし、彼の考えは、あくまで「京都」に縛られていて、「宇治」にまで開かれていないのだ。せっかく何度も宇治を訪ねているのにもかかわらず。

薫は相当に好意をもって描かれている。彼も熱烈に恋をする。しかし、そこらにいる色好みとは異なるのだ。後年に匂宮と薫のどちらが理想の男性か、との論争さえあったようだが、紫式部の言いたかったのは、その薫でさえ、理解をすることのできない女性の境地というのがある、ということである。

最後の切り札として現われる浮舟が、何も知らない身分の低い、弱い女性として登場するのが印象的である。彼女は要するに無名の存在なのである。彼女は身分が低い、しかし「王」の血筋を引いている。このことは、彼女の潜在的な価値を象徴しているのだろう。何も知らない彼女は、男性たちの、そして運命の意のままに押し流されるように見えながら、その経験を通じて成長する潜在力をもっている。彼女は身投げを決意するまで、ほとんど自分の意志をもっていないように見える。薫に会えば薫に惹かれ、匂宮が現われるとそれに従ってしまう。彼女は、匂宮の一途に恋い焦がれる姿に接すると、心がそちらに傾くのだが、薫の慎重で立派な人柄に接すると、こちらにも心惹かれるのだ。

これまでに示してきた図に即して図示すると、浮舟の男性との関係は図6のようになるだろう。中心にあった光源氏は二人の男性に分離し、薫との関係では「妻」を、匂宮との関係では「娼」を、浮舟は経験する（薫には正式の妻が既にいるが、浮舟の体験の内容から言えば、それを「妻」と考えていいであろう）。妻と娼の体験に悩むといえば、浮舟には先駆者があった。藤壺と女三の宮である。藤壺は帝と源氏の間、女三の宮は源氏と柏木との間でそれを経験する。しかし、彼女たちは二人の男性に共に惹かれているのではなかった。その点で浮舟の経験は重く深い。このために、彼女は彼女の先駆者たちの歩んだ、出家という道よりももっと烈しい道、「死」を選ぶことになる。自死も一種の出家である。出家はもちろん象徴的な死の体験であるが、それが習俗化してくると、象徴的意味は軽んじられてくる。そんなわけで、浮舟は「出家」するとしても、自分の身体を賭けた死を体験しなくてはならなかった。

図6　浮舟と男性

女性のイニシエーションとしての、このような死の体験の重要性については、シルヴィア・B・ペレラ著『神話にみる女性のイニシエーション』（杉岡津岐子他訳、創元社、一九九八年）を参照されたい。

両立し難いものを両立させるイメージを創出し、異次元の高さを表現することは、人類がそれぞれの文化のなかで成し遂げてきたことである。キリスト教文化圏では、娘と母の両立（性的体験なしでの）するイメージとして聖母マリアをもった。これは女性の理想像として強い力をもったが、女性が自分の性を考えるときには、まったく無力な象徴であった。この点についての論議は割愛する。

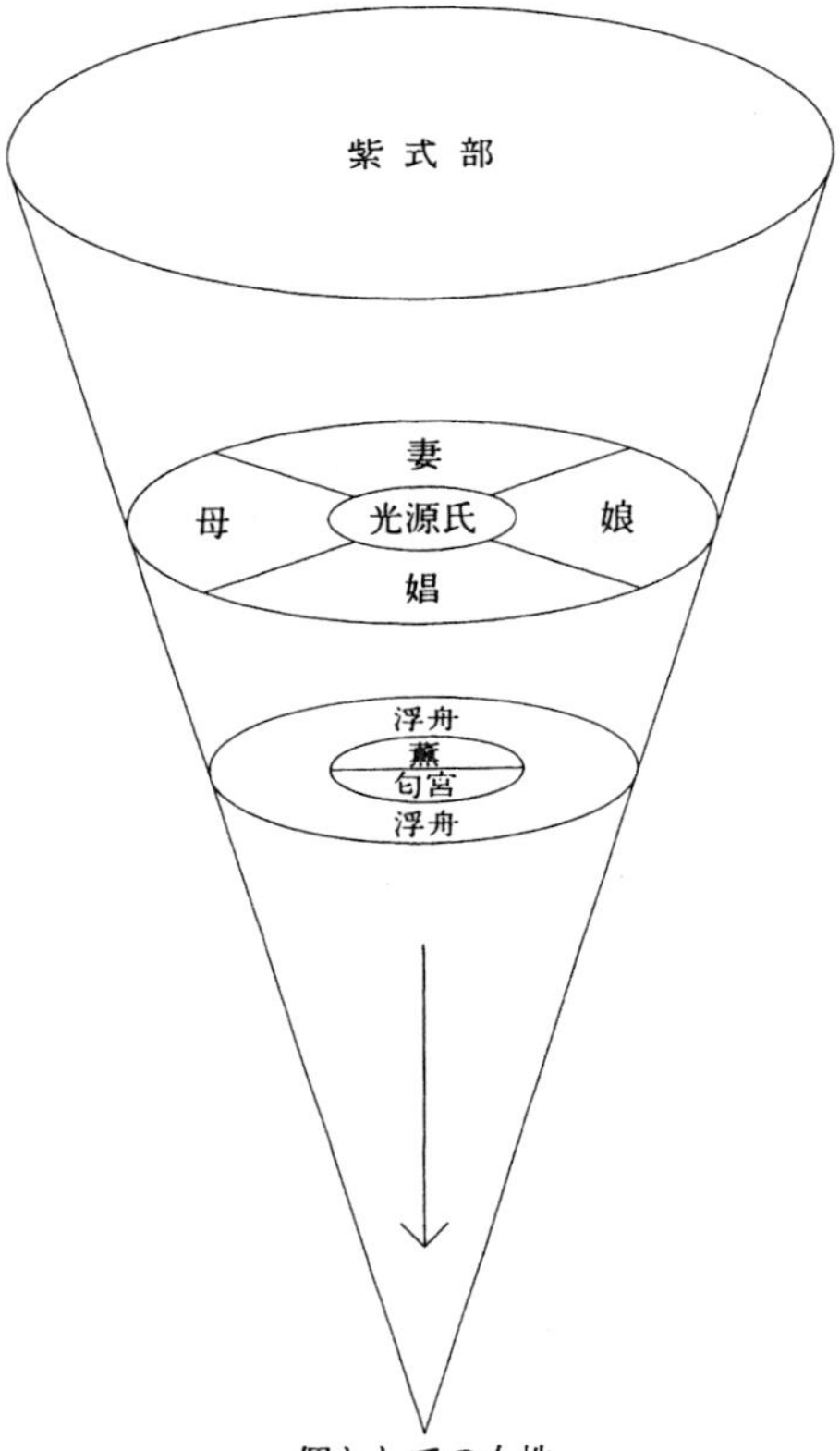

図７　紫式部の個性化

妻と娼との両立をはかったイメージとして聖娼がある。それは誰をも受け入れ、誰とも交わるが、誰にも従属しない。浮舟が妻と娼との葛藤に悩み、それを超えるためには、聖娼の儀式と同様に、死と再生の体験をする必要があった。再生した彼女は「出家」をすることになるが、それは藤壺や女三の宮の経験した「出家」とは次元を異にしていた。彼女は男性との関係を深く体験し、苦しんだ末に、男性にまったく従属しない女性の生き方を見出したのである。個として生きる(one for herself)道は、もちろん孤独である。しかし、それは関係を切り棄てたあげくの孤独ではなく、関係を深めたあげくに知ったものであり、誰とも関係がないといっても、あるといってもよかった。紫式部は自分の個性化の道を歩む上で、まず光源氏という男性像を設定することによって自分の心のなかの女性像を明らかにし、ついで、匂宮と薫という分裂を共に体験し苦悩する浮舟のイメージを提示した上で、男性によらない個として彼女のイメージの完成へと向かったのである(図7)。

彼女の到達した境地が、いかに当時の男性にわかりにくいものであるかを、彼女は二つのエピソードによって端的に示している。横川の僧都は浮舟の相手が薫と知ったとき、彼女に還俗をすすめている。つまり、当時の僧の考える「出家」は、このようなレベルであり、浮舟のレベルを理解できなかったのだ。また、薫は浮舟からの応答がないことを知ったとき、彼女に誰か他の男がいるのではないかと考えている。つまり、当時の男性の考える男女関係は——薫でさえ——こんなレベルであり、浮舟のレベルに達することはできなかった。

紫式部は自分の到達した世界が、当時の男たちには理解不能であることを示して、彼女の長い物語を締めくくっている。

第九章　『浜松中納言物語』と『更級日記』の夢

夢の価値

日本の王朝物語には、夢がよく出てくる。物語によって、その頻度、重要性において異同はあるが、一般的に言って、夢が意味あるものとして取りあげられている。同時代の人々が夢を大切なものとして受けとめていたことを示している。

筆者は心理療法を行う上で、夢を非常に重要な素材として用いている。ここに、現代の深層心理学における夢理論を展開する意図はないが、端的に言えば、夢を、その夢を見た人の無意識の在り方を示すものとして受けとめるのである。夢は世界の多くの文化圏で、古代においては、神の声を伝えるものとして大切にされた。そのような傾向は、ある程度の紆余曲折を経ながらも長く続くが、西洋における啓蒙の時代の出現によって、一挙に逆転させられる。夢は荒唐無稽なものとして退けられ、夢に意味を見出すのなどは、まったくの迷信と考えられるようになった。

西洋近代の合理精神は科学・技術の発展に見られるような大きい成果をあげ、それは今世紀に頂点に達したかのように思われる。しかし、それと共に精神と肉体、理性と本能(などという考え方自体が問題とも言えるが)などの間に深い分裂が生じ、多くの心の病を生み出すようになった。あるいは、心身症などという、心のことと体のこととも決めかねる病気が多く生じることになった。このような分裂を癒すためには、西洋近代に確立された自我、その意識の在り方をよく検討し、それを超える道を見出していくことが必要と考えられる。おそらく、次の世紀は、そのことが大きい課題となるであろう。

ポストモダーンの意識の在り方を探る上において、プレモダーンの意識の在り方を再検討することは大いに意義あることと思う。プレモダーンの意識を「不合理」、「非論理的」というように単純に切り棄てるのではなく、深層心理学の用語を用いて言えば、意識と無意識の境界をあいまいにすることによって、むしろ、そこに得られた現実に関する知恵を再評価することが必要である。そこから、単純な逆転を行い、「現代より古代」、「西洋よりも東洋」などというスローガンにとびつくことは危険極まりないことであるが、前記の態度で慎重に検討することによって、古い素材から、現代に生きる上での示唆を得られるであろう。

以上のような観点に立つならば、西洋近代において一度拒否された、夢の価値を、あらたな角度から見直す意義が感じられる。筆者はこのような考えに立って、現代人の夢を臨床の実際にも用い、研究してきている。その方法によって、日本の王朝物語に語られる多くの夢を研究することもまた、意義なしとはしないであろう。

既に筆者は、日本の中世説話や王朝物語のなかの夢、あるいは中世の禅僧、明恵の『夢記』などを取りあげ、国内外において発表してきた(拙著『明恵 夢を生きる』京都松柏社、一九八七年〔第Ⅰ期著作集第九巻所収〕。Hayao Kawai, translated and edited by Mark Unno, *The Buddhist Priest Myoe A Life of Dreams*, The Lapis Press, 1992)。本論もその一貫として、一九九五年にスイスのアスコナにおいて行われたエラノス会議に発表したもの(Hayao Kawai, "Tales of Meaning: Dreams in Japanese Medieval Literature", in Eranos Conference, 1995)を骨子として、より詳細な資料を付して論じるものである。

ここに、特に『浜松中納言物語』と『更級日記』(以下の引用は共に日本古典文学大系、岩波書店、による)を取りあげたのは、両作品共に夢を多く取りあげているのみならず、これは菅原孝標女《すがわらたかすえのむすめ》という同一人物によって書かれたという、専門家の意見が多いからである。後者の点についての文献学的考察は専門家に譲るとして、ともかく、両者の夢、およびそれに対する作者の態度の特徴などについて考察してみたい。それに一方は「物語」であるのに対して、他方は「日記」であるという事実も興味深い。一応、この「日記」はフィクションではないことを前提としてではあるが、「物語」と「日記」の夢を比較してみることは興味深いことである。そして『浜松中納言物語』と『更級日記』は、これまでの国文学者の研究によって、作者は同一人物であるという結論にほぼ固まっているようだが、両者における、夢に対する著者の態度を比較検討することによって、著者が同一かどうかという問題に対しても、間接的ではあるが、発言できることになるであろう。

『浜松中納言物語』の夢

『浜松中納言物語』のごく簡単な筋立てを述べながら、そのなかに語られる夢を紹介する。この物語は夢と共に進むようなもので、夢を抜きにしては物語を紹介できないと言ってもいいだろう。

この物語は五巻より成るが、巻一の前に「佚亡首巻」のあることが、その後の研究によって明らかにされている。主人公の中納言は父を失い、母と暮らしている。母のもとに通う大将の愛娘の大君と中納言は通じ合う仲となる。中納言の夢に亡父が現われ、「唐の第三王子として転生している」と告げる(夢1)。この夢を信じた中納言は、母や大君を振り切って唐に渡る。

これが「佚亡首巻」に語られることであるが、冒頭から、「転生」とか「夢のお告げ」というテーマが現われるのが特徴的である。

巻一では中納言が渡唐、めでたく父親(と言っても、子どもだが)に会う。そして、その子の母、唐后(河陽県の后)を垣間見て一目ぼれしてしまう。ところで、唐后の父はかつて日本に渡り、そこで日本の女(後に吉野の尼君と呼ばれて巻二に登場)との間に一女を儲けた。それが唐后である。彼は中国に帰るとき、娘を連れて帰るかどうか迷った。そこで「海の龍王」に多くのことを願った夢を見る。夢のなかで、龍王は「はやくい《(ゐ)》てわたれ。これはかの国の后なれば、たい《(ひ)》らかに渡りなん」と言う(夢2)。彼はこの夢に従って娘を連れて帰唐し、娘は夢告のとおり、唐后となった。

中納言は唐后に恋するが、日本にいる大君を忘れていたわけではない。その大君が突然、彼の夢に現われ、泣きながら、「誰により涙の海に身を沈めしほるゝあまとなりぬとか知る」と言う(夢3)。中納言は、この夢を見たときには思いつかなかったが、この歌の「あま(海女)」は、尼にも通じるわけで、このとき大君は剃髪して尼となっており、重要な事実を告げる夢であった。

中納言の唐后への想いは深くなるばかり。そうとは知らぬ唐の一の大臣がその娘、五の君を中納言と一夜を過ごすよう計らうが、中納言は礼をつくしながら手も触れない。ひたすら河陽県の后に会いたいと思って、ある寺に参詣したときも、そのことのみを念ずると、夢にその寺の僧らしいのが現われ、「今一めよそにやはみんこの世にはさすがに深き中のちぎりぞ」と言う(夢4)。

その後、中納言はまったく偶然に物忌《ものいみ》に来ていた后と、后とは知らずに結ばれる。後になって彼女が后であったことを知る。しかも、そのときに彼女は懐妊し若君を生む。このときになって、中納言は夢の告げる宿縁に思い至る。

在唐三年後に中納言は帰国することになる。彼は自分の子とは対面できたが、河陽県の后とは会うことができず、帰国の気持さえ定まらなかった。このとき母親が夢に現われ、帰国を待つ心を語る(夢5)。中納言は帰国に際し、自分の子を連れて帰りたいと欲するが、若君の母親、河陽県の后はどうするべきか迷う。そのとき夢に現われた人が、「これはこの世の人にてあるべからず。日本のかためなり。たゞ疾《と》くわたし給へ」と言う(夢6)。これによって后は若君を中納言に託すことに決める。

巻二では、中納言は帰国、大君が尼になったことを知る。京に帰り尼大君と、その娘に対面する。河陽県の后より託された文箱を見て、彼女の母親の切々たる情を知る。中納言は吉野にいる唐后の母の尼を訪ねることにする。この巻には夢はない。

巻三において、中納言は吉野の尼君を訪ねる。河陽県の后からの文箱を持っていくが、吉野の尼君は、その日の晩に既に夢で「もろこしの后の見え給へりければ、片つ方の心にはおぼしやりつゝを《(お)》こなひ暮し給《(たまひ)》けるに、かゝる事などうちきゝつけ給へる心ち、夢か何ぞと胸つぶれて」ということになる(夢7)。

吉野の尼君は、その娘(唐后の異父妹)と暮らしており、その姫君の行末のみを案じて、三年にわたって祈願していると、「いとたう《(ふ)》とげなる僧」が夢に現われて、

もろこしの后の、よるひるわが親のおはすらんありさまを、えきゝ知らぬ悲しさをなげき給《たま》ひて、いかでかおはすらんありさまを聞かんと、明暮《あけくれ》なげき仏《ほとけ》を念じ給《(たまふ)》孝《けう》の心いみじくあはれなれど、異世《ことせ》界《かい》の人になり

て、わかれてのち、この思ひかなふべうもあらねば、この世の人に縁《えん》を結びて、深き心をしめさせて、物思ひの切《せち》なるゆへ《(ゑ)》に、あつかはせんとはうべんし給へるに、こゝに又このむすめのたづきを見をき《(お)》て、心やすく後生《ごしやう》いのらんとおもひたまふ心の一つにゆきあひて、この姫君のたづきも、この人なるべきぞ

と言う。そこで「われを助けんとて、仏の変《へん》じたまへる人にこそあんなれ」と思い、拝んだ(夢8)。また実際に、中納言も姫君の世話を約束するので、尼君は夢のお告げを有難く思う。中納言も姫君に対して心を寄せる。

他方、中納言は尼大君に対して清浄な交わりを誓いながらも、気持が押さえられず添臥《そいふ》しをしたりする。彼女は罪を恐れて別居を願うが、中納言は屋敷内に尼大君のための住居をつくる。

巻四で、中納言は「吉野の山の入道の宮の御事の、うちしきり夢に見えて」(夢9)、吉野をあわてて訪ねる。尼君は病のために死亡する。尼君が死んで後、中納言は吉野の姫君を京都に引き取る。

中納言は唐后のことをしきりに想っていると、正月十余日頃から「かうやうくゐんの后、つゆもまどろめば、いみじうなやみわづらひ給《たまふ》とのみ」夢に見てうなされる(夢10)。それでますます唐后のことが案じられてくる。三月十六日、中納言は吉野の姫と月を眺め、唐后と一夜の契りを交わしたのは今宵であったと思い、琴を弾く。夜更けになって寝覚に月を見ていると、空にあらん限りの声がして、「かうやうくゐんの后、今ぞこの世の縁尽《えんつ》きて、天にむまれたまひぬる」と言う。はっきり三度も声が聞こえ、傍らにいた若君も脅えて泣き出すほどであった(幻聴体験)。これが事実であったことは、翌年に唐の宰相からの便りによって確かめられた。

中納言は吉野の姫を京都に迎えるが、姫が二十歳になるまでに契ると不幸になる、との戒めを老僧から受けて、それを守る。姫は病気になり、恢復が思わしくないので清水寺に参籠する。このとき、かねてより姫を狙ってい

た好色な式部卿宮は彼女を盗み出す好機であると思う。

巻五において、中納言は吉野の姫が清水寺で失踪したことを知らされ、驚き悲しむ。姫の行方の知れぬまま悲嘆にくれている中納言は、「せめていさ、かまどろめば、(姫が)あるかなきかのさまにいみじう泣き歎《なげき》て、かたはらにものし給《たまふ》とのみ見えおぼゆる」(夢11)ので、姫が自分のことを想っていてくれるのだとわかる。しかし、助ける方法もない。そのうちに中納言の夢に、河陽県の后が、彼が最初に垣間見たときの姿で現われ、

身をかへても一つ世にあらん事いのり思《おぼ》す心にひかれて、今しばしありぬべかりし命つきて、天にしばしありつれど、我もふかくあはれと思ひ聞えしかば、かうおぼし歎くめる人の御はらになんやどりぬる也《なり》。薬王《やくわう》品《ぼん》をいみじうたもちたりしかども、我も人も浅からぬあひ《い》なき思ひにひかれて、猶《なほ》女の身となん生《む》まるべき

と言う(夢12)。

中納言は、唐后がこの世に再生してくること、しかも吉野の姫の子となることを知り、嬉しく思うが、他方、これは姫がすでに懐妊していることを意味すると知り、悲しく思う。

一方、吉野の姫は式部卿宮にかくまわれて悲しい日を送っているが、「はつかにまどろむともなく、消えいる時には、かたはらに中納言のおはする心ちのするを、うつ、かと目をあけたれば、それにはあらぬ人の、泣く／＼添《そ》ひ臥《ふ》し給へるも、はてには夢かうつ、かともおぼえず」という状態になる(夢13)。これは文中にもあるように、夢か幻覚体験かわからないようだが、一応、「夢」ということにしておく。

姫の衰弱があまりに著しいので式部卿宮は彼女を中納言に返し、そこに通ってくる。中納言は姫を自邸に引き

取り、自分の母や尼大君とも対面させる。それにしても、結局は、姫と添うことのできぬ宿世を嘆く、というところで話は終わる。

以上、『浜松中納言物語』のごく簡単な筋を述べながら、そこに示されている夢をすべて紹介した。もっとも、はっきりと幻聴として表現されているものや、幻覚か夢か定かでないものもあるが、すべて、それにかかわる臨床の実際においても、同様の態度によっているわけである。あまり細かい分類をしてみても意味がないだろう。

『更級日記』の夢

『浜松中納言物語』の夢をすべて紹介したが、同様に『更級日記』に語られる夢をすべて、ここに示すことにする。これによって両者の比較が容易になるであろう。『更級日記』は菅原孝標女によって書かれ、彼女が十二、三歳の頃、上総国にいたときから、夫と死別した一、二年後まで、約四十年余りの期間の彼女の生活について述べられる。しかし、それはいわゆる「日記」ではなく、晩年になって彼女の到達した、ひとつの観点から自分の生涯を回想して書かれたものと言われている。ここに、『更級日記』の筋に沿いながら、それに記されている彼女の夢を紹介していくことにする。

作者は父親の任地である上総国で育つが、継母や姉の話を聞いて、物語というものに心惹かれ、なんとかしてそれを読みたいと思う。等身大の薬師如来像を造り、それに対して、早く京都に行って物語をたくさん見られるように、と祈ったりする。十三歳のとき、父親の任期が終わり上京することになった。途中の旅の描写があるが、それは省略する。継母が父親との折り合いがよくなく去っていったり、乳母と死別したりする。しかし、伯母から念願の『源氏物語』を貫い、それに熱中する。そのときに夢を見る。「夢にいと清げなる僧の、黄《き》なる地《(ち)》の袈《け》裟《さ》着《き》たるが来て、「法華経五巻《(ほけきようごのまき)》をとくならへ」といふを見れど、人にも語らず、ならはむとも思(ひ)かけず、物語《がたり》の事をのみ心にしめて」いるという有様であった(夢1)。

この夢に出てくる「法華経五巻」というのは、そこに女性も成仏し得ることが説かれているという点で、おそらく、当時の上流階級の女性にはよく知られていたものと思われる。仏教では、一般に女性は成仏できないと考えられており、それをそのまま信じている人も多かったが、それに対して「法華経五巻」は女性の成仏を説く点で特異なものであった。

続いて作者が十五歳の頃、相変わらず物語に傾倒していたとき、次のような夢を見る。

このごろ皇太后宮《(くわうたいごうぐう)》の一品《(いつぽん)》の宮の御料《(ごれう)》に、六角堂に遣《やり》水をなむ作るといふ人あるを、「そはいかに」と問へば、「天照《あまてる》御神を念《ねむ》じませ」といふ(夢2)

このときも、夢を人に話すこともなく、なんとも思わず、そのままになってしまった。

同じく作者十五歳の頃。花の散る季節に亡くなった侍従大納言の姫君の筆跡を繰り返し見て悲しい思いをしていた。五月頃、どこからともなく猫が迷いこんでくる。かわいいので姉と二人でひそかに飼うことにする。猫は二人になつくが、姉が病気になったので、猫を使用人たちのいる「北面」の部屋にばかりいさせておいた。すると病気の姉が目を覚まし、猫をこちらに連れてくるようにと言う。それは姉が次のような夢を見たからだと言う。

夢にこの猫《ねこ》の傍《かたはら》に来て、「をのれ《(お)》は、じゞう《(侍従)》の大納言殿の御女《(み)むすめ》のかくなりたるなり。さるべき縁《えん》のいさゝかありて、この中の君《きみ》のすゞろにあはれと思(ひ)いで給《(たま)》へば、たゞしばしこゝにあるを、このごろ下衆の中にありて、いみじうわびしきこと」といひて、いみじうなく様《さま》はあてにをかし《(を)》げなる人と見えて、うち驚きたれば、この猫の声にてありつるが、いみじくあはれなる也《(なり)》(夢3)

これを聞いて、猫を、それ以後は使用人の部屋に行かせず大切にした。猫に対して、「侍従大納言の姫君のおはするな。大納言殿に知らせ奉《たてまつ》らばや」と言うと、自分の顔を見て柔らかな声でなくので、普通の猫とは思われない。これは、輪廻転生がテーマになっている夢である。作者ではなく、作者の姉の見た夢であるが。

作者二十六―二十九歳の頃、父親は常陸に赴任する。その間に作者は清水寺に参籠するが、あまり身を入れてできないと思っているうちに、うとうとと眠り、夢を見た。

御《み》帳の方《(かた)》のいぬふせぎの内に、あおき《(を)》をり《(お)》物《もの》の衣《(ころも)》を着て、錦《にしき》を頭《かしら》にもかづき、足にも履《は》いたる僧《そう》の、別当《(べたう)》とおぼしきが寄り来て、「行くさきのあはれならむも知らず、さもよしなし事をのみ」と、うちむづかりて、み帳の内に入りぬ(夢4)

「来世が大事であることも知らずに、つまらないことばかり考えて」と、僧が忠告したのであるが、このときも、作者はあまり心にとめなかった。

同じ頃、作者の母が一尺の鏡を鋳造させて、自分たちの代わりに僧を使者として、初瀬に詣らせ、三日間参籠して娘(作者)の将来についての夢告を得るようにする。僧は帰ってきて次のような夢を報告する。

御帳《(みちやう)》の方《(かた)》より、いみじう気高う清げにおはする女の、うるわ《(は)》しくさうぞ《(装束)》き給へるが、奉《たてまつ》りし鏡《かゞみ》をひきさげて、「この鏡には、文や添ひたりし」と問ひ給へば、かしこまりて、「文もさぶらはざりき。この鏡をなむたつ《(て)》まつれと侍(り)し」と答へ奉れば、「あやしかりける事かな、文添ふべきものを」とて、「この鏡を、こなたに写れる影を見よ、これ見ればあはれに悲しきぞ」とて、さめ〴〵となき給(ふ)を見れば、ふしまろび泣き歎《なげ》きたる影写れり。「この影を見れば、いみじう悲しな。これ見よ」とて、いま片つ方に写れる影を見せ給へば、御簾《みす》どもあお《(を)》やかに、木長《(几帳)》を《(お)》し出でたる下《した》より、いろ〳〵の衣《きぬ》こぼれ出で、梅桜《さくら》咲きたるに、鶯《うぐいす》木伝《こづた》ひ鳴きたるを見せて、「これを見るはうれしな」と、の給(ふ)となむ見えし(夢5)

当時、初瀬に参籠して夢告を待つことや、それに代人を立てること、などの風習があったことがよくわかる。参籠して夢を待ち、それによって病が癒されるという風習は、古代ギリシャに広く行われた。力動精神医学の歴史を詳細に調べたエレンベルガーは、「〝本当の夢〟とは非常に特殊な夢のことで、夢自体の中で治癒が成就する夢である」と述べている(アンリ・エレンベルガー著、木村敏・中井久夫監訳『無意識の発見』上、弘文堂、一九八〇年)。この夢についても作者はさして気にとめなかった。しかし、晩年になって、夫が死亡したとき、この鏡の夢の悲しい姿だけが現実になってしまった、と嘆く。

作者は三十二歳のときに、人にすすめられて宮仕えに出る。その頃に、自分の「前世」についての夢を見る。それについて、作者は「ひじりなどすら、前《さき》の世のこと夢に見るは、いとかたかなるを」という書き出しで、次のように記している。

清水の礼堂にゐたれば、別当《べとう》とおぼしき人いで来て、「そこは前《さき》の生《しやう》に、この御寺《みてら》の僧にてなむありし。仏師《ぶつし》にて、仏をいとおほく造りたてまつりし功徳《くどく》によりて、ありしすざう《素姓》まさりて、人と生まれたるなり。この御堂《みだう》の東《ひむがし》におはする丈六《じやうろく》の仏は、そこの造りたりし也《なり》。箔《はく》を《お》しさしてなくなりにしぞ」と。「あないみじ。さは、あれに箔を《お》し奉らむ」といへば、「なくなりにしかば、異《こと》人箔を《お》し奉りて、異人供養《くやう》もしてし」

と（夢6）

せっかく前世の夢を見たが、作者はその後、清水寺に熱心に詣ることもせず、もしそうしておればよかったのに、と晩年には残念に思ったことをつけ加えている。

作者は宮仕えをやめ結婚する。その後は家庭の雑事に追われ、物語のことも忘れるほどになる。三十八歳のとき、後生を祈って石山に参籠し、夢を見る。少しまどろんだ間に、「中堂より御香給はりぬ。とくかしこへ告げよといふ人あるに、うち驚きたれば、夢なりけりと思ふ」（夢7）。このとき作者は、よい夢なのだろうと思った、とのこと。ただ、それ以上のことは何も述べられていない。

三十九歳のとき、初瀬に詣る。このときは大嘗会の御禊の行われる日で、京都はにぎわっているときに逆行して、お寺詣りに出発する。これに対して賛否両論の意見が人々によって述べられるのを、作者はよく記述している。初瀬詣りの途中に泊った寺で夢を見た。

いみじくやむごとなく清らなる女のおはするにまい《(ゐ)》りたれば、風いみじう吹く。見つけて、うち笑《ゑ》みて、「なにしにおはしつるぞ」と問ひ給へば、「いかでかはまい《(ゐ)》らざらむ」と申せば、「そこは内にこそあらむとすれ。博士《はかせ》の命婦をこそよくかたらはめ」とのたまふ(夢8)

この後、初瀬に三日間参籠して、暁に退出しようという前の夜、ふと眠ったときに夢を見た。「御堂《みだう》の方より、「すは、稲荷《いなり》より賜《たま》はるしるしの杉《すぎ》よ」とて物を投げ出づるやうにする」(夢9)。四十歳を過ぎ、昔の宮仕えの頃を思い出し、その頃、親しく話し合った人が筑前にいるのを恋しく思いつつ寝入ってしまったときに夢を見た。「宮にまい《(ゐ)》りあひて、うつゝにありしやうにてありと見て、うちおどろきたれば」。目が覚めると、月は西の山の端に近くなってしまっている。そこで歌を詠んだ(夢10)。

夢さめてねざめの床《とこ》の浮く許《(ばかり)》こひきとつげよ西へゆく月

次に、最後の夢は作者にとっても非常に大切な夢で、それを紹介する。これは作者四十八歳のときで、この夢のみは、天喜三年十月三日と日付が付してある。

ゐたる所の屋《や》のつまの庭に、阿弥陀仏たち給へり。さだかには見え給はず、霧《きり》ひとへ隔《へだ》たれるやうに、透《す》きて見え給(ふ)を、せめて絶《た》え間《ま》に見たてまつれば、蓮花の座の、土をあがりたる高さ三四尺、仏の御丈《たけ》六尺ばかりにて、金色《(こんじき)》に光り輝やき給(ひ)て、御手かたつかたをばひろげたるように、いま片つかたには、印《いん》をつくり給(ひ)たるを、異人《こと》の目には見つけ奉らず、我一人見たてまつるに、さすがにいみじく、け恐《おそ》ろしければ、簾《すだれ》のもと近く寄りても、え見奉らねば、仏、「さは、この度《たび》は帰りて、後に迎へに来む」とのたまふ声、わが耳一つに聞えて、人はえ聞きつけずと見るに、うち驚きたれば、十四日也《なり》。この夢許《ばかり》ぞ、後の頼みとしける。(夢11)

文中に示されているように、作者は、この夢を非常に大切に受けとめている。そして注目すべきことは、この夢の記録を、それより三年前に生じた夫の死の記述の次に載せていることである。まったく思いがけない夫の死を悲しむ文の後に、わざわざこれをもってきているのは、この夢が作者の晩年の境地を支えるものであり、そのような人生観の上に立って、この『更級日記』が書かれたことを示していると思われる。この夢は何の解釈も不要で、そのままが、重い意味をもっている。

夢と現実

『浜松中納言物語』と『更級日記』に語られる夢をすべて紹介した。特に前者の場合、幻覚体験などで夢と明確に区別し難いものもあるが、同じ性格を有するものとして扱うことにした。

これらすべての夢について考える上で、まず夢と現実との区別、その関係ということが問題となる。『浜松中納言物語』を読んでいて、非常に特徴的なのは、夢を見ているときの描写に「夢」という語が、むしろ、あまり使用されないことである。たとえば、先に夢3としてあげておいた中納言の夢のところの原文を見てみると、中納言が河陽県の后のことを想い、また日本に残してきた大君とは、それほど似ていないなどと思っているところで、「大将殿姫君(大君)、いみじく物思へるさまにながめおぼし入りたるかたはらに寄りて、……」という具合に文が展開するので、ぼんやり読んでいたら、急に大君が実際現われたのか、と思ってしまう。それに続いて大君の歌があり、中納言も「われとほろ〳〵と泣くと思ふに、涙におぼゝれて、うちおどろきぬるなごり、身に添へる心地して……」と続く。この「うちおどろきぬ」は「ふと目が覚める」、「びっくりする」の両義があり、この際は前者で、ここにきて中納言が夢を見ていたことがわかるのだが、後者の意にとって読んでいると、夢だったことがわからずに、実際に大君が現われたのだと思ってしまうかも知れない。現実と夢との境界が実に薄く、両者が入り雑じるような感じで描写される。

これについて、『浜松中納言物語』の英訳者、トーマス・ローリックは、これを物語のひとつの「話法」と考え、「夢が話の流れのなかに混入してくる、この話法は、この著者にとって夢と現実の世界は、われわれ(近代欧米人:訳注)が期待するように明確に区別される世界ではないことのひとつの指標である」と述べている(*A Tale of Eleventh Century Japan: Hamamatsu Chunagon Monogatari*, Introduction and Translation by T. Rohlich, Princeton University Press, Princeton, 1983)。

これと逆の関係とも言えるが、現実の出来事が「夢」として語られることもある。最もよく『浜松中納言物語』に出てくるのは、主人公の中納言が思いがけず河陽県の后と一夜を共にしたことを、「春の夜の夢」として記述されることである。

現実に生じたことが「夢」として語られ、夢を見るとき、「夢」という語が用いられない。これは『浜松中納言物語』にしばしば用いられる方法である。これに反して、『更級日記』では、夢を見たときには、「夢」という語がほとんどすべて用いられている。このことは、作者が「物語」の話法として、上述のようなことを意識的に用いたのではないかと思われる。

ところで、現実と夢との境界が薄い、という表現をしたが、これは何を意味しているのだろう。これは、当時の人たちが夢と現実とを区別できず、両者をまったく同じことと思っていたことを意味するのだろうか。けっしてそんなことはない。夢と現実の境界が薄いというのは、両者共に同等の重みをもって受けとめられた、あるいは、むしろ夢の方が重く受けとめられることさえあった、ことを意味しているが、両者が混同されることはない。この点をよく注意しておかないと、現代人は夢と現実を明確に区別しているのに、平安時代の人はそれさえできないような低い(あるいは未熟な)思考力とか意識をもっていたように誤解してしまうからである。

むしろ、西洋近代の啓蒙主義以後、近代人は昔からあった夢の意義を見出す態度を見失ってしまった点を反省すべきだと思われる。夢は、すなわち「非現実」とか「無意味」と断定してしまうことは、近代人一般の犯す誤りである。この点をよくわきまえて、王朝物語を読むことが必要である。

『浜松中納言物語』の夢を見ると、それらが外的現実と極めて密接に関連していることがわかる。中納言は唐にいて、夢によって大君の出家を知る(もっとも、このときは明確に知ったのではなかったが)。あるいは、京都にいて、吉野の尼君の病気を知り、唐にいる河陽県の后の死を知る。こんな馬鹿なことはない、と言う人もあろうが、筆者のように夢分析の仕事をしていると、このような現象が起こることを実際に体験する。「なぜか」と問われた場合、現在われわれのもっている自然科学の知識体系によっては説明できない。ここで、無理な説明をすると偽科学になる。さりとて、現在の知識体系で説明できないから、そんな現象はないと断定するのも非科学的である。ともかく、このような現象のあることを、説明抜きで認めねばならない。

『浜松中納言物語』においては、夢は現実を知らせるよりも、もっと重く、それは将来を予見し、その予見によって命令を与えてくるほどの重みをもっている(夢2、夢6)。こうなってくると、「夢のお告げ」を信じるなどは、まったくの迷信である。たとえば、夢で「人を殺せ」と命令されたら殺人をするのか、ということになるだろう。

これに対しても、現代人が外的現実に対するのと同様と考えるとよいだろう。われわれも他人から忠告されたり、時には命令されたりする。しかし、最終決定は自分の判断によっている。この際、他からのはたらきかけにどの程度身をまかせるか、自と他の距離をどの程度とるかが問題となる。王朝時代の人々が夢に対して相当な信頼をおいていたことは事実であるが、まったく同調していたわけでもない。その距離の取り方は、むしろ『更級日記』の方に見られると言っていいだろう。

王朝時代の人が夢に対して、ある程度の距離をもちつつ尊重していたことは、彼らが弁解するときに、「見ていない夢」を「夢」としてうまく使っている態度に示される。このことは、既に『とりかへばや物語』について論じたときに述べている(拙著『とりかへばや、男と女』新潮社、一九九一年〔第Ⅰ期著作集第一〇巻所収〕)ので省略するが、『浜松中納言物語』のなかにも、このような夢による弁解が認められる。夢が弁解の理由になるという点で、それは外的現実と同等の重みをもつことを示し、「嘘」の夢を意図的に使用する点で、彼らが夢に対しても適当な距離をもっていたことを示す、と考えられる。夢は必ずしも彼らにとって「絶対」ではなかった。

次に『更級日記』の夢を見てみよう。これを一見すると、むしろ『浜松中納言物語』の逆の傾向を示していると言える。つまり、作者の見た夢は、ほとんどすべて外的現実とかかわりをもたず、時に「夢解き」をしてもらっても、それも役に立たない。最後の夢を除くと、ただひとつだけ、思い当たるとすると、夢5において、僧が悲喜両面の夢を報告したが、そのうちの悲しい方のみが、夫の急死に際して思い出されるくらいのものである。

このような点に注目すると、果たして『浜松中納言物語』と『更級日記』は同一の作者によって書かれたものと考えられるのか、疑問を抱いてしまう。どちらも多くの夢を取りあげている点では同様だが、その内容がまったく異なる。池田利夫も指摘しているとおり、「浜松では夢解きが一度も行われていない。それを必要としない程夢の内容が明白だから」(池田利夫『更級日記 浜松中納言物語攷』武蔵野書院、一九八九年)ということなのに対して、『更級日記』の夢は、意味もわかりにくく、夢解きをしてもらっても、それは外的現実と結びついてこない。

ところが、『更級日記』において注目すべきは、最後の夢である。夢11は、本人も「この夢許ぞ、後の頼みとしける」と述べている。金色に光り輝く阿弥陀仏が現われ、しかも、それは本人にのみ見えるし、その声も他人には聞えないという状況のなかで、阿弥陀仏が、今回はこれで帰るが、また後で迎えに来ることを約束してくれる。この夢を作者は、まさに「現実」と受けとめて有難く思っている。当時の人々にとっては、死後に涅槃に生まれ変わることは、最大の願いだったから、これは作者にとって、またとない大切な夢であった。『更級日記』の作者が夢によって知り得た「現実」は内的現実と言っていいかも知れない。それは『浜松中納言物語』の夢が関連する現実、私的現実とはレベルの異なるものである。

夢体験と物語

『更級日記』の夢は、一見、『浜松中納言物語』の夢と著しく性格を異にしているように見えたが、前者の最後に語られる夢は、むしろ、後者に語られる夢のように、「現実」との関連が深いものと思われた。

ここで、『更級日記』の作者の作品に対する態度を考えてみると、すでに国文研究者の論じているように、現在、われわれが考えるような「日記」ではなく、晩年になって作者が自分の生涯を振り返って書こうとしたものである。とすると、夢11は、この全作品のなかで非常に重要な位置を占めていることがわかる。つまり、ここを作者の立脚点として、それによって作品の全体の構成を考えたのではないか、と考えられる。

夢は時に、夢11に示されるように、人生において非常に決定的な役割をもっている。そして、作者がそれによって得たことは、死後の平安の確信である。そのような立脚地から、自分の人生全般を見ることが必要と思われるが、孝標女にしてみれば、自分は若いときから、相当に大切な夢を見ていたが、それに対して、もうひとつ本気でかかわってこなかった。そのなかでも、今記憶しているのを記してみると、夢1から夢10までになる、という態度で『更級日記』を書いたのでは、というように、この夢のシリーズを読みとることはできないだろうか。もっと突っこんで考えると、作者は、もともと夢の重要性については相当認識していたのではないかと思われる。なぜかと言えば、さもなければ、五十歳近くの晩年になって、十四歳や十五歳に見た夢を覚えていて報告することなどできるであろうか。その他の夢にしても相当詳細に記憶している。これは、あるいは記録を残していたのではないかと思うほどである。西下經一による「解説」には『更級日記』に関して、「上京の時の紀行は、地理の前後している所が多いから、メモがあったのではなく、全くの記憶であろう」と述べている(『更級日記』前掲書)。これらの夢もすべて記憶とするなら、作者が夢を非常に大切と考えていたことを示すものであろう。このようにして夢を大切に考えてきたので、とうとう晩年になって夢11の心境に達することができた、と考えてみてはどうであろうか。

そこで、彼女が全体の構成を考える際に、夢11の意義を強調しようとして、これほど夢は重要であるのに、自分はその本当のところがわからずにきたのだ、という方を、特に強く述べようとする。したがって、十四歳のときに「法華経五巻をとくならへ」などという夢を見ること自体、仏教にも夢にも、相当な関心をもっていることを示しているのだが、彼女はむしろ最後の到達点に比して、自分はこれを気にもとめずにきて残念だった、というような、裏側からものを言う表現法をとったのではないかと思われる。これと同じような表現法は、夢4、夢6、夢9などの場合にも認められる。

このような夢によって自分の信仰の深いことや、夢を重要と考えていることを、読者に押しつけるようなもの言いをするよりも、自分の例を否定的に示す方がいい、と作者は考えたのではなかろうか。したがって、一見すると、夢と現実との齟齬を嘆いてばかりいるようだが、結局のところは、作者が言いたいのは、夢体験の重要性ということと思われる。『更級日記』の夢を丹念に調べた池田利夫も「夢は彼女にとって信仰であったと言って良い」と結論づけている(前掲書)。

このような夢体験をもち、それを「日記」としてではなく「物語」として語るとなると、どうなるであろうか。「物語る」ことの意味については、既に他に論じた(拙著『物語と人間の科学』岩波書店、一九九三年〔第I期著作集第一二巻所収〕)ので、ここではごく簡単に述べる。

外的な現実を他人に伝えるためには、その事実を記述することが必要である。正確な記述によって、それは他に伝わるであろう。ところが、内的体験を他人に伝えるためには、「物語る」ことが必要になる。非常に単純な例として、釣りで思いがけない大きい魚を釣ったとき、その事実を伝えるためには、魚の体長や重さなどを記述するだけでいい。しかし、それを釣ったときの「感激」を伝えるためには、「物語る」必要がある。両手を広げて示す魚の大きさは、必ずしも、魚の大きさと確実に一致している必要はない。かくて、多くの釣りの「物語」が生み出される。

あるいは、自分の体験したことでも、それを自分の心のなかに「収める」ためには、物語が必要である。地震を体験したとき、それをただ、黙って自分の心のなかに入れこむことは非常に難しい。それを他人に「物語る」ことによって、自分のものになったり、心に収まってくる。

このように考えてくると、孝標女が『更級日記』に述べている、夢11のような体験を人に伝えようとして「物語る」とき、それは『浜松中納言物語』のようになる、という推察が成立する。つまり、人間にとって夢がいかに大切であり、それが、どれほど人間の生涯の流れに影響を与えるか、このようなことを人に伝えるためには、『浜松中納言物語』のような物語が必要になってくるのである。この物語では、その筋道はすべて夢によって動かされている、と言っても過言ではない。このような考えに立つと、『更級日記』と『浜松中納言物語』の作者が同一人物であるとするのに、あまり矛盾を感じないのである。

夢体験そのものがすなわち、その人にとっての「物語」である、との見方も可能である。たとえば、『更級日記』の夢3においては、姉の夢ではあるが、自分たちの飼っている猫が亡くなった侍従大納言の娘の生まれ変わりということになる。この夢物語を信じることによって、夢を見た人と猫、および死者(大納言の娘)がぐっと近くなる。つまり、事実を事実として記述する自然科学的方法は、人間と関係なく事実を語るのに適しているが、物語は、その逆に「関係づける」作用をもっている。それは物語を語る人、聞く人にとって、自分と他人、人間と動物や物、生者と死者、自分の心のなかの意識と無意識などを関係づけるのである。そのように、縦横無尽に張りめぐらせたネットワークのなかに自分を位置づけることにより、人間は安心して生き、安心して死ぬことができる。

夢6の転生の夢も、同様の考えによって理解することができる。自分の前世のことがわかることなど、まったくナンセンスと言うこともできる。あるいは、たとい、わかっても何の意味があるのか、とも言える。この世の外的事実にのみ心を奪われている限りそうである。しかし、この世に一回限りの生を享け、そしてただ死んでいくしかないと自覚しはじめたら、いったい自分はなぜ生きているのか、どこから来てどこに行くのか、などという根源的な問いに直面させられる。このようなとき、自分の前世の「物語」を知ることは、相当な重みをもって感じられる。このような観点に立って、現代のアメリカで、「リインカーネーション療法」と称する心理療法が一定の成果をあげている(ブライアン・L・ワイス『前世療法』、第七章参照)、という事実も、ここに述べる価値があるだろう。

作者は、夢6を有難いこととして受けとめている。しかし、それ以後、熱心に清水寺にお詣りすればいいことであっただろうに、そのままになってしまった、と書いている。これを既に述べたように、謙遜して表現しているともとれるが、夢に対してこれくらいの距離がとれていて、ちょうどよかったのだとも言える。夢3のときも、猫を大納言の娘の生まれ変わりとして、大切にしているが、そうとは言っても、その猫を大納言の家に連れていった、ということも書いていない。つまり、夢を大切に受けとめるということは、多層的な現実を受け入れる、ということである。信ずるか信じないか、真か偽か、などと二者択一を迫る単層の現実に生きるのでは、あまりにも人生が貧困になる。つまり、つまらない夢として棄て去るのも残念だし、自分は、この仏像をつくった仏師の生まれ変わりだから、と清水寺に特別扱いを要求するのも馬鹿げている。多層な現実に身を置くことに意味がある。ただ、そのような知恵を物語として伝えるとなると、輪廻転生がそのままに通じる『浜松中納言物語』の語りになるのである。

ものの流れ

これまで夢を中心に論じてきた二つの作品は、そこに共通する主題として、「ものの流れ」ということを感じさせる。ここに言う「もの」は、現代人の考える心も物質も共に含んでいる。それは人間の実感としては、「意識の流れ」として捉えられるかも知れない。ただ、ここに言う「意識」は夢の体験を含み、西洋の深層心理学者の提示する「無意識」も含んでいる。人間の意志や意図を超えて、滔々と流れ続ける「もの」の勢い、方向を感じとること、これが大切である。しかし、人間はしばしばそのことを忘れ、この「ものの流れ」に身をまかせるとき、思いがけないことが可能になる。

『更級日記』の最初の方に語られる武蔵国の「たけしば」の伝説が、それを如実に示している。それを要約すると次のようになる。

「たけしば」から朝廷へ衛士として送られた男が、

　などや苦しきめを見るらむ、わが国に七(つ)三(つ)つくりすへ(ゑ)たる酒壺《さかつぼ》に、さし渡したるひたえのひさごの、南風ふけば北になびき、北風ふけば南になびき、西ふけば東になびき、東ふけば西になびくを見て、かくてあるよ

とつぶやいているのを、天皇の娘が聞き、それをもう一度、聞きたがる。男がもう一度、申しあげると、娘はす

ぐに決心して男と共に、男の故郷にまで駈け落ちる。その後の詳細は略するが、天皇も彼らの関係を認め、武蔵国をその男に賜り、最後は、めでたしめでたしで終わる。

これは、なんとも素晴らしい話である。皇女の行為はまったく突飛だが、後はめでたく終わるところが注目すべきところである。この二人の若者の行動は、天皇でさえ止めようがなく、それに従うしかないのだ。二人の行動を支える原理は、男のひとり言に端的に示されている。つまり、北風が吹けば南に、南風が吹けば北に、となびかざるを得ない「ひさご」の姿が、それを象徴している。孝標女は、この「ものの流れ」を感じとる能力をもっていた。だからこそ、十三歳の頃に聞いた伝説をよく記憶しており、晩年になったときでも、それを詳しく記載できたのである。

「ものの流れ」と記したことは「もののはたらき」と表現する方がいいかも知れない。流れを継時的にたどるのみではなく、流れの同時的な在り様に注目することも大切なのだ。京都、吉野、唐などと場所は離れていても、そこに同時的に生じることは、大きい「ものの流れ」の一部として生じているのだ。これを全体として把握することが大切である。これら別々の場所に起こることを、ひとつの事象として把握するには、夢の助けが必要である。『浜松中納言物語』の夢について、池田利夫が「この物語は、舞台を京都、唐土、吉野と三転させるので、瞬時に両所を結合しうるのは、まず夢を措いてはなかろう」と述べている(前掲書)のは卓見である。このように考えると、『浜松中納言物語』における共時的な夢は、『更級日記』に示された、前述したような「ものの流れ」の考えを「物語る」際の工夫のひとつとして読みとれる。

「ものの流れ」が読みとれるならば、「たけしば」の男のように、途方もない幸福を得るはずではないだろうか。それにしては『更級日記』の作者は、あまりにも悲しい経験をし、最後は、せっかく夫の仕官を喜んだのも束の間、夫の突然の死によって「をばすて」と作者自身も呼ぶ境地になっている。そして『浜松中納言物語』の主人公も、最後のところは、「たましゐ消《(ひ)き》ゆる心ちして、涙にうきしづみ給《(たまひ)》けり」となっている。

これはどうしてだろうか。端的に言えば、「人間はひさごではない」ということだろう。ぶらり、とばかりはしていられない。しかし、「ものの流れ」を知ることによって、人間は悲しくも楽しい生活を送れるのではなかろうか。『更級日記』は外的現実の悲しさを書く一方で、歓喜に近い体験をもたらした「阿弥陀仏の夢」を、最後に書き記している。これこそ彼女の見た「鏡の両面の夢」(夢5)そのものではないだろうか。彼女は夢によって来世を約束される幸福を味わう。しかし、人間としての彼女は、やはり「かなしさ」を知る。

『浜松中納言物語』において、作者の上記の体験はどのように物語られているだろうか。それは、物語の最後に述べられる深い悲しみの感情と、しかし、それを補償する事実として――これも夢によって知ったことであるが――彼の愛した河陽県の后が、この世に生まれ変わってくることを、主人公が知っている、ということに示されている。

いずれの作品においても、「かなしさ」の感情が基調をなしているように見えながら、それを補償する「ものの流れ」が、嬉しい事実も用意している、というところが特徴的である。そして、両者共に、その事実が夢によって告げられているところが興味深い。

第十章　物語を仕掛ける悪

『我身にたどる姫君』

鎌倉時代に書かれた『我身にたどる姫君』は、その題名からしても心惹かれるものを感じさせるが、なかなかユニークで興味深い物語である。『とりかへばや物語』のときにも感じたことだが、これらの、それぞれ固有の特性をもっている物語を「擬古」という言葉でひとまとめにするのは、残念な気がする。国文学の立場からすれば、そうなるのかも知れないが、筆者のように物語のもつ意味を考えて読んでいる者にとっては、各物語のもつ個々の特徴の方が強く感じられるのである。

「我身にたどる」というのは、物語の冒頭に登場する姫君の次のような歌から生じた言葉である（今井源衛・春秋会『我身にたどる姫君』全七巻、桜楓社、一九八三年）。

いかにして有りし行方をさぞとだに　我身にたどる契りなりけん

この姫君は音羽山麓に、尼と共に住んでいるのだが、自分の父母が誰かわからない。そこで、このような歌を詠む。孤児や異常な出生の主人公というのは、昔話のお得意のテーマである。そのことは、主人公の系譜が日常的にたどれない、つまり、非日常を強くもっており、「私はいったい何者か」という問いを重く背負っていることを示している。

「私とは何か」。これは現代にも通じる永遠の問いである。それを明らかにすることが現代人の課題ではなかろうか。言うなれば、各人は「我身にたどる契り」を背負っている。このように考えると、古い物語が急に現代的な性格を帯びてくるのである。「我身にたどる」を現代風に言い換えると、「アイデンティティの探求」ということになるだろう。この姫君――「我身姫」と呼ばれる――は、自分のアイデンティティを探し求めねばならないのだが、この物語は、そうすると、我身姫を主人公とする彼女のアイデンティティ探求を主題とする物語なのであろうか。近代の小説であれば、そうなったかも知れないが、実は、この物語をそのようにだけ読むわけにはいかない。この点について、『我身にたどる姫君』の研究者、徳満澄雄は「この物語には主人公は存在せず、極言すれば系図があるのみ」だと、示唆に富んだ指摘をしている(徳満澄雄「解題『我身にたどる姫君』について」『我身にたどる姫君物語全註解』有精堂、一九八〇年)。

系図のことは後で取りあげるとして、『我身にたどる姫君』について少し話を続ける。

我身姫は、実は当時の関白と皇后の密通の結果、生まれた子どもであった。皇后は死の床に駆けつけた関白に事情を話し、我身姫の将来を託す。関白は彼女を邸に引き取る。そのうちに、彼女も自分の境遇を知り、巻三の終わりには、我身姫は東宮と結ばれる。つまり、将来は中宮となり、生まれた子ども次第によっては、国母――天皇の母――になることも約束されたわけである。彼女を主人公とする物語であれば、ここで話が終わってもいいのだが、この後、物語は巻四―巻八と、ながながと続くのである。しかも、巻三と巻四の間には、十七年の年月の経過があり、巻四からは、それ以後の物語の展開が語られる。これは、当時の物語の構成としても珍しいのではないだろうか。

このような物語の構成は、作者の周到な計算によってなされているように思われる。というのは、十七年後の物語のなかに、文字どおり「歴史を繰り返す」ことが示され、その繰り返しに微妙な変化が加わって、物語が収束してゆくのである。

主題の繰り返しは、つぎつぎと起こるとも言えるが、そのなかで、最も顕著なのは、最初に登場した関白の孫にあたる左大臣(殿の中将)が、麗景殿女御との密通によって生まれた娘を自分のところに引き取り、結局、彼女は帝と結ばれることになる。つまり、ここに我身姫と同様の「我身にたどる」主題が繰り返されるのである。

それでは、この物語は何を語ろうとしたのだろうか。やはり「我身をたどる」ことは、この物語の重要なテーマである。しかし、そのことは現代人の多くが考えるように、それはある個人のこととして完結しない、何代にもわたるものであることを語っている。これは三代で、ある種の完結を示す構成になっているが、本当のところは、「我身をたどる」仕事が、何代も何代も――おそらく永遠に――続くことを示したかったのではなかろうか。そして、筆者は、現代においてもアイデンティティ探求の仕事を、そのように受けとめることに大きい意義があると思っている。

近代ヨーロッパの文化は、「個人」の重視を大きい特徴とし、現代の先進国と呼ばれる国の人々はそれに強く影響されている。しかし、そろそろそのような個人像を超える試みが必要ではないかと思われる。そのような点で、日本の物語は多くの示唆を与えてくれるが、『我身にたどる姫君』は、特にその点について考えさせるものである。もちろん、この物語は他の点でも多く興味深い内容をもつのであるが、今回は、この点にのみ焦点を当て論じたのである。

系図の意味

アイデンティティの探求と、自分の系図を探ることはよく重なる。「私とは何か」という問いに対して、自分の「ルーツ」を明らかにすることになるので、当然と言えば当然である。本人はアイデンティティなどということは明確には意識していなくとも、自分の系図や出自を探ることに、相当なエネルギーを費やすこともある。

心理療法家のもとに訪れる人が、まったく他の問題で来談するのだが、その過程のなかで、自分の出自、生まれ故郷、系図などに強い関心をもつことがある。不登校の子どもが、自分の生まれた場所を長時間かけて自転車で訪ね、そこで親類の人たちに会ったり、先祖の墓に参ったりして、その後に登校に踏みきることもある。親類を訪ね訪ねて、なんとか系図をつくりあげるのに苦労する人もある。そのような作業を続けているうちに、自分が何代にもわたる課題を背負っている——背負わされている——ことを認識する人もある。

このような意味で、系図は、われわれ心理療法家にとっての関心事であるが、また異なる観点からも、系図を見ることが可能である。図8に示した、系図のようなものを見ていただきたい。これは、一見、系図のように見えるがそうではなく、実は、一人の人間の内界の姿である。これは、十六重人格者——シビルと呼ばれる——の、それぞれの「人格」の名前が書かれている(F・R・シュライバー著、巻正平訳『シビル〈私のなかの16人〉』早川書房、一九七四年)。最近は、二十三重人格の症例なども発表されているようだが、多重人格の症例は——特にアメリカにおいて——最近よく発表されるようになった。

ここでは多重人格のことを論じるのは省略するが、この図のなかに、男女いろいろな人物がいることに注目すると、たとえば、図8に示す系図を一人の個人の内界として見ることも可能ではないか、と思われる。

自分のなかにいろいろな「人物」がいることを実感させられることが、時にある。まったく思いがけない行動をしたときなど、自分のなかの「誰か」がやったのだとか、それにそそのかされたのだ、などと感じるときがある。あるいは、夢に出てくる人物を、自分の内界のなかの住人として見ると、夢のことがよくわかることがある。Aという人物の夢を見たとき、それはAについて語っているのではなく、自分の心のなかの人物――Aという人物で表わされる自分の心の側面の体現化――として見ると、納得できることもある。「私」というのは、私自身

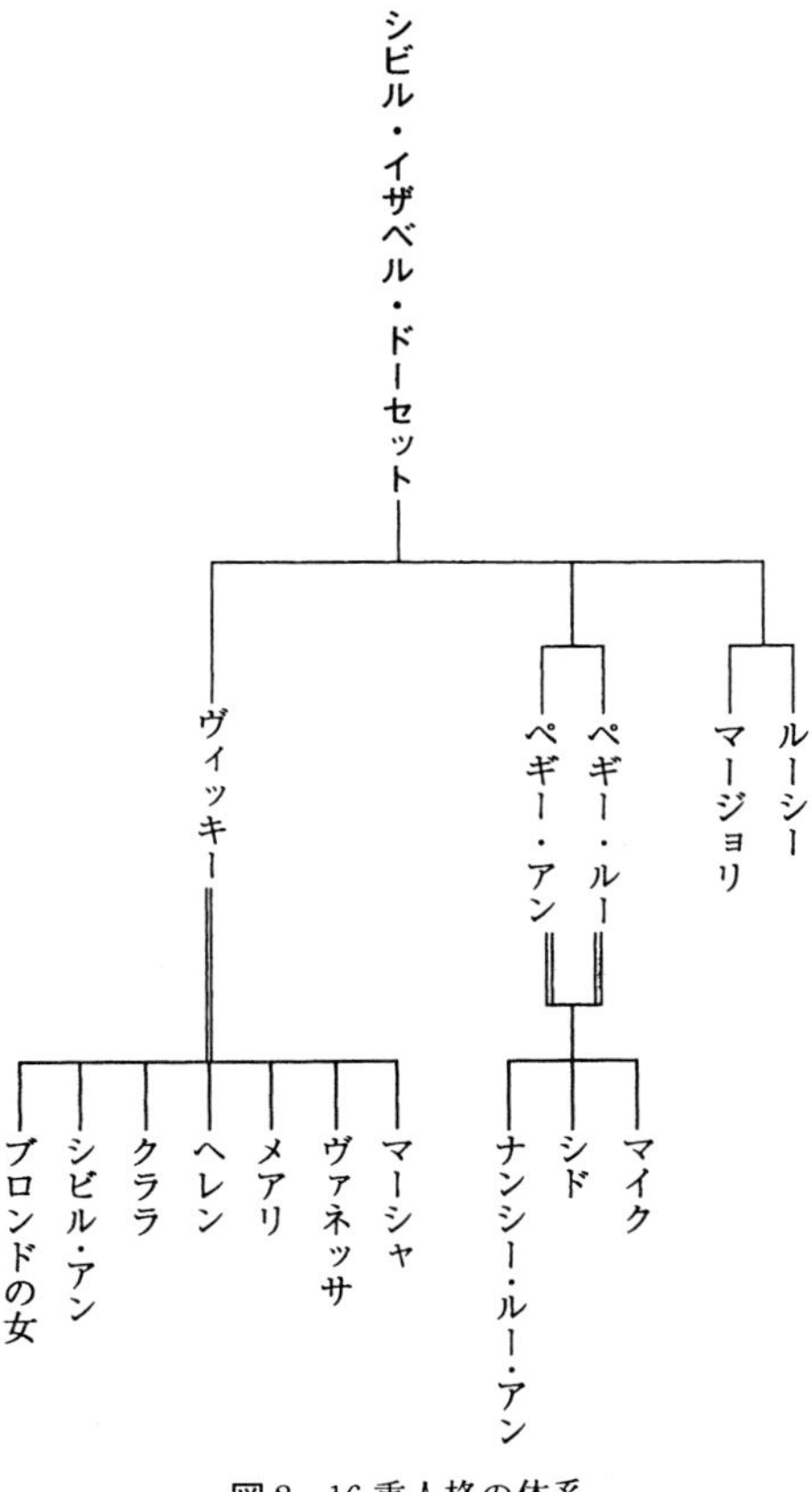

図8　16重人格の体系

が意識的によく知っている「私」(心理学では「自我」と呼ばれる)以外に、さまざまの「他者」によって構成されているのだ。

物語を読み解くときに、主人公がはっきりしているときは、それを「自我」あるいは、生成しつつある自我の姿、として見ると理解しやすい。しかし、われわれの物語は、徳満澄雄が指摘するように、「主人公は存在しない」。これをどう考えるべきだろう。これは、この物語の狙いとするところが、現代人にもわかりやすい自我を確立して、そのアイデンティティを探求するなどということではなく、「個人」ということを発想の出発点とせず、全体としての「ものの流れ」というなかで、それに身をまかせているものとしての自分、という形でアイデンティティを知る、という点にあるからだと思われる。そして、「私」というものが、偉大なものの流れのごく一部分としても感じられるのではなかろうか。したがって、この系図は何代にもわたる人々のことでもあるし、一人の人間の内界として読みとれることにもなるのだろう。

この系図を一人の人間の内界として見ても、何代にもわたる人々のこととして見ても、いずれにしろ、そこにひとつの大切なテーマが存在していることに気づく。それは、「対立物の合一」ということである。この物語では、それは宮家と摂関家の対立として描かれている。そのことを強く意識しているのは、物語の最初のあたりに語られる水尾中宮である。彼女は摂関家に属するが、そのときの皇后は宮家であり、どちらの系統から天皇を出すのか、に大変にこだわっている。

自分の心のなかを考えるとき、多くの人はそのなかに対立や葛藤の存在することに気づくだろう。それはわかりやすい形で、善人と悪人の対立として感じられるときもある。その対立の結果、どちらが勝つかによって、行動はまったく異なってくる。あるいは、自分の心のなかに父親の系統から得たものと、母親の系統から得たものとの対立を感じるときもある。心のなかの対立があまりにも強くなると「分裂」の危機が訪れる。これは、どうしても避けねばならない。「対立物の合一」ということは、人間にとって永遠の課題である。

『我身にたどる姫君』は、我身姫のみならず、その後も現われる姫君たちが「我身にたどる」生涯をおくる過程と共に、宮家と摂関家の対立の解消という流れが生じ、最後には、それは見事な結末を迎えることになる。

宮家の系統の右大臣(宮の中将)と後涼殿中宮との密通によって生まれたA姫君(図9・平林文雄編著『我身にたどる姫君』笠間書院、一九八四年、より作図)は、やはり「我身にたどる」姫の一人だが、最後には晴れて東宮に参入することになる。彼女の裳着の際には、摂関家の系統の左大臣(殿の中将)が腰結の役をつとめ、二人はしみじみと語り合い、そのなかで二人は二重に義兄弟であることも判明する。物語の展開のなかで、宮家と摂関家の血は混じってゆき、右大臣と左大臣の関係に認められるように、両家の対立はとけ、完全に融和する、というところで物語は完結する。したがって、この系図は、どのようにして対立が解消されているか、という経過を示しているもの、とも言うことができる。

密通

ここでやっと、標題にかかげたことについて述べることになった。つまり、これまで述べてきた物語の展開に、最も重要な役割をもったと思われる「密通」について、である。「我身にたどる」の主題にしろ、「対立物の合一」の主題にしろ、それらについて語る、この物語において、「密通」を抜きにしてしまうと、まったく話が進まないのだ。

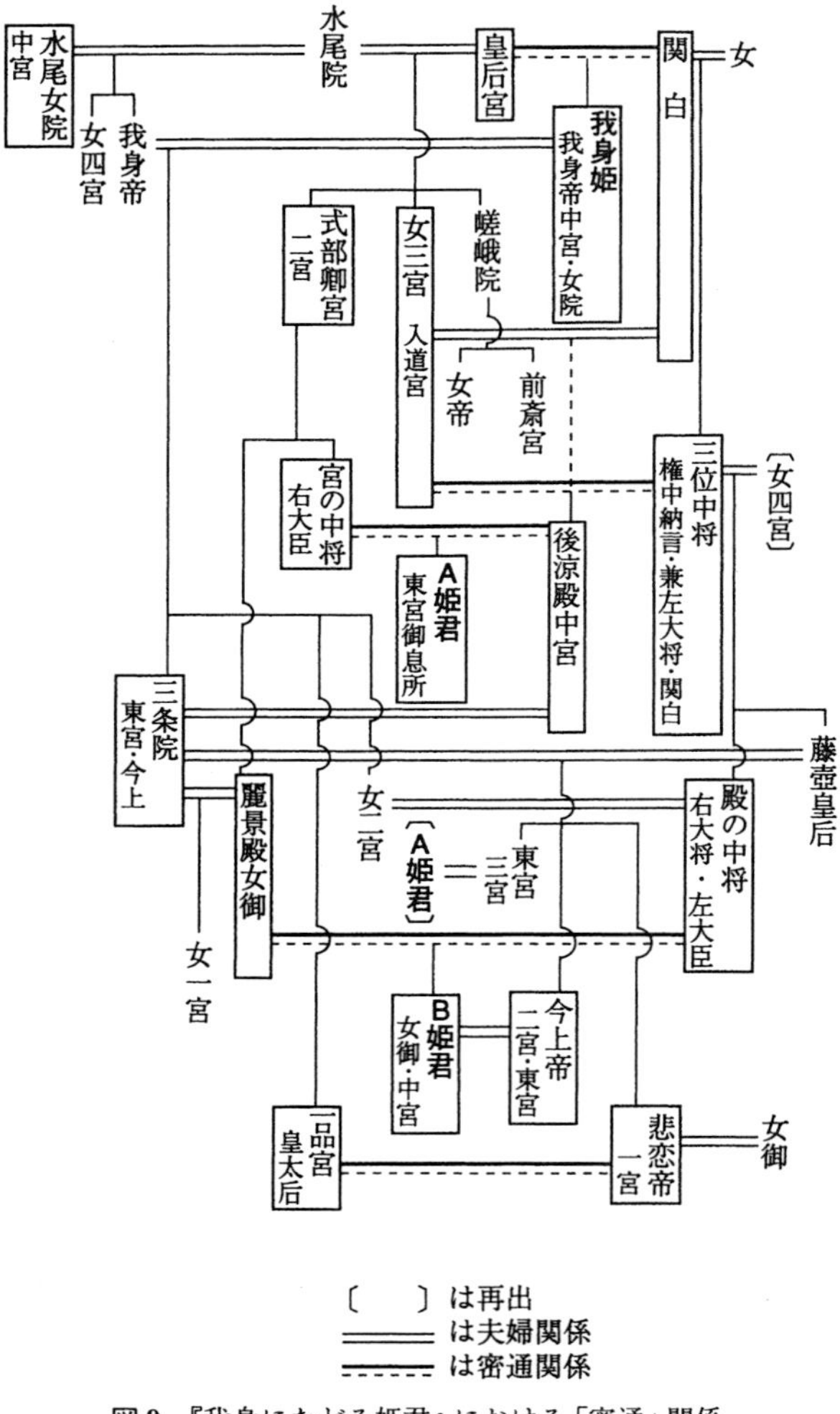

図9 『我身にたどる姫君』における「密通」関係

系図を見ると、このなかに五つの密通関係があることがわかる(図9)。それらについて順番に見てゆくことにしよう。

まず第一は、関白と皇后宮の密通であり、その結果生まれた、我身姫である。これはまさに話のはじまりである。この密通事件が、この長い物語を生み出したと言っても過言ではない。我身姫は物語の最初に、何も知らない孤独な姫として登場する。そこから「我身にたどる」物語が展開するのだが、そもそもこの密通は宮家の女性(皇后宮)と摂関家の男性(関白)の間のものであり、このことは、物語の収束される方向が、ここに既に示されているる、と言ってもいいのだろう。

次に生じる密通は、三位中将と女三宮の間である。女三宮は三位中将の父の関白と結婚するのだから、これは摂関家と宮家との接近である。しかし、ここで密通が起こらなかったら、彼らの間には子どもはできなかったのではなかろうか。しかし、表向きは関白の娘として、密通の結果、後涼殿中宮が生まれてきて、彼女は両系統の融和に大きい役割を果たすことになる。

三番目の密通は、第二の密通によって生まれた後涼殿中宮と宮の中将との間に行われる。中宮に対する帝(三条院)の想いは厚かったが、一瞬の隙を見つけて宮の中将は後涼殿に忍びこみ思いを遂げる。この結果、また一人の「我身にたどる」姫、つまりA姫君が誕生する。このA姫君の東宮参入のときに、宮家と摂関家の融和が完成することになるのは、先に述べたとおりである。

四番目の密通は、麗景殿女御と殿の中将(当時、右大将)の間に生じる。この二人の関係はその後も続くが、だんだんと麗景殿女御の方が冷淡になってゆく。この二人の間に生まれたB姫君もまた「我身姫」と同様の運命をたどることになる。最初は麗景殿女御が知り合いの女児を引き取ったという名目で育てていたが、殿の中将(もう左大臣になっていた)が、自分のもとに引き取り、彼女も女御、中宮になる。実は、先に述べたA姫君の東宮参入は、この後で起こることである。

以上、述べてきたように、密通によって、宮家と摂関家の血が混じり、両家の融和が完成し、その間に、それぞれの「我身にたどる」姫も、幸福になってゆく。と言うわけで、いかにも「密通」万歳という感じであるが、作者は周到にも、必ずしもそうでないことを、第五の密通話によって示している。ここのところが、実によくできていると思われる。

A姫君、B姫君の夫となった東宮と今上帝の兄は、悲恋帝と呼ばれる。悲恋帝は我身姫の孫である。女御を迎えるが、もうひとつ気が進まない。そんなときに、我身姫の娘、一品宮を見て恋に陥ってしまう。ところが一品宮は年上であるし、既に皇太后の位についている。結婚は不可能である。しかし、帝は宮のところに忍び入って思いを遂げる。宮はもはや生きて母女院(我身姫)に会わせる顔はない、と食を断つ覚悟を決める。結局は、一品宮は死に、それを聞くや、帝もたちまち息が絶えてしまった。これまでの密通と異なり、これはまったくの悲劇となってしまう。これはどうしてだろう。

まず、なんと言っても密通は悪である。ただ、悪のもつパラドキシカルな性質によって、それは誰もが意図していない善を生み出すときがある。『我身にたどる姫君』の物語において、密通した人物はエロスの力によって行動するが、そのときに、摂関・宮両家の融和などという「目的」を考えた者は一人もいなかったはずだ。そのことは、これらの行為の積み重ねの結果として生じたことである。したがって、結果はどうであれ、密通をよしとすることなどはできない。

密通には、もうひとつの問題がある。男性も女性も相思相愛の関係で行われるときと、まったくの一方的な関係のときがある。平安時代においては、まず男性の侵入という形で男女の関係が成立することが多いので、密通は女性にとって深い傷となることもある。悲恋帝の侵入を受けたときの一品宮の気持は、「あな心憂《う》、何ごとにつけても、女の身ばかりゆゆしかりけるものはなかりけり、と思《おぼ》し知らるる」と表現されている。相手がいかなる男性であろうと許せない、という感情が実にはっきりと述べられている。

密通のもつネガティブな面を、このようにはっきりと書いているのは、物語全体の構成から考えても、さすがだと思う。結果がよいからと言って密通を肯定しているわけではない、ということと、そのような行為によって生じる「悲しみ」を忘れてはならぬ、ということを、最後の密通事件によって示している、と思われる。

『リチャード三世』

対立する二つの家が融和してゆく、というので思い出したのが、シェイクスピアの『リチャード三世』である。松岡和子訳のちくま文庫の最後に、やはり家系図が示されている。これはシェイクスピアが『リチャード三世』以前に書いた『ヘンリー六世』三部作の登場人物もすべて入れてあるし、エドワード三世より、ヘンリー八世までは、年代を見ても相当な年月にわたっているので、『我身にたどる姫君』より、はるかに人物は多い。これも、要するにランカスター家とヨーク家の両家がさんざん反目し合った後、とうとう融和することになる物語である。これを『我身にたどる姫君』と比較すると、日本の物語のキーワードが「密通」だったのに対して、この物語のそれは、「殺人」なのである。

リチャード三世は権力の座を目指すために、つぎつぎと人を殺してゆく。この場合も『我身にたどる姫君』と同様に、彼の狙いとするところはまったく別であるのに、結果的には、殺人の果てに仲直りという形で、ランカスター家とヨーク家は合体するのである。

エロスと権力とは、人間の欲望の二大対象とも言える。フロイトはエロスに注目したが、アドラーは「権力への意志」を人間の最も根本的なことと考えた。彼によると、エロスも結局は、権力を得るための道具として用いられることになる。リチャード三世がアンを口説き落とすのなどは、その典型であろう。彼は彼女を別に愛していないのだが、自分が権力を握り、王となるために必要なこととして、彼女を口説き、妻とするのだ。はじめから、不要になれば棄てようとしている。これは、恋に陥ると、自分の帝としての地位などお構いなくなって恋につき進む『我身にたどる姫君』のなかの悲恋帝と好対照をなしている。

『リチャード三世』では、劇の終わりの方に、彼に直接・間接に殺された十一人の幽霊がつぎつぎと彼の前に現われる。さすがのリチャードも、これにはまったく心を乱されてしまう。そして、幽霊たちの望みどおり、彼はリッチモンドとの戦いに敗れて戦死する。殺人を平気で繰り返し、すべてが自分の思いどおりになると思ったリチャード王は、王位にあること、わずかで死に至る。しかし、彼の意図とはまったく無関係に、ここにヨーク・ランカスター両家の融和が遂げられることになった。

勝利の宣言をするリッチモンドは次のように言っている。

イングランドは長いあいだ狂気にとりつかれ、自らを傷つけてきた。
兄弟同士見境いなく血を流し合い、
父は早まって息子を虐殺し、
息子も余儀なく父を惨殺した。
こうしてヨーク、ランカスター両家は引き裂かれ、
さらに、この戦争でその分断は深まった。
だが、今、それぞれの王家の真の継承者、

リッチモンドとエリザベスの二人が
神の思召しによって、それをひとつに結び合せる。　（松岡和子訳『リチャード三世』ちくま文庫、一九九九年）

こうして、めでたくヨーク・ランカスター両家の統合が成立するが、これを日本の物語と比較すると、その差はあまりにも歴然としている。密通は「つなぐ」機能をもつのに対して、殺人は「切る」機能をもっている。ひそかな「つなぎ」を繰り返すことによって融和をはかるのと、公然と、あるいはひそかに「切る」ことを繰り返した果てに、邪魔者が消え去り統合が行われるのと、著しい対比を示している。

密通と殺人という「悪」が物語を押し進めてゆくが、それに関与する人は、自らの欲望の実現にのみ心があって、結果的に生じる融和や統合のことは、まったく念頭にないことは、東西共に共通である。また物語の最後に、悪の体現者、リチャード三世は殺されてしまうし、日本の物語では、悲恋帝の話によって、密通に伴う深い悲しみが語られる、という構成も、似た感じを受けるものがある。

恨《ハン》の物語

物語を押し進めてゆく「悪」について、比較に値する、もうひとつの物語を取りあげる。お隣の韓国の物語については知ることがなかったが、最近、梅山秀幸によって、『朝鮮宮廷女流小説集　恨《ハン》のものがたり』（総和社、二〇〇一年）が出版されて、それを知ることができた。これには、「癸丑日記《きちゆう》（上・下）」、「仁顕王后伝《にんけん》」、「閑中録《かんちゆうろく》」の三作が収載されているが、いずれも作者は女性で、十六―十七世紀の作品である。作品の詳しい紹介などは同

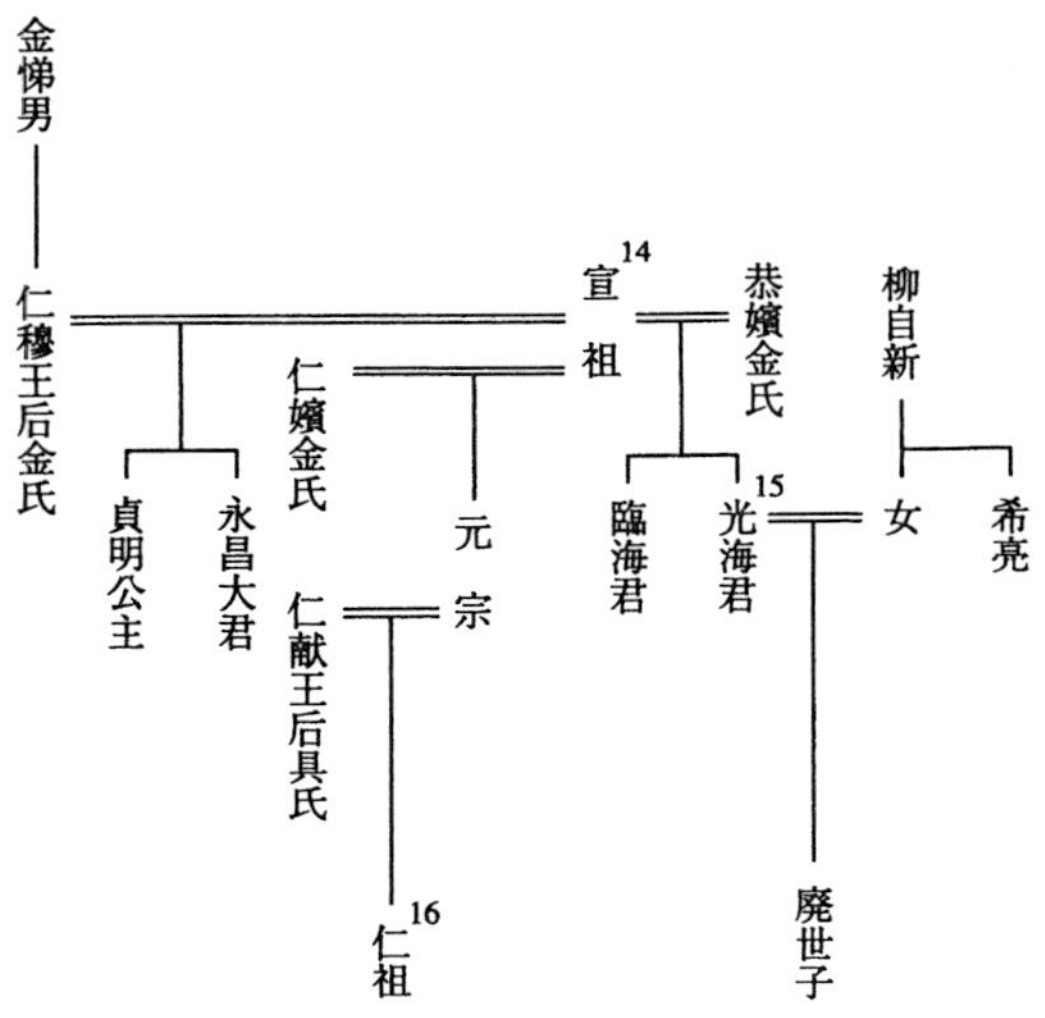

図10 「癸丑日記」関係系図

書の「解説」に譲るとして、ここでは、われわれの主題に関連することのみについて簡単に述べる。

「癸丑日記（上・下）」を取りあげてみよう。系図（図10）を見ていただきたい。李朝十四代の宣祖大王が死亡して、誰が後を継ぐかという問題が生じるが、王の次男、光海君が策謀をめぐらして十五代の王となる。この作品のなかでの光海君は、まさに「悪役」で、殺人、淫行などを繰り返す。権力への意志は極めて強く、そのために悪をなすことに何らの抵抗も感じない。この悪役ぶりはリチャード三世にもつながるところがあるが、作品の狙いは、まったく異なる点にある。

この作品の全体を通じて、記述に力が入れられるのは、光海君がその義母、仁穆《じんぼく》王后金氏を徹底的に迫害することと、王后がそれに耐えに耐えるところである。そのような迫害は、王后のことを光海君に何のかのと讒言する者がおり、その讒言に乗って、つぎつぎと迫害が加えられる。それが、これでもかこれでもか、というように描かれ、それに伴う王后と彼女の周囲の人々の嘆きが詳細に描かれるのである。

最後には、十六代の王、仁祖の力によって、長らく幽閉されていた仁穆王后の門が開かれ、めでたしめでたしとなるのだが、これを西洋流の物語とするならば、仁祖がいかにして光海君を破ったのか、という点に力点が置かれるだろうし、耐え忍んだ王后が復帰できる喜びなどが語られる、のではないだろうか。ところが、この物語を一貫しているのは、話を進めてゆくための悪としての、讒言につぐ讒言であり、それに対して抗弁などすることなく、ただ、悲嘆し続ける王后の姿を描くことなのである。ここに物語の主題——恨——がある。

他文化のことをどれだけ理解できるか心もとないが、上記の作品のみではなく、他の二作も通読して感じることは、「恨《ハン》」というのが、日本人が普通に考える「うらみ」などをはるかに超えてしまって、それは超個人的なものになっていることである。人間がこの世に存在することの本質として、それは感じとられており、その表現は烈しいものであるが、そこに美的感覚さえ伴ってくる。恨を生ぜしめる力は悪であり醜であるが、恨は深く、悲しく美しいのである。

女性の作者による、これらの「朝鮮宮廷女流小説集」を読んで感じることは、「恨《ハン》」と、わが国の物語に語られる「もののあはれ」は、何か共通の因子をもっている、ということである。おそらく、それは「かなしみ」なのであろう。それが内にこめられると「あはれ」になり、外に向かうと「恨」になるのではなかろうか。そして、どちらにも共通して「美」ということが認められる。

原罪と原悲

西洋——というよりキリスト教文化圏——の人と話していると、彼らにとって「原罪」(original sin)ということが、いかに大切であるかを感じさせられる。それは「原」という言葉で表現するのにふさわしく、ともかく人間として生まれてくる限り、それを背負い続けてゆかねばならぬ、という感じが伝わってくる。ここに取りあげたのは、日本と韓国の物語のみで、これを東洋のどのあたりまで拡大できるかはともかくとして、両国に共通して、西洋の「原罪」に相応して「原悲」(original sorrow)ということがあげられると思う。人間存在の根源にあるものとしての「かなしみ」である。

物語のなかで、原罪や原悲について語ろうとするとき、それを浮かびあがらせてくるものとして、何らかの「悪」による仕掛けがある。その仕掛けによって物語は展開してゆく。その間に人間の個人の知恵を超える「神の思召し」や「もののいきおい」によって、それは収まるところに収まってくる。ここで興味深いのは、「原罪」に対して、それをいかにして遠ざけるか、あるいは、贖うかという人間の動きが認められるが、「原悲」の方は、むしろ、いかにしてそこにひたってゆくか、という人間の動きがあるように思われる。ここに彼我の相異が感じられる。

これは、既に他に論じたことであるが(拙著『物語と人間の科学』岩波書店、一九九三年〔第Ⅰ期著作集第一二巻所収〕)、キリスト教が日本にもたらされ、その後の弾圧のなかで、隠れキリシタンが生き延びるが、口伝えに伝えられた『聖書』の話は変容を遂げ、「原罪」の話は消えてしまう。隠れキリシタンの伝えによると、アダムとイヴは禁断の果実を食べて、神に楽園追放を告げられる。そこで、何とかして、いつか帰らせてほしいと願うと、神はそれを了承する。彼らは許され、原罪はなくなってしまう。その後の話の成りゆきを見ると、そこには「原罪」より「原悲」へのシフトが感じられる。

このように考えてゆくと、本書に取りあげた日本の物語のいずれもが、「原悲」というテーマをもっている、と感じられる。韓国の場合を取りあげたが、このような物語の理解が、日本の物語のみではなく、他文化の物語を考える上で、どれほどの意味をもつかは、今後の検討の課題であろう。

初出一覧

序説　物語をものがたる　書き下ろし。

Ⅰ

紫マンダラ　二〇〇〇年七月、小学館刊。

Ⅱ

物語を生きる　『創造の世界』一〇〇号―一〇九号、一九九六年十一月―一九九九年二月、小学館、に連載。
『物語を生きる』二〇〇二年一月、小学館刊、に所収。

■岩波オンデマンドブックス■

河合隼雄著作集 第II期 7
物語と人間

2003年3月6日 第1刷発行
2015年12月10日 オンデマンド版発行

著 者 河合隼雄《かわいはやお》

発行者 岡本 厚

発行所 株式会社 岩波書店
〒101-8002 東京都千代田区一ツ橋2-5-5
電話案内 03-5210-4000
http://www.iwanami.co.jp/

印刷／製本・法令印刷

ISBN 978-4-00-730339-5 Printed in Japan